文本之"间"
——从孔子到鲁迅

伍晓明 著

图书在版编目（CIP）数据

文本之"间"：从孔子到鲁迅/伍晓明著．—北京：北京大学出版社，2012.4
（爱智文丛）
ISBN 978-7-301-20479-5

Ⅰ．①文⋯　Ⅱ．①伍⋯　Ⅲ．①哲学-研究-中国　Ⅳ．①B2

中国版本图书馆 CIP 数据核字（2012）第 061098 号

书　　　　名：	文本之"间"——从孔子到鲁迅
著作责任者：	伍晓明　著
责 任 编 辑：	吴　敏
封 面 设 计：	奇文云海
标 准 书 号：	ISBN 978-7-301-20479-5/B·1039
出 版 发 行：	北京大学出版社
地　　　　址：	北京市海淀区成府路 205 号　100871
网　　　　址：	http：//www.pup.cn　电子邮箱：pkuphilo@163.com
电　　　　话：	邮购部 62752015　发行部 62750672　出版部 62754962
	编辑部 62752022
印 　刷 　者：	三河市博文印刷厂
经 　销 　者：	新华书店
	650mm×980mm　16 开本　24.25 印张　335 千字
	2012 年 4 月第 1 版　2012 年 4 月第 1 次印刷
定　　　　价：	43.00 元

未经许可，不得以任何方式复制或抄袭本书之部分或全部内容。
版权所有，侵权必究
举报电话：010-62752024　　电子邮箱：fd@pup.pku.edu.cn

同学四载,同心卅年
郢人逝矣,谁与尽言
——纪念亡友杨德华君

谁谓古今殊,
异代可同调。
——谢灵运

目 录

实与名

解构正名/3
一、(无)解(之)题/3
二、不可辩证解决的"自相矛盾"/11
三、初正解构之名/18
四、初解正名之构/28
五、名何以可"僭窃"？/36
六、正名之政与政之正名/46
　　1. 正名之政/46
　　2. 政之正名/51
七、(不)结(之)论/63

言与道

"予欲无言"：《论语》中的论辩与孔子对言的态度/71
一、引　言/71
二、《论语》中的论辩/72
三、圣人之不辩与中国传统中之辩/75
四、"予欲无言"/81
五、"巧言乱德"/84

六、"佞人殆"/86

　　七、"慎于言"、"先行其言"、"正名"/91

　　八、《论语》中之"修辞":反问与提喻/96

　　九、结　论/102

"道"何以"法自然"?/105

　　一、引　言/105

　　二、"道法自然"的直接语境:《老子》第二十五章/107

　　三、汉语语境中"道法自然"的若干传统与现代解释/113

　　四、"道法自然"的若干西方翻译/115

　　五、王弼对"道法自然"的理解/122

　　六、"道法自然"与"道生……万物"/126

　　七、"道生……万物"的"具体"意义或方式/129

　　八、"道法自然"与圣人之"能辅万物之自然"/133

情与性

心性天人:重读孟子/137

　　一、引言:阅读作为署名/137

　　二、"求则得之,舍则失之:求在我者也"/139

　　三、"尽其心者知其性也,知其性则知天矣"/148

　　四、"今人乍见孺子将入于井,皆有怵惕恻隐之心"/154

　　五、"学问之道无他,求其放心而已矣"/161

　　六、"天视自我民视,天听自我民听"/165

　　七、"仁也者,人也"/172

　　八、余言:阅读期待阅读/176

情与人性之善/178

上篇　情——从(事)物之(实)情到人之(感)情/180

　　一、(事)物之"(实)情"/180

　　二、从人之"(实)情"到人之"(感)情"/183

　　三、感一情:人之最根本的可被感动之性/187

下篇　恻隐之心与人性之善/190
　一、从"不忍人之心"中之"忍"说起/191
　二、忍与"不动心"/194
　三、我作为必然要为他者忍痛而又"不忍"他者之痛者/197
　四、"具(有)(身)体"的恻隐之心/201
　五、恻隐之心作为"感(觉)"与"(感)情"/203
　六、"性无有不善"/207
莱维纳斯与孟子,或,作为感受性的主体与怵惕恻隐之心/211

同与和

思和/225
　一、和之思念,和之思考/225
　二、出于分、别、离、异又欲结束分、别、离、异之和/227
　三、宰夫之和:和的一种模式及其问题/230
　四、至大无外之同/233
　五、另一种和:相应与应和/235
　六、由这样的和而至另一种同/240

父与子

"若保赤子"
　——中国传统文化的理想之政/247
　一、传统政治话语中的"父母"与"赤子"之喻/247
　二、"以天下为一家"的伦理意义:"百姓有过,在予一
　　　人"/250
　三、父母与子女之间的"不平等",以及家伦理关系的
　　　两面性/253
　四、天子—家长与子民之间的"不平等"/257
　五、有关公正、法律和制度之基础的思考/261
　六、从"君—主"到"民—主"?/266

有与 Sein

汉语语境下的西方(哲学概念)"存在"/273
　　一、"有——存在"/273
　　二、"Sein"的汉语翻译/276
　　三、从现代的"存在"(Sein)回到传统的"有"/280
　　四、汉语之"有"的独特之处/284
　　五、"有"与"Sein"/288

失之交臂?
　　——牟宗三与海德格尔的哲学遭遇/290
　　一、追求"道德的形上学"的建立/290
　　二、人必须是上帝:"智的直觉"与物之朗现/293
　　三、牟宗三与海德格尔:失之交臂的遭遇/295

人与我

他者"的"迫害
　　——鲁迅与莱维纳斯/303
　　一、引言:中国的现代性——渴望"人各有己"/303
　　二、诞生于他者之迫害中的己/305
　　三、普遍的吃人历史与吃人现实/307
　　四、妄想中的洞见/310
　　五、莱维纳斯所讲的关于我与他者的哲学故事/316
　　六、对弱肉强食意义上的"吃人"的批判/320
　　七、在鲁迅的狂人之后找回"仁／人"/325

我之由生向死与他人之无法感激的好意
　　——重读鲁迅《过客》/330
　　一、那似路非路者/330
　　二、暧昧的黄昏/332
　　三、遭遇:问题的开始?/333

四、既已为(过)"客",焉能无"主"(人)/335

五、偶然的必然/337

六、决定:因/为他者/338

七、那感激不了的好意/340

八、危险的纠缠,沉重的背负/341

九、"生"之"命":那无声的催促与叫唤/343

十、他者:我之"定命"/346

十一、走向/超越我之死/348

史与事

文学"史"可能吗?/353

主要参考文献/363

后　记/371

实与名

既已为一矣,且得有言乎?
既已谓之一矣,且得无言乎?
——《庄子·齐物论》

解构正名

> 黄帝正名百物。
> ——《礼记·祭法》

> 必也,正名乎?……名不正,则言不顺。
> ——孔子

> Ce que la déconstruction n'est pas? mais tout!
> Qu'est-ce que la déconstruction? mais rien!
> 解构所非者为何? 一切!
> 解构所是者为何? 无有!
> ——德里达

一、(无)解(之)题

"解构正名":这将成为本文的标题。

这应该是一个有所表达的、可以理解的汉语标题。因而:一个可被视为"合法"——"合"乎汉语传统文章之"法"——的**汉语**标题。①

然而,"解构—正名"?仔细听来,这又是一个正在发出不止一种

---

① 这里,我们确实想强调"合法"这个汉语词的复杂意味。现在所谓"合法"通常首先是指合乎法律。但是,在汉语中,"法"也是书法、画法、章法、文法、拳法、剑法、想法、看法、说法之法。列举这些不同领域、不同范畴的特定的"法",意在提醒我们自己,汉语的"法"字有不同而又互相联系的意思和"用'法'"(又是一"法"!)。所以,说到"合法"时,或要求"合法"时,我们必须不能忽略的问题之一是,"合"何种"法"?即使在同一领域内,同一问题上,是否也可能有不同甚至互相冲突的法?例如,在哲学表述上,汉语就曾被包括如黑格尔这样的西方哲学家讥为不可能真正清晰地表达思想或不能表达真正清晰的思想。就此而言,汉语也很可以说是不"合法"——不合西方哲学传统之法。当然,在一定程度上,我们似乎已经远离这样的哲学和文化"偏见"了。然而,无论是在理论上还是在实践中,类似的问题其实可能还远没有真正被"解决"。在学术理论问题上,如今我们一说到"合法",所明确依据的或隐含诉诸的就是某种西方之法(例如,在所谓学术规范问题上,近年来"编辑中国学术界的《芝加哥手册》[*The Chicago Manual of Style:The Essential Guide for Writers,Editors & Publishers*]"的呼吁。但此处提及此事并无否定之意)。近百年来汉语的欧化或西化的过程,其实已经到了让我们这些说汉语的人"化"而不甚觉其母语之"欧"或觉其之"西"的地步。现在很多以中文写成的理论文字,如果读者没有对西方理论尤其是对西方语言(尤其是英语)本身的了解,其实是相当费解的。就此而言,我们似乎已经开始不能在"自己"的语言中很好地理解我们自己了。当然,这却并不意味着,我们现在必须清除语言"污染",恢复"纯洁"。无论如何,我们也已经不可能恢复或回归某种纯粹的"汉"语了。而且,汉语的"异(于自己)化"过程其实也并非始自近代的欧化或西化。这一过程可以通过满、蒙等非汉族语言对汉语的影响(尤其是在元代)而一直上溯到佛经的翻译,甚至更远。所以,汉语的"异化"过程其实早就开始了。在语言问题上,纯洁欲望和纯洁冲动的经常出现和存在恰恰表明,其实任何语言都从一开始就在"异化",都从一开始就已经是"异化"的。因此,我们找不到任何纯粹的源头。先秦汉语在某种意义上已经就是不同地方、不同语言的相互异化的结果了。试思被视为中国诗歌两大源头的《诗经》和《楚辞》在语言上的差异!反之,也正是由于此种无可避免的异(化),一个语言才能真正保持自身之同(一),或真正保持自身为语言。一个语言必须向他者敞开,必须欢迎他者的到来,必须在自身之内给他者一个机会,必须让他者"影响"自己,哪怕如此即要冒失去"自己"之险。我们无法想象一个完全自我封闭的语言,一个完全不在自身之内欢迎和接纳他者的语言:有哪一语言,作为语言,可以完全免于或拒绝外来词汇和表达方式在其自身中"安家落户"?然而,又恰恰因为必须欢迎和接纳他者,一个语言才必须保持自己,才必须将自己保持为一个可以款待他者的"家"。失去了这样一个家也就不可能真正款待他者。因此,保持自身,保持自身的同一,又是一个语言对于他者——对于其他语言,其他文化——所负有的责任。而保持自身与自身同一的唯一"方'法'"就是**允许自身与自身相异**。"解构正名"这一特定的汉语表述,这一难以翻译成其他语言的表述,这一让汉语与西方语言在汉语这一特定语言中接触的尝试,这一将中国传统与西方思想在汉语中带到一起的尝试,就是欲让自身与自身相异的一个尝试。我们希望通过这一"合(传统汉语之)法"的汉语表述在汉语中尝试一好客之举:通过款待"解构"这一汉语文化的他者而(再一次)检查和肯定汉语的"主人"地位与"待客"能力。这也就是说,让我们自己在他者面前为自己辩护,为自身"正名"。我们将试在下文中说明,**为自身辩护和正名的需要始终都只能来自他者**。

声音的标题,因而也是一个可能既激发阅读,同时也阻挫阅读的标题。因为在汉语中,这一标题或这一表述似乎**至少**可以有两种听法或读法。没有具体的上下文,阅读在这两种可能的意义之间就会无所适从。因此,阅读在这里会期待着一个可以让其作出选择的上下文或语境。亦即,一个以"解构正名"为标题的文本,一个既解释和限定这一标题,但同时亦将为这一标题所限定和解释的文本。然而,即使有了具体的上下文,即使有了充分的语境,阅读在这里是否就真能对这一表述中的暧昧两可或多音多义加以限制,并在这些不同读法之间作出毫无保留的明确选择?假使,在这一标题所命/名之文本的充分展开之后,阅读发现自己仍然必须徘徊于"解构—正名"这一表述所蕴涵的不同意义之间,它将会有什么反应?

　　自尊或信心受挫的阅读可能会要求作者设法消除或至少限制这一标题的暧昧或多义。这当然是写作——尤其是非文学写作或所谓学术写作——似乎可以而且应该从阅读那里接受的一个"合法要求"。② 然

---

② "合法要求":细究起来,其实又是一个暧昧或多义的表述! 是说一个要求本身之已经合法,还是指一个要求合法的要求? 当然,我们这里所欲表达的意思是,这一要求本身是合法的。然而,谁又能防止这一汉语表述在此被理解为"要求合法",亦即,"对于某种合法性的一个要求"。因为,这个向写作之标题提出的"合法要求"确实也是一个要求写作之标题(去)合(某种)法的要求。这里,意义的游戏还不止于此。我们可以进一步说,一个"合法要求"必然同时是"合法(的)要求"与"要求(某种)合法"。因为,我们很难想象一个要求(写作或阅读)合法的要求本身可以是不合法的。如果一个要求任何事物去合法的要求本身却并不合法,那就不可能有任何真正的"合法的要求"。所以,一个要求(任何写作或阅读都必须)去合(某一)法的要求当然本身就应该是一个合法的要求。或者普遍地说,任何要求他者去合法的要求都首先应本身即是一合法(的)要求。但一个合法的要求又只能意味着,一个已经被要求去合(某一)法的要求,一个已经让自身去合(某一)法的要求。被要求则意味着:**已然有他者**。要求始终都只能是他者的要求,是他者在要求。而这就意味着,没有任何一个对于他者提出的(要其去)合法(的)要求本身可以自证为合法。因此,"合法要求",这一必然暧昧或多义的表述,意味着任何这样的要求都首先来自他者。我始终已被他者要求去合法,但我所需要去"合"之"法"却并非任何必然的、先在的、给定的、或客观的原则、标准、规定。此法只能是他者"本身",而他者严格说来却并无任何"本身"可言,因而也根本不可能证明自身合法。然而,又只有这样的他者"本身"才是我所必须去"合"的终极之"法"。因而,此终极之法其实乃"无法之法"。换言之,他者作为他者即始终在要求我去为他做一切正确的、正当的、或合法的事,但却——若从根本上说——不可能具体地指示我做什么。一切都需要我来决定:**因**他者而做决定,**为**他者而做决定,并在他者面前(转下页)

而，如果阅读需要让一个可被视为合法的标题面对这样一个不接受或至少并不完全接受其合法性的"合法要求"，"合法"在这里又究竟能意味着什么？不同的"合法"？"合"不同的"法"？但如果可以有不同的合法，或可以合不同的法，我们又如何才能调和互相对立甚至互相冲突的"合法"？一个要求文本之标题必须简单而明确的阅读究竟以何法之名才能声称自己的要求合法？而一个要求阅读应该接受其暧昧或多义之标题的文本又究竟依据何法才能坚持自己的权利？

这些从一开始就已经纠缠着阅读和写作的"合法问题"其实也都属于这一以"解构正名"为标题的文本所必须面对的问题之列（尽管其"主旨"——如果其真能有所谓主旨的话——及篇幅并不允许这些问题的专题处理）：要求某一写作（或阅读）合法的要求本身是否也需要合法？合什么法？此种要求合法的要求本身又如何才可以被判定为合法，亦即，如何才可以被合法地接受，被接受为合法？什么才能是一个合法的要求，一个能够合法地去要求他者合法的要求？欲讨论这些问题，似乎就必须首先弄清，所谓"合法"本身究竟意味着什么？"合"何"法"？如何"合"？而这又要求我们回答，那以"法"为名者本身究竟是什么？因为，尽管"合法"（以及与之相连的"合法性"一词）已经作为重要的汉语词汇——中国传统意义上的"名"——而在当代不同的理论和非理论写作中被大量使用，我们其实也许还并不十分清楚其意思，因而也并不知道我们是否真在**合法**

（接上页）根据他者（亦即以他者为依据，或以他者为"法"）而向他者表明一切这样的决定之可能的"合法"，"合"他者之"法"。这可能即是"合法"问题的最根本层面，亦即，其伦理层面。如果回到本文的具体语境，也许可以说，阅读与写作之互相要求（对方/他者）合法其实首先乃是在要求自身合（对方/他者之）法，而合（对方/他者之）法则意味着，让自身以可能的最佳方式（成为）"为了"对方（者）。因为，对于写作而言，阅读"本身"即是其所欲/所须合之（最终之）法；而反之亦然：对于阅读而言，写作（亦即文本）"本身"即是其所欲/所须合之（最终之）法。因为，写作最终只是为阅读而存在（尽管它同时也在某种意义上"创造"出对自己的阅读），而阅读最终则只是为写作（文本）而存在（尽管它同时也在某种意义上"创造"出自己的文本）。写作与阅读之欲/须合对方之法意味着，让自身向对方/他者完全开放，让对方/他者质疑自身所可能怀有的关于对方/他者应该如何"合法"或"合"何种"法"的任何已经凝固、僵化的观念。

地使用"合法"一词。

因此,似乎必须首先确定"合法"之义。或者,照孔子的"说'法'",必须先为"合法"正名,或先正"合法"之名。此名不正,则理论之言不顺。而这一为"合法"本身进行的正名工作似乎至少应该包括:一、确定此名的**合法的**意义范围,二、确定此名的**合法的**使用范围。然而,如果我们还不确定"合法"本身的意思,又如何可以确定此名的**合法的**意义范围和使用范围?而如果其意义范围和使用范围无法被**合法地**确定,"合法"之名本身又如何才可以成为合法的?这就是说,这里的问题是如何才能使"合法"这一名(或概念)本身合法,或如何(使)合法合法。而这也就是说,如果"合法"本身需要被"合法"地正名,从而我们才能"合法"地使用此名,那么,对"合法"之名提出的"正名"(这一要求)本身亦需要(被)合法(化)。换言之,正"合法"之名意味着,让此名合"正名"本身之法。但如欲使"合法"一名确实合"正名"之法,那么正名本身——正名之法,正名所立之法——亦须有一"合法"之名。于是,我们就似乎陷入一逻辑意义上的恶性循环,一无从开始的困境:"合法"需要正名;"正名"需要合法。

当然,在这一似乎无从开始的循环或困境中,我们可能还是必须要以某种方式开始,而且其实也早就以某种方式开始了:对"合法"的正名(工作)无法等待"正名"之先成为合法;对"正名"的合法(工作,或合法化)也无法等待"合法"之先成为正(确的)名。我们必然只能从我们已经在汉语中继承下来的这些名或观念开始,但却不能将之待为毫无疑问,或视为理所当然。因此,以上之如此提出"合法"与"正名"的难解纠纷绝非仅仅文字游戏或游戏文字。而一如"合法"与"正名"之间的不解之结,"解构正名"所体现出来的其实可能也是一个没有也不可能有任何真正"**辩证解决**"的矛盾,一个我们必须面对的**结构性**困境。因为"解构正名"这一"合法"——让我们在仍未经充分"正名"的情况下暂时继续使用此词——的汉语表述确实不仅"句法"或"语法"上必然是暧昧或多义的,而且"义法"或"理法"上也必然是暧昧而多义的。无论我们如何通过上下文或语境来限制这一不能不被认为"合法"的汉语表述,也无论我们所做出的限制在特定范围内将如何"合法",只要我们在这里(从某一理论角度,或出于某种流行观念,或基于某种学术政治倾向和特定意识形态而)选择一种可能,一个要求,另一可能和另一要求就立即会将自身强加给我们,从而迫使我们让步,甚至迫使我们放弃。例如,如果我们决定,"解构正名"应该被读为动宾式的"去解构正名",亦即,如果我们感到"正名"需要被解构,如果我们决定去解构"正名",解构孔子思想中或中国传统中的一个重要观念,那么我们也许会立即听到正名的要求,正名本身向解构提出的要求。在"解构"可以被允许动手去"解"正名本身之"构"以前,"正名"会要求让自己先来"正"解构本身之"名"。因为否则我们就不可能真正知道,"解构正名"之"解构"究竟意味着什么,以及究竟是否能够"合法"地,亦即,能够得到何种法之何种认可地去做什么。这样,此一去解构正名的要求就受到阻碍,受到"对象"本身的阻碍。③

然而,反之亦然。如果我们说,"解构正名"应该被读为"解构之正名",或者,"解构的正名",亦即,正"解构"之名,为"解构"正名,如果我们真想为"解构"这一译名——法语"déconstruction"的某种汉语变形——在汉语中正名,那么我们可能也会立即听到解构本身的要求,解构的要求:如果正名欲正"解构"之名,那么解构即应先解"正名"之构。因为否则我们就也不可能知道,欲正"解构"之名的"正名"(活动或操作)到底是怎样构成的,其中到底有些什么,以及其到底能"合法"地做些什么。

于是,一如前述"正名"与"合法"之间的难解纠纷,此处我们发现

---

③ 尽管我们不久就将会说,解构与所谓被解构者并不构成主体与对象关系,而这也就意味着,解构并没有"对象"。而如果没有对象,解构也就不可能是主体的操作。因此,严格说来,并没有任何"(进行)解构的主体"。解构只能是任何欲占有或欲保持自身与自身之同一者的必然的"自我相异",亦即,自己之异于自己,自身之"解(开)—构(成)"。没有此"解"就没有此"构",于是也就没有任何能够具有所谓"自我同一(性)"者。

自己又面对类似困难局面：正名需要被解构，而解构需要被正名。孰应为先？孰可为后？但"解构正名"这一"合法"的汉语表述本身却使此处任何可能的决定都难以"合法"。"解构正名"：这一表述抗拒和挫败我们自己所可能有的任何自以为是的要求、意志或欲望。的确，我们可能本只想做一件事，一件我们"自以为是"之事：解构，**或**，正名。而我们当然会希望从我们自以为是者开始。于是，视我们可能或以正名或以解构为更先在、更根本之要求，或更"合法"之出发点而定，我们会说出——或写下——这一标题：解构正名。然而，只要我们的自以为是还没有完全阻碍我们的听觉，那它就始终会在"解构正名"中听到一个正在与我们所希望所要求者唱反调的声音。这样，在"解构正名"这一标题之下，或在"解构—正名"（这一活动）之中，我们不可能有任何绝对合法的起点或开始，不可能有任何绝对合法的第一要求。因为，一旦欲去解构，我们即会被要求首先去为解构**正名**，而一旦欲去正名，我们又会被要求首先去将正名**解构**。两个要求，两种可能，互相约束，互相矛盾（让我们先不要以为自己已经知道此处所谓"矛盾"的意思），但又缺一不可，因为似乎每一方都只有"通过"对方才能在某种程度上被合法化，或获得某种形式的合法性。正因为如此，在试图确定"解构正名"这一合法的汉语标题的"意—义"之时，我们才似乎——当然，仅仅是"似乎"——根本无处下手，无从开始。

然而，只要我们还能说——在汉语中说，在这一语言中"合法"地说——"解构正名"，只要这一表述还有为汉语本身（之法）所认可的起码"合法"身份，我们其实就已经开始了，已经在"解构正名"这一我们已被抛入其中的圆圈或循环的某一点——一个在某种意义上必然武断之点——上开始了。这也就是说，已经在某种意义上并且以某种方式在进行着解构的正名工作**或/和**正名的解构工作了。我们必然只能如此地在似乎没有任何开始可能的地方开始，而这或许同时也就是希望之所在。④ 我们自己的语言——这一在其自身之中不无含混地被时而称为"汉语",时而称为"中文",时而称为"华语",或时而称为"国语"的语言——以其特有的方式限制着我们的表达的可能⑤,但是这一"我们的"语言——它属于我们因为我们首先已经(以不可能完全属于的方式而)属于它——同时也是我们的希望和可能:我们唯一的希望,唯一的可能。

---

④ 相信可以从开始的地方开始,相信有绝对的开始,是德里达在西方形而上学之中所看到的基本冲动之一。而其解构"工作"(既然我们是在"解构—正名"这一特定语境中说话,我们应该注意,严格地说,解构在下文将要说到的其所不是的种种东西之外,也并非某种工作,因为汉语中的"工作"这一概念预设了进行工作的主体。所以,更严格地说,甚至就是只说"德里达的解构"也还是有问题的,因为这一表述仍然意味着,是德里达这一主体在"做"解构这样一件事)之一就是表明形而上学意义上的"开始"的不可能。其实,《庄子·齐物论》中已有这样"吊诡"的表述:"有始也者。有未始有始也者。**有未始有夫未始有始也者**。有有也者。有无也者。有未始有无也者。有未始有夫未始有无也者。"我们将如何才能"想象"一种"连'还没有任何开始'(这样一种状态)都没有的状态"? 这还能是任何一种可在严格意义上被"想象"的状态吗? 但庄子却并不是要我们进入绝对的无,因为他所描述的道"先天地生而不为久,长于上古而不为老"(《庄子·大宗师》)。亦即,人其实必然始终都会发现自己已经置身于"未始有封"的道之中了。试问,在道之中,人又能从哪里开始呢? 哪里才可能是道"之中"的真正开始,或者,哪里才可能是道"本身"——假使此"未始有封"且在某种重要的意义上必然是"无始无终"之道真有所谓本身的话——的开始?

⑤ "我们的语言限制着我们的表达的可能":人们已经发表了多少或系统或随意、或隐含或明确的有关汉语在其"理论"表达能力上为其句法与语法所限制的看法! 综而论之,简而言之:汉语不是说理的或哲学的语言,而是诗的或文学的语言;汉语委婉含蓄,言简而意不尽,长于暗示不可道之道,但短于表达逻辑严密的论辩,不便于细致的理论分析,模棱两可,等等。但此种"限制"既可以被看做汉语的致命弱点,也可以被视为印欧语言所无法企及的优势。我们的问题不在于简单地比较或判定语言之间的优劣。因为每一种语言在某种意义上都是普遍和绝对的。亦即,每一种语言对于生于或进入其中者都构成其意义世界。生存于语言中者必定生存于**一**种语言之内。他或她可以将其他"意义世界"设法部分地或整体地纳入自己的世界而使其成为自己的意义世界中的一部分,或者让自己进入一个不同的世界。进入不同的意义—语言世界者不可能真正摆脱自己随身所带的原来的意义—语言世界。于是,这样的人实际上只能往来于不同的世界,并试图在这些世界之"间"找到某一不可能让其"安"居的地方居住下来。而这意味着,知道有不同的语言—意义世界者已经命定不可能有任何可以安居之地。因此,往来于不同的意义—语言世界者**本身**就是这些世界或不同意义不同语言的相会相对之地,冲突与沟通之地。但是,为了能使真正的接触和沟通发生,首先需要的是每一个这样的语言—意义世界本身的"建设"或"发展",是其所具有的种种可能性——共有的和独有的可能性——的充分实现。因此,在汉语这一语言—意义世界中尽量利用和实现其结构所蕴涵的种种可能性,尽量发展其独特性与原创力,正是任何欲其与不同语言—意义世界发生真正接触者的首要责任。

二、不可辩证解决的"自相矛盾"

因此,让我们重新开始,在汉语中开始。"解构正名"这一表述在汉语中之所以可能,正是因为这一独特的语言(当然,所有的语言都是独特的)本身为我们提供了一个独特的机会,一个难以被直译到任何其他语言之中的机会,一个让某种与众不同者或某种新(或)异在这一语言中受到欢迎并因而能够到来的机会。或者,一个让某种可能尚不合法者,不合迄今所知一切之法者,有可能成为合法者——甚至成为某种法——的机会。既然"解构正名"这一合汉语之法的汉语表述可以刺激思想,引发问题,邀请并欢迎可能到来的他者,那就让这一也许不无积极意义的暧昧或多义表述继续来引领这已经开始的文本吧。

"解构正名":让我们再次肯定,这是一个合法的标题,一个至少是合乎汉语语法——合乎这一语言本身所立之法——的汉语标题。然而的确,这也是一个暧昧的或多义的标题。一个暧昧的或多义的汉语表述。汉语——汉语之法——所允许的和特有的结构性的暧昧或多义。⑥ "解构正名":这一标题究竟在表达什么?或它究竟要做什么?

---

⑥ 我们这里首先想到的是词法和句法层次上的结构性的多义和暧昧。结构性的多义和暧昧当然并非汉语所独有。但是汉语的词法和句法所允许甚至所鼓励的多义和暧昧却为汉语所独有,而且仅仅属于汉语。这里可以即使在汉语传统中也仅被视为文字游戏的回文诗为例来阐明问题。"潮随暗浪雪山倾,倾山雪浪暗随潮":这当然是"文字游戏"或"游戏文字"。然而,是什么使此种似乎浅薄无聊的文字游戏成为可能?文字游戏的本质究竟是什么?文字游戏的可能性正是意义的可能性,表达的可能性。严肃文字相信和希望自身是"传道"的文字(刘勰:"圣因文而传道。"),亦即,"言之有物",表达严肃的思想。然而,准确无误地表达严肃思想的努力体现在写作时的字斟句酌之中。"字斟句酌"当然可以被传统地解释为:语言之企图无限贴近思想的有限努力。然而,如果传统所谓的"言之有物"之"物"或思想确实只是言语力求命中的外在于言语的目标,那么表达其实只能在"中"或"不中"(墨子:"中者是也,不中者非也。")之间选择。这里并不可能有任何所谓字斟句酌的问题。字斟句酌意味着,在字与字、句与句之间往复、踟蹰徘徊。然而,需要在字句之间如此"游移"就意味着,言(中)之"物"或思想其实并不是表达可以力求而且能够命中的外在目标。字斟句酌的必要和可能意味着,"物"或思想或意义并不外在于语言表达,并不先于语言表达,或者说,并不先于文字游戏的可能性。然而,这样说却并不意味着,力求言之有物的表达归根结底也只是某种文字游戏而已。相反,力求言之有物的表达恰恰(转下页)

如果标题是一篇文字或一个文本的指路之标,这一路标到底想把读者带到哪条道路上去呢?这一路标指向单一的方向吗?或者说,这一标题能有"统一"的意义吗?更有甚者,这一标题能为我们"统一"一篇文字或一个文本的意义吗?也许,这一标题这里想要做的是解构正名,是**解**正名**之构**?或者,恰恰相反,这一标题这里想要做的为解构正名,是**正解构之名**?当然,这一标题也有可能恰恰正是有意想要一箭双雕或双箭一雕。亦即,这一标题恰恰是想要我们利用汉语中这一"合(乎汉语之)法"的表述在语言上的经济或简洁而至少同时做两件事,两件似乎截然不同甚至"自相矛盾"之事:既欲为解构正名,又要将正名解构;或既正解构之名,又解正名之构。

但如果此真乃这一标题的"目的",那么就等于是说,以此为题的这一写作或文本有一个分裂的目的。而分裂的目的就已经不再是目的了,因为目的作为目的即意味着统一,而这一标题却似乎注定——无论其作者本身的主观意图如何——要让欲以其为名的写作或文本"自相矛盾"。但如果我们——不无某种必然的被动性地——接受这一标题,如果我们甚至由于此一"自相矛盾"所蕴涵的某种刺激性甚至挑战性而有意选择这一标题,那我们就至少也已经接受了,在这既多重而又单一的标题之下,此一文本也许不仅可以而且甚至应该同时进行"解构—正名",而且也可以甚至也应该认认真真地**体验**一下,"自

(接上页)同时也是力求控制文字游戏的表达。力求言之有物的表达是从语言的文字游戏的可能性中产生出来的对这一使其自身成为可能者的控制和压抑。其控制和压抑文字游戏或"文字游移"的基本原则就是为自身确定一"物"或一"道",亦即,一明确的目的。表达为其自身所确立的目的在表面上的明确就掩盖和压抑了表达中所固有的(首先使表达成为可能的)文字游戏的可能性。于是才可能有严肃文字与游戏文字的区别。然而,二者本质上之难于区别的例子在传统文字或作品中其实比比皆是。杜甫号为诗史诗圣,其诗所欲表达者也许不可谓不严肃。然而,"为人性癖耽佳句,语不惊人死不休"到底向我们表达了什么呢?言中之"物"或意义乃是语言文字所产生的"效果",这一效果因而并不先于表达。所以号称诗圣诗史的杜甫才会有此"语不惊人死不休"的欲望,一个必然会从文字游戏的可能性中产生出来的欲望。

相矛盾"⑦,这个可能不仅并不与现代汉语中已经作为特定哲学术语之翻译而存在的"矛盾"(contradiction)——那始终可被辩证解决的矛盾——一词同义,而且其实可能还与之正相反对的表述,除了意味着某种绝望的不可能或无出路以外,是否还可能有某种不为黑格尔式辩证法所允许的积极意义?是否我们首先就必须接受从根本上即不可解决的——或没有任何所谓"辩证解决"的——自相矛盾?是否我们首先就必须生活在根本性的自相矛盾之中,或必须与这样的自相矛盾一起生活?是否我们本身——作为我们自以为所是之"自我同一"者——就必

---

⑦ 此词当如何翻译而又使其不失作为一微型汉语叙事之后加标题的丰富而复杂的含义(此叙事或寓言始见《韩非子·难一》:"楚人有鬻盾与矛者。誉之曰:'吾盾之坚,物莫能陷也。'又誉其矛曰:'吾矛之利,于物无不陷也。'或曰:'以子之矛,陷子之盾,何如?'其人弗能应也。夫不可陷之盾,与无不陷之矛,**不可同世而立也**。")? 在本文的直接语境中,此一汉语表述可被联系于德里达所言之"aporie (aporia)"。他1992年7月15日的著名长篇演讲即题为"Aporie: Mourir-s'attendre aux limites de la vérité"(英译单行本题为 *Aporia: Dying-awaiting* [*One Another at*] *the "Limits of Truth"*, trans. Thomas Dutoit, Stanford, CA: Stanford University Press, 1993)。我手头的上海译文出版社《法汉词典》仅将此词简单地译为"疑难",同时标明为逻辑学术语。*Webster's New World Dictionary* 中稍微详细的解释是:"1. 哲学或文学文本中的难题,由似乎没有解决可能的意义之不确定造成。2. 由此而来之不确定情况或怀疑情况。(Aporia: 1. a difficulty, as in a philosophical or literary text, caused by an indeterminacy of meaning for which no resolution seems possible. 2. a condition of uncertainty or skeptical doubt resulting from this.)"此词经后期拉丁语而回溯希腊语"aporos",由表示"不"的前缀"a-"加表示"通路"的"poros"构成,本义为"不通"、"走不通"、"无法通过"。德里达正是要在这一意义上使用此词。他通过此词所欲讨论的重要问题则是,思想在此种绝境当中当如何自处?掉头而去,另寻出路?或相信此种情况并非真实,故仍有辩证解决之可能?德里达的基本看法是,如果此种绝境状况乃根本者,那么我们——或思想——就必须学会如何生活于并坚持于此一状况之中。因此,德里达曾数次将"解构"描述为"对于不可能〔者〕的经验(an experience of the impossible)"(如此引用德里达这一关于"解构"的说法之时,本文为"解构"所做的某种正名其实已经先于正文而就在此注释中开始了)。例如,在 *Sauf le nom* (此标题又是一个多义的表述,可译为"名之平安/保全",或"除了名以外/除非有名",故英译本中此标题没有译出)一书中,德里达通过一虚构的对话者之口说,"解构经常被界定为对于不可能〔者〕——对于那最不可能的——之(不可能的)可能性的经验('〔T〕he very experience of the (impossible) possibility of the impossible,' of the most impossible)"(Jacques Derrida, *Sauf le nom*. Paris: Galilée, 1993, p. 32. 英译收入 *On the Name*, ed. Thomas Dutoit, Stanford, CA: Stanford University Press, 1995, p. 43)。德里达在2001年中国之行的一次座谈中也以类似表述重复了这一关于解构的"定义":"解构不是否定的,而是肯定的。就是对'不可能'的肯定。"(杜小真、张宁编:《德里达中国讲演录》,北京:中央编译出版社,2003年,第46页。)

然首先会在某种根本性的意义上自相矛盾？是否只有在接受某种根本性的自相矛盾之时，我们才有可能（有限地）不自相矛盾？而这也就是说，是否某种**根本性的自相矛盾**才是任何不自相矛盾的可能性的条件？然而，如果这样的自相矛盾是使任何不自相矛盾成为可能的条件，这样的自相矛盾难道不当然也注定是使任何不自相矛盾成为不可能的条件？

但上述问题究竟何谓？此处将仅试论一二。对于黑格尔辩证法来说，"积极"的矛盾必须是可在辩证发展的更高阶段获得辩证统一的两个对立面之间的矛盾，而汉语传统中所理解的"自相矛盾"，亦即，同时鬻矛与盾者自己手中作为"无坚不穿者"之矛与作为"无锐不当者"之盾二者之间的无法调和的对立，是不可能被辩证统一的，亦即，是无法解决的。这一"不可能"或"无法"所涉及的并不是统一的物理世界中两种相互独立的事物之间的不可调和，而是所谓"自相矛盾"者本身的必然存在方式。因为，正是此种"不可能"才使自相矛盾者成为自相矛盾者。然而，所谓"对立统一"是否就是事物之间基本的甚至唯一的联系方式？是否对立者必然要被"统"在一个对立将消失于其中的大"一"之中。是否还能有或者确实还有其他关系方式？是否有非对立性的差异，不可被辩证化的、不可被"扬弃"的自相差异或内在差异？是否自相矛盾者之自相矛盾，或其与自身之必然相异，正是构成任何同之为同或一之为一的条件？而这也就是说，是否任何同（本身）皆必为异之同，而任何异（本身）亦皆必为同之异？⑧

---

⑧　所谓"自身与自身同一的"或"具有自我同一性的"自己、自我、主体等表述意味着，这些通常被视为独立者、单一者、不可分者其实已然与自身有别。此别为"与"字所蕴涵所表示。只有**与自身有别**，才可能有所谓"自身与自身的同一"。而"与自身有别"则意味着，"自身"之内已然有他者，自己已然是自己的他者，等等。任何所谓"（具有）自我同一（性）"者都必然以此"自我相异"为其可能性的条件。而正因为"自（我）（相）异"是"自（我）同（一）"的可能性的条件，所以任何自己、自我、主体、语言、传统、文化都不可能绝对地、"浑无罅隙"地自我同一。所以说，使这些自我同一者成为可能者同时也是使其成为不可能者。解构所发现和确立的一个最普遍的基本规律就是，使哲学上那些基石性的概念成为可能者同时也是使其成为不可能者，其可能性的条件同时也是其不可能性的条件（具体论述详后）。《庄子·齐物论》中之论"一"之同时既可能又不可能，在某种程度上即可以视为此（"吊诡"）规律的一种表达。解构所确立的这一规律对于当今思考和分析民族、国家、语言、文化的所谓 identity 或其自我同一、自我认同的问题其实至关重要。

若果如此,那么同与异就不仅是"**互相**"矛盾的,而且是各个皆"**自相**"矛盾的,亦即,是每一者皆必然自身与自身矛盾的。而正是这一自身与自身的矛盾,任何所谓"自我同一"者皆必然包括其于自身之内的矛盾,才构成一所谓"自我同一"者为一自我同一者。因此,这一构成性的"自相矛盾"是无可解决的。而我们,作为似乎皆与自身同一者,作为不自相矛盾者,作为不喜任何自相矛盾者,其实就注定要活在此种构成性的"自相矛盾"之中,并且必然首先就作为这一自相矛盾本身而存在。

欲理解上述抽象论点,我们可以回到《韩非子》中那则关于"自相矛盾"的微型叙事之中。首先,那同时鬻矛与盾者在他人的质问之下让自己成为一"自相矛盾"者,因为他回答不出"以子之矛,陷子之盾"将会怎样的问题。当然,此一"矛盾"在日常经验层面看来可能是荒谬的,因为一个实际的试验似乎就可以解决问题。然而,"无不陷之矛"本身与"不可陷之盾"本身原则上却似乎各自都是可能的,尽管是互相冲突的。因此,为了使二者各自可能,似乎就不能让它们"同世而立"。但如果在有"无不陷之矛"的世上绝无"不可陷之盾",或反之,那么二者也不可能真是其各自之所是。何以然?因为矛意味着进攻,盾意味着防御。二者之间的关系其实因而是,每一方都使另一方**既成为可能,又成为不可能**。使对方成为可能:防御必然已经要求进攻以成为其所是之防御,进攻也必然已经要求防御以成为其所是之进攻。没有防御当然就没有进攻,就根本还无所谓进攻,而没有进攻当然也就没有防御,就根本还无所谓防御。此亦即,盾需要矛以显示自己为真正的盾,矛需要盾以显示自己为真正的矛。所以,这里**每一方都是对方为了成为自身之所是者而必然需要的他者**。然而,使对方成为可能者这里同时也是使对方不可能者:真有"无锐不当"的防御或绝对防御就不可能有真正的进攻,而真有"无坚不摧"的进攻或绝对进攻就不可能有真正的防御。矛不穿盾即非"无坚不穿"之矛。盾不抗矛即非"无锐不当"之盾。于是,这里的"双方"必然处于下述困境之中:每一方都**需要**另一方以成为自己,而每一方又都需要**抹杀或消灭**

另一方以成为自己。只有抹杀或消灭另一方,一方才能成为"无坚不穿"或"无锐不当"者,亦即,成为至坚至强者,至尊至贵者,至高至上者,或唯一者,"绝(除)对(立)"者,"至大无外"者。然而,既然每一方都是另一方为了成为自己而必须依赖者,所以,一方的抹杀或消灭同时也即是另一方的抹杀和消灭。于是,成为自己——成为自己之所是者——同时也就是抹杀和消灭自己。所以,为了保存自己,一方就必须永远保存另一方,但又必须将其贬为自己的从属者,贬为仅具有"第二性"者。这里,保存另一方就是保存自己:保存自己的必然的自相矛盾,或保存必须自相矛盾的自己。这就是说,作为其各自之所是者,矛和盾其实始终都已经将一既使它们各自成为可能,同时又使它们各自成为不可能者铭刻在其"自我同一"的自身之内了。正因为如此,"无坚不穿"之矛与"无锐不当"之盾才不仅只是"互相"矛盾,而且必然是"自相"矛盾,自身与自身相矛盾。这也就意味着,绝对者从不可能真正地绝对,亦即,从不可能绝除与之相对或对立者,而始终都只能以不真正绝对而成为某种"有限的绝对",或"表面的绝对"。

　　此种依赖另一方而又必须压抑另一方的活动是海德格尔和德里达所欲解构的作为形而上学的西方哲学的典型活动。形而上学就活在此一根本性的"自相矛盾"之中。它追求成为可以解释一切者,无所不包者,绝对者,或至大无外者。其典型操作则是追寻和确定一能成为一切之根本基础者或最高统率者。这样的根本基础或最高统率,用海德格尔的话说,就是哲学(所寻求)的上帝。形而上学以为如此它即可以(将自身)成就为一不"自相矛盾"的绝对者。但如果任何绝对都不可能绝对,形而上学的这一解决矛盾的方式和努力就不无虚幻性。而它在如此活动之时,则必然既依赖而又压抑那同时使其成为可能与不可能的他者。如果我们不想重复形而上学对根本性自相矛盾的任何虚幻"解决",就必须首先真正接受根本性的自相矛盾。"无坚不穿"之矛与"无锐不当"之盾二者之间的"互相"矛盾,以及双方各自的"自相"矛盾,此种不可能有任何通常意义上之解决的根本矛盾,是一切有限的、可以解决的矛盾——对立与冲突——存身于其中的"自然环境"。只有在一个根本的自相矛盾"之中",我们才有可能需要并发现对有限矛盾的有限解决,亦即,对付具体矛盾的策略性方法。而我们之必须面对有限矛盾,必须承担有限矛盾,并试图解决之,则是因为我们——作为需要具有某种程度的自我同一性者,或作为需要至少有限地"不自相矛盾"者——皆为有限性所限定,或皆有一死。⑨ 那些可被相对"合法"地区分为"主要"与"次要"的矛盾,以及那些可在其中区分出"主要方面"与"次要方面"的矛盾,其实皆处于在通常意义上无可解决的根本性自相矛盾之中。而正因为根本性自相矛盾之中的矛盾无可解决,人,作为必然生活于其中者,作为必然要作为自相矛盾本身而生活者,才会产生想要解决一切矛盾的欲望。而正是由于此种必然会产生于根本性自相矛盾之中的"解决"欲望,才会有上述形而上学的典型操作。但是,解决矛盾的欲望必然指向一切矛盾的消除或结束。而"一切矛盾"的消除或结束也就是那欲解决一切矛盾之欲望的消除或结束,或欲望本身的结束,或**生命本身的结束**。但既然根本性的自相矛盾无可解决,想要解决不可解决者的欲望也就必然会产生并且不断地产生,而不会令人高兴或令人遗憾地结束。是以德里达才欲不断表明此种"形而上学欲望或冲动"之既为不可避免,亦为某种幻想或虚妄。因此,在他看来,问题不在于在此种根本性的"aporia"或"困境"中寻找虚幻的或自欺欺人的出路,而在于发现如何在此困境或此不可能之中坚持住或活

---

⑨ 生与死经常会被视为一对能够获得对立统一的矛盾。但生本身其实乃是自相矛盾本身的一个典型范例,或者甚至也许可以说,就是自相矛盾"本身"。何以然?生乃相对于死者,无死即无生,无所谓生。但使生成为可能者的死又是使生成为不可能者。生之为生因而就是既需要死,那将生保持在其界限之内的死,界定生之为生的死(以成为其所是之生),又需要压抑死,那结束生之为生的死(从而继续其生,或继续是其所是)。所以,生始终都会是自身与自身矛盾者,或是自相矛盾者,因为它始终都已经将那同时使它成为可能及不可能者铭刻在自身之内了。但也正因为生本身即"自相矛盾",所以生又总是倾向于欲求此一矛盾的"解决"。对于"不死之生"或"永生"的渴望,难道不正是生本身最持久、最顽固的渴望?

下去的方式。⑩

现在,让我们回到本文的标题。如果"解构正名"这一具有暧昧性结构或结构性暧昧的"合法"汉语表述将其必然的"自相矛盾"强加于此一文本,我们真能简单明确地"解决"这一"自相矛盾"吗?如果被放在"解构正名"这同一标题之内的"正名"和"解构"二者各自皆代表着非常必要、然而又无法被简单调和或辩证统一的要求,我们应该试图来"解决(掉)"这一"自相矛盾"吗?

三、初正解构之名

也许不应该。但让我们还是不要立即就放弃任何希望。让我们在此"矛—盾"——解构或正名之矛与解构或正名之盾——之对中再试寻一下,看看其中是否可能仍然隐藏着某种"出路"。现在,如果我们首先假定,正名本身——正名这一传统要求,正名这一观念之结构——应该被解构,并且可以被解构,那么我们似乎就是要让解构"先于"正名。因为,尽管正名似乎是一可能的、合法的要求,但如果不首先解构"正名"这一传统观念,我们又怎么知道这一要求的可能性与合法性何在?名是否真正可正?以及如何才可正?等等。所以,在允许自己开始任何一种正名操作之前,我们似乎确实应该首先进行解构,解构正名这一传统观念本身。

然而,"(去)解构正名(这一传统观念)"?难道"解构"本身不已然也是一名——一须正而且(至少是在某种意义上)可正之名,尽管其乃一译入汉语仍不算太久的外来之新名?其实,将"déconstruction"译为"解构",这本身就已经蕴涵着某种正名,已经就是一种正名活动:为

---

⑩ 参见前注7,并试比较道家尤其是庄子思想中所设想的对一切矛盾的"解决"。庄子的"彼是方生之说"肯定矛盾从根本上不可解决,但是又必须解决。这一解决是一"没有解决的解决",即,让自己本身即作为自相矛盾(者)而生活。这也就是说,成为道"本身"。但是,成为道本身并不意味着进入消除一切矛盾的大同,而是让一切矛盾——一切对立、冲突、是非——在使其成为可能的根本性自相矛盾或道中"自然"是其所是,自行解决。

"déconstruction"在另一种语言中命名,从而让"déconstruction"在其中有一"正(确)(的)名",以便它在此语言之中可以多少"名正言顺"地存在和活动。因此,如何在汉语中正确地翻译——如果真能有所谓"正确翻译"的话——"déconstruction",其实已经就包含了种种复杂的正名决定(尽管任何这样的决定都不可能是终极的,尽管任何这样的决定都必须承认其所决定者最多也只能是暂时的或有限的"正名")。目前,作为德里达在法语中所从事者的一个汉语译名,"解构"似乎已被广泛接受,但这一表面上贴近法语"déconstruction"的"汉(语)(译)名"其实仍然只是一暂名或"(勉)强(之)名",甚至将始终都只能是这样的暂名或"(勉)强(之)名",亦即,非正之名。⑪ 而其根本原因,如果用德里达在为此名做某种初步正名时的说法,就是,"déconstruction"这个名或词本身从来就不是——其出于"本性"就不可能是——一"正(确)(之)名"或"好名"。⑫ 德里达自己即直言不讳:"我不认为这是一个好名/词(un bon mot)。"

但既然"解构"现在已经(至少是暂时)被接受为"déconstruction"在汉语中之名,那就让我们还是先贴近此汉译之名来问一下,它在汉语中究竟(能)意味着什么? 当然,我们在上文的一个注释中已经提到了德里达关于解构的一种说法,亦即,"解构"乃是"对于不可能(者)的经验",但那还算不上是贴近"解构"原名的解释。现在首先,"顾名思义",如果"déconstruction"之"dé-",或"解构"之"解",有"解开、拆散、

---

⑪ 在此词进入中国大陆汉语学术语境的最初阶段(上世纪70年代末至80年代),曾经有建议将其译为"分解主义"或"消解主义"者。现在则经常有人名之为"解构主义",而不是本文所特意坚持的不加"主义"的"解构"。而其根本原因,最简单地说,就是,一旦成为"主义",解构就不再是它自己了,如果解构真能有一"自己"或"自身"的话。

⑫ "极其简略地说,**定义**因此也就是**翻译**'déconstruction'这个词的困难来自这样一个事实:一切谓词,一切用以定义的概念,一切单词的意义,甚至词组——它们似乎时而有助于此一定义或彼一翻译——其实都是被解构了的或可解构的,只是或直接或间接而已。这一点也同样适用于这个词,即déconstruction这个词的统一体,就像适用于每个**词**一样。"(德里达:《致一位日本友人的信》,周荣胜译,《德里达中国讲演录》,第234页。此处汉语译文据法文原文有修改。)如果"解构"一名本身也需要解构,并可被解构,那它当然原则上就不可能是一"正名"或"好名"。

解构正名

搅动"既成结构之意,那么"解构"是否仅仅意味着对于传统观念和思想结构的单纯全面摧毁(正是此种理解让"解构"经常蒙上"虚无主义"之名)?但摧毁既成的观念和思想的结构又用意何在?发现其仍然"值得珍惜"的部分,把它们拆卸并保存起来?但难道不是几乎所有自诩为对传统进行"**现代诠释**"者其实都或多或少是在做着此种对真正的传统毫无尊重因而也毫不负责的拆卸工作?而此种工作充其量也只能是把如此拆卸下来的东西作为可有可无的——亦即,无"实用价值"的——古董来装饰我们现代文化客厅的陈列柜,以证明我们还没有完全忘记和丧失自己的思想与文化传统而已。或者,摧毁是为了清除场地,以使不同者或全新者有可能被建立?但"解构"之名真的蕴涵着对于传统与我们之间的关系的此种否定性理解吗?或者说,解构真的相信我们可以与传统观念和思想彻底决裂而另辟蹊径吗?离开了传统,我们所必然要以此种或彼种方式去"继承"——亦即,要对之和为之做出应承——的传统,还能有任何所谓"解构"吗?在那封欲为"déconstruction"进行某种正名的信之中,我们会发现德里达并非作如此之想。此信乃为回答一位日本友人的问题——应该如何翻译"déconstruction"一词——而写。其中德里达明确地说,"结构的解开、拆散、搅动——这些在某种意义上比它〔亦即,解构〕所质疑的结构主义运动更具历史性——并不是一种否定性操作"[13]。他其实曾在不同场合多次强调,解构并非单纯的否定,而是积极的肯定,是最原初最根本的"oui"(yes),是先于一切"不"之"是",亦即,是对他者的原初之应。[14]

---

[13] 德里达:《致一位日本友人的信》,《德里达中国讲演录》,第231页。此处汉语译文据法语原文有较多修改。

[14] 在试图解释"解构"是或不是什么时,德里达在不同场合多次强调这一点。他亦有专文讨论这一重要的原始的"是"。例如其 *Psyché*:*Inverntions de L'aurtre*(《心灵:他者的发明》)所收入的《若干个是》(英译为 "A Number of Yes"),以及 *Ulysse gramophone*:*Deux mots pour Joyce*(《尤利西斯留声机:为了乔伊斯的两个词》)。此文之一种英译的标题为:"Ulysses Gramophone:Hear Say Yes in Joyce",直译为"尤利西斯留声机:听见乔伊斯说是"。在其逝世四年前所接受的一次采访中,他还在说:"解构首先是对原始的'是'(oui)的再确认。"(《他人是一个秘密,因为他是别样的——2000年9月〈世界报〉教育版记者采访德里达记录》,杜小真译,《德里达中国(转下页)

他也因此而对"déconstruction"这个具有某种否定性外表的名或词不能满意。⑮

但如果"解构"不是对于传统观念和思想结构的虚无主义式的摧毁,"解构"——"构"之"解",或结构之解开——是否仅仅意味着对于传统观念和思想结构的某种不同的分(解)(剖)析,某种更精致的分(解)(剖)析?否!德里达在前述信中也强调:"不论外表如何,解构既非一种**分析**(analyse)也非一种**批判**(critique)",而对此法语词的翻译应该"把这一点〔也〕考虑进去"。⑯ 在德里达这里,"déconstruction"之"dé-"或"解构"之"解"何以不是传统意义上的(哲学)分析?因为这样的分析本身仍然生存于传统形而上学的幻想之中,亦即相信可以通

(接上页)讲演录》附录,第 219 页)不过,"原初的或原始的'是'"这样的表述是可能导致误解的,因为解构也是对"原初"、"原始"、"本源"、"开始"的质疑。关于此"是",德里达更严格的表述是,没有原初的"是"或第一个"是",因为此"是"始终乃我对他者之应,而作为应或回应,此"是"乃应他者之召而来者,因此已经是后来者,而不是第一者。在论述莱维纳斯关于他者的思想之时,德里达说:"如果只是他者才能说**是**,说'第一个'**是**(按:德里达此处是在接着莱维纳斯的话说),那么欢迎(按:这是莱维纳斯的一个被德里达主题化了的表述)就总是他者**的**欢迎。……如果我给'**第一个是**'的'**第一个**'加上了引号,那是为了要进行这样一个几乎无法想象的假定:没有**第一个是**,〔因为〕是已为一回应(按:亦即对他者的回应)。但既然一切都必然始于某个〔作为对他者之回应的〕是,所以回应开始了,回应命令着(按:亦即,我被命令对他者做出回应)。……必须**始**于回应。因此,从一开始就不会有第一个词。"见德里达:《告别莱维纳斯》(Jacques Derrida, *Adieu to Emmanuel Levinas*, trans. Pascale-Anne Brault and Michael Naas, Stanford, California: Stanford University Press, 1999, p. 24)。

⑮ 但德里达同时就在此语随后的括号中说,"可哪个词能令人满意呢?"(德里达:《致一位日本友人的信》,《德里达中国讲演录》,第 232 页)。从某种意义上说,"解构"也许正是对所有被接受下来的或既成的词——名——之谨慎而严格的不满。但若仅就"déconstruction"或"解构"而言,德里达之不喜此名,是由于其外表即容易引起误解。而且,他起初也没有料到它会如此流行(见上引书,第 229—230 页)。"解构"在汉语中似乎也已经膨胀为无所不在,但却没有任何严格哲学含义之词,而仅仅意味着"解开"、"拆散"等。这亦与西方的情况类似。仅就英语语境中的情况而言,"deconstruction"的动词形式"deconstruct"在非学术语境中亦非常流行,但却与德里达的思想几乎完全无关。时髦其实到处都有人在赶。

⑯ 同上书,第 232 页(原汉语译文中"解构"误为"结构")。所引汉语译文据原文略有改动。此处"批判"特指康德哲学意义上的"批判"。康德的批判哲学所欲探究的是经验、认识和思想之可能性的条件。而对于解构来说,这些事物的可能性的条件同时也是其不可能性的条件。

过解开一结构而不仅达到其不可再行分解的构成要素,而且可以达到此结构之终极起源。所以德里达要强调,对于解构来说,"一个结构的拆散不是朝**简单要素**、朝**不可分解的起源**的复归"⑰,因为向这样的终极起源的复归(的欲望)恰恰是形而上学的最基本的特征。

以上这类对于"'解构'是或不是什么"的初步辩说——或某种正名——已经在表明着,在允许某种解构操作被加之于正名之前,"解构"本身作为一名亦需要某种(即使只是最起码的)正名。而我们也已经看到,与此名密不可分的德里达即须不时如此:我们至少需要起码地知道"解构"本身究竟"合法"地是什么,而我们在"解构"之名下又究竟能"合法"地干什么?即使这一基本的正名的结果最后也许只是告诉我们,解构根本不可能"合法"地"是什么",或者,它只可能"合法"地"不是什么",或"什么都不是",就像德里达在《致一位日本友人的信》接近结尾之处所说的那样(见本章开头的题辞)。但他也时时强调此种正名之虽必要而又不可能,而这正是因为,如前所述,就像所有的名或词那样,"解构"这个名或词本身也是需要解构的和可解构的。⑱而我们正是在这样的意义上陷入一种非偶然的、结构性的困境:如果解构作为一名也需要某种形式的正名,我们就无法首先去将正名解构;而如果正名作为一操作亦要求某种形式的解构,我们就无法首先去为解构正名。那么,究竟是应该先将正名解构,还是应该先为解构正名?究竟应该是先"解"正名之"构",还是先"正"解构之"名"?换言之,如果解构和正名在这里确实处于某种不可能有任何辩证解决的、不可能"对立统一"的"矛盾"之中,如果二者在同一标题之中必然会"矛盾",甚至必然会互为对方之"矛(或)盾",那么我们究竟是应该先以解构之"矛"攻正名之"盾",而以正名之"盾"御解构之"矛",还是应该先以正

---

⑰ 德里达:《致一位日本友人的信》,《德里达中国讲演录》,第232页。

⑱ 此解构也许首先即在于德里达的下述警告:"我们的出发点不应是天真地相信'déconstruction'这个词在法文中就是对应于某个明确的、单一的意义的。"(同上书,第229页。译文有改动。)按汉语传统中的名实之说,这意味着,"解构"之名并不对应于特定之实,假使此名应该或可以有某种实的话。

名之"矛"攻解构之"盾",而以解构之"盾"御正名之"矛"?

然而,一旦我们这里无心或有意地使用了"解构之矛/盾"或"正名之矛/盾"这样的比喻,一旦我们需要在此决定二者之先后,或决定孰应(先)为"矛"孰应(先)为"盾",我们不是就已经开始无意或有心地在所谓互相"矛盾"者之间分出其实并非全然平等而相对的矛(和)盾之别来了吗?并因此而在走向此一"矛盾"的某种解决吗?因为,典型的形而上学观点恰恰会认为"矛"与"盾"其实并非完全相对或绝对平等,而是攻守异势并因而高下有别的。作为武器,矛攻盾守,因此矛的进攻性甚至侵略性似乎当然先于盾的防御性或者抵抗性。[19] 因此,在当今中国文化和西方文化的复杂交互语境中,我们也许会"自然而然"地(非自觉地、不加反思地、"形而上学"地)倾向于或更加倾向于使用"解构之矛"和"正名之盾"(而非"正名之矛"和"解构之盾")这样的比喻,因为尽管发展迅速,我们其实仍然还处在这个可以用"攻防异势"来概括其最近一百七十年之基本态势的西方文化与中国文化的关系之中。在这样的基本文化关系格局之中,我们显然很容易有意无意地就视解构为某种进攻者(即使是完全"非侵略性的'进攻者'",如果这真有可能的话,或甚至是携"真理"之音而自外而来者,而自外而来者当然总是"异(于)(自)己者",是他者),而视正名为某种防御者(即使这一'防御'不仅不是抵抗侵略,而且是对到来之他者的谨慎而严格的欢迎与款待)。

确实,我们这里谈论的解构与正名这对"矛盾"之中的攻守关系之异势在某种程度上恰恰可以象征性地代表着一个文化传统或传统文化与一个文化他者或他者文化的关系。然而,如果我们这里允许甚至希

---

[19] 典型的形而上学观点此处大概会持下述之论:矛在先,是第一性的,或主动的,盾在后,是第二性的,或被动的;盾乃必为御矛而生,矛则不必为刺盾而存;故无矛即必不会有盾,而有矛则不必有盾。然而,矛之为矛其实即已期待了盾,亦即,已经就是对于盾之某种回应,正如盾之为盾即已期待了矛,或已经就是对于矛之某种回应。矛"召唤"盾,但盾亦"召唤"矛。因此,先于盾之矛亦后于盾,而后于矛之盾亦先于矛。孰先孰后?孰一孰二?没有绝对的先,没有绝对的一,没有最原始的原始。此始终都只是相对于彼之此,因而此始终都必然只能既先于彼而又后于彼。

望促成解构与正名之间的（其实也许仍然有待于发生的）正面遭遇甚至直接交锋,这究竟意味着什么？难道二者之间的这一仍然有待于发生的遭遇甚至交锋将又仅仅只是中国文化与西方文化在这一百七十年之间无数以退却结束的战斗的一次令人失望的重复？然而,如果解构与正名——至少就此二名在汉语中所"合法"地允许的最起码的"顾名思义"而言——皆蕴涵着对名或概念的（本质、结构与历史的）某种深刻关切,那么解构与正名也必然皆以自身的方式各自蕴涵着对"矛"与"盾"之名,对传统的矛盾关系,以及对在某种意义上可以被想象为操矛进攻者与持盾防御者的西方文化与中国文化二者各自的"身份"、地位与关系的提问或质疑。由此而言,解构与正名的遭遇——假如二者真能遭遇,真正地遭遇——又将会是一件新事,一件创新之事,一个新的事件。

　　的确,解构也许已经不再是或不应再被理解为逼到中国文化之盾前的又一西方文化之矛了（我们这样说"解构不再是什么"的时候,其实也仍是在以某种方式为"解构"这一被译入汉语之中的西方之名正名。正名其实不可或缺。正名——为我们所不得不用的名词、名字、名称、名号划界、规范、定义的工作——其实始终都已然开始了。否则就根本不可能有任何言说、写作和阅读。我们怎么可能不在我们的言说、写作、阅读的每一步中确定我们所使用或读到的每一个名的意思？尽管这样的确定很可能经常都只是非自觉或无意识的,因为我们通常总是已经"自然"地与我们的语言为一体；尽管这样的正名从来不可能完全彻底,因为从根本上说一名只能正于另一名,是以正名又需要正名,亦即,正名需要解构。此容当后论）。或者,假如说,已经被译为"解构"的这一西方之名在汉语中确有一"解"字,而"解"则确会令人想到（分）解（剖）析之具,例如庄子笔下技近于道之庖丁那把游刃有余的解牛之刀,所以汉语中的"解构"确实可以唤起某种进攻而非防守的意象,那么解构之刀或解构之矛其实首先也只是西方在思想文化上对自己举起的（分）解（剖）析之器。

　　确实,解构其实首先"是"——我们这里还是在对所谓"解构"进行着不可能的正名工作,而不可能的原因之一就是,解构亦为对于"……是……"这一西方哲学经典表述的质疑[20]——对海德格尔和德里达这样的西方哲学家心目中的"西方形而上学"的解构。[21] 而如果,从某种意义上(仅仅是"某种意义上")说,哲学确实体现或代表着西方文化的本质[22],而哲学则就其本质而言或归根结底就是形而上学(海德格尔的看法),即有关存在(Being)之为存在的研究,那么解构——探究那欲为自身奠基的、进行自我设定的思想、哲学或形而上学的可能性及不可能性的条件——本身就是**作为形而上学的西方哲学的自我相异及自我开放**。解构是对西方哲学的或哲学西方的他者——那既必然命其成为自身,又令其所渴望的绝对自我封闭及绝对自我同一成为不可能的他

---

[20] "你知道,在我的文本中,在那被称之为'解构'者之中,主要事情之一恰恰就是为本体—逻辑论(l'onto-logique)划界,而且首先就是为第三人称单数现在陈述式——S 是 P——划界。"(德里达:《致一位日本友人的信》,《德里达中国讲演录》,第 234 页。译文据法文原文有较大改动。)德里达的意思是,传统的本体论(德里达在此按海德格尔的做法将此词一分为二:本体—逻辑),亦即,有关存在之为存在的哲学论述,以为自身无所不包,至大无外,而对此形而上学之解构即是欲为之划界,亦即,破其自以为至大无外之自信。作为其中一个非常重要的部分,此一解构包括对第三人称单数现在时动词"est/is/是"之质疑,而此质疑也即是对"现/在"形而上学(the metaphysics of presence)的质疑。

[21] 这也是德里达反复强调的。他在中国访问期间也至少两次明确地提到这一点:"解构首先是对占统治地位的西方哲学传统的解构"(北京大学座谈记录,《德里达中国讲演录》,第 46 页),"解构首先表现为对占统治地位的哲学、形而上学、本体论——即对存在的问题和解释—结构进行解构"(中国社会科学院座谈记录,《德里达中国讲演录》,第 80 页)。当然,"解构是对……的解构"只能是某种近似的或通俗的说法或译法(直译应该为"……的解构",此"的"字可以保留"……自行解构〔或解构自身〕"之意)。此种汉语表述已经以"对"字引入了一个进行解构的隐含主体,因为它让我们想到的是,是某一主体在对某一对象进行解构。然而,前注 3 已经提到,严格地说,解构并非主体作用于对象。解构并非是"我解构……",而是"……解构自身,或自行解构"。这也就是为什么德里达为解构"正名"时非常强调"ça se deconstruit"的原因(同上书,第 233 页)。

[22] 此说易于引起误解,但这并不是价值判断。在一个非常严格的意义上,作为一种论述方式或话语,哲学确实只是西方的。德里达在中国时,在回答中国传统是否也有逻各斯中心主义之问时,也曾简略地提及这一点:"逻各斯中心主义是一种组织话语的方式,它考虑的是'B 是 B','什么样的存在是存在'(按:此句汉语译文可能有误)等类型的问题。中国传统文化没有希腊传统中的这种本体论。并不是任何思想都是本体论的,**并不是任何的思想都是哲学**(黑体笔者所为),哲学和思想不尽相同,海德格尔就看到了这点,他力图超出哲学,超出本体论进行'思'。"读者亦可参见拙文"Philosophy, Philosophia, and *zhe-xue*"(*Philosophy East & West*, vol. 48, no. 3, July 1998: 406-452)中对此问题的详细讨论。

者——的寻求和召唤。

所以,从某种意义上说,解构其实可能代表着西方哲学文化迄今为止也许最彻底的"反求诸己"的要求。但是这一彻底的"反求诸己"却并不是让自己更深入地回到自身之内,而是要寻求和确定那使任何传统上被确信为原子或单子的自己,那使任何传统上被确信为不可再分的自我同一,成为自己——成为自身与自身相同的或自我同一的自己——的条件。而既然那使"自身与自身同一"的自己成为(不)可能者始终都是他者,所以最彻底的"反求诸己"却是让自己向全然异己的他者——向那使其成为可能亦成为不可能的他者——开放。

而这一"反求诸己"的要求,这一在自身之内和自身之外寻求他者的要求,在我们的标题"解构正名"所提供的多重语境之内,恰恰可以被视为一个追问和探究名之起源、结构、谱系和历史的要求:追问和探究被传统所确立所尊重的、同时也是传统赖以为其意义大厦之基石的诸名本身的起源、结构、谱系和历史。㉓ 而如果名并非由上天或上帝一

㉓ 根据海德格尔,名之被确定为第一性始于古希腊哲学。古希腊对语言的哲学研究在语言中首先区分出来的是两种基本词类:名词和动词。有关名词与动词孰先孰后孰主孰从的决定所蕴涵的其实乃是一根本性的形而上学决定。西方形而上学在此决定性地站到了名词一方。在欲求终极之名的西方形而上学的历史中,相继成为其意义大厦之基石的名有:phusis[自然],logos[逻各斯,道,理性],on[Sein, Being, 存在],idea[理念,观念,相],substantiality[实体,实在],objectivity[客体性],subjectivity[主体性],意志,权力意志,意志意志,等等。这是海德格尔在《形而上学的本体—神学—逻各斯构造》(*Identity and Difference*, trans. Joan Stambaugh, NY.: Harper and Row, 1969, p.66. 参见孙周兴编《海德格尔选集》下卷,上海:上海三联书店,1996 年,第 837 页)这篇演讲中给出的一个短名单。类似的名单亦见于德里达的《人文科学话语中的结构、符号、与游戏》一文(*Writing and Difference*, trans. Alan Bass, Chicago: The University of Chicago Press, 1978, pp.279-280)。此名单略长,计有:eidos[本质],arche[本原],telos[目的],energeia[能],ousia[本体](这是亚里士多德所用的概念,本身又被译为 essentia, essence, existence, substance, subject),aletheia[去蔽,真],transcendentality[超越,超越性],consciousness[意识],God[上帝],man[人],等等。探究西方哲学的这些根本之名即是探究西方哲学自身(为自身所奠)之基。就此而言,致力于解构西方形而上学的海德格尔对 Sein(Being, 存在)这一西方形而上学的根本之名的探究乃是对整个西方形而上学的根本性探究,是对那同时使西方形而上学本身成为可能者及不可能者的探究。德里达的解构则既是海德格尔工作的继续,又是对海德格尔思想本身的某种解构。正是德里达的解构——对西方形而上学之名的解构——将他引向一些"非名之名":différance(延—异),trace(痕迹),hymen(处女膜),等等。

劳永逸地制定和给出,如果名各有自己的起源、结构、谱系和历史,那么无论何名,就都不可能具有永恒和绝对的合法性。因此,对形而上学赖以"安身立命"之诸名的追问和探究就意味着对形而上学之基础的某种解构。

但是,这里也许需要立即重复一下,此一"解构"绝非意味着形而上学本身的最终拆毁或消灭。解构所欲确定的是那**使形而上学同时成为可能及不可能者**。如果对形而上"者"的欲望,或超越的欲望,是人之为人就必然以某种方式会有的欲望,如果此种欲望才是人的最本质、最终极的欲望,而如果语言正是此种本质的、终极的欲望的生灭之所,亦即,是同时既产生此种欲望又使其从根本上即无法满足者,是使此种欲望同时既可能又不可能者,那么形而上学也许从根本上就是无法结束或消灭的。就此而言,解构之解构形而上学——或形而上学之解构自身,解构自身所依赖之名——并不是要与自己生/活于其中的那个形而上学传统彻底决裂。与通常对解构的可能误解相反,没有什么东西能比"彻底决裂"这样的观念更加远离解构的"立场"了,如果解构也可以说有任何传统意义上的立场的话。[24] 解构不是对西方传统的简单否定,而是西方传统之更深刻的开放,一个向着他者——那既使其可能,亦使其不可能的他者,"不可能"则是说,不可能使其继续作为其自我想象中的"至大无外"者而存在——的深刻开放。而正因为如此,正因为解构在非常深刻的意义上是西方传统之积极地与自身相异,所以解

---

[24] 这也就是为什么德里达发表的第一本访谈录,一本首次以访谈形式表明他自己的"解构"立场的书,题为"positions",亦即,**不止一个立场,不是单一立场,而是"诸种立场"**。而如果我们想一下人或某一理论怎么可能真有不止一个立场,如果我们想一下,当有不止一个立场时,是否还能有任何真正的立场,就会开始理解德里达这里关于解构本身的"立场"的深意。解构不可能只有一个单一的明确的立场,而这意味着,解构不可能有传统意义上的"立场"。但这却并非意味着,解构根本没有任何立场。如果必须要说的话,这里我们首先应该说,解构首先是对"立场"的解构,或者,是"立场"本身的解构。没有这一解构,我们就还不可能有任何真正的立场。但有了这一解构,我们也不再可能有任何**简单的**立场。所以,对德里达来说,一本表明解构之"立场"的书需要采取一个复数的"positions"作为标题,实非偶然。

构才其实也是这一传统的最积极最自觉的(重新)自我认同。[25] 而作为这样的认同,解构也是对于西方传统之他者的最积极最自觉的欢迎。

四、初解正名之构

如果以上可说是对"解构"的某种不可避免的正名,那么此正名至少可在字面上将我们引回到中国传统中那悠久的"正名"之说。据说,在中国历史的开端之处,为了使尚未有名之物有名,黄帝即曾"正名百物"。[26] 但此"正名"乃"予事物以正名"或"正确地命名事物"之意。而作为中国这一甚至会被冠以"名教"之名的文化的一个根本要求,一个与"政—治"问题紧密相关的要求,"正名"则为孔子所首先正式提出。此语之原初语境是弟子子路与老师孔子之间的一段问答:

> 子路曰:"卫君待子而为政,子将奚先?"
> 子曰:"必也,正名乎?"

孔子这里在说什么呢?要是卫君等我来为政的话,要先做什么呢?如果一定要说出来的话,我想那大概一定是正名吧?但弟子却并不以老师之话为然:"有是哉?子之迂也!奚其正?"正什么名呢?名有什么可正的呢?子路的不思而言让孔子有些恼怒:"野哉,由也!君子于其所不知,盖阙如也。"你可真够野的,子路!君子对自己不知道的是不乱说的。于是孔子即以"如果名不……,其他一切就不……"的条件句形式向子路解释和强调了"正名"的重要:

---

[25] 关于这一问题,可以参看德里达的 *The Other Heading*: *Reflections on Today's Europe* (Trans. Pascale-Anne Brault and Michael Naas. Bloomington: Indiana University Press, 1992) 一书中有关论述。

[26] 郑玄注,孔颖达疏:《礼记正义》卷47 孔疏:"'黄帝正名百物'者,上虽有百物,而未有名,黄帝为物作名,正名其体也。"陈澔《礼记集说》(北京:中国书店,1994年,第395页)释云:"正名百物者,立定百物之名也。"

> 名不正则言不顺。言不顺则事不成。事不成则礼乐不兴。礼乐不兴则刑罚不中。刑罚不中则民无所措手足。㉗

根据孔子给出的从"正名"开始的这一顺序,如果名乃言之所倚,言为事之所赖,事是礼乐刑罚之基,而礼乐刑罚(亦即社会制度)则是人作为人所有的安身立命之所,那么名所具有的重要性确实是根本上的。一切都将从名开始,所以名必须正(确)。

但孔子所言之"正名"——这一在汉语中表述出来的"正名"——究竟何谓?是黄帝"正名百物"意义上的正名吗?或是有如以上所进行的"解构是/不是……"那样的欲说明一名本身意味着或并不意味着什么这一意义上的正名?似乎并非如此。而且我们知道,对孔子此言之解自汉代以来便异说纷纭。㉘那么,究竟应该如何理解孔子所言之"正名"。为了回答这一问题,我们首先需要回到中国传统之中,而从其所理解的基本名实关系开始。

中国传统历来在名实关系中思考名。在这一对名于实的模式中,名本身与实本身似乎总是被想为简单明确的、不可分割的自我同一者:一名即一名,一实即一实。在这样的思路中,名与实在被分而言之时似乎均不会被认为有任何问题。然而,这一理想的"分而言之"却是不可能的,因为在这一传统中,名又自始就被认为**只是**实之名,是仅为实而存在之名。所以,无实即无名——无须名,也无所谓名。名仅为实之

㉗ 《论语·子路》。

㉘ 杨伯峻在《论语译注》(北京:中华书局,1980 年,第 134—135 页)中说:"关于这两个字的解释,从汉以来便异说纷纭。皇侃《义疏》引郑玄的注云:'正名谓正书字也,古者曰名,今世曰字。'这说恐不合孔子原意。"杨伯峻在译文中以"名分上的用词不当"来解释"名不正",以为此解"似乎较为接近孔子原意"。他并引《韩诗外传》卷五以支持自己的这一解释:"孔子侍坐于季孙。季孙之宰通曰:'君使人假马。其与之乎?'孔子曰:'吾闻君取于臣曰"取",不曰"假"。'季孙悟。告宰通曰:'今以往,君有取谓之"取",无曰"假"。'孔子曰:'正假马之言而君臣之义定矣。'"杨以为此"更可以说明孔子正名的实际意义"。但此"正言"应该被区别于"正名"。前者基于后者。如果不认定"君"之名即蕴涵"君乃只取而不假/借者",即不可能正假/借马之言。将"正名"仅仅解释为"纠正名分上的用词不当",并不能揭示其复杂含义。

称,名仅以名实或命实,故名应符实。㉙ 在此种名实观念中,名表面上只是实之附庸,故这一传统会以"名为实之宾"来形容名实关系,就好像前者只是陪衬后者以显示后者的主人身份与地位的宾客。㉚ 这当然也就是说,**实为名之主**。而一分宾主,则即有高下。然而,实作为主却又自始即有待于传统上仅被视为宾之名以成为主。因为,实亦**仅当被称谓之时**——为名所名或所命之时——方可为一实,一"有名"之实。㉛ 所以,尽管这一传统相信无实即无名,但其实反之亦然:无名即无实——无可以被名指出和标志之实。于是,名与实之间传统的宾一主式等级关系也才必须同时反过来看:宾(名)为主之主,主(实)为宾之宾。然而这样一来,我们就不再能够清楚明确地知道,在名实关系之中,究竟是"名符/副其实",还是"实附/合其名"了。㉜ 我们因此也就无法在此一关系之中找到一个明确而稳定的标准或依据。

在这样一种其实不可能有任何明确而稳定的标准或依据的名实关系中,"正名"又究竟能意味着什么? 首先,在汉语中,初步地说,如果脱离具体语境,那么"正名"其实既可被读为动宾式的"使名正",也可被读为偏正式的"正确的名"。因此,这又是一个至少可以两读的表

㉙ 所以,在道家思想中,道之无名与道非一实是连在一起的。大道不称(《尹文子》),道恒无名(《老子》)。而道之永远不可能有任何真正的名,"名副其实"意义上的名,即因道终非一实,一可与它实区而别之之实。而恰因道终非一实,所以"道"作为名亦非一真名,一本来或通常意义上的名,而是一"知其不可名而名之"之"(勉)强(之)名"。这里不是具体分析道如何是使任何一名同时成为可能与不可能者(参阅本书"'道'何以'法自然'"章中有关论述)。然而,我们必须补充一点,即囿于名实相应的传统名实观念在思考仁、义、道、德或善这些名时就暴露其根本局限。正因为这些名本质上即无与之相应之实,而传统名实观念又要求名符其实,所以关于这些名或观念的讨论常以举出符合这些观念的"实"例为结束。"某一名意味着什么?"的问题于是变成"谁或什么可以此为名,或可以此名来描述?"的问题;"何为仁"变成"谁的什么行为可以仁为名,或可名以仁?"。

㉚ 《庄子·逍遥游》:"名者,实之宾也。"当然,庄子此说之语境是讨论特定的名实关系,亦即人之外在的名声与其所真正享有的内在生命之间的关系,而非一般性的名实关系。然而,在中国传统中,这两种名实关系历来都是密不可分的。

㉛ 此即庄子"道行之而成,**物谓之而然**"(《庄子·齐物论》)之说。

㉜ 是以韩非子会有这样的"循环"说法:"名实相待而成,形影相应而立。"(《韩非子·功名》)

述。当然,有人会说,最经典的"正名",亦即,孔子的"正名"之说,却只应被解为前者而非后者。但即便如此,何又谓"使名正"?就其本身而言,这一表述意味着,"使名本身正(确)"。但既然名乃实之名,名"本身"就并无所谓正与不正。名之正(确)与不正(确)其实始终都是相对于其所名之实而言的。因此,"使名本身正(确)"也许就只能意味着,"使实(或事物)之名正(确)"。而这可以被理解为,实本身之名不正(确),所以应该纠之使正。亦即,还一实以其正(确)(之)名。但如此理解的"使名正"却蕴涵着,要求或进行正名者必然已经知道何为一实之"正(确)(之)名"了。例如,"指鹿为马"是"马"这一名在某种情况下被(借助权力甚至暴力)有意误用于甚至强加于鹿这一实。这一情况下的正名(操作)因而就只可能是还鹿与马这些不同的实本身以其各自"本来"的名。但在如此进行之时,我们必然已经知道这些实"是"什么,或更准确地说,已经知道这些实"本来"以何为名了。我们可说即是在这样的意义上知道这些实的所谓"正(确)(之)名"。

那么,孔子之所以要求为政即必先"正名",是否也因为他在自己的时代中看到了某种类似"指鹿为马"情况中的名实错乱呢?具体地说,如果孔子那著名的"君君,臣臣,父父,子子"(《论语·颜渊》)之说即其典型的具体正名之举㉝,那是否也是因为孔子在当时那非常重要的君臣父子之实与君臣父子之名的关系之间发现了"指鹿为马"式的错乱呢?孔子此说是否因而就意味着:"君"、"臣"、"父"、"子"之名已

㉝ 杨伯峻《论语译注》(第128页)中将此语译为:"君要像个君,臣要像个臣,父亲要像父亲,儿子要像儿子。"但这些生动的古典表达一旦勉强译成现代汉语,就失去了其表达力量。其实,已经不再容忍此类古典表达的现代汉语应该将之重新请回来。为了翻译海德格尔,现代汉语译文中已经出现了像"物物"、"世界世界着"这样的表述,而且似乎还颇受欣赏,但这却只不过是因为喜读西方现代哲学翻译的汉语读者有些可能已经不再熟悉汉语的古典表述。冯友兰《中国哲学史》(上海:华东师范大学出版社,2000年,上册,第53页)解释此语时说:"上'君'字乃指事实上之君,下'君'字乃指君之名。臣父子皆如此例。"但下"君"字其实应首先被理解为动词。此可以齐景公对孔子的回应之语来印证:"善哉!信如君不君,臣不臣,父不父,子不子,虽有粟,吾得而食诸?""君君"意味着,君去"是"君,或去作为君而存在,"君不君"则意味着,君没有去"是"君,没有作为君而存在。

解构正名 | 31

被人有意无意地误用于无君、臣、父、子之实者,所以应该恢复他们各自本来的"正(确)(之)名"呢?这在春秋时代也并非全无可能,但却似乎不是孔子所言"正名"之本意。但那还正什么名呢?

　　传统的解释在此似乎大致是,正名是要让那些**已有**"君"、"臣"、"父"、"子"之名者去符合其各自之名。换言之,这就是要让君臣父子去认认真真地"是"或"做(好)"君臣父子。但如果此即孔子所希望的"正名"之意,那么这一意义上的"正名"却不仅不是欲正一实之名,亦即,还一实以其"本来"之名,而且还恰恰正是其反面,亦即,欲正任何一以某名为名者之实。这就好像是,只要你已经被给予"马"之名,已经有了"马"之名,那你就得好好让人骑乘或为人拉车(无论你是不是马)。正因为这一传统的正名要求或这一要求正名的传统从一开始就不是要"为实正名",而是要"以名正实",亦即,不是依实而纠正名,而是**依名而纠正那以之为名者之实**,所以中国传统中这一经典的"正名"之说才本身就应该首先被加以某种正名:此"正名"实乃"正实"也。

　　"正实"何以可能?在鹿之实而被"马"之名的情况中,也许不可能有所谓"正实"的问题。即使我硬是"指鹿为马",或名鹿为马,也很难就真能让鹿依"马"之名而去行马之实。但在君、臣、父、子的名实关系中,如果情况不是简单的子顶父名,或臣冒君名(此皆为某种"犯上作乱"),而是君、臣、父、子确皆已各有"君"、"臣"、"父"、"子"之名,那么,这一其名似应被正之为"正实"的"正名"操作之可能性或许首先就在于下述"暧昧"情况之中:名为"君"、"臣"、"父"、"子"者一方面确实就已经是君、臣、父、子,但另一方面却还不是君、臣、父、子。而所谓"不是君、臣、父、子"则只能意味着:不是符合"君"、"臣"、"父"、"子"之名所名者的君、臣、父、子。是以才需要根据其名而正这些以"君"、"臣"、"父"、"子"为名者之实。

　　但这一意义上的"正名"或"正实"操作之可能,同时却也必然既要求被正之实有可依己之名而正己之实的可能(而有此可能之实似乎只能是人),又要求着名本身——名之"内容"或"内涵"——之已然存在及已然"公认"为正:正确,正当,正常。我们不可能从事于"正名"而不知"正名":我们不可能在以某一"名"来"正"某一人或事或物之实时却不知此名何谓。知人、事、物之名何谓就是知其"正(确)(之)名"。所以,中国传统中的"正名"操作依赖于既成之"正(确)(之)名"。㉞ 只有已经最起码地知道何谓/何为君臣父子,只有对"君"、"臣"、"父"、"子"之名本身之正有着普遍无疑的确信,亦即,只有在对这些既成之名应名何实或应命何实有了为传统或权威所认可的一致看法之时,要求正名者才有可能以此诸"名"来让实际上的君、臣、父、子去正自身之"实"。

然而,这样的"正(确)(之)名",这样的被传统所拥有之权威认可的、又由拥有正名之权者所批准的、各有其确定之内涵的"正(确)(之)名","最初"又能自何而来?荀子对名之"起源"有个著名的说法:

> 名无固宜,约之以命。约定俗成,谓之宜。异于约,则谓之不宜。名无固实,约之以命。约定俗成,谓之实名。㉟

这就是说,名本身之是否(被认为)适宜或恰当,以及名之所名或所命应该为何,其实本无一定之规,而只起于某种共同的决定。这一共同的决定或所谓"约定俗成"就是一名之"正确"、"正当"、"正常"的合法保证。例如,如此约定了"马"为一种动物之名,"鹿"为另一种动物之名,

---

㉞ 是以中国传统中才有很多钦定或非钦定的"正名"汇编。东汉班固编撰的《白虎通义》即是此种汇编之一。其言君臣之名曰:"君,群也,下之所归心;臣,繵坚也,属志自坚固。《春秋传》曰:'君处此,臣请归也。'"其言父子之名曰:"父者,矩也,以法度教子;子者,孳孳无已也。故《孝经》曰:'父有争子,则身不陷于不义。'"在此之前,这些"正名"已经见于不同典籍。例如,《郭店楚简·六德》:"父圣,子仁,夫智,妇信,君义,臣忠。"《春秋左传·隐公三年》:"君义,臣行,父慈,子孝,兄爱,弟敬,所谓六顺也。臣行君之义。"《礼记·礼运》:"何谓人义?父慈,子孝,兄良,弟悌,夫义,妇听,长惠,幼顺,君仁,臣忠。"此皆为根本层面上的"正名",亦即,确定名本身之正确内容。在此之后,才有可能以这些"正名"去"正"那些具体有此诸"名"者之实。反之,不以此诸"正名"为正者——例如中国五四时代的社会改革者和文化更新者——就必须首先挑战这些传统"正名"之正(当性)。例如,鲁迅之作《我们今天怎样做父亲》(《鲁迅全集》,北京:人民文学出版社,1981 年,第 132—146 页),在某种意义上就是欲重新为"父"之名"正名"。

㉟ 见《荀子·正名》。

"马"与"鹿"就分别成为此二动物之"正(确)(之)名"。这在一定程度上近于索绪尔所说的"符号的任意性"(the arbitrariness of the sign)。但此种意义上的"正名"当然也包含着对马、鹿之何以为马、鹿的一定理解。㊱ 因此,名之"约定俗成"有两层意思:一、某(种)物被约定命以某名(某种动物被名为"马");二、某名被约定为具有某些内含("马:哺乳动物,头小,面部长,……四肢强健,每肢各有一蹄,善跑,尾生有长毛。是重要的力畜之一,可供拉车、骑乘、耕地等用"㊲)。

然而,如果中国传统承认名本身乃是如此"约定俗成"的,那么我们就必须同时承认,已经被接受为事物之"正(确)(之)名"的任何名本身的那个"正"其实都并无本源的或终极的合法性。因为,所谓"约定俗成"本身其实必然包含着不同利益不同势力的较量或政治斗争,而非众口一词的赞成。㊳ 而且,任何新的约定俗成都需要通过已经存在的约定俗成来实现。所以,我们永远不可能达到一最本源的约定俗成。因为,欲约定任何一实之名,或一名之实,例如,约定君、臣、父、子之名与实,做出约定者之间就必须已然拥有作出约定的可能性,亦即,已然拥有可以让人进行种种约定的"成名"或语言。语言本身,作为一个索绪尔意义上的只有诸差异项活动于其中的系统,或作为德里达意义上的différance,则从不可能是任何约定俗成——即使那被想像为最原始的约定俗成——的结果,因为无论想约定俗成地产生如何"原始"

㊱ 例如,董仲舒《春秋繁露·深察名号》即如此"顾名思义"地理解"士"与"民"之名:"士者,事也;民者,瞑也。""士"与"民"皆为"约定俗成"之名。没有绝对理由一定要称某种人为"士",称另一种人为"民"。但当"士"之意义被理解为"(从)事","民"被理解为"瞑(冥顽不化)"之时,此二名就通过某种同音释义的方式(这是汉代的常见情况,但《论语》中此种情况就已经出现了,例如我们下文将要提及的"政者,正也")而被附丽于一定的理解之上了。

㊲ 引自商务印书馆《现代汉语词典(修订本)》。此即一名之所谓"定义",可算是一种约定,但却并非"天经地义"。《庄子·马蹄》中对马的描述即有所不同:"马,蹄可以践霜雪,毛可以御风寒。龁草饮水,翘足而陆,此马之真性也。虽有义台路寝,无所用之。"

㊳ 因此,《荀子·正名》中有一"矛盾":一方面,名乃"约定俗成",但另一方面,名不(可)能"约定俗成"。"制名"或"作名"者应为圣王。其所制作之名需要为民所接受和遵守。所以,"析辞擅作〔名〕以乱正名"者,亦即,欲擅自与人约定新名或改变成名(之内涵)者,在荀子这里就必须受到压制。

的语言,都需要有一个使此约定俗成成为可能的"更原始"的语言已经在位。

　　语言,人已然生于其中的任何特定语言,为无论出于什么目的而欲正名者提供了能够让他们通过**别一名于它名**而约定或纠正任何一名之实的种种名。而这些名,作为已经给定与已被接受下来的名,每一个都通过自身与其他名的差异性联系而作为一"成名"或"定名"而存在。因此,理想的正名结果不可能是经由一个步步后退的过程而达到一"最理想"的名,一可正一切名之正名,一具有终极之正的名,或一终极之名㊴,而只能是达到一切有限的、相对的正名(活动)的可能性的条件——一个使任何正名之正成为可能,但亦同时使任何一名的终极之正成为不可能的条件:语言。因为,一名始终只有区别于它名才能成为自身,亦即,成为一可以名某实之名。就此而言,可以说,一名始终只能正之于另一名,另一名又只能正之于另一名,以至于无穷。任何正名——作为(积极)活动的正名以及作为结果的正(确)(之)名——都只有在这一普遍的名之差异运动(亦即,诸名通过相互区别又相互联系而成为自身)之中才有可能,而这一(产生)差异(的)无穷运动则使任何名都不可能有基于自身之正。

　　然而,名若须成为名,亦即,成为能"名/命"实之正"名",那么名之如此既正亦不正,既非正亦非不正的起源或出身就必须被遗忘或被压抑。而只有在对此一产生一切名的"先于一切本源"的差异运动的遗忘或压抑发生之后,名才会被视为从来即拥有其"固(定)(之)实"的天经地义之"正(确)(之)名",因而也才可能有中国传统中所十分重视的正名——正名之实,或正实以名——的问题。

　　㊴　但此欲望却又必然会始终存在。董仲舒《春秋繁露·深察名号》中一段话就典型地表达了此种追求终极之正名的倾向:"名者,大理之首章也。录其首章之意,以窥其中之事,则是非可知,逆顺自著,其几通于天地矣。是非之正,取之逆顺。逆顺之正,取之名号。**名号之正,取之天地。天地为名号之大义也**。"在董仲舒这里,或在整个中国传统之中,"天(地)"即为终极之正名,或一保证任何名本身之正的正名。

五、名何以可"僭窃"?

对于名之"起源"的遗忘或压抑产生对名——对名本身既定之正——的某种崇信。既然名本身之正或其似乎应有之"固(定)(之)实"已经如此确立,剩下来的当然就只是要确认任何(正)名之下的个别具体之实是否符合其名了。崇信名之力量——崇信名本身之正——应该是所谓"名教"之产生的基本原因。⁴⁰ 而此教则始终可以有两种进行正名的方式:一、令有其名者皆有其实。此似为中国传统中源于孔子"君君,臣臣,父父,子子"之说的主流方式;二、(当实不再能够按照正名要求而据名以正己之实的时候),从一名之下排除那名不符实者,或从一实之上拿掉其已经不能或不再与之相符之名。⁴¹ 此即孟子之"闻诛一夫纣矣,未闻弑君也"之论,或荀子提到的那欲以名乱名者的"杀盗非杀人"之辩所用之方法。此二方式则皆依赖于那现在已经开始被视为天经地义而不容质疑的名——正(确)(之)名——本身的强大命

---

⁴⁰ "名教":教之以名,据名而教,以名为教。教之以名是传统所谓"小学"或"小人之教"的任务:语言和文字的习得。据名而教则是传统所谓"大学"或"大人之教"的任务:学习不同的名为个人在人伦中所确定的地位,并通过与这些名的认同而成为能为他人负责的人。此种学习即传统所谓"学礼"。以名为教则是根据所谓正名而建立和维持作为社会的政治结构的人伦。

⁴¹ 孔子似乎更赞成前一方式:"季康子问政于孔子:'如杀无道,以就有道,何如?'孔子对曰:'子为政,焉用杀?子欲善,而民善矣!君子之德风;小人之德草。草上之风必偃。'"(《论语·颜渊》)但《荀子·宥坐》及《孔子家语·始诛》皆载孔子诛少正卯之事("孔子为鲁摄相,朝七日而诛少正卯";"孔子为鲁司寇,摄行相事……七日而诛乱政大夫少正卯,戮之于两观之下")。据说孔子所列少正卯之恶为五:"一曰心达而险;二曰行辟而坚;三曰言伪而辩;四曰记丑而博;五曰顺非而泽。"其危害性在孔子看来其实主要就是有能力以语言来煽动人/民对抗既成秩序:"居处足以聚徒成群,言谈足以饰邪营众,强足以反是独立。"(《荀子·宥坐》)此正是《荀子·正名》中所言之"敢〔于〕托为奇辞以乱正名"者之所为。此种人并不是以非名教对抗名教,而是欲以不同之名教民,从而"使民疑惑,人多辩讼"。这样,王者即难以"慎率民而一焉",因为当"善"这一"成名"为所谓"奇辞"所乱之时,当"善"这一名不再意味着确定之善时,"欲善"的为政者也就不再能够以自己所欲之善而使民像风下之草那样向善了。所以,名教的最危险敌人始终都是那能以所谓"奇辞"乱"正名"者,故《礼记·王制》即载有以下严厉之刑:"析言破律,乱名改作,执左道以乱政,杀。"

名/命令力量。因此,在中国传统中,"名者,命也"㊷。名的任务照中国传统说就是名/命实。而所谓"命实"则不仅意味着"为实命名",而且意味着,"命(令)"一实作为一实,作为一不辜负其名之实,作为一与它实有别之实,而站出来。而既然一实也只有在如此"受(名之)命"之时方能真正"现出自身",名的真正作用其实就远非仅仅是被动的指出与标志实之为实,而是让任何实作为实而到来。这也就是说,实实,使实实,让实真正成为实。

名对实的这一命名/命令力量首先出现和隐含在名对实的描述作用之中。一旦某名被"符/副"于某实,或某实被"名/命"以某名,在此一被建立起来的特定名实关系之中就会浮现出此名对此实的某种描述。此描述可以是形诸话语的,也可以(经常)是未经明言的。因此,说出一名不仅是指出某一实,而且也是对于该实之某种描述。说出"马"这一名不仅是指出任何可能的马,而且也是理解马之如何为马,亦即,在言者与闻者心中描述出马本身的某种形象,无论此"理解—描述"是否自觉。否则,"马"就会成为无实之空名,于是也就不会有任何马。但描述同时也是规定。描述出马的形象即规定了马之如何为马。只有如此,才有可能在"马"这一名之下找到马,并在此名之下排除那不符合马之为马者。

传统的正名活动即基于名的此种描述/规定作用,或其命令力量之上。但正因为如此,正名才是从根本上即不可能不无暧昧性或多义性的操作,一个必然既进行描述又进行规定的操作。一方面,名为实之宾,所以"名"必须"副其实"。㊸ 另一方面,名命实为实,所以"实"又必须"符其名"。所以,正名活动其实始终都**既是**欲使名正确地命实,亦即,正确地描述其所命之实,**亦是**欲令实合乎蕴涵在名之描述中的对此实的规定或命令。名——或拥有"制名"、"作名"以及与之相应的"正

㊷ 董仲舒《春秋繁露·深察名号》:"名之为言,鸣与命也。"
㊸ 《荀子·正名》:"名也者,所以期累实也。"

名"之权的王者㊹——即通过这样的"规定性的描述"与"描述性的规定"而让任何一实作为一符合名之描述/规定——或服从名之命令——的实而站出并存在,并在必要之时从自己之下排除那些不能或不再符合其描述/规定之实,或那些不能与不再服从其命令者。㊺

例如,"王"为一重要之名。此名作为名描述/规定或命令一实。因此,那以"王"为名者必须能合乎此名对王之为王的描述/规定,或服从此名之命令,方可名为和称为"王"。㊻ 根据此名,在中国传统中,本来只有受命而统治天下的唯一者方可名为"王"。而在东周时代,有些本来是为那唯一之王——周天子——所封之诸侯也开始要求自己被称为"王",或甚至开始径以"王"自称。从原来的"约定俗成"或传统的政治语法来看,某种名不符实的问题就发生了。于是,对于意欲维护传

㊹ 《荀子·正名》:"故王者之制名,名定而实辨,道行而志通";"若有王者起,必将有循于旧名,有作于新名。"

㊺ 其实,每一至高权力或每一社会都必然会以特定方式同时进行此二活动。就中国传统而言,礼乐教化是欲使社会成员"实符其名",亦即遵照其各自"名分"而行;政法刑罚则是欲以不同方式限制、压抑或排除那些被认为"实不符名"者。所谓放逐(试比较古希腊的"ostracism",亦即"贝壳放逐":共同体成员投票决定从其中暂时排除某人)可能是此种排除较为"温和"的形式。而死刑在某种意义上则可能是此种排除最极端但也最典型的方式:从"人"之名下无可挽回地抹除被认为不再符合此名者。因此,死刑可被视为拥有至高正名权力之政界定自身之为正名之政的根本方式。但死刑其实同时也与**以正名为己之至高之权与终极之任的政**"自相矛盾"(又是一个"自相矛盾"!),因为死刑彻底剥夺和否认了其所欲正其名之人的据名以正己的可能性。参阅并比较德里达对于西方神学—政治传统中的死刑的分析(德里达:《关于死刑》,张宁译,《德里达中国讲演录》,第163—206页。他在这个讲座的结尾意味深长地说:"死刑意味着它所惩罚的罪行对于地球上、社会中的人来说,是永不可饶恕的。一个受害者在其心中诚然可以原谅一个被处死刑的罪犯,但社会——或者说判人死刑并执行之的法律机制,乃至掌控赦免权的国家首脑或执政者,却拒绝(赦免)被行刑者。这样的社会……不再原谅什么。好像是这些权力决定了犯罪应当永远得不到宽恕:在这方面,死刑意味着无可补偿或不可宽恕,不可逆转的不宽恕。宽恕,宽恕的权力,因而回到了上帝那里。'原谅我,上帝!'"[第206页])。关于以正名为己之至高之权与终极之任的政,详见本文下节中之论述。

㊻ 董仲舒《春秋繁露·深察名号》:"深察王号之大意,其中有五科:皇科、方科、匡科、黄科、往科。合此五科,以一言谓之王。王者皇也,王者方也,王者匡也,王者黄也,王者往也。是故王意不普大而皇,则道不能正直而方。道不能正直而方,则德不能匡运周遍。德不匡运周遍,则美不能黄。美不能黄,则四方不能往。四方不能往,则不全于王。故曰:天覆无外,地载兼爱。风行令而一其威,雨布施而均其德。王术之谓也。"

统秩序者来说,为了让"王"之名维持自身为一传统的"正(确)(之)名",现在就必须正此名下之实,亦即,从"王"这一名下清除或驱逐不符合"王"之名的任何实。而这也就是说,恢复此名原有的描述/规定或命令力量。㊼ 而欲恢复此一力量也就是欲恢复或维持由此一力量所维系的那一传统政治秩序。然而,名之命令力量或名之权威却并非绝对永远不可挑战,而且其实始终都在被挑战。春秋战国诸侯争"王"之名就正是对于传统之名的一种挑战。而当那些根据原来的"王"之(正)名似乎本不可或不应被名之为"王"或以"王"为名者也开始以此名自称之时,"王"之名本身就开始受到严重的影响或遭到致命的感染。因为,如果"王"现在可被用以称呼似乎本来不能和不应以之为名者,此名也就不再是原来的那个名了。于是我们发现,如果名可以描述/规定和命令实,实亦能够在某些情况下影响和感染名。㊽

如果我们继续在中国的这一名实关系传统中提出问题,那么现在就必须问,为什么所谓实可以反过来影响或感染名?这一影响或感染究竟意味着什么?是(内在于名本身的)什么使这样的影响或感染成为可能?

用索绪尔语言学的术语说,"王"作为名是一个我们如今通常译为"符号"的"sign"。而如果用中国传统中名家(公孙龙)的说法,则"王"乃一指。符号必为某一事物之符号,从而"符合"该事物,"代表"该事物。㊾ 指则必有其所指(出)者。在中国传统观念中,"王"作为名所代

㊼ 我们此处或可以孔子"觚不觚"之叹为例:"觚不觚,觚哉!觚哉!"所谓"觚不觚",是说觚之实已不符"觚"之名。孔子之能有此叹,首先当然是因为在传统的"觚"之名中已经蕴涵着对觚之"应该"如何的描述和规定。此名"命(令)"任何以"觚"为名者必须是"觚"之名所描述和规定之觚。如果有不"服从"命令者,那么理想地说,此一抗命者就应该从"觚"之名下被驱逐。然而,如果此不"服从"命令者**能够**抗拒驱逐,并进而肯定自己也是有同样权利的觚呢?那就会发生权力之争。正名始终都与权力问题密不可分。

㊽ 此一能影响名之实必为一能为己"正名"或为己"争名"之实,即那些欲自名或自命为王者。因此,我们也许可以谈论另一种意义上的"正/争名",一种并非孔子本意的"正名"。

㊾ 现代汉语的"符号"合"符"与"号"而成。"符"为"兵符"、"符节"之"符",其意为以此合彼。是以汉语才有"名'符'其实"之语。"号"乃"名号"之"号",故"号"亦"名"。董仲舒《春秋繁露·深察名号》中合言时为"名号",分言时则"名"为"名","号"为"号"。

解构正名

表者或所指者本来是天地之间的唯一统治者。所以,王应该只有一个。从而"王"这一名就应该是独一无二者之名,一个独一无二的专有之名。然而,如果"王"真是或只是这样的"专有之名",我们就不会在王这一问题上有所谓"名不符实"或"实不附名"的问题。

试以人名为例来说明。"孔丘"作为独一无二的专有之名指向独一无二之实,就是以"孔丘"为名之人。在这里,原则上是不可能有任何所谓"名不符实"或"实不附名"的混乱发生的。因为,任何独一无二的专有之名原则上都是不可代替或翻译的。因为,翻译意味着,以一个符号系统中的某符号来代替另一个符号系统中的某符号而表达同样的意义。例如,以英语的"name"来代替汉语的"名"。翻译的可能性蕴涵着意义之"超越"于任何特定符号系统——特定语言——的某种普遍性,尽管意义的这一"超越的普遍性"并非直截了当而毫无问题。因为,他事姑且不论,一个词中总有某些东西——某些意义——是另一语言中的所谓"单一对应词"翻译不了的。是以一语言中的每一个词都对应于其他语言中的不止一个词。但是,专有之名却没有这样一种具有"超越的普遍性"的意义,因而无法在"翻译"一词的通常意义上被翻译。所以在遇到专有之名时,人们才大多求助于"音译",亦即,在一语言之内"模仿"另一语言中的某种声音组合。此种与所谓"意译"相对的"音译"蕴涵着,在被译者中其实并没有任何"意"或"义"。这就好象是,为了"翻译"人所不理解的、因而被视之为"无意义"的动物"语言",我们所能做到的最好的就是以人声尽量模仿动物之声,其结果则体现为语言中所谓的象声词(onomatopoeia)。象声词可说是某种"音译",而其作用似乎就是作为某种"名"而指出和标志作为某种"实"——某种实在之物——而存在的动物之声。这样的"音译"乃是只有确定所指(亦即,名所指或所命之实)而没有抽象意义的"纯粹的名",或"纯粹符号"。作为"纯粹的名"或"纯粹符号",对它们的唯一可能的重新翻译就是再次音译,或对这些已经作为某种模仿而存在于一个语言中的声音在另一个语言中的再模仿。而这其实就是在任何专有之名的音译中所发生的情况。"德—里—达"

作为音译是在汉语中模仿"Der-ri-da"在法语中的发音,"Con-fu-cius"则是在一不同于汉语的语言中模仿"孔—夫—子"在汉语中的发音。㊿这一模仿或音译并不翻译任何"意义",而是在另一语言(系统)中作为一"替代性"的专有之名而指向世间某独一无二之实,或某个唯一的存在。

所以,专有之名本质上或理想上乃是没有"普遍意义"而只有与之对应的独一无二之实的独一无二之名,一个纯粹的名。作为专有之名,"孔丘"或"孔夫子"或"Confucius"就是这样的"纯粹的名",一个只有特定具体所指却没有任何抽象普遍意义的符号。而这也许就是中国传统在名实关系中梦寐以求的最完美最理想的名。因为,此名从某种意义上说是不可能不符实、附实、副实、命实的。这里似乎不可能有任何所谓"所指的滑脱"或"能指的游移"。而这才是历来都在名实观念的框架中思考名实问题的中国传统的最高渴望或终极理想,是其所必然蕴涵者。

如果专有之名与其所指之实之间的唯一关系才是最理想的名实关系,那么我们可能也会希望,诸如"王"这样的名与其所指之实之间也应有这样的确定关系,一经某种"约定俗成"就永远不变的关系。这样也许就不会有所谓"僭名"的危险,于是也就不会有任何"正名"的苦恼。然而,"王"作为似乎本来应该被专有之名却与"孔丘"不尽相同。因为,"王"作为一名不仅有其非常特定的实,亦即其所指者或所特指者,而且还有并不与任何单一的、特定的实连在一起的某种"意义"。"王"作为一名不仅可以**指**天地之间那唯一的**实际**的王,而且也可以**意味着**任何一个**可能**为王者,亦即,任何一个有资格有能力(有位有德)统治天下者。而正是"王"这样的名本身所具有的这一并不与任何特

㊿ 严格地说,"德里达"这一汉语音译模仿的乃是"Derrida"在英语中的发音。因此,"德里达"其实已经是音译的音译。更贴近法语发音的是"德希达"。台湾学术界即采用此一译法。李幼蒸翻译《结构主义:从布拉格到巴黎》时也采用了这一译法。"Confucius"则是"孔夫子"的拉丁语音译。此乃晚明欧洲来华传教士所为,至今仍在被沿用,虽然在西文写作中汉语拼音"Kong-zi"也开始被接受了。

定之实相连的、因而也不为任何特定之实所限定的"意义",为理想完美的名实关系的可能"错乱"大开了方便之门。

何以如此?因为,意义并不等于或完全等于一名之所(特)指者,所以必须被明确区别于后者。因此,将索绪尔意义上的"signified"译为"所指"其实是很容易让中文读者产生某种"顾'名'思'(意)义'"式的误会的。"所指"似乎当然应该"有所指"。而索绪尔意义上的"所指",作为一个符号的理想意义,其实却是"无所指"。亦即,此"所指"实际上并无任何特定的、具体的**所指者**。而且,此"所指"本质上就不能有任何特定的、具体的所指者,否则我们就不可能有所谓"意义",因而也不可能有严格意义上的语言,而只能有一对一或一对若干特定多的单纯"记号"。所谓"意义"必然超出**任何**具体的所指者。所以,意义不"指",意义不可能"指"。意义并不"指向"或"指出"任何特定的实。意义也不可能通过与任何特定的、具体的实相联系而使自身实。相反,不能被等同于任何特定的、具体的所指者——实——的意义是虚,而且只能作为虚而"(不)实"在。而这也就是说,一个符号的意义乃是任何具体的、特定的实都无法企及的"理想"——"理"中之"想",或"想"中之"理"。意义必然是从来都不可能作为任何具体的、特定的所指而存在的"理想意义"。这就是为什么说,作为一个符号之意义的"所指(signified)"并不等于一个符号的任何可能的"所指者(referent)"。这也就是为什么说,严格说来,仅仅只有一个特定所指者的符号——专有之名或专有之词——其实并没有任何"意义"。

正因为"孔丘"这样的纯粹的专有之名只有"所指(者)"而没有"意义",所以它们原则上也不会让任何"他者"有可乘虚而入之机(当然,不排除有意的"冒名顶替"情况)。而"王"这样的名,尽管也可在或被希望在专有之名的意义上被使用,但由于其不仅有其特定的所指者,而且还有并无任何特定所指的意义(否则"王"作为一名就不可能有对实际为王者的任何规定力量,因而也就不可能作为一名而命),却似乎必然只能是亦实亦虚,或者亦虚亦实。此处之"实"当然只是说它的确仍实有所谓,而此处之"虚"则只是言其除此之外还有一个本质上即无法落(在)实(处)的理想意义。然而,又恰恰是由于"王"这样的名有意义,而意义必然是虚而不实,并必然是因虚而能容实,所以这样的名就给任何欲"僭名"者留下了乘虚而入之机。现在,欲僭"王"之名者就可以根据"王"这一名的理想意义(其所蕴涵者,或逻辑学意义上的"内涵",而非其所指者)宣称,我也可被称为"王",因为我也符合"王"这一名的意义(此种"争名"举动其实也可说是一种"正名")。于是,本来无"王"之名者或不可以"王"为名者现在亦欲以"王"为其名。而此一要求在那些欲以"王"为名者那里亦将不无道理,尽管这样的要求在那些意欲坚持当时既成的政治文化的"语法"——或特定政治文化的"约定俗成"——者看来很可能是不合法的。而"王"之名一旦被如此"滥用"或"僭窃",所谓"礼乐征伐"即可能不再"自天子出",于是乎礼崩乐坏,天下大乱。[51]

然而,名之被如此"滥用"或"僭窃"的可能性,意义之被如此"非法占有"的可能性,或此种令传统所设想的理想名实关系混淆错乱的可能性,却同时也就是语言本身的可能性。没有这一可能性就没有语言。因为,理想的完美的名实关系似乎最好只是一名一实,此即专有之名与其唯一所指者或所有者的关系。但是,如果我们只能有这样的完美名实关系,我们就只可能有"专名"或"特称",而不可能有"辞"或"话语"。[52] 例如,如果只有"孔丘"这样的专名,我们似乎就只可能面对孔

---

[51] 《论语·季氏》:"孔子曰:'天下有道,则礼乐征伐自天子出;天下无道,则礼乐征伐自诸侯出。'"

[52] 荀子为"辞"作出的定义是,为表达某一"意"而组织起来的一篇语言。此意近于现在通常被译为"话语"的"discourse",而较"话语"这一翻译为优,因为通过"辞"、"discourse"这一西方理论之名可以与中国传统中有关语言问题的思想发生某种真正有所接触的对话。荀子对"辞"的界说见于《荀子·正名》:"实不喻然后命;命不喻然后说;说不喻然后期;期不喻然后辩。故期、命、辩、说也者,用之大文也,而王业之始也。名闻而实喻,名之用也。累而成文,名之丽也。用丽俱得,谓之知名。名也者,所以期累实也。**辞也者,兼异实之名以论一意也**。辩说也者,不异实名以喻动静之道也。期命也者,辩说之用也。辩说也者,心之象道也。心也者,道之工宰也。"

子而直呼其名㊼,而不可能说出:"孔丘,鲁人也,"或"舜,人也;我,亦人也"㊾。或者,只可能当面指出"姬发"与"(周)王"为同一人,而不可能告诉不在场的别人说:"姬发是周之王。"因为,只有当语言中有"人"或"王"这样的非绝对专有之名或荀子所谓之"共名"(普遍名词/概念)的时候,只有当"人"或"王"这样的名并不限于任何特定的实或者任何特定的所指者的时候,语言才真正是语言,我们作为有言者才可能表达诸如"孔丘,鲁人也"或"姬发乃(周之)王"这样的意思。这就是说,除了纯粹的专有之名,语言还必须有"有意义"的共通之名(以及能将诸名联系起来的"连接者",即在中国传统语言研究中被统统归为"虚词"者)。而一旦语言中有了(而且也必须有)这样的不可能绝对单一或被绝对专有之名,名就必然有可能被"滥用"或"僭窃"。㊿因为,一旦语言

㊼ 其实严格说来,就是连直呼其名都不可能,因为一专名要想作为名而存在,就必须能区别于其他的专名,否则被呼者就不可能知道这是在呼他/她。专名已经带着差异的内在痕迹,或者说,专名也只是德里达所说的一束"trace"或"痕迹"而已。

㊾ 语出《孟子·离娄下》。

㊿ 在古代汉语中,"帝"之由专名而共名的演变过程可能是名之必然始终有可能被"僭窃",以及意义必然始终有可能被"占有"的最佳例子。"帝"开始时乃是绝对的专名:在殷商时代的甲骨卜辞中,"帝"所指的就是那个被称为"帝"或者被认为以"帝"为名的唯一者,最高者。"帝"在整个周代语言中仍然保持着此种绝对专名的地位,尽管其使用似乎并不频繁。在春秋战国时代,尽管诸侯争相自封为王,"帝"所指或所代表的至高唯一地位却仍然无人觊觎,因为"帝"这一专名所指者绝对高出于一切人之上,因而乃是任何人均无法企及者。称"帝"始于秦王嬴政。已经称王的嬴政在成为"天下"的唯一统治者之后开始自称为"始皇帝"。自称为"帝"当然是对"帝"这一绝对专名的窃取和占有。专名之此种窃取和占有的可能性则在于,"帝"虽然为绝对专名,也还是可以在其使用中获得某种意义。此一获得过程如下:"帝"有其特指。其所特指者乃是最高者、唯一者、绝对者。于是,"帝"这一专名,在被用以**指称**唯一最高绝对者之时,也开始**意味**着"唯一者"、"最高者"、"绝对者"。这样,"帝"不仅有其单一特指,而且获得其普遍的理想意义。于是,无论何者,只要符合或者被认为符合这些意义规定,就有可能是帝。而正是通过"帝"这一专名所蕴涵的这一理想意义,此专名之滥用、窃取和占有才有可能发生。现在,秦王嬴政可以宣称,既然我已一统天下,我就是此唯一者、最高者、绝对者。因此,我就是帝。通过对这一绝对专名的占有,秦王嬴政成为帝,而传统的帝,那个高出于人间的绝对统治者,那个"上帝",即同时消失在这个自称为帝的人间最高统治者的形象之中。然而,传统的神性的帝的绝对权威在现在人性的帝身上的消失,却同时也是人的权力的绝对提升和扩大。人,一个特定的人,一个恰好成为全"天下"唯一统治者的人,现在将自己视为帝,称为"帝"。如果没有死亡的限制,"帝"这一专名本来所特指者也许就会永远"体现"为占有这一专名的秦始皇帝这一特定的人了。这样,(转下页)

中有"人"这样的不可能为任何一人所专有之"共名"（或概念），就必然可能会发生谁可以拥有此名的麻烦问题。此问题则几乎立即就可以变成"谁可为人？"这样的严重问题，而后者则又必然蕴涵着"何为人？"这一更根本的问题。例如，孟子就不愿意在"人"这一名下包括提倡"兼爱"的墨翟和主张"为我"的杨朱。㊱然而，这种种"非正用"其实也正是给语言以成为语言的机会。而一旦有所谓名之"非正用"，或名之

（接上页）"帝"就将仍然保持为一绝对专名，一仍然只有唯一所指者的专名，尽管其原来的单一所指者已经被暴力所改变。然而，像一切人一样，秦始皇帝也知道自己必有一死，尽管他害怕这一终结，而想设法阻止。所以，他将自己仅仅称为"始皇帝"，表明他希望在他死后还将有二世、三世以至万世皇帝。但是，这样一来，为"始"所修饰和限定的"帝"就将不是他自己的绝对专名，而是他与自己的所有子孙所共享的名号。于是，为死亡所限定者的这一永恒欲望，在追求"帝"之名的万年永续之时，也同时将"帝"悄然化为一个普遍的共名了。在历史上，在秦之后，中国历代统治者中也有很多沿用了"帝"这一称号。在汉语中，"帝"的意义当然还是唯一者、最高者、绝对者，但是这些却是已经需要加以限定的、历史中的，而非超越的神性的唯一者、最高者、绝对者了。（读者此处可参看《尚书正义·尧典》孔颖达疏"昔在帝尧"句时之所说："言'帝'者，天之一名。所以名'帝'：帝者，谛也。言天荡然无心，忘于物我，言公平通远，举事审谛，故谓之'帝'也。……然天之与帝，义为一也。人主可得称帝，不可得称天者，以天随体而立名，人主不可同天之体也。无由称天者，以天德立号，王者可以同其德焉，所以可称于帝。故继天则谓之'天子'，其号谓之'帝'，不得云'帝子'也。"）

㊱ 《孟子·滕文公下》："杨氏为我，是无君也；墨氏兼爱，是无父也；无父无君，是禽兽也。"这里的推论逻辑是："人"这一名描述的是能有君有父者，因此不符合这些规定的就不是人。孟子在其诸多论辩中还提出过一个诛暴君并非弑君的说法（"闻诛一夫纣，不闻弑君"）。这也是利用一名所蕴涵的描述—规定性意义而将他认为不符合这些描述—规定者排除在此名之外的一个例子。这是孟子式的"正名"。荀子则会认为这恰恰是"以名乱名"。他为此所举的例子之一，"杀盗非杀人也"（见《荀子·正名》），正类似于孟子的无君无父之人即非人之说与诛暴君并非弑君之说。二者之所以能有似乎正相反对的立场（但我们知道，荀子自己也有"桀纣无天下，汤武不弑君"之说。见《荀子·正论》），部分是因为一名之所指者（传统逻辑会称之为"外延"）与其意义（传统逻辑的"内涵"）的边界都不是绝对给定的。这两种边界都是正名——争论或争端——的对象。而在这样的争论或争端中，人们总可以将其中一条边界视为给定的或"自然"的，并以此来决定另一条边界。如果我们认定"君"即"指"任何一个曾经、正在或将会实际统治天下者，那么纣当然是君，而杀纣当然是弑君。相反，如果我们认定"君"必"意味"着一个能够为天下负起绝对责任者，那么被认为没有做到这一点的纣就不能称为"君"。于是，一方的"正名"之为在另一方看来乃"乱名"之行，一方的"合法"即另一方的"非（合）法"。

滥用,名之僭窃,正名问题也即发生。就此而言,语言就其实始终只活在不断的非正用与不断的正名之间。这就是说,语言作为语言就存在于永恒的正名斗争之中。必须在这样的基本语境之中,我们才有可能更充分地理解孔子的正名之说的"政—治"含义。

六、正名之政与政之正名

1. 正名之政

正名是斗争。正名斗争——各种不同利益或力量在一个既定架构之内遵守公共的规则而进行"有礼貌"的较量——是政治的本质。而语言——共享的语言——则就是这个既可能引起冲突(引起冲突是因为名必有在彼为正而在此为不正之可能),又提供了必须遵守的共同规则的普遍架构和场域。在中国传统中,正名自其被孔子正式道出之日起就是"政之言"或"政治的语言"。而"政之言"或"政治的语言"则同时也必然是"言之政"或"语言的政治"。因此,正名问题才必须联系于孔子所言之"为政"问题来进一步思考。

首先,本身亦为一名的"政"意味着什么?当季康子向孔子问政时,孔子对"政"的意义做了这样一个解释:"政者,正也。"(《论语·颜渊》)这是孔子为"政"这个名本身所做的某种正名。在这一简单的操作中,其实已经就有了正名活动的全部复杂性。首先,根据名以命实的传统,孔子似乎只是在描述与此名相应之实。此蕴涵着实之被相信为必先于名,亦即,有此一实方有此一名。然而,这一"描述"同时也是"规定":问题其实不仅为"政是**什么**",而且也是"政应**如何**"。而此"应(该)"则意味着,为"政"之名所描述之实——那理想的政——可能尚非一实,可能尚有待于成为一实,或进入存在。于是,这就可能不是先于名之实而仅为名所描述,而是先于实之名去召唤实之为实,或命令实来存在。最后,被孔子如此规定的这一"正(确)(之)名",一能正实——描述和规定实,召唤和命令实之为实——之名,乃是通过另一名而被确定为正名的。这就是我们前文所说的,一名只能正之于另一名。[57]"政"之名被孔子正之于"正"之名:"政"意味着"正","政"就是"正"。于是,"正"就成为一可以保证"政"为一正名之名:"正"之名保证"政"之名。但是,这一保证其实只能建立在对"正"这一名本身的未加质疑的某种确信之上。如果我们对"正"之名本身提出问题,如果我们对规定正之何以为正的种种传统观念提出问题,如果我们发现任何正都仅仅是相对于某种被规定为"非正"而言之"正",如果我们考虑到任何正都始终有一个谁能来"合法"地决定其是否正的问题,那么同时被"描述—规定"为"正"的"政"作为一正名就开始成问题了。[58]

"政"——如今被我们在现代汉语中有时不无问题地翻译为"政治"的这个"政"——按照孔子的解释意味着"正"。此"正"既可是正确、正当、中正、正直之正,亦可是放正、扶正、改正、纠正、匡正之正。但这些形容词意义上与动词意义上的"正"本身皆必然蕴涵着标准,因为正总是而且只能是相对某一标准而言之正。没有标准就无所谓正。欲正就需要标准,需要建立标准。然而,如果任何一种能够决定正之与否的标准本身又必然需要另一种正为其标准,那么任何所谓最终标准其实就都只能建立在那先于任何"本源之正"的"非正"之上。而这也就是说,任何"最终"标准都不可能最终,任何"终极"之正都不可能是终极之正,任何使这样的正成为可能者必然同时也是使其成为不可能者。因此,如果不停止对正之标准的如此无尽质疑,如果没有某种已经被不

---

[57] 正因为一名只能正之于另一名,所以一名也必然能乱之于另一名。所以,使正名成为可能者同时也是使乱名成为可能者。《荀子·正名》中所列举的三种名实相乱的情况,第一种即为"用名以乱名"。而其他两种情况,"用实以乱名"和"用名以乱实",其实也只是不同的"用名以乱名"而已。因为,如果无名即无实,亦即,无可被"指出"之实,那么所谓实在某种意义上亦仅为一名。

[58] 所以,让我们别忘了《庄子·齐物论》中的那段有关何为"正处、正味、正色"的话:"民湿寝则腰疾偏死,鳅然乎哉?木处则惴栗恂惧,猿猴然乎哉?三者孰知**正处**?民食刍豢,麋鹿食荐,蝍且甘带,鸱鸦嗜鼠,四者孰知**正味**?猿,猵狙以为雌,麋与鹿交,鳅与鱼游。毛嫱丽姬,人之所美也;鱼见之深入,鸟见之高飞,麋鹿见之决骤,四者孰知天下之**正色**哉?自我观之,仁义之端,是非之涂,樊然淆乱,吾恶能知其辩!"

无武断地接受为毫无疑问的正,一政之正就不可能开始。而这也就是说,一政本身就不可能真正开始。

那么,孔子的这个已被视为政之标准的正——一个其实不可能有任何最终标准的正——又是什么呢?对于孔子而言,这个可以作为一切人与事之标准的正是为政者自身之正:

> 苟正其身矣,于从政乎何有?不能正其身,如正人何?(《论语·子路》)
> 其身正,不令而行。其身不正,虽令不从。(《论语·子路》)
> 政者,正也。子帅以正,孰敢不正?(《论语·颜渊》)

正,为政者自身之正,是孔子心目中的政——符合"政"之正名的政,正确的政,真正的政——的保证,而此政——正政——的任务和目的也是正:"政者,正也。""政"意味着"正",但此"正"不再是形容词意义上的正,而是动词意义上的正。政的任务就是去正。那么,政所欲正者或所须正者又为何?人,或传统之所谓民。政是人之正/政。人是正/政之人。政以正人/民为根本,而人以人——以他人,以如在草上之风的君子这样的居小人之上者⁵⁹——为正。活在等级社会之中,且必须时时与他人相处,人当然不可能没有某种正或政,亦即,不可能没有某些既成的标准,某些基本的"做人规矩",否则人就真的会"无所措手足"。但在让人——民——皆知如何措其手足的问题上,我们知道孔子似乎是主张要"道之以德,齐之以礼",而不赞成"道之以政,齐之以刑"的。⁶⁰是否即可以据此而认为他其实拒绝或反对一切意义上的"政"呢?或许不行。强调以德与礼来正民其实可能恰恰是要强调身居上位者本身

---

⁵⁹ 《论语·颜渊》:"君子之德风,小人之德草。草上之风必偃。"
⁶⁰ 《论语·为政》:"子曰:'道之以政,齐之以刑,民免而无耻;道之以德,齐之以礼,有耻且格。'"

之“正”所具有的“正治”或“政治”作用。(61) 因此，“道之以德，齐之以礼”其实已经就是在为政，而且甚至是——在孔子看来——在更好地为政，更根本性地为政。

所以，问题不在于“政”——正人之政——之是否必要，而只在于，对国家来说不可或缺的、根本意义上的“政”或“正”应该以何种具体方式落实。孔子深知，他的时代的一个基本问题——一个我们现代人立即就倾向于称之为“政治问题”的问题——就是统治者似乎已经不再知道应该如何“为政”。这一问题之出现所表明的并不是，孔子以前的传统社会缺乏“政”以及“为政”的观念及标准，而是，传统的“为政”观念及标准，或传统的“正”与“政”本身，现在皆已或正在开始成为问题。正因为如此，当时的统治者中才有亟于向孔子问政者，而本身亦有志于为政的孔子也才有耐心向他们解释自己的为政思想。当然，在孔子那段著名的话中，德、礼与政、刑的对举让人很容易误以为，孔子是在将它们完全对立起来，并以前者来否定后者。其实，在此一“德、礼”与“政、刑”的对举中，政只是人/民应遵守的种种抽象的甚至僵硬的规定，而不是孔子心目中那个根本性的政，那个以正人为根本目的的“正政”。(62) 对于孔子来说，强调以德与礼道/导民正是为了使这一根本性的正人之政得以实现，或得以更好地实现。所以，此实乃以德与礼“为/为”政。(63)

孔子这一根本性的政，这一以（动宾表述的）“正人”为根本目的的政，是一个需要以（偏正表述的）“正人”为根本标准——根本的正——

(61) 因此，在孔子这里，能正己之舜才是这一“正治”或“政治”的理想形象。见《论语·卫灵公》：“子曰：‘无为而治者，其舜也与？夫何为哉？恭己正南面而已矣。’”

(62) 孔子在一个场合明确区别了有时被合而言之的“政”与“事”。在《论语·子路》中记有孔子与冉有之间这样的对话：“冉子退朝。子曰：‘何晏也？’对曰：‘有政。’子曰：‘其事也。如有政，虽不吾以，吾其与闻之。’”《论语集解》引马注云，“政者，有所更改匡正；事者，凡行常事。”（《诸子集成》一，第289页。）孔子这里是说，事——为政者之日常处理的行政事务——本身尚不足以当政之名。但“政”与“事”的根本性区别究竟何在？事只是按照既定程序落实种种决定，而政则是决定本身。政就是做决定。而做决定就是负责——为他者负责。只有没有既定程序可以遵循的决定才是真正的决定。

(63) 亦即，以德与礼作为政，亦以之从事政。

的政。然而,**要求身居上位的为政者做到"身正"或"以身作则"恰恰蕴涵着**,本身即应作为标准——作为正者,作为"正人"——而存在的为政者其实始终都有可能不正。因为,为政者本身并非生而即必然正者。那么,他们自己又如何才能使自己成为可以正人的正者? 正离不开名。为政者必须正己身于其所已经被给予之名(分)。所以,身之正或己之正离不开名之正。欲正身或正己即必先正名。如果为政者能遵其自身之(正)名而行,就可以成为使民亦能遵其自身之(正)名——正确的名分——而行的榜样。所以,正己、正人、正民最终皆离不开正名。**正名因而确实是为政的出发点和第一要求**。政的任务就是去正名。政正人正民正万事万物之名而天下正。

此"正名"我们现在则已经至少可以明确地分析为三义:一、确保名之正确和正当的内容。例如,让人皆认皆知"君"名何谓,"父"名何谓,等等。二、确保人与事物皆有"正(确)(的)名"。例如,使鹿不能有"马"名,使不当为王者不能以"王"为名,等等。三、确保人与事物皆遵其名而行。例如,君须君,臣须臣,父须父,子须子。这就是说,为君者必须符合"君"之名,而为父者必须符合"父"之名,等等。此即孔子所谓之"君君,臣臣,父父,子子"。这里,在汉语所能允许的最简形式中,这些指称或描述之名所具有的规定和命令力量,或名之产生与塑造实的力量,得到了最有力的表现:有君之名才有君,才可以让君(如)君(之名);有父之名才有父,才可以让父(如)父(之名)。君之名正,君才是君;父之名正,父才是父。而根据中国传统在君臣父子之间所确定的上下等级,君、父之名正同时也就蕴涵着臣、子之名正。君臣父子之名正,则天下将可不正或无政而自正。"无政之政",或"无为而治":这不正是中国传统的最理想的"政(治)"或"政(治)"的最终理想?[64] 正因为如此,孔子才坚持,为政即必须始于这同时兼有数义的正名。没有这样的正名,没有这样的名之正,就不会有任何真正的政,因而也就不

---

[64] 自有政而无政,或相信政的最终目的是以某种方式取消自身:此乃我们可以在孔子有关为政的思想中读出者。此一重要问题其实值得更加深入的讨论。

会有任何所谓正。所以,正名之成为孔子为中国传统社会之政所设定的出发点和第一要求,实非偶然。

2. 政之正名

政——真正的政、正政——应该始自正名。政应该正一切之名。在中国传统之政的基本架构中,这一要求似乎无可争辩。而其合法性则是基于"政者,正也"这一信念。当"政"之名被解释和规定为"正"时,这样的解释和规定即蕴涵着:一、政本身**即**为正,亦即,一政所规定者就是标准、法则,就是法,所以,政**亦**应该正,亦即,一政本身即应该做到中正,正直,公正;二、政应该以正为其政,亦即,一政之任务就是维持一切之正,首先即是人本身之正:正直,正义,公正。此二者是相互蕴涵的:政本身作为标准、法则或法即需要去维持这些标准、法则或法;而维持它们也就是政之维持自身或维持自己。因此,的确,"政者,正也!":政作为政即必以自身为上述双重意义上的正。然而,如此规定自身之名的政,将自身规定为必正之政,自信自身就是正本身之政,又如何才能让其所欲正者——那些需要服从其正名要求者,那些被要求依政所定之正名而行者——接受和相信此从事正名之政自身即拥有一切的正,真正的正,绝对的正呢?

换言之,如果正名是一不应有任何例外的要求,一普遍性的要求,那么这一要求就应该能够被反施于要求从正名开始的任何一政本身之上。一政本身即首先应该有一正名,**一允许其能合法地正其他一切之名的名**(义)。(65) 如果一政本身之名即已不正,那么由此政在其名之下

---

(65) 《春秋公羊传》何休注解隐公元年首句"元年春王正月"之传文"公何以不言即位"(亦即,经文中为何不说隐公即位)时云:"即位者,一国之始。政莫大于正始。故《春秋》以元之气,正天之端;以天之端,正王之政;以王之政,正诸侯之即位;以诸侯之即位,正竟〔境〕内之治。诸侯不上奉王之政,则不得即位,故先言正月,而后言即位。政不由王出,则不得为政,故先言王,而后言正月也。王者不承天以制号令,则无法,故先言春,而后言王。天不深正其元,则不能成其化,故先言元,而后言春。五者同日并见,相须成体,乃天人之大本,万物之所系,不可不察也。"此乃中国传统中对于政必须先正己之名这一要求的另一种形式的表述。读者可以参较。

所进行的任何正名就都不会有根本上的合法性。因为,任何要求正名与实行正名的政,任何欲正人/民及万事万物之名的政,也就是说,任何以正名为自身之至高责任和权力的政,都必然需要而且其实也始终已然面对这样的问题:你何以能如此要求?你以何为名而如此要求?或,你何以有此正名的权力?而这意味着,在正其他一切名之前,你首先即必须为自己正名,正自身之名,从而保证自身作为一政之正。所以,为了能使正名这一传统之政的第一要求合法,一政首先就应该正"政"本身之名,或自我正名。没有这一根本性的正名,正名这一政(治)的要求就无法真正被合法化和普遍化。但如此一来,这里就又出现了某种"自相矛盾"的情况:**一方面**,为政必须从正名开始,亦即,政需要对在其之下的一切进行正名;但**另一方面**,正名却也必须包括正"政"本身之名,而且首先就应该由此开始。但一政又将如何自正其名或自名其正呢?

以正人/民及天下万事万物之名为己责己任的政之所以也需要正自身之名,或名自身之正,而且首先即须从此开始,从根本上说是因为政并非不再面对任何他者的"绝—对"者,或已无任何他者在旁的"至大无外"者。⑥ 政作为政,作为必须正天下人/民及万事万物之名的政,乃是必须为天下人/民及万事万物负责之政。而其之所以有此无可推卸的必负之责,则是因为其必然已为他者——为其所必须负责的他者——所命。因此,政本身之正名——政之自正其身——首先乃是他者的要求。任何一政都不可能只在自身之内自正其名,或自名其正。此亦即是说,不可能仅在自身——一个不容任何差异的自

---

⑥ "至大无外"之语见《庄子·天下》。所谓"至大无外"之政即"绝—对"之政,亦即,绝无与之相对者之政。其实,任何一具有某种自我同一性的"主体",当其不受制约或不觉自身受到任何制约之时,皆倾向于以为自己乃"绝—对"的"至大无外"者。黑格尔的"绝对精神"即此种"至大无外"的典型形象。也许,就其自身而言,亦即,就其本质性倾向或其与生俱来的欲望而言,任何政都是"不谦虚"的(是以强调"为国以礼"的孔子才会讥笑子路自言三年即可使一处于困难之中的千乘之国得治的"不让"态度。《论语·先进》:"曰:'夫子何哂由也?'曰:'为国以礼,其言不让,是故哂之。'")。任何政,或任何拥有 sovereignty 者,都倾向于让自身成为"至大无外"。打破此一既虚幻而又真实的"至大无外"的则始终是他者,是必然超出此"主体"之他者。详后。

身——之内即做到使其正天下人/民及万事万物之名的权力合法(除非它能以某种方式让自身不断地相异于自身。此点详后)。在中国传统中,此他者之命最终乃自天而来。(67) 因此,中国传统之政最终必因“天之名”与“天之命”而正己之名,或名己之正。所以,在孔子时代的“政(治)”之架构内,大夫之政必须正之于诸侯,诸侯之政必须正之于天子,而天子之政则必须正之于天。(68) “天”,作为此一传统中的终极之名或终极之正,理论上将应保证天下之政的正名,或保证其合法性。

然而,这样其实也并非即已万事大吉。首先,“天”这一名与天之命皆虚而不实。《诗》即云:“上天之载,无声无臭。”(《大雅·文王》)子亦曰:“天何言哉?”(《论语·阳货》)因此,诉诸“天”之名以确保自身之正的传统之政其实自始即已深知,“天视自我民视,天听自我民听”(《尚书·泰誓》),或“天聪明自我民聪明,天明畏自我民明畏”(《尚书·皋陶谟》)。这就是说,“天”这一终极之正名其实也并不终极,而必须以“民”之名来保证其正。不能通过民来视听天子之政善否的天将是无聪无明之天,或盲聋之天。但“民”之名同样亦不可能成为终极之名。何为民?谁为民?此名本身在传统时代即有某种模糊性,在现代则更加朦胧不定。但惟其如此,“人/民”之名也才能在现代被种种政治意识形态不无灾难性地大加利用。因此,“天”或“人/民”其实皆不可能成为不可质疑之终极正名。

其次,“天(之)下”其实经常可能不止一政,或不止一个欲取现存

---

(67) 参阅拙作《天命:之谓性!——片读〈中庸〉》(北京:北京大学出版社,2009年)中的有关论述。

(68) 参阅《论语·季氏》:“孔子曰:‘天下有道,则礼乐征伐自天子出;天下无道,则礼乐征伐自诸侯出。自诸侯出,盖十世希不失矣;自大夫出,五世希不失矣;陪臣执国命,三世希不失矣。天下有道,则政不在大夫。’”“天下有道,则政不在大夫”是说,大夫不能“专政”,而必须正其政于诸侯和天子。不然,就会出现下述孔子所言之情况:“禄之去公室五世矣;政逮于大夫四世矣;故夫三桓之子孙微矣。”(引文亦为《论语·季氏》中语。)

之政而代之者。⁶⁹ 不同的政或政之"竞争者"(相信"天下"只能有一政者会说:"觊觎者")皆可诉诸"天"之(正)名来建立自身之正名,或自身之合法性。是以天命才可以改变,是以中国传统中才有"汤武革命"之论,从而任何欲推翻旧政而建立新政者都可以声称自己是在以"天"之名行道,或"替天行道",亦即,声称自己所欲建立之政将要或已经拥有终极之名或终极之正。⁷⁰ 但既然天之命被相信为可以改变,或者说,既然天被认为可以不再让一政继续以"天"之名来正此政自身之名,那么任何如此以"天"之名来保正/保证自身之正或自身之名的政就都不可能永远拥有"正—名",或永远拥有合法性。然而,任何如此以"天"之名/命建立起来的政又都必然倾向于相信自身之名已有一为终极之名——"天"——所保证之正(正确,正当),亦即,相信自身已经拥有终极合法性,并因此而要求自己被作为绝对的"政名"——或绝对的"正名"——而接受。这样的政将会从它这被自己信以为真的永恒正名出发而正天下人/民及万事万物之名,却必然始终都需要面对隐含的或公开的质疑或挑战:对其本身之名及其本身之正——对其作为一政的公正性与合法性——的质疑和挑战。在此种情况下,重申自身之名乃拥有为"天"之名所保证之正,是中国传统之政的"正常"反应。而如果一以"天"之名而正己之名的政已经巩固和强大到自信其为"至大无外"的唯一、绝对之政,此政可能就会采取行动去有效地压抑或消灭对于其名或对于其正——对于其政之名的正之与否,或对于其本身的合法性——的一切质疑或挑战。但是,如果质疑者或挑战者声称

---

⁶⁹ 试思中国历史上那些诸政并立或相攻相伐时期的情况:春秋战国,魏晋南北朝,唐宋之间,辽、金、宋、元之间,明清之间,乃至国民革命政府与北洋政府之间,等等。这一历史当然也不乏导致一个相对统一之政覆亡的著名反抗事件:秦末陈胜吴广,汉末黄巾,唐末黄巢,元末红巾军,明末李自成,等等。

⁷⁰ 商纣王在其政岌岌可危之时,仍然相信自己拥有天命(《尚书·西伯戡黎》:"王曰:'呜呼!我生不有命在天?'"),周武王则在此时以天之名发动征讨(《尚书·泰誓》:"商罪贯盈,天命诛之;予弗顺天,厥罪惟钧")。二者皆在同一天之名下为已之政正名。黄巾军欲取汉之政而代之时喊出的口号"苍天已死,黄天当立;岁在甲子,天下大吉",则甚至将天之名与己之政名合为一体:汉作为旧天已死,张角创立的太平道作为新天当取而代之。

自己也已经拥有为“天”之名所保正/证之正，而且有力量肯定自己的这一声称，并且欲成为一取而代之者呢？随之而来的将是争战，或战争。

争战或战争之所战所争者最终仍为名，“名义—名分—正名”之名，那以“天”之名为保证的政之自身的正名。通过争战或战争而取得名——“名义—名分—正名”——者将成为“有名”之政，亦即，具有正名之政。但如此而为自身争得正名之政也随即就有开始相信自身乃为“至大无外”者——新的“至大无外”者，又一“至大无外”者——的危险。而此幻想的“至大无外”者也将又会重复其所取代者的自我正名行为：诉诸“天”之名以肯定自身之正名或自身之合法性，采取行动以压抑和消灭对于其名或对于其正的一切质疑与挑战。而当一“至大无外”之政如此行动并取得一定成功之时，它就可能会自满起来，相信自身将能万世长存。(71) 于是，它不再感到自己仍有为自身不断正名的迫切需要，因为它觉得自己似乎是一已经没有能与之对立者，或能质疑和挑战其名或其合法性者。当然，这并不是说它就完全不再为自身之正名而操心了，因为作为政它就时时需要面对他者而证明/正名其政之正或其合法性；而是说，它此时的一切自我正名——其为自身之合法性所做的一切辩解——都将只是一些并不再对他者做出真正回应的、而仅在自身之内兜圈子的、纯粹形式性的“自圆其说”而已。

而如果一政相信自己仅在其虚幻的“绝—对”“至大无外”的自身之内即可“自圆其说”，那它就会相信自己所赋予在其之下的人/民及万事万物之名必为正名，就会相信其名之为“叛徒、工贼、内奸”者即必为叛徒、工贼、内奸，而不可能（再）是曾经被它自己名为“国家主席”者，或相信其名之为“国家罪犯”者即必为国家罪犯，而不可能是他政所名之“和平英雄”。而如果一政相信自己可以如此为所欲为而无所不正，那就不可能有公正、正义、合法的政，让一切人与物均各得其

(71) 试思司马迁《史记》所言嬴政名自己为“秦始皇帝”的含义：相信自己已经开创了以己为始的万世之政，所以他的继承者只要接着名/称自己为“秦二世”乃至“秦万世”就行了。

正——公正,正直,正义——之政,而只可能有压迫、专制、奴役,亦即,只可能有那没有任何"正名"的、没有任何合法性的暴力统治。

然而,暴力统治又必然会遇到暴力的对抗,或对抗的暴力。于是,"绝—对"之政并不绝对,"至大无外"之政并未至大无外。任何将自身幻想为如此者之政都不可能一劳永逸地独享"正名/政名"。始终都会有质疑者和挑战者。因此,绝对的"正名"——或绝对的"政名"——其实乃是任何政都必然无法让自己得到充分满足的欲望。当然,一切政——尤其当它以为自己之外似乎已经没有任何制约之时,或以为自己已经成为最高者之时——都会有隐秘或公开地渴望成为唯一的、"绝—对"的、"至大无外"的政这样一种几乎可说是"自然"的倾向,尽管它又必然从不可能成就此种"至大无外"。从来都不可能只有唯一的政。所以,虽然一切正名(活动)都会有意或无意地、自觉或盲目地、公开或隐秘地追求一绝对正确的名,一绝对的正名,一能够成为一切名之基础的名,唯一之名,但是却又必然从不可能得到这样的正名。是以才始终都会有所谓政或政治。因此,在一个非常深刻的意义上,人作为人就注定是"政—治"的存在。⑫ 是以人才永远都是"政(治)之人",而

---

⑫ 亚里士多德将人定义为"政治动物"("Man is by nature a political animal [ho anthrōpos phusei politikon zōon]." Aristotle, *Politics*. Tran. Ernest Barker, Oxford: Oxford University Press, 1995, p. 10)。当然,一在汉语中说"政治",我们就已经在自觉或不自觉地将源于古希腊语"*polis*"的"politics"这个西方概念嫁接到中国传统的"政"和"治"这两个概念之上了。然而,以"政治"来译"politics"又表明,在这一翻译的创造者那里,中国的"政"与"治"和西方的"politics"确实发生了接触和对话,无论其中可能包含多少误解。进一步深入细致的研究应该首先在中国和西方各自的传统中探寻这些重要的名——概念——的历史谱系。然后我们才有可能让这两个传统开始在这个重要问题上进行更认真的对话。我们这里基本上还暂时只能就孔子所言之政而展开初步论述,虽然在"政"后的括号中放上"治"字的做法,或者"政"与"政治"的并提,已经意在汉语的"政—治"与欧洲语言的"politics"之间的某种潜在对话。因为,在我们所置身的现代汉语文化语境中,"政治"也许是我们最耳熟能详却又最为滥用的概念之一。英语"politics"是"politic"的名词化。"Politic"则为"political"的较早形式,源自中世纪英语"*polytyk*"。此词又可经中世纪法语"*politique*"而回溯至拉丁语的"*politicus*",再回到古希腊语的"*politikos*"。"*Politikos*"是形容词,意为"(有关)公民的"。其名词形式为"*politēs*","citizen","公民"。此词则派生于"*polis*","city","城市"。"*Polis*"的印欧语词根为"*pel-*","fortress",即城堡。其本义则为填实的墙,或实心墙。墙作为界线或边界同时形成内与外,从而使一同一体,此处即城市—国家,成为(转下页)

政才永远都是"人之政(治)"。政关心名。一切政都必须进行正名(活动)。而一切政最终都必然是"名之政"或"名的政治",是"正名之政"或"正名的政治",而且首先就是政本身之需要不断自正其名的"政—治"。

是"政—治"即不可能与他者无关。相反,有"政—治"问题即始终都是因为已有他者,已有必须善加关怀的、公正对待的、一视同仁的他者。正因为始终已然有他者,而政也必然始终都已经在这样或那样地面对他者,所以政——必须正他者之名的政,必须为他者负责之政——本身才需要首先不断自正其名。而正因为一政始终可以变为不正,所以才始终可以或始终需要有其他的政或不同的政,有以不同的名为自身之正名的政,或依不同的名而正自身之名的政。是以才有斗争,政与政的斗争,不同的政之间的相互斗争,政治斗争。不可能有可以成为"政(治)"之绝对基础或根据的"(永)正(之)名",也不可能有可以始

(接上页)可能。因此,城市、国家、政治共同体这些具有自我同一性的存在者在印欧语中基于"pel-,墙"这一词根绝非偶然。正是在墙所形成的"内"——城市,国家,任何政治共同体——里面,必须与他人相处的个人才是"政治的",亦即,"公民的",动物,因而也才需要作为"公民的"、"国家的"或"政治的"动物而存在。而这也就是说,需要"政(与)治",需要从(事)"政—(治)"。需要"政"与"从政"是因为在polis或城市—国家中共同生活和工作的个人总需要协调其目的与利益。亚里士多德有时即在此意义上将蚂蚁或蜜蜂也称为"政治的"。因此,"politics"这一名在西方传统中与"polis"这一名关系密切。在汉语中,虽然"国家"一名乃是(经日语)翻译而来的西方概念,但汉语传统意义上的"国",至少就其亦由(实际的或象征性的)城墙所形成所界定而言,接近古希腊的"polis",尽管二者的"政治"结构非常不同。汉语没有通过"国"这一名而产生"政治",但汉语的"政"亦与"国"不可分。"政"始终乃一国之"政",国则需要"政"以维持"国"之为"国",亦即,协调"国人"的目的与利益,从而维持一国之作为自我同一的整体而存在。当然,此政并非为全体"国人"皆可从事者。这与古希腊的polis的政有所不同。但此政亦并非完全的"专政",亦即并非仅为国君所专。《论语·为政》中即载:"或谓孔子曰:'子奚不为政?'子曰:'书云:"孝乎惟孝,友于兄弟,施于有政。**是亦为政**,奚其为为政?'"据此,孔子并不以为政仅为君臣之事。我之以孝敬父母、以友(悌)事兄弟也是为政,因为我的这些行为也在对国之政施加"政—治"影响。在此,结合汉语传统中的"政"与"治"而来的、在现代日语中首先作为翻译而形成的、又被译回到现代汉语的"政治",确实可以与欧洲语言中的"politics"开始一定的对话。

终拥有唯一“(永)正(之)名”的政,因为那样就不(再)会需要政治,也不(再)会有政治。正因为名始终有可能不正,始终已经不正,所以才有正名这一必然不可被完全满足的欲望,以及正名活动这一永恒的需要。(73) 而正因为名始终都需要正,所以才需要政或政治,所以才有政或政治。正名——即使似乎只是简单地纠正一个语词的用法——已经就是政治,而政治在一个非常重要的意义上就是正名,就是名与名之争,名与名之间的竞赛或斗争。(74) 政治斗争在名中发生。政治斗争以不同的名(义)发生,在不同的名(号)下发生,而争取的则同样都是名(分)。唯其如此,政治斗争才最终是(正)名的斗争,政治斗争的胜利才最终是(正)名的胜利。如果得不到名,得不到正名,没有正当的名义,或没有正当的名分,那么任何胜利,无论其可能如何“实在”,最终就都只会“徒劳无功”。

承认如此而来之正名为其自身之“有限”正名,承认并接受正名斗争的必然性,并**尽力发明、创立种种程序和制度以在自身之内保证此正名斗争的合法性**,是一政维持自身之有限正名或有限合法性的必要条件。在中国“政—治”传统中,政之架构中之设有谏议大夫等所谓议政之言官,政之代表者或执行者——专制君主——之被要求“兼听则明”,乃至国家出现问题之时皇帝下诏罪己谢民,即皆为在特定传统政

(73) 名总是问题的根源。其实从来就没有任何正名。名自始——自其开始存在之时——即已不正。而此不正恰是使对于正名之任何有限追求同时成为可能者与不可能者。为了“解决”这一问题,庄子的理想在某种意义上是让人回到“同于道”的无名状态:“道不私,故无名。无名故无为。”(《庄子·则阳》)无名即不须有为,即不再有所谓政或政治,但名却不可能没有。因此,就是庄子的“无名人”也还是避不开来自“有名”者(天根)的问题。而问题则始终都是“为天下”的问题,亦即,“政—治”问题。这可能就是《庄子·应帝王》这一非常“政—治”性的文本中那则意味深长的寓言所欲传达者:“天根游于殷阳,至蓼水之上,适遭无名人而问焉。曰:‘请问为天下。’无名人曰:‘去!汝鄙人也,何问之不豫也!予方将与造物者为人,厌则又乘夫莽眇之鸟,以出六极之外,而游无何有之乡,以处圹埌之野。汝又何为以治天下感予之心为?’又复问。无名人曰:‘汝游心于淡,合气于漠,顺物自然而无容私焉,而天下治矣。’”此在某种意义上可谓以取消“为天下”的方式而“为天下”。

(74) 《庄子·人间世》即云:“名也者,相轧也。”

治形式中对于此条件之某种有限接受。⑦⑤ 此皆为欲维持自身之正名的有限自觉努力,或政之自我正名的有限自觉努力。如果拥有有限正名之政不再继续那为自身正名的努力,也就是说,如果此政不再继续面对他者而做出回答,做出应承,为之负责,此政就开始在冒有可能失去其有限之正名——或其有限合法性——的危险。⑦⑥

而如果任何政作为政都在**某种**非常重要的意义上需要成为"唯一"之政,亦即,拥有至高之权或所谓"sovereignty"之政,如果任何政作为政都在**某种**非常重要的意义上需要视自身为高踞于一切其他名上之名(因为不如此,政就不可能以/依自己之[正]名而正一切其他的名,这也就是说,不能颁布法令,不能进行判决,亦即,不能完成其作为政而必须完成者),那么政本身之(被)正名就是"政之正",或"政(治)之正(直)"。此"政(之名)之正(名)"或"政治之(追求其自身之)正直"必为最根本之政,或最根本之政治。如果一政没有此一根本性的起码之正或者起码的正直、公正、正义,此政本身就没有任何正名,亦即,没有让自身作为一政而存在的合法根据,此政在自己名下所进行的一切其他正名就没有合法基础。因此,任何政,如欲作为政而继续存在,就都必须首先力求自身之正名,或力求自身之正。

力求自身之"正一名"就是面向他者而敞开自身,而不是将自身完全封闭起来,并进而虚幻地想象自身为"绝一对"的"至大无外"者。面向他者,敞开自身:此即是政之积极意义上的自我相异,或**自我解构**。而此自我解构则必须首先不能被理解为政本身所采取之主动行为,或政之主体行为。当然,若无政本身之自觉努力,此自我解构亦不可能发

---

⑦⑤ 例如,《国语·周语》载,当周厉王自以为能弭谤(阻止国人批评其政)时,邵公即谏厉王曰:"是障之也。防民之口,甚于防川。川壅而溃,伤人必多。民亦如之。是故为川者决之使导,为民者宣之使言。故天子听政,使公卿至于列士献诗,瞽献曲,史献书,师箴,瞍赋,矇诵,百工谏,庶人传语,近臣尽规,亲戚补察,瞽史教诲,耆艾修之,而后王斟酌焉。是以事行而不悖。"

⑦⑥ 在中国历史上,这就是专制君主昏聩之时可能出现的情况:为其所"代表"之政不再能听到要求其自我正名的声音,并压抑一切正名之求及正名之争。此时就可能会有起而"争/正名"者:现存之政已失其正名,新政将应取而代之。

解构正名

生。但此自我解构却首先具有某种根本的**被动性**。或者说,此种自我解构乃是政之保持自身为政的题中应有之义,因为一政之绝对化与至大无外化将是政之为政的结束。阻碍政之倾向于变为绝对与至大无外的乃是政所必然面对并必须为之负责的他者。正是他者才始终会以种种不同的方式迫使必然倾向于"至大无外"之政自正其名,或自正其政。

　　但究竟谁为他者?或他者——政之他者——究竟为谁?"他者"其实也是一暧昧或多义之名。与政争正名者,或欲取现存之政而代之者,当然是一种意义上的政之他者。政必须对之做出回答和应承之天,政对之负正名之责的天下人/民及万事万物,则是另一种意义上的政之他者。当然,还可以有第三种意义上的政之他者,即**异于政者**,或政在自身内不可能真正想象者。⑦ 在中国"政—治"传统中,上文提到的"天"或"民"即为此处第二种意义上的政之他者之名。但这些名也不可能成为终极正名。所以,将它们作为终极正名而诉诸之以自正其名或自名其正的政,就始终都是在有意无意地让自己变成"绝—对"的"至大无外"之政。这其实只是利用他者之名而正己之名这一普遍情况的典型之例而已。⑱ 而政之**真正的自正其名或自名其正**不应仅是利用他者之名,而是必须面对他者,那可能甚至经常是"无名"也"不可名"的他者⑲,那以其"无名"或"不可名"的到来而要求政对之做出回答、做出应承、为之负责的他者。

---

　　⑦　异于政者将不再是任何一种形式的政。具体一些说,如果中国传统所理想的无为而治(无论是孔子所言者,还是老庄所言者)能够实现,那么它就会是这一意义上的政之他者。说政在其自身之内不可能真正想象此他者,是因为政所能想到的和所能想象的总是某一种形式的政。但所谓"无为而治"——作为政之某种"理想"或欲望——却似乎是一政通向此他者之途径,尽管欲行于此途之政其实可能并不知道等在尽头的究竟是"什么"。因为,如果此政真能尽此"无为而治"之途,它将会发现自己在那里已不再是它自己了。

　　⑱　利用他者之名正己之名:例如,声称"我有天命",或"我代表人民",等等。

　　⑲　严格地说,他者无名,而有名即已非他者。支持这一论点的最简论辩可能是:他者之为他者即在于其超越我或主体或总体,因此他者不是我或主体或总体所可知者或可把握者。不可知,不可把握,所以也不可能有名,更不可能有一"正名"。

在不同的政之架构中,政之面对他者会有不同的形式。在中国传统中,政必须面对的最终乃是那通过"民"而视而听之"天"。此"天"相对于已受其命之政而言是在外和在上的,因而是超越的。此种受天命而为天下负责(或正人/民及天下万事万物之名)的传统之政因而面对一超越他者,尽管此他者——天——其实只通过民而显示自身。中国传统之政在"天"或"民"面前正自身之名,或名自身之正,就是对此他者做出回应,负起责任。在现代社会中,"天"或"上帝"之名在某种意义或某种程度上已经消失,"民"则已被整合到现代之政之中,或者,更准确地说,民已成为现代之政本身。现代之政因而理论上就是民自身之政。⑧ 相对于那必须面对外在超越他者的传统之政的二元结构(在下的受命之政,在上的发命之天,或上帝)而言,此种现代之政为某种一元结构。因为,当民进入现代之政之内,或成为现代之政本身时,此政之外似乎就不再有任何他者了。但却也正因为如此,此种现代之政才甚至更有让自身变为"绝一对"或"至大无外"的危险。而"法西斯"或"集权专制"也许就正是此种"绝一对"或"至大无外"之政的现代之名。

那么,现代之政将如何真正地或真诚地自正其名其政?所谓民主政治制度似乎提供了某种可能,尽管这一制度其实始终都还是"将一来"的,亦即,是在不断地到来之中的,是需要无限地被完善的。⑧ 就其

---

⑧ 此即所谓"from people, by people, for people"的原则。甚至所谓"人民民主专政"之说理论上也仍是此原则的某种变体,尽管可能是非常极端的变体。

⑧ "将一来之民主"(a democracy to come)是德里达晚期思想中重要之点。德里达的解释者卡普托甚至说,"解构中之一切都朝向一个'将来之民主'。"此说何谓?"因为即使现存诸民主(制度)是我们目前所能做到的最好的,是组织我们自己的最不坏的方式,目前的种种民主结构仍然是非常不民主的。它们被很多东西所败坏:被公然购买选票的金钱;被公司对政客及政党的赞助,这让公司可以放手使致癌物质充满空气和水中,或鼓励我们社会中最年轻和最贫困者吸烟;被胆小的政客们,他们什么都不信,他们随每一次民意测验改变观点,他们以煽情的许诺巩固自己的地位,他们诉诸民众最糟糕最低级的本能;被败坏国民话语的媒体,它们为民族主义怨憎情绪和种族主义煽风点火,它们刺激选民互动。"(John D. Caputo, *Deconstruction in A Nutshell: A Conversation with Jacques Derrida*, New York: Fordham University Press, 1997, pp. 42-43)因此,民主仍然有待于将来:"当我谈到将一来的、被允诺的、名副其实的民主时,其实没有任何事实上的民主与之相符。"(德里达:《他人是一个秘密,因为他是别样的》,《德里达中国讲演录》附录,第219页。)

结构而言,源于欧洲的现代民主之政(治)——两个或多个政党互相竞争之政(治)——所允许的是一政(治)自身之内的某种有限正名:立场相异的不同政党之间的对抗和竞争允许这一"民主"之政(治)有限地**在自身之内与自身相异**,或进行有限的自我解构,从而使此政本身在其自身之内的某种程度的自我正名成为可能,而这也就是说,使此政的某种程度的自我纠正以及自我合法化成为可能。因为,这样的现代之政(治)能以某种方式在自身之内不断"否定"自身——不是黑格尔式的辩证的自我否定,而是让其自身与自身相异,让自身中一部分与另一部分相异,是一部分之(纠)正另一部分,是各部分之通过互(相)(纠)正而(纠)正构成这些部分的并为这些部分所构成的整体——从而不断肯定自身,并因此而维持那能够使其继续存在的有限自我认同和自我同一。

然而,每一个这样的政治共同体,或现代民族国家(nation-state),作为自我同一的、不容分割的绝对主权体,亦即,作为拥有 sovereignty 者,作为拥有不可侵犯之主权者,或作为 sovereign state,虽然能如此在自身之内对自身做有限正名,却也必须面对在其之外的他者——面对其他的同样拥有所谓不可侵犯之主权者——而为自身正名,或为自身的合法性进行说明和辩解。否则国际社会间就没有任何公平与正义可言,而只会有以大欺小以强凌弱的强权,或以公正和平为名的霸权。而此种强霸之权又会激起对抗,或激起众多弱小者的知其无望而仍为之的所谓"恐怖主义"活动。㉘

㉘ 此处的问题极为复杂,已经超出本文的篇幅所能容许的论述。简单地说,一方面,任何政相对其他政而言皆为拥有不可侵犯之主权者。因此,对其他主权者(主权国家)的侵犯无论怎样都很难真正被合法化(我们此处想到的是美国及其同盟者进攻占领伊拉克的例子)。但另一方面,一政可能已在幻想自身为"至大无外"之途中,甚至已经走到此路之尽头。而当其如此之时,也就是其停止自我正名之任何努力之日。于是,此政之下即不再有正直、公正、正义,而只有专制、压迫、奴役。此时,在此政之下被专制、受压迫、遭奴役者可能会起而欲正此政(之名),并诉诸此政之外的其他之政的帮助。在此种情况下,如何才能对他者公正,如何才能维持正义,乃是国际政治中并无任何确定原则和程序的伦理难题(英国前首相布莱尔在因伊拉克战争被质询时曾说,即使伊拉克没有大规模杀伤性武器,进攻伊拉克也是道德上正义之举,因为此举结束了一个邪恶之政。是否完全如此,其实仍然有待于思考和分析)。在此问题上,《春秋》及其诸传中应该有很多可供分析的事例。

七、(不)结(之)论

这一文本是从"解构正名"这一合法——合乎汉语之法——而又不合法——不合那些希望一切皆简单明了者之法——的标题"开始"的。写下一个标题当然就意味着,要有一个开始,要从某处开始,要让一以之为题的文本由此一作为开始的标题而开始。然而,"解构正名"这一应开其始的标题却阻碍开始,阻碍此一文本由此一作为开始的标题而开始,或由开始而开始。此一作为开始的标题或作为标题的开始使任何传统的理想开始皆成为不可能。而这也许却恰恰体现了解构所欲显示的一个重点:没有简单的纯粹的理想的开始,或者,没有无可置疑的、自明自证的开始。"解构正名":"解构"始终都需要正名,**而**"**正名**"始终都需要解构。因此,无从开始,但却又必须开始,必须在没有开始之处开始,必须从不可能开始之处开始,或者,必须从不可能本身开始(假使不可能也可说是有一"本身"的话)。而"解构"——正如我们在对此名的某种正名过程中已经看到的——在某种意义上不正是对于"不可能者之可能性"的某种体验?

因此,这一文本开始了:以合法的标题不合法地开始了,或以不合法的标题合法地开始了。"不合法"首先是因为,这一文本不可能**同时**满足解构与正名双方各自向对方提出的要求:解对方之构的要求;正对方之名的要求。因为,我们已经知道,任何一个要求对方或他者合法的要求都首先本身就必须是合法的,而合法却又始终都只能是他者的要求,是来自他者的要求。⑱ 因此,不可能有绝对的"第一要求",因为任何第一要求都必然已经为他者所要求了。所以,始终都将会是"解构—正名"——解构要求正名;正名要求解构。这一合法而又不合法的标题就是如此这般地让以之为题并由之"开(不了)始"的文本陷入某种严重的"自相矛盾",并使此文本成为对此没有出路的"自相矛盾"

---

⑱ 关于"合法要求"这一表述的必然的暧昧与多义,请重新阅读本章之注2。

的某种坚持不懈的感受。

"自相矛盾":需要正名的解构和需要解构的正名就生于其内,长于其中。此自相矛盾并非偶然发生,更不是无事自扰,而是使一切有限的不自相矛盾,一切有限的第一开始,一切有限的合法要求,成为可能者。但我们现在也已经知道,那使之成为可能者同时也总是那使之成为不可能者。使之成为不可能:因而这一自相矛盾的文本无法开始,无法理想地开始;使之成为可能:因而这一自相矛盾的文本仍然可以开始,以某种方式开始。于是,首先(这当然只是一个仍然始终都有待于成为首先的"首先"),"解构正名":解构需要正名,需要被正名。我们怎么可能须臾离开正名,起码的正名,基本的正名?之所以不可能有首先的首先,或之所以无法从开始——第一开始,绝对的开始——开始,不正就是因为我们已然生于名中,而且始终赖名以生?如果不是始终已然有名,有我们始终已然从自己的语言文化传统中接受下来的名(此亦包括已经成为并在继续成为这一语言文化的构成部分的外来之名),有我们无论愿意与否都必然已经首先加以无条件肯定的名(此肯定始于我们首次和每次说出任何一名——即使是对一名说"不"——之时),那就还根本无所谓任何开始,因为我们甚至连"开始"这个名,这个让我们可以想象和谈论开始之名,都还没有。但既然已经有名,始终已经有名,那就再也没有——不可能有——任何简单的纯粹的理想的开始,因为任何一名皆牵扯勾连着其他的名,并皆因其他的名——因且仅因其他的名,因且仅因不是其他的名——而是此一特定之名。因此,**从任何一名开始都不可能是从开始开始**,从"第一开始"开始。而由于所有名之互相勾连牵扯,所以无论从何名开始,无论开始使用何名,皆必然本身就已经包含着某种基本的正名活动。如果不是有始终已经活跃在言说、写作、阅读中的诸种起码的正名活动或正名操作,言——须赖名而行之言,一般意义上的言——是否还有可能?解构之言是否还可能?解构本身是否还有可能?名之解构是否还可能?而且,首先,"解构"之名,亦即,"解构"本身作为一名,在汉语中是否还有可能?我们是否还能在汉语中有意义地说"解构",或说其他的名?是否还能用"解构"这个名或其他的名去说或去做任何事情？否。是以我们才必须说,正名——某种起码的,即使经常只是非自觉的、隐含的正名,必然始终不止一种意义上的正名——其实不可或缺。

然而,正名——作为活动或操作的正名,无论是起码的、基本的正名,还是更进一步的正名,伦理的、法律的、政治的、社会的、文化的正名——却始终皆有可能自觉或不自觉地在冒追求终极正(确)(之)名之险。而此似乎又是作为活动或操作之"正名"的"名中应有之义",尤其是当提出正名要求者自以为有合法正名之权,甚至至高正名之权时。[34]然而,在"解构—正名"的过程中,我们已经看到,欲以一终极正(确)(之)名而正一切之名者仍须正此终极正(确)(之)名,欲以自身之名为终极之名而正一切之名者仍须正自身之名。是以"正名"需要解构,需要被解构。

但"解构"之名何谓？在"解构"之名下所发生的不也是某种正名,某种必然包含着正名操作的活动？尽管在解构活动中所显示出来的最终可能却是一切正(确)(之)名本身之"终极"的不(可能)正,或者说,是使任何终极正名同时成为可能与不可能的那些条件。而如果解构是某种正名,正名——不囿于任何成规和偏见的正名,彻底的正名——不也是某种解构？因为,正名操作,如果从中撤去了对必正之名的预设,就必然是一种解构活动。正名,尤其是没有被特定之"政(治)"限制在特定之"正"的范围之内的正名,必然将最终走向对没有"终极之正名"这一(非)真相/真理的揭示。

何以如此？因为,"解构—正名"首先必然依赖于荀子所谓"成

---

[34] 我们已经知道太多的欲以自身之名正一切其他之名的情况。欲以己名正一切之名的政或国家可能是其中之典型。但几乎所有欲"以……的名义……"(亦即,"以……之名……")者其实都是在做同样的事。例如,在我这一代人从小就浸淫于其中的革命叙事中,那些说"我以革命的名义(以革命之名)处决你这叛徒"的革命者们。此一语句其实同时是语言—行为理论(speech-act theory)中所区分的陈述句(constative)与行事句(performative),因为此话既宣布一件即将发生的事,同时本身又是一件事之完成。而其所完成的事之一就是完成发言者本身与"革命"之名的认同。而处决——此处是从"革命"名下彻底抹掉被认为不能符合其名者——则可能是正名最极端但也最典型的方式。

解构正名

名"。没有成名,没有既成之名,或没有语言,就不可能开始任何正名,或任何解构,或任何解构—正名,亦即,解构的正名,或正名的解构。但是,如果始终已然有既成之名,如果我们任何自觉的解构—正名操作都必然只能首先活动在这样的成名之中,那么"名者,命也"就可能开始显示其另一意义,一也许更为深刻的意义。"名"首先乃是我们之"命"! 必有所"命"之"名"首先乃是我们必须接受,而且必然已经接受之"命(令)",尽管此命并非绝对没有让其被对抗的余地,因为命作为命即已结构性地包含此余地于其自身之内。⑥ 名作为命必已对我们有所命,但这却并非意味着我们就必须盲目地或无条件地服从。所以我们才必须正名,那必然不止一种意义上的正名。正名是我们之命:我们的命令,我们的命运。但我们又从来就都只能"以名正名"。而这也就是说,以一名证/正它名之正或不正,或以一名之命(令)服从或对抗它名之命(令)。

而正因为我们从来都只能"以名正名",我们才始终都不可能有任何"从头开始"的开始,始终都不可能通过任何无限耐心的回溯而走到一个让一切开始皆可由之开始的开始之处,或一个终极的正名。正因为任何所谓"终极正名"仍然必须正之以它名,所以终极才从来不可能真正终极,绝对终极。任何终极之名或终极之正都只是某一特定的正名活动的结果,或某一特定的"约定俗成"的结果。而名之特定的"约定俗成",或孔子意义上的"正名",我们也已经知道,离不开权力和斗争,离不开权力的斗争,或斗争的权力。因此,"约定"永远都不是共同的约定,"俗成"也从来都不是全体的俗成。名——任何名——从来都不可能毫无疑问,不可争辩,天经地义。而如果有人坚持说,此处所言之特定的正名——伦理、法律、政治、社会、文化意义上的正名——仍然必须基于最普通的名而行,而最普通的名则必然是原始的"约定俗成",那么对此看法的可能回答也许是,如果原始的"约定俗成"真是任何一名之(是否)"正"的最终根据和证明,或唯一根据和证明,那么这

---

⑥ 参阅拙著《天命:之谓性! ——片读〈中庸〉》中对于命之结构的分析,尤见第15页。

样的"原始的约定俗成"也必然是始终已然失去者。因为,所谓"原始的约定俗成"必然是这样一个"(非)时刻":一个从来也没有作为"现在"而存在过的"过去",或一个使任何"现在"能够作为"可以成为过去之现在"的永恒"过去"。而这也就是说,一个使任何"原始"成为(不)可能的"(非)原始",或一个使任何"起源"成为(不)可能的"(非)起源"。因为,为了使任何特定的"约定俗成"成为可能,就必须有使此一"约定俗成"成为可能者,亦即,**始终已经**"约定俗成"了的成名或语言。没有这样的成名或语言,就不可能开始任何约定(即使是所谓最原始的约定),也不可能有任何俗成,因为约定和俗成都必然要求能使其开始的成名或语言。名之任何"约定俗成"——亦即,有关任何名的任何"立法"或修正或取消——都必然只能在已经被作为命令——作为法——而发布和接受的成名或语言本身之中发生。⑧ 只有在作为命令或作为法而必然已经为我们所首先服从或接受了的成名或语言之中,我们才有可能开始对任何命令或法的(再次)接受与服从,或质疑与拒绝。而这也就是说,才可能有任何正名或任何解构。而活/跃在**始终已经**"约定俗成"了的成名或语言之中的正名或解构,在这一意义上,则始终都将是对于任何重要之名及其所名者的探究和质疑,解开和重构。

因此,让我们重新回到这一文本的标题。"解构正名":解构和正名,正名和解构;解构的正名,正名的解构。解构与正名在"解构正名"这一合法标题中遭遇对方。解构与正名皆要求对方合法,也皆被要求合对方之法。合法因而被暴露为并无单一固定标准,因为,归根结底,始终都只是他者首先提出"合法要求"。解构与正名二者在同一合法

---

⑧ 这就是说,我们始终都首先是语言的接受者,而不是其创立者。语言中的任何创立,其至"革命",皆必然只能在已经被接受下来的语言中开始。"语言约定俗成论"(conventionalism)可以合法地解释很多语言问题,但其在欲解释语言之原始创立时却必有无法克服的根本困难。语言是像法律或律法一样被**接受**下来的——这是索绪尔的一个看法,而为德里达所注意。在符号之解构中,德里达对此多有提及和论述。参见 Geoffrey Bennington & Jacques Derrida, *Jacques Derrida*, trans. Geoffrey Bennington, Chicago: University of Chicago Press, 1993, p. 26.

标题之中似乎无法相让,并因而使以其为题之文本"自相矛盾"。然而,正是在这样的自相矛盾之中,解构向正名敞开自身,正名也向解构敞开自身。在解构的正名之中,我们可以看到的是,"解构"之**名**首先应该被**正**为西方传统——"至大无外"的西方形而上学或哲学——之向他者的深刻开放。而正是在这样的开放之中,西方传统才能重构自身为能对他者亦对自身(对西方文化和非西方文化)重新积极负责者。推而言之,此一"积极"的解构其实乃是每一欲重新或继续其自我认同的传统所必不可少者。在正名的解构之中,我们可以看到的是,"正**名**"之**构**最终应该被**解**为必须包括正名者——有至高正名之权与正名之任者,政,主权国家——之自正其名或自名其正的活动。需要自正其名或自名其正,即是需要向自身之内和自身之外的他者开放,从而防止自身走向对于绝对和至大无外的虚幻追求,因为此种虚幻追求将会危及他者,也危及那自以为至大无外者本身。推而言之,此一"积极"的正名其实也是一切拥有至高正名之权与正名之任者为了维持自身而必不可少者。

于是,解构(和)正名最终走向他者,走向对他者之应——应与承,责与任。是他者要求解构,是他者要求正名,是他者要求合法。在他者面前,每一欲维持自我同一者都是可以解构的,应该解构的,已经在解构的。在他者面前,每一欲维持自我同一者都是可以正名的,应该正名的,已经在正名的。

而这也就是说,"已经是在解构正名的":此"已经在"意味着,不会完成,不可完结,始终已经开始,始终将会继续。无穷的"解构正名"!因此,不可结论,没有结论。而正是在没有也不可能有最终结论的"解构正名"之中,才可能有"未来"而应来者之可能的"将—来"。

言与道

言而足,则终日言而尽道;
言而不足,则终日言而尽物。

——《庄子·则阳》

"予欲无言":《论语》中的论辩与孔子对言的态度

> 圣人怀之,众人辩之以相示也。
>
> ——庄子

一、引　言

　　考察《论语》中的论辩或论争是以西方传统中对论辩或论争的研究为参照的一项研究,因此在某种意义上带有比较研究的性质。这一研究所关心的是,与西方源自古希腊的哲学论辩传统相比,我们是否也可在中国思想传统的源头确认类似的现象。然而,为了使任何这样的比较成为可能,首先需要的是回到中国传统本身,阐明其对论辩的理解。只有先分别阐明各个被比较者,真正有意义的比较工作才有可能开始。但对于论辩的理解必然与对于语言本身的基本理解相连。因此,本文将集中于此项基本工作,即从论辩这一问题出发来考察《论语》中孔子对于言的态度,而暂不在中国传统与西方传统之间做任何直接的比较。在此一考察之后,我将对《论语》中的某些言语方式所蕴涵的哲学意义做一初步的分析,以期引起更进一步的研究兴趣和更加明确的比较工作。

二、《论语》中的论辩

首先应该承认,我们在《论语》中很难发现长篇的、系统的论辩(systematically sustained argument or disputation)。这与《论语》一书的性质当然并非无关。①《论语》中很多以格言形式出现的孔子对弟子的教导,最初应该都是从对话中而来的,但对话者却并非始终在《论语》的记载中出现,所以其中很多言语本来具有的对话性质或论辩性质已不再显而易见。但是,即便我们相信,只要努力,就可以恢复《论语》中很多章节本来的论辩性质,似乎也还是很难找到真正令人激动的论辩的痕迹。孔子与宰我之间关于三年之丧的对话可能是《论语》中所明确记载的极少数可真正被称为论辩的对话之一。② 但在这一论辩中,孔子似乎没有能够说服宰我改变自己的看法。或者,也许更应该说,孔子似乎从一开始即放弃了与宰我进行深入全面之论辩的欲望:

宰我问:"三年之丧?期已久矣!君子三年不为礼,礼必坏;三年不为乐,乐必崩。旧谷既没,新谷既升;钻燧改火,期可已矣!"

---

① 刘宝楠《论语正义》云:"《释名·释典艺》:《论语》,纪孔子与弟子所语之言也。论,伦也,有伦理也。语,叙也,叙己所欲说也。……《艺文志》云:'论语'者,孔子应答弟子时人及弟子相与言而接闻于夫子之语也。当时弟子各有所记。门人相与辑而论篹。故谓之'论语'。此谓夫子与弟子之语,门人论之。何异孙《十一经问对》:《论语》有弟子记夫子之言者,有夫子答弟子问者,有弟子自相问答者,又有时人相言者。有臣对君问者,有师、弟子对大夫之问者。皆所以讨论文义,故谓之'论语'。案如何说,是夫子与弟子时人各有讨论之语。非谓夫子弟子之语,门人始论之也。"(《诸子集成》第一册,北京:中华书局,1954 年,第 420 页。)据此,"论语"之义乃有所讨论之语。讨论则需要有参与讨论者,故为对话。而讨论之"论"则不可能不涉及论辩之"辩"。

② 另一段包含着至少一个回合的论辩的对话见于《论语·先进》"子路使子羔为费宰"章。我们下文将会涉及。其他略带争论性质的段落为:《论语·季氏》"季氏将伐颛臾"章,主要为孔子对冉有(求)的批评以及冉有的狡辩,以及《论语·子路》"卫君待子而为政"章,亦主要为孔子对子路的教训。我们将于下文中讨论孔子的正名说时涉及此章。本章以下引《论语》时将仅引文后括弧中给出《论语》的篇名。

子曰:"食夫稻,衣夫锦,於女〔汝〕安乎?"

日:"安!"

"女安,则为之!夫君子之居丧,食旨不甘,闻乐不乐,居处不安,故不为也。今女安,则为之!"

宰我出。子曰:"予之不仁也!子生三年,然后免于父母之怀。夫三年之丧,天下之通丧也。予也有三年之爱于其父母乎?"(《论语·阳货》)

此章的整体语境当是有关三年之丧的讨论。当时显然还有其他人,也许是其他弟子在场。居丧按照当时的观念乃礼之非常根本的一项,所以宰我与孔子讨论的是一个非常重要的问题。显然,有关三年之丧是否过长的疑问已经出现了,是以宰我才会有此一问。然而,此章文中虽以"问"字将宰我置于求教者的地位,但宰我实非仅在单纯地发问。他提出了自己的明确看法或论点,即居丧之期应该从三年改为一年,并试图让孔子同意。宰我的论辩方式是先使用一个诉诸结果之辩(argument by consequence)。这一论辩所蕴涵的前提是,礼乐需要君子经常性的维持。他由此即推出,如果君子长期不能维持礼乐,礼乐就会崩坏。所以,三年之丧在时间上是太长了。然后,他又使用了一个诉诸类比之辩(argument by analogy):既然一个自然周期为一年,那么,与此相似,作为文化行为的居丧应该也只需要一年。这是一个组织周密的论辩,目的当然是想说服孔子。

但孔子这里却没有针对宰我提出的论点作出正面回答和进行直接讨论。相反,他抓住的是他认为隐藏在宰我的论点之后的东西,即说话者的所谓"动机"。宰我的论点在孔子对他的反问中被含蓄地"翻译"成这样一个不良的自私动机的表现:你就是想可以尽早重新享受你自己的生活,对不对?孔子的这个反问有不同方面,是一个被"多重规定"着的问题。这一问题蕴涵着,居丧时人之弃绝享受("不安")被相信是**自然**的,因为人此时由于哀伤而不可能有任何享受欲望。这是诉诸(人性这一"自然"的)"事实"之辩(argument by a fortiori)。但是,这一反问同时却也蕴涵着这样的承认,即人之享受的欲望也是**自然**的。

孔子期待着宰我接受他的含蓄问题中所蕴涵的否定性回答:人不可能在亲丧一年后即安享美食锦衣。这样,孔子就可以据此而建立三年之丧这一文化行为的合理性了。但是宰我却从自己的立场合乎逻辑地作了一个肯定性回答:既然自然事物以年为周期,那么居丧的孝子在一年之后重新享受正常生活,当然也是很**自然**的。由于似乎没有期待宰我会有这样一个肯定的回答,孔子无法开始根据被相信为是普遍的、自然的人性事实来建立三年之丧的合理性。这就是说,宰我不接受孔子的问题中所蕴涵的基于"自然事实"的论辩,因为宰我自己的论辩同样也是一个基于"自然事实"的论辩,而二者所根据的自然事实却是**不同**的。在这一点上,孔子就引进了另一个论辩前提:君子与小人之不同。孔子对宰我说,你安心,那你就这么做吧!君子不这么做,是因为他不可能安心。此话中隐含的是,至少在这一问题上面,宰我不是君子。孔子这里诉诸了一个先定的二元对立:君子与小人。君子不可能安于父母之死,所以才遵行三年之丧。而这一二元对立又蕴涵着,人性并不是普遍相同的:有人不能(很快)安于父母之丧,有人则能(很快)安于父母之丧。既然你宰我能很快就安于父母之丧,你就根据你的感觉去做吧("今女安,则为之!")。言外之意是,你若如此,那老师我也就无话可说了。孔子即以此结束了一个几乎才刚开了头的论辩。但是,当没有接受孔子的论点的宰我出去以后,孔子却诉诸另一个被假定为"自然"的事实,而在其他在场者面前批评宰我之不仁:所有人都享受三年的"父母之怀",所以才应该有三年之丧。孔子之以三年的"父母之怀"来使三年之丧合理化,一如宰我之以自然周年来使居丧之期的缩短合理化,也是一个诉诸类比之辩。当然,置于孔子的整个思想中来看,他之维护三年之丧的必要性,可能有远远超出此段论辩在字面上所表现出来的理由。③ 但若仅就这一论辩本身而言,孔子似乎没有获

---

③ 关于此一问题的具体分析,请参阅拙著《吾道一以贯之:重读孔子》(北京:北京大学出版社,2003年),第172—176页。

得什么成功。而且,孔子似乎自始即无通过论辩而明示道理的欲望。为什么呢?的确,若与西方哲学传统之自始即喜爱论辩相比,孔子在《论语》中似乎表现出一种也许可以被描述为"基本上不信任论辩"的态度。而这可说是与西方传统几乎完全不同甚至截然相反的。为什么孔子似乎不喜欢论辩呢?

三、圣人之不辩与中国传统中之辩

我们也许可以从《庄子·齐物论》中的一段话开始。这段话很好地说明了为什么圣人,亦即理想的人,不辩:

> 夫道未始有封,言未始有常,为是而有畛也。请言其畛:有左,有右;有伦〔论〕,有义〔议〕;有分,有辩;有竞,有争。此之谓八德。六合之外,圣人存而不论;六合之内,圣人论而不议;春秋经世先王之志,圣人议而不辩。故分也者,有不分也;辩也者,有不辩也。曰:"何也?""圣人怀之,众人辩之以相示也。故曰:辩也者,有不见也。"夫大道不称,大辩不言,大仁不仁,大廉不嗛,大勇不忮。道昭而不道,言辩而不及,仁常而不成,廉清而不信,勇忮而不成。五者园而几向方矣!故知止其所不知,至矣。孰知不言之辩,不道之道?④

这里,从道的"观点"(当然,严格地说,道不可能有任何"观点")看,理

---

④ 王先谦,刘武:《庄子集解·庄子集解内篇补正》,北京:中华书局,1987年,第20—21页。王先谦于"有伦有义"语后有注曰:"《释文》:崔〔譔〕本作'有论有议'。俞〔樾〕云:'崔本是。下文云"存而不论","论而不议"。又曰:"故分也者,有不分也;辩也者,有不辩也。"彼所谓分、辩,即此有分有辩。然则彼所谓论、议,即此"有论有议"矣。'案:上言'有畛',伦义非畛也。当从俞说。"本文此处从王说及俞说。又,奚侗据《淮南子·诠言训》,以为"五者园而几向方矣"当为"五者无弃而几向方矣";"意谓能无忘此五者,其庶几乎向于道矣"。见陈鼓应:《庄子今注今译》(上),北京:中华书局,1983年,第77页。

想的状态是"不辩"。而"圣人"即代表着这一理想状态。辩,或需要辩,即已经蕴涵着道之不全或道之丧失。因此,同于道的圣人"怀之"而不辩。然而,首先,何谓辩?

《齐物论》中"分"与"辩"连用,表明"辩"与"分"在意义上是相连的。"分"意味着分开本来不分或混在一起者,从而明确个别事物的个体性及其同一性。是以"言辩"之"辩"与"分辨"之"辨"通。⑤ 我欲辨事物之分,但别人却总有可能不同意我所做之分辨,于是我就需要为我对事物的(可能不同于别人的)分辨做出说明和解释,从而维持我的分辨,并期望甚至迫使别人接受它们。说明和解释我之分辨则有赖于言,而此种言即辩。因此,分辨要求言辩的支持。分辨也自始即已蕴涵着言辩,因为分辨不仅必须在言辩中进行和完成,而且也必须**被完成为言**。辩就是在语言之中并通过语言来进行分,并且将分之得确立为言。是以辩不仅意味着活动,而且也意味着结果。⑥ 正因为分已然为辩,而辩亦已然是分,所以"分辨"之"辨"与"言辩"之"辩"通。"辨"可以耳、目、鼻、舌、身为之,"辩"则必须以言为之。⑦ 感官之辨能辨所觉所感,言语之辩则可辩是非曲直。

从字源看,汉语中这个可以用来翻译"controversy"的"辩"字以某种方式有趣地对应着此英语词的结构。⑧ 英语"controversy"源于拉丁语"*controversia*",后者则派生于"*controversus*":有争议的,可争辩的。此词由"*contro-*","相对,相反,反对",再加上意味着"转过来"的"*vertere*"

---

⑤ 《庄子·齐物论》:"夫言非吹也。言者有言,其所言者特未定也。果有言邪?其未尝有言邪?其以为异于鷇音,亦有辩乎?其无辩乎?"此段中之"辩"虽意为"分别",但却似乎也容许"以言辩其别"的解释。而此处庄子的问题恰恰就是言与非言之是否有别的问题:我们能以言辩清其辨或其别吗?见上引王先谦:《庄子集解》,第13页。

⑥ 《周易正义·系辞上》:"辩吉凶者存乎辞。"刊于清·阮元重刻《十三经注疏》(上海古籍出版社影印世界书局缩印阮刻本),上海:上海古籍出版社,1997,第77页。

⑦ 《后汉书·王充王符仲长统列传第三十九》载东汉仲长统《理乱篇》云:"苟目能辨色,耳能辨声,口能辨味,体能辨寒暑者,……。"见范晔撰:《后汉书》,卷四十九,北京:中华书局,1965年,第1649页。

⑧ 此乃就"辩"字之字源或本义而言,非谓此字仅可有此一种英文翻译。

的过去分词"versus"构成。其字面意思为"使转身相对于……","使转过来反对于……"。转而相对于什么或反对于什么当然蕴涵着一所相对或反对者。"辩"之字形则似为两罪人(法庭上的两造)通过语言相对而争论各自之是非曲直。在《说文解字》中,这个中间有"言"字的"辩"字之义被定为"治":"辩,治也。从言,〔言〕在'辛'之间。"辩何以为治?段玉裁注曰:"治者,理也……谓治狱也。"⑨处理诉讼或官司需要分辨是非曲直,而分辨则需要言。《周礼·秋官·小司寇》中有"辩其狱讼"一语,可辅《说文解字》此解之注。但"辩"字可能本来是写作"辡"的,两个代表"罪人"的"辛"字中间并没有"言"字。⑩《说文解字》释此"辡"字曰:"罪人相与讼也。从二'辛'。"⑪据此来看,这个被认为是"辩"字之本字的"辡"已经表示着讼者相对而辩之意。而如果"辩"字中的这个"言"字乃后来插入者,那么这似乎显然是要强调,辩或争必须"通过"语言("pass through" language)来进行。"罪人"通过语言进行争辩,而法官在一定程度上即根据他们如何争辩而分辨其中可能的是非曲直。唯其如此,"辩"字才也有"治"或"治狱"之意,亦即,"对法庭上的争辩做出判断和判决"。

---

⑨ 见许慎著,段玉裁注:《说文解字注》(第14篇下)(上海书店影印经韵楼刻本),上海:上海书店,1992年,第742页(上栏)。据周礼,掌国中之乡士、掌四郊之遂士、掌野之县士,及掌都家之方士,皆于其治内"听其狱讼,察其辞。辩其狱讼,异其死刑之罪而要之。"贾公彦疏曰:"辩,别也。狱谓争罪,讼谓争财。"见郑玄注:《周礼注疏》,《十三经注疏》,第875—877页。

⑩ 王筠《说文句读》:"'辩'即'辡'之象增字。"转引自汉语大字典编辑委员会编:《汉语大字典》,武汉:湖北辞书出版社,四川辞书出版社,1989年,第4045页。

⑪ 段玉裁注:《说文解字注》(第14篇下),第742页(上栏)。许慎《说文解字》释"辛"之义为"辠"。释"辠"为"犯法也,从辛、自。言辠人戚鼻,苦辛之忧。秦以辠似皇字,改为罪。"见段玉裁注:《说文解字注》(第14篇下),第741页(下栏)。徐灏笺此曰:"辠、罪古字通。见于经传者不可枚举,亦非秦人始改用之。窃谓辠从辛者,辛即辛也。"见段玉裁注,徐灏笺:《说文解字注笺》,台北:广文书局,1972年,第7册,第5144页。郭沫若说:"辛、辛实本一字……字乃象形,由其形象以判之,当系古之剞劂。《说文》云:'剞劂,曲刀也。'一作剞剧。""其所以转为愆、辠之意者,亦有可说。盖古人于异族俘虏或同族中之有罪而不至于死者,每黥其额而奴使之。……余谓此即黥刑之会意也。有罪之意无法表示,……故借施黥之刑具剞劂以表现之。"(郭沫若:《释支干》,《甲骨文字研究》,《郭沫若全集·考古编》第1卷,北京:科学出版社,1982年,第181—186页。)

就此而言,汉语中的这个"辩"字有一似乎不太高贵的"出身"。"辩"在汉语中似乎从一开始就可以意味着诉讼中互相对立者之间的这样一种争论:争论者甚至可能不惜歪曲真伪、颠倒是非、混淆黑白而以言语洗清自己,因为这一本名为"辩"的言语行为之成功与否甚至可以关乎一个人的生死。但是,这样的辩同时又要求着一超乎对立双方的高高在上的第三者,即传统所谓之"治狱者",或法官。他亦需要"辩",需要治狱者或法官之"辩",亦即,需要根据争辩者各方的"言辞"而分辨是非并作出裁决,从而恢复被诉讼之辩所扰乱之治。但超乎个别的、互相对立的辩者的治狱者或法官之辩乃是为了结束一切辩之辩,亦即,是为了确立或恢复任何辩所可能打破的完整的公正或公正的完整而进行的辩。这里,似乎应该立即就引一句孔子有关听讼的话:"听讼,吾犹人也。必也,使无讼乎?"(《论语·颜渊》)[12]请允许我们不对这一要求长篇评论的话在此文中作任何评论,而仅将其作为某种可以指向我们的基本论题的一个标志,或者某种隐喻。

于是,从"辩"的词义看,至少有两种辩,而二者是连在一起的。第一种辩是因为出现了个体之间的不同。有不同才会有问题。于是单个的辩者要为自己的立场、自己的利益甚至自身的存在而辩。此种辩意味着,某种不需要辩也无知于辩的理想状态可能已经丧失。所以,此种辩似乎"逻辑"地要求第二种辩:作为治之辩,结束辩之辩。后一种辩期望恢复或确立前一种辩——特定个体所进行的辩,出于特定个体并

---

[12] 杨伯峻《论语译注》(北京:中华书局,1980年)将孔子此语译为:"审理诉讼,我跟别人差不多。一定要使诉讼的事件完全消灭才好。"(第128页)后一句的现代汉语翻译不尽贴切。刘殿爵译为:"In hearing litigation, I am no different from any other man. But if you insist on a difference, it is, perhaps, that I try to get the parties not to retort to litigation in the first place." (D. C. Lau, *Confucius: The Analects*, Penguin Books, 1979, p. 115) 理雅各译为:"In hearing litigation, I am like any other body. What is necessary, *however*, is to cause *the people* to have no litigations." (James Legge, *The Chinese Classics*, vol. I, Oxford: Clarendon Press, 1893, p. 257) 二者中刘译似较优。孔子此语乃一反问,与"必也,正名乎?"(《论语·子路》)的句式完全一致。孔子这里应该是在回答别人问他将如何听讼。孔子先以一个低调的回答来表示,他在处理诉讼时跟别的处理诉讼的人不会有什么两样。但他随即又将自己区别于他人:若一定要说我有什么不一样的话,我处理诉讼是想要结束一切诉讼,使不再有任何诉讼出现。参见下文对反问这一语式的具体分析。

为了特定个体之辩——所打破的或丧失了的理想状态。而这也就是说,后一种辩所期望的是最终的不辩和无辩。庄子所说的圣人即是这样一种形象:他已然包容着众人所欲辩之一切,因而已经是道或某种理想整体的"体现"。而这可能才是最高的善。这样,当我们看到今本《老子》第八十一章中竟然会说"善者不辩,辩者不善"时,或许就不会怎么吃惊了。老子此话当然有"形而下"的或日常生活上的意义。但如果"形而上"地说,"辩者"之"不善"则最终只能是因为,大道不称,大言不辩。河上公注《老子》此语为:"辩者,谓巧言也。"⑬对辩的这一解释可以让人联想到孔子关于"巧言令色"所说的话。《老子》第四十五章中又说:"大巧若拙,大辩若讷。"⑭这在某种程度上也可以让人想到孔子所说的"刚、毅、木、讷近仁"。孔子的这些话下文将有具体分析。目前我们则仅欲指出,在先秦时期,在中国文化传统的源头,就已经存在着某种对于辩有所保留的谨慎态度。《左传·襄公二十九年》记吴使季札在戚地闻钟时即有"辩而不德,必加于戮"之评语。⑮《吕氏春秋·察今》中有言:"天下之学者,多辩言利辞。"⑯此似已不无批评之意。后来汉代王充在《论衡·物势》中讲到论辩中的两种胜利,一种是"非而曲者为负,是而直者为胜",另一种则可以是"抑或辩口利舌,辞喻横出为胜。"⑰《庄子·天下》篇中更明确谈到所谓"辩者之囿":"桓团、公孙龙,辩者之徒。饰人之心,易人之意,能胜人之口,不能服人之心:辩者之囿也。"⑱

根据《天下》篇中的这一看法,辩者的局限即在于,辩——普通意义上的辩——并不真正产生或改变什么。如果一定要说辩能产生或改

---

⑬ 河上公注,王卡点校:《老子道德经河上公章句》,北京:中华书局,1993年,第307页。
⑭ 同上书,第178—179页。
⑮ 杜预注:《春秋左传正义》,刊于《十三经注疏》,第2008页。季札此语见于下列语境之中:"〔季札〕将宿于戚。闻钟声焉。曰:'异哉!吾闻之也。辩而不德,必加于戮。夫子获罪于君以在此。惧犹不足,而又何乐!'"杜预注:"辩,犹争也。争,争斗之争。"
⑯ 高诱注:《吕氏春秋》,刊于《诸子集成》,第二册,第177页。
⑰ 王充著,黄晖撰:《论衡校释》,北京:中华书局,1990年,第153页。
⑱ 王先谦:《庄子集解》,第298页。

变什么,那也只是言中发生的事。而在"口"与"心"或言语与思想的传统二元对立中,前者通常都被认为是第二性的或从属性的。所以,辩者在语言上的胜利并不是真正的胜利。而这蕴涵着,真正的东西是与语言无关的。在此种不利于辩的普遍风气之中,欲维护孔子之道的孟子感到自己不得不为自己之辩而辩,就是非常可以理解的了。《孟子》中有一段他与学生公都子的对话,即从后者问他是否如外人所说之"好辩"开始。非常有意思的是,孟子这里却恰以"辩(护)"的方式为自己之被批评为"好辩"的行为"辩"。他辩说自己并非喜辩,而是为了维护圣人之道而不得不辩:"我亦欲正人心,息邪说,距诐行,放淫辞,以承三圣者。岂好辩哉?予不得已也。"[19]如果辩在时人心目中根本就没有任何消极意义的话,孟子大概是不需要如此来为自己辩的。因此,甚至区分了圣人、士君子、小人之辩,并明确肯定"君子必辩"的荀子,也认为尽管君子亦有辩之必要,但小人之辩却一定要消灭。[20] "歧视"此种被认为不可信任的"小人之辩"意味着,辩在最好情况下也是有利有害,可利可害,就像德里达所分析的柏拉图的"pharmakon"(良药/毒药)一样。[21]

---

[19] 《孟子·滕文公下》,见焦循撰,沈文倬点校:《孟子正义》,北京:中华书局,1987年,第461页。据杨伯峻统计,《孟子》中"辩"字五见(杨伯峻:《孟子译注》,北京:中华书局,1960年,第450页)。

[20] 《荀子·非相》,见王先谦撰:《荀子集解》,刊于《诸子集成》,第二册,第53、55页。"君子必辩"一语在《非相》篇中两见,其一之上下文为:"君子必辩。凡人莫不好言其所善,而君子为甚。是以小人辩言险而君子辩言仁。言而非仁之中也,其言不若其默也,其辩不若其呐也。"(同上书,第55页。笔者案:呐同讷。)而让"小人"沉默的最好办法当然是完全消灭能辩之人。能辩之"小人"被荀子称为"奸人之雄",其害被认为有过于盗贼,因此"圣王起,所以先诛之也。然后盗贼次之。盗贼得变,此(亦即,小人——引者注)不得变也。"难道能辩之"小人"的不可被改变不正是因为他也可以"言之有理"而"持之有故",因此能够与所谓君子"辩难"吗?我们将在正文中就孔子的看法而分析这一点。至于荀子对于辩的看法,需要另文专题分析,此处无法详论。此处值得一提的只是,在《非相》中,荀子对"人之所以为人者",亦即,对人之本质的讨论,是从肯定"以其有辨"开始的。荀子肯定"人道莫不有辨",而"辨莫大于分"。他然后才转而讨论言之重要、"谈说之术"、以及君子之辩的必要。这里,虽然荀子没有明言,但我们正文中所讨论的分辨之"辨"与论辩之"辩"在他这里的内在联系是很显然的。

[21] 参考 Jacques Derrida, *Dissemination*. Chicago: University Press, 1981, pp. 61-172.

由此看来，在这一传统中，即使最必要的辩也被认为是需要慎用的双刃利器，有益有害，可好可坏。喜辩并且善辩的所谓"名家"，即前面《庄子·天下》篇中说到的桓团、公孙龙之徒，以及墨家之辩，之所以在中国传统中受忽视或受压抑而不得发展，与这一对辩的流行看法可能不无内在关联。然而，轻视辩的最根本原因还是上引《庄子》文中所道出者：最理想的状态或最高的境界应该是无辩也不需要辩，而圣人即体现着这一理想。因为，辩即分，而"分也者，有不分也；辩也者，有不辩也"，亦即，分则丧其全，辩则遗其总。而圣人之不分不辩即因圣人已怀总与全，或者说，圣人本身**即**总与全。

四、"予欲无言"

辩或论辩当然属于言说。狭义的论辩只是诸言说模式之一。然而，如果言或说在最根本的意义上已经就是辨/辩，那么，极而言之，真正的或绝对的不辩必然要求不言。而孔子，作为圣人，即确有某种完全"不言"的理想或欲望。下面就让我们具体分析一下这一欲望或理想蕴涵着什么。

孔子一次跟子贡说："予欲无言。"子贡问："子如不言，则小子何述焉？"孔子没有直接回答这一问题，却反问："天何言哉？四时行焉，百物生焉，天何言哉？"（《论语·阳货》）在这一对话中，孔子似乎在将自己与从不说话的天隐隐相比：天无言，我为什么不可以无言？当然，这里首先应该记住的是，孔子的这一不想说话的欲望是**说出来**的。其次应该注意的则是，为了要说出他不想说话这一欲望，孔子不仅使用了言，而且还使用了言所提供给他的能使这一不想说话的欲望可以很好地影响和说服听者的两种表达手段：反问和比喻。让我们把关于反问的分析留到最后。这里先讨论比喻。分而言之（作为"众人"，我们这里不能仅仅"怀之"，而只能"辩之以相示也"，故必须进行区分），比喻乃比＋喻。比为以此类彼，或以彼类此。喻乃以此明彼，或以彼明此。合而言之，比喻乃某些间接的语言表达方式的一个总称。言其"间接"

是因为我们通常都假定,言能"直接"言其所言。但这一"直接"其实并非总是那么"直接",亦即,其实并非总是毫无疑义的。因为,从根本上说,言既为言就已不可能直接。② 不过,让我们有限地承认"直接"与"间接"的这一对立,并暂借之以展开讨论。所谓"间接"指似乎本应无间者之间插入了第三者,而一切可能的含混、暧昧、曲解、误会即可由此开始。所以,一个比喻的意义始终是一言而不止一意的,并因此而始终可以超过或逃出言者的控制。因此,比喻的使用已经超出了"辞达而已矣"这一原则的界线。

就孔子之言而论,这段以反问和比喻方式说出的话不仅意义复杂,而且也不无暧昧。孔子此话中至少包含了两种属于比喻的"修辞"手段:一、天本身的某种**拟人化**;二、孔子自己与天之间的**隐含的类比**。但是,当被形容为"不言"的天与"四时"的轮流交替和"百物"的自然生长被联系起来的时候,天与后二者之间的关系也被某种意义并不完全确定的比喻性关系而非事实性关系所规定了。不说话的天这一形象不仅将天比为人,而且同时也把天与人对立起来。天不言。人言。人本质上就是需要说话者。而人说话是因为人需要建立、维持或恢复秩序。天之不言可以意味着不能说话,**或**能说话而保持沉默。而天既然被比为人,那么天之不言就是能说话却不需要说任何话。而不需要说话在孔子这里是因为,在高高在上的天之下,"四时行焉,百物生焉",亦即,"天(之)下"的一切皆已井然不乱,和谐有序。这里,天与四时百物的关系乃是上下关系,而在上者乃是在下者的确立者和维护者。这就是说,正因为"天(之)下"已经存在着理想的秩序状态,所以天,"高高在上"之天,作为秩序的确立者和维持者,才不需要说话。这样,当孔子将自己隐隐比作天时,孔子可以被理解为是在通过比喻,亦即,通过某种修辞手段,而建立这样一个重要论点:最理想的状态应该是像天那样完全不需要说话的状态,所以他希望自己也可以不需要说话,而这一不

---

② 因为,"言与一为二",而"二与一为三"(《庄子·齐物论》中语,见王先谦:《庄子集解》,第20页)。言已经与"不可分"之一对立,并因此而始终已经分裂了那不可分的、"直接"的一。

需要说话则意味着完美秩序的已经存在。而他的这一要"像"天那样无言的欲望同时又蕴涵着,他视自己为"像"天那样负有维护天下秩序的责任。但是,不言这一欲望却又只能从言而来:它不仅是只能被说出,而且也只能从言中产生出来。所以,不言必是言之无法被满足的欲望。正因为已经在说话,才会想不说话。但这蕴涵着,说话,或者更准确地说,感到有说话的必要,感到需要说话,甚至需要说出"欲无言"或"不想说话"这样的话,已经就是不需要说话或无言这样一种理想状态的丧失。而这一丧失则必然是一自"始"即已"在此"的丧失,因为"无言"这一理想,作为言之反面,作为言之消除和回到"有言"之前,必然只能产生于有言。只因为已经有言,只因为言已在此,方能渴望不言和无言。因此,无言**必**以有言为条件,而且无言这一希望或理想也只能在言中被说出来。所以,这一极其可欲的"先于"言的理想状态其实必然"后于"言,或更准确地说,必然"同"于言,或必然与言"同时"。正是这一其实必然后于言或同于言的"原始"丧失,才引起了想要追回这一"原始"丧失的欲望。

因而,理想的、无需于言的秩序其实必然**自始**即已破裂和丧失。但这一"原始"的,甚至应该说,"先于原始的"破裂和丧失,同时也就是言的可能性,以及任何秩序的产生的可能性。然而,在对于言与秩序的传统看法中,秩序的建立又总是作为对一个其实**始终已然**失去了的理想秩序的恢复。此亦中国传统何以始终有一个从越远越好的过去中发现理想状态、理想秩序的倾向。孔子之不欲言而不得不言是因为,他的时代是"天下无道",而他则"志于道",亦即,以寻找和恢复道为己任。孔子明确说过,"天下有道,丘不与易也"(《论语·微子》)。发现道的迫切性表现在孔子一句以夸张为修辞手段的话中:"朝闻道,夕死可也!"(《论语·里仁》)然而,"闻"道当然离不开言。将自己所"闻"之道传达于他人,传达于天下之人,也离不开言。所以,孔子虽欲无言,却又不得不言。而从根本上说,言,亦即,只要开口说话,已经就是最根本的辩/辨。孔子需要以言"辨/辩"道:通过言而"辨"(别)道于非道,通过言而"辩"(明)道于非道,即使孔子的这些"辨道/辩道"之言在他自己的希望中最终也许只是为了恢复"不辩"和"无言"。所以,为了让天下闻道,从而让天下有道,孔子不欲言而不得不言,不欲辩而不得不以某种方式辩。而为了最终的不辩和无言,孔子在实际生活中却始终需要以谆谆言之的"诲人不倦"的师的形象出现。但如果在孔子这里,言最终只是为了实现一个完全不需要言或几乎完全不需要言的理想状态,那么《论语》中孔子那些言己之不欲言,或言而又似无言的话,就可以理解了。

五、"巧言乱德"

然而,如果理想的状态真被相信是无言,是不需要言,那这就已经蕴涵着,言被理解为不仅可以是不必要的,而且其本身即已为对(无言的、不需要言的)理想状态的某种破坏。而圣人之不得不言则只是为了消除那些已经扰乱和破坏了理想状态的言,从而"恢复"那无言也不需要言的理想状态。这样,我们才可以开始理解,为什么在实际上需要不停说话的孔子,一位在某种意义上以言为其生命的师,却甚至会憎恶言。当然,这一憎恶从表面上看仅仅表现为对某种特定的言——"巧言"——的憎恶。而孔子所谓"巧言",首先可径就其字面意义来理解,亦即,说得灵巧或巧妙的话。若根据河上公对《老子》"善者不辩,辩者不善"的注释,辩即意味着巧言,那么巧言当然蕴涵着辩与能辩。所以,孔子对巧言的态度也是对辩的态度。《论语》中记载,孔子数次表示他憎恶"巧言":"巧言令色,鲜矣仁"(《论语·学而》;《论语·阳货》);"巧言、令色、足恭,左丘明耻之,丘亦耻之。"(《公冶长》)我们知道,"巧言"在《诗经·小雅·巧言》中就已经具有贬义。[23] 但为什么若说一个工匠的手"巧"(《孟子·离娄上》:"公输子之巧"),就是欣赏;说一个女人的笑巧,就是赞美(《论语·八佾》中引《诗经》:"巧笑倩兮");而说一个人的口巧,亦即,言巧,话说得巧,那就是贬斥?话说得巧难道不好吗?

---

[23] "巧言如簧,颜之厚矣!"见朱熹:《诗集传》,上海:上海古籍出版社,1958年,第141页。

至少可能是这样的：手巧就能做出更好的、更有效的器具，从而更能影响人的物质生活（人之身），笑巧就能"做出"更好的表情，从而更能影响人的感情（人之心），而舌巧或口巧就能"做出"更好的言语，从而更能影响人的思想（人之德）。然而，所有这些巧在价值上都不是确定无疑的。且不说前两种巧所具有的"暧昧"意义以及可能引起的反对（这里我们会想到《庄子》中"有机械必有机心"之说，以及孔子的"未见好德如好色者"之说），即仅就言之巧而论，做得越好的言就越能影响人之德，而此种影响在孔子看来可能远非对人有益。孔子明确地说过："巧言乱德"（《论语·卫灵公》）。这里，从德的保持来说，巧言被认为是某种从外而来但是却能扰乱德之宁静之物。然而，如果君子之德确可为"巧言"所乱，那么言就不可能是绝对外在于德之物。能够乱德之言与德本身必然具有某种内在的联系，亦即，德必然始终有受到言之影响的可能。而德之所以能受言的影响则只能是因为，德"其实"就只是言，亦即，是**通过**言并且就**作为**某种言而被构成者。德"本身"自始即已为言。的确，孔子自己即已明确地肯定了这一点："有德者必有言。"（《论语·宪问》）所以，德只能在言中形成，并且只能形成为言。因而，德才需要言来保持，并且最终只能作为言，作为某种特定的言，而被保持。

孔子自己的"言（语）—（德）行"就体现了这一点。当弟子们向孔子问仁、问其他诸德或问君子时，孔子就通过言而对弟子之所问者作出规定。弟子们则向师保证一定要实行师之所言者。[24] 能真正实行这些必然只能在言中被形成与规定者即为有德之君子。但也正因为如此，德，亦即，某种或某一套特定的言，某种或某一套以特定方式说出的、被以某种方式认可为德并被实践为德的言，才可以为其他各种言——各

---

[24] 参见《论语·颜渊》："颜渊问仁。子曰：'克己复礼为仁。一日克己复礼，天下归仁焉。为仁由己，而由人乎哉？'颜渊曰：'请问其目？'子曰：'非礼勿视，非礼勿听，非礼勿言，非礼勿动。'颜渊曰：'回虽不敏，**请事斯语矣**。'""仲弓问仁。子曰：'出门如见大宾；使民如承大祭。己所不欲，勿施于人。在邦无怨，在家无怨。'仲弓曰：'雍虽不敏，**请事斯语矣**。'"

种所谓"巧言"——所扰乱。所以,为了保护德之为德,为了德之宁静或安全,又必须反对某些言,亦即,那些被认为非德之言,可以乱德之言。巧言既然是乱德之言,因而从德的观点来看也必然是无德之言。所以孔子才一方面说:"有德者必有言",另一方面却又接着说,"有言者不必有德"(《论语·宪问》)。而孔子之能这样说正是因为,德,孔子心目中的德,传统所规定的德,只是一套特定的言。当这样的言被确定为德或德之言(德的语言表现)时,其他的言即必然成为无德之言与乱德之言。然而,这些"无德"与"乱德"之言必然只能是不同的德之言,是能够形成不同的德之言。㉕ 所以这样的言才有可能乱德——扰乱传统或既成社会秩序所认可的德,或扰乱传统及既成社会秩序本身。这样,一方面,德被对立于言,尤其是巧言,而通过这一对立,德就被置于言之外或言之上。德不是言,德高于言。另一方面,德又被密切联系于言:有德者必有言。而这也就是说,德**其实**并不外于言,德其实**也是**言。所以,德才可以为言所乱。于是,孔子所欲言者与他实际所言者不同:他想说的是,言应该只是德之外在"表现",而他实际说的是,言从根本上形成或结构德,因此言也可以"乱德"——扰乱那些孔子所欲以言表达和维护的德。

六、"佞人殆"

从君子之德这一层面看,亦即,从个人之德的层面看,巧言是对作为个人的君子的一个威胁,因为巧言乱德。能巧言为佞;巧言者乃佞人。是以憎恶巧言的孔子对佞人当然也持否定态度。在《论语》的记载中,孔子屡次表示他对"佞"与"佞者"或"佞人"的明确憎恶。㉖ 而与

㉕ 可以想一下离我们不远的五四时代的情形。当时,新文化鼓吹者之言在传统文化之保守者的心目中显然是乱德之言。当然,我们现在可以看得稍微清楚一点了:当时二者之间的冲突是不同的德之言之间的冲突,而不是德之言与乱德之言之间的冲突。至于此类冲突所涉及的复杂问题,本文此处无法涉及。

㉖ 据杨伯峻《论语译注》(第240页),"佞"字于《论语》八见。实为十见。

孔子对巧言的批评("巧言乱德")相比,在他对佞人的憎恶中,巧言者对个人之德所形成的威胁之中所隐含的对整个社会秩序的威胁被明确化了。

　　就像巧言之"巧"本身不仅不含贬义,而且首先是对人手之能力的赞美一样,"佞"字起初也不含贬义。此字的本义或第一义为"才能"。故说自己"不佞"是自谦没有才能。㉗ "才能"意义上的"佞"何以竟开始主要或完全意味着言的才能,说话的才能,亦即"口才",而且是消极意义上的口才,能够巧言而乱德者的口才,这是一个很有意思的问题。看来,在"佞"字中也许有这样一个意义演变的过程:人最根本的能力或才能乃是说话,所以才能才首先和最终都是口才,亦即说话的才能。㉘ 而此一才能尤其为政治和道德领袖——孔子之君子——所必须具备。但是,我们以上的分析也表明,有言或说的技巧,或**能**说,却又是一个从任何既成的政治和道德秩序来看都非常可疑的甚至危险的才能。因为,那在言中形成的,并且本身即被形成为言的政治和道德,也可以而且必然最终也只能在言中被否定和改变。而在言与言之"辩"或"斗争"中,能言者当然具有优势,所以也具有更大的威胁力和危险性。于是我们可以开始理解,为什么一个既成的秩序或传统本身会压抑言的能力或能言者,而一个志在维护那正在或已经失去的秩序或传统的人会一方面憎恶各种各样的佞或能言,但又会被其他人——似乎已经不再关心这一秩序或传统之存亡的人——看成是在"为佞":"微生亩谓孔子曰:'丘何为是栖栖者与?无乃为佞乎?'孔子曰:'非敢为佞也。疾固也。'"(《论语·宪问》)

　　这里,直言批评孔子者似乎是一长者。佞这里仍应被理解为口才或辩才。刘殿爵将此"为佞"译为"trying to practice flattery",理雅各译

㉗　杨伯峻《春秋左传注》(北京:中华书局,1981 年,第 865 页)成公十三年"寡人不佞"注云:"不佞,当时习语,十六年传'诸臣不佞'、昭二十年传'臣不佞'、《鲁语上》'寡君不佞'皆可证。不佞,犹言不才,不敏。"

㉘　《春秋谷梁传·僖公二十二年》:"人之所以为人者,言也。人而不能言,何以为人。"刊于《十三经注疏》,第 2400 页。

为"(being) an insinuating talker",均有未达。㉙ "为佞"意味着与人辩。批评孔子的这一长者是在以对孔子的行为佞为不解而对其到处如此说话表示不赞同:你不会就只是想炫耀你的辩才或能说吧? 孔子的回答则蕴涵着,他并非一定就要这样,而只是不喜欢僵化的状态("固")而已。孔子不喜欢的"固"乃是"顽固"者之"固"。孔子明确地宣称,他非常小心地不让自己有这种毛病。㉚ 固意味着能坚持自己之意见者。而坚持自己的意见必然体现为坚持自己之言。所以,固才也需要言来破。正因为如此,不喜欢固的孔子才需要运用自己的说话才能。而如此运用自己的说话才能去破他人之固,就难免不被他人视作"为佞"。

孔子当然不承认也不觉得自己在"为佞"。因为在他看来,最无辜的佞也要招致他人的憎恶。《论语》中记载:"或曰:'雍也仁而不佞。'子曰:'焉用佞? 御人以口给,屡憎于人。不知其仁。焉用佞?'"(《论语·公冶长》)此处,向孔子说话的人将仁与佞作为两种不同的品德联系起来。这一联系蕴涵着某种对比,但说话者似乎不仅并没有在否定性的意义上使用"佞",而且似乎对孔子的这个学生冉雍的"不佞",亦即,没有口才或辩才,表示出某种遗憾。孔子在这一场合的回答则为佞涂上了浓厚的否定色彩:佞意味着能够与他人辩并且在辩中占上风,而这在孔子看来却只能被他人憎恶。所以,人即使可以不仁,也不**需要**佞。而不需要佞意味着:**不应该**佞。

"佞"于是成为一个否定性的判词。孔子批评子路时,子路与孔子辩,孔子就说:"是故恶夫佞者。"㉛ 但是,说子路是"佞者"并不是回答子路的问题,亦即,不是反过来为说服子路而与之辩,而是以此来结束子路跟他的对话。"佞者"是对子路的一个宣判,而不是跟子路的一个论辩。说一个人是佞者或佞人,应该被辩论的或正在被辩论的问题就被

㉙ 见 D. C. Lau, *Confucius: The Analects*, p. 115, 及 James Legge, *The Chinese Classics*, vol. I, p. 287.

㉚ 见《论语·子罕》:"子绝四:毋意,毋必,毋固,毋我。"

㉛ 《论语·先进》:"子路使子羔为费宰。子曰:'贼夫人之子。'子路曰:'有民人焉,有社稷焉。何必读书,然后为学?'子曰:'是故恶夫佞者。'"

"解决"掉了。《论语》中这一看似简单的局面其实包含着很多值得分析者。孔子这里批评子路的一个做法:不应该让无学之人去管理人。子路则提出了一个不同于孔子的一贯看法的看法:不必非得读书才可称为学,实际生活中也可以有学,也可以学。于是,一个关于什么可以称为"学"的真正的辩论已经由子路开其端。作为学生的子路和作为读者的我们都期待着孔子进入这一论辩,以阐明自己的论点。但是,孔子不仅不与子路辩,却反而以对于辩者本身的否定而否定了辩本身,并且同时"解决"掉了需要辩论的问题。对辩者和辩的否定不仅蕴涵着这样一种信念,即正确的道德和政治原则不是通过辩而被发现和确立的,而且也蕴涵着一种高高在上的态度。这就是说,这一否定表现了认识上和道德—政治上的某种权威主义。

  的确,要是有了治国的实际政治权力,孔子说他要实行的主要政策之一就是"放郑声,远佞人"。为什么?当然不仅仅只是为了恢复一个更为简单纯朴的过去,"郑声"和"佞人"过于虚伪浮华,㉜而是因为"郑声"和"佞人"直接威胁着理想的社会秩序:"郑声淫,佞人殆。"(《论语·卫灵公》)㉝根据《论语》中的记载,孔子在另一个场合曾更明确地表示了其何以憎恶郑声与佞人:"恶紫之夺朱也,恶郑声之乱雅乐也,恶利口之覆邦家者。"(《论语·阳货》)"利口",亦即,锋利如刀剑之口,因而可以像武器一样伤人之口,按西方传统修辞学说是比喻中之所谓"synecdoche",举隅或提喻,即以局部喻整体或以整体喻局部。"利口"这一表述以局部所喻之整体即佞人。佞人之利口是危险的武器,足可以颠覆"邦家",所以当然应该被"远",亦即,被放逐于远地以保证理想秩序的安全。在《论语》的这两个场合中,孔子一处以郑声与佞人

㉜ 孔子此话的直接语境让人有可能作如此理解:"颜渊问为邦。子曰:'行夏之时,乘殷之辂,服周之冕。乐则韶舞。放郑声,远佞人。'"(《论语·卫灵公》)
㉝ 《论语正义》:"孔〔颖达〕曰:'郑声、佞人亦俱能惑人心。……'正义曰:'惑于郑声则思淫乱,惑于佞人则当危殆。'下篇(案,指《阳货》篇)子曰:'恶紫之夺朱也,恶郑声之乱雅乐也,恶利口之覆邦家者。'利口即佞人,二者皆似是而非,故亦惑人也。"(见《诸子集成》,第一册,第339页。)

并举,一处以紫色、郑声与利口并举。"紫(色)"、"郑声"与"利口"本身皆为某种比喻,而这些比喻本身的并列则为"排比"(parataxis)。后者本身也属于修辞手段。这些修辞手段的使用则明确和加强了孔子的一个论点:越是能影响人的事物就越必须被保持在某种限度之内,否则这些事物就会颠覆它们在其中起着关键作用的、甚至赖其以存在的那些秩序。颜色,作为礼的语言中的词汇,在礼中起着重要作用;音乐,作为调和秩序者,对理想秩序当然不可或缺;能说者则是理想秩序之形成和维护所必须者。然而,一旦这些东西超出限度,或被做了超出限度的使用,它们也可能会威胁理想秩序。超出限度即为"过",而我们知道,孔子是相信"过犹不及"的。我们可以说,对孔子而言,紫是朱之过,郑声是雅乐之过,而佞人或利口是言之过。"过"这里意味着:超过,过度,过分。紫色、郑声、利口所蕴涵的过是这些能影响人者之影响力的过。而过即所谓淫。所以,超过了雅乐之限度的"郑声"被批评为"淫"。而如果郑声乃乐之淫,那么紫色即为红色之淫,而巧言利口或佞人则为言语之淫。换言之,郑声与紫色与佞人或利口皆在亚里士多德为"rhetoric"所下的定义上有很强的"修辞性",[34]因而对于一个既定的社会秩序是非常危险的,所以它(他)们才必须被放逐。[35]

但是,如何为这些**既**非常危险**又**绝对必要的事物确定限度呢?又如何确定一个限度的"适当"与否呢?没有这些"过",亦即,没有事物之限度的已经被突破,我们又如何能知道它们的限度?亦即,如何知道它们相对某一特定秩序之必然有限的需要而应该被保持在其内的那些

---

[34] 亚里士多德所说的"rhetoric"既是一种以诸可能手段影响、说服听众的艺术("finding all available means of persuasion"),也是对此一艺术的研究(参见 Hoyt H. Hudson, "The Field of Rhetoric", in Maurice Natanson and Henry W. Johnstone, Jr., ed. *Philosophy, Rhetoric and Argumentation*. Pennsylvania: Pennsylvania State University Press, 1965, p. 22)。汉语的通常译法为"修辞学",此乃由"修辞立其诚"一语而来。不过,应该注意的是,在汉语中,即使是在"rhetoric"意义上理解的"修辞(学)",也与"rhetoric"不尽相合。是以我们此处的"修辞性"是有引号的。

[35] 此即前文提到的孔子之欲"放郑声,远佞人"。至于孔子的这一立场与柏拉图在《理想国》(*The Republic*)中所表达的欲放逐诗人于共和国之外的立场之间的不同与相似,也许值得我们进行专题的分析与比较。

限度？这些才是最根本的问题。于是，孔子在谴责凡此种种"过"所可能具有的"不正当的修辞力量"或对人的"不良影响"之同时即肯定了，这些过度、过分之"言"（礼、乐皆为某种"言"，皆应被理解为言）的存在恰恰证明了一切所谓适合、适当、适度的人为性：没有"自然（而然）"的适度，只有"文化（规定）"的适度；因此也没有"绝对"的过分，而只有"相对"的过分。

七、"慎于言"、"先行其言"、"正名"

与孔子对巧言、利口、佞人的警惕与憎恶相应，《论语》中的一个被以不同说法反复强调的主题是"慎于言"。孔子说："君子食无求饱，居无求安，敏于事而慎于言，就有道而正焉。可谓好学也已。"（《论语·学而》）这是孔子对君子之为君子的描述或要求，其中即包含着"慎于言"。君子为什么是"慎于言"者，或为什么要"慎于言"呢？慎于言作为一个行为原则意味着，言是应该被谨慎对待的东西。我们在对待什么东西的时候需要谨慎呢？容易出问题的东西，一不小心就会自己出问题或让我们出问题的东西，危险的东西：例如，锋利的刀。而我们已经知道，言即是有如此危险之物。因此，慎于言首先乃是一项保险措施：小心地对待言，从而尽量降低和减少其可能造成的问题甚至危害。是以孔子才如此教导一位想学做官的弟子："多闻阙疑，慎言其余，则寡尤；……言寡尤，……则禄在其中矣。"（《论语·为政》）作为一个为官或处世原则，希望在自己的言语中尽量少犯错误，这当然无可指摘。而我们这里所关心的则是此种原则所蕴涵的对言之危险或威力的强烈意识，以及此种意识在特定文化结构中所导致的特定方向：民间甚为流行的"祸从口出"，从根本上说，难道不也正是出于对言语之危险或威力的同样意识吗？

当然，为了减少言语中的错误，或降低言语对自己或他人的危险，我们不仅自己要慎于言，而且应该知道我们在跟谁说话。选择可以与之说话的人也属于慎于言的范围。而孔子是这样表述这一原则的：

"可与言而不与之言,失人;不可与言而与之言,失言。知者不失人,亦不失言。"(《论语·卫灵公》)在与他人的交往之中,君子应该既不失人,亦不失言。这里,不失言与不失人同样重要。然而,我们真能如此理想地做到既不失言亦不失人吗?为了不失人,我就必须**先**开始跟他人说话。而此时此刻我还不可能知道我是否能够或应该跟他说话。因此,我一开始说话,就已经在冒失言之危险。但如果我不想冒此危险,如果我一定要等到弄清此人是否可与言者,我就有可能从一开始即已失人——失去我能够并应该与之说话的人。所以,为了不失人,我在某种意义上就必须首先"失言":首先开口说话。而当我先开始说话的时候,我尚不知道也不可能知道我是否会失言。而如果为了永不失言,我就必须永远都不**先**开始说话。但这样一来,我必然从一开始就已经"失人",而且也已经失言——在一个绝对的意义上失去了言。如果"知者"应该是既不失人也不失言者,那么我们就注定永远不可能是真正的知者。我们作为言者本质上就不可能是这样的知者。所以,为了不失人,而且也不在单纯的、绝对的意义上"失言",我们就必须先开始发言或说话——向他人或他者,向每一个他人或他者,发言或说话。我们没法首先选择我们的"可与言"者。发言或说话就是将自己"裸露"给他者,同时也是将自己在自己之言中交给他者:交到其手中,听凭其支配。所以,说话,或发言,首先即已是"失言",是某种意义上的失言,而"失言"则必然也是"失己",亦即,是失去那个只有在完全不言不说之时才(不)可能"完整"和"充实"的自己。然而,也只有先如此失言而且失己,我们才可能既不失人,也不在双重意义中的任何一种意义上失言。而且,也只有在我们通过失己而防止了失人与失言的时候,我们也才能够得己——得到一个具体的、能言的、能应于他者的、能为他者负责的自己。

因此,在极其根本的意义上,言,应该守而勿令其失之言,应该使之始终达于应达之人的言,其实并不在我们的绝对控制之下。在我们说出"慎于言"这一要求时,我们其实已经不"谨慎"了。为什么?因为,言必然始终为言**于**他人之言,哪怕此"他人"只是我们的那个此时此刻正在自言自语的"自己"。如果真是这样的话,那么我们又怎么能有绝对把握事先就相信,我们的这一"慎于言"的要求已经言于那真正的"可与言"者呢?我们不总是有可能不听我们自己的话吗?我们不甚至经常都不是我们自己的"可与言"者吗?我们不经常都是在与我们自己"论辩"吗?而知者之所谓不失人亦不失言,作为一个理想或一个欲望,不恰恰也包含了不辩的理想或想要尽量避免论辩的欲望吗?

  在孔子这里,慎于言这一原则还表现为,在言与行这一经典的二元对立中,言被认为**应该**是一个人首先所能行者,而且,理想地说,应该是一个人所**已经**做到者:"古者言之不出,耻躬之不逮也。"(《论语·里仁》)这就是说,自己做不到的事,古人是不敢说的。所以,君子必须"先行其言,而后从之"(《论语·为政》)。㊱ 这是孔子对子贡关于君子之问题的一个回答。这意味着,一个人应该让自己之言跟在自己之行的后面,而不是走在其前面。这当然好像只是俗话说的,做了再说。但是,孔子的这一说法中其实包含着某种值得思考的**不可能**:一个人怎么可能先行其言呢?"先行其**言**"意味着,在言与行的相对位置中,言必然**既**在行的后面,**又**在其前面。行其言当然要求先已有言,而且要求言先已规定着应行者,并且先已是应被行者。这就是说,**言在行先**。然而,"先**行**其言"又意味着,让行先于言,而这也就是说,不能让此先者先,必须让此先者不先,必须让此先者后于其所先者。所以,这里有一个典型的"双重要求"或"双重约束":言不能先于行;言必须先于行!而这也就是说,言之在"先"的地位在被否定之时被肯定了,但当然同时也在被肯定之时被否定了。

  言与行的这一"暧昧"关系在整个中国传统中有深刻的影响。将言如此紧密联系于行,让言仅仅成为行的"事后"肯定,甚至让行本身

 ㊱ 刘殿爵的翻译是:"He puts his words into action before allowing his words to follow his action." (D. C. Lau, *Confucius: The Analects*, p. 64)。此似不甚贴切。理雅各的翻译是: "He acts before he speaks, and afterwards speaks according to his actions." (James Legge, *The Chinese Classics*, vol. I, p. 150)。此亦非令人满意的翻译。

成为言,决定着对言之本质的一种理解:言不是用来与人论辩以显示或达到"真"或"真理"的,而只是用来肯定行为的;言后于行并附属于行。㊲所以,孔子说:"君子欲讷于言而敏于行。"(《论语·里仁》)而君子之所以要让自己言语迟钝是因为,这是表明一个人已经接近了仁的一个基本特征:"刚、毅、木、讷近仁。"(《论语·子路》)当孔子的学生司马牛向孔子问仁的时候,孔子也说,"仁者,其言也讱"。"讱"的意思是,言不易出,说话谨慎。为什么会是这样呢?司马牛不解。孔子就说,做起来难的事(仁),说起来能够不难吗?㊳我们此处当然也可以"反问"一句:说不清楚的事情,做起来能容易吗?亦即,如果没有已经形诸于言,没有已经在言中获得社会、政治、文化上的价值肯定与认可,还能有任何有"意—义"之行吗?行,人之行,难道不始终都是而且始终必须是有"意"而且有"义"之行吗?

　　以上分析试图表明,孔子对言确有一种根本上的"暧昧"或"矛盾"态度。称其为"根本"并不是想说,这是孔子思想中的薄弱之处,某种通过更深刻更有力的逻辑思考即可避免者。此种"暧昧"或"矛盾"是**结构性**的。憎恶巧言、利口、佞人,要求君子慎于言,要求君子不失言又不失人,要求君子先行其言,甚至要求君子有意让自己不能言,甚至将不善言、不能言确定为仁的一个基本特征——决定着这些原则的最基本的因素其实乃是对于言的根本力量及其根本危险的意识和承认,尽管这一意识经常体现为未被意识,而这一承认经常以不承认的形式出

　　㊲ 例如,可以参较《春秋左传·襄公二十四年》范宣子与穆叔关于不朽的对话。穆叔谓"三不朽"为:"太上有立德。其次有立功。其次有立言。"(《十三经注疏》,第1979页。)此虽肯定言亦为一"不朽",但言乃排在德与功(行之结果)之后。

　　㊳ "司马牛问仁。子曰:'仁者其言也讱'。曰:'其言也讱,斯谓之仁已乎?'子曰:'为之难,言之得无讱乎?'"(《论语·颜渊》)此节理雅各译为:"The man of perfect virtue is cautious and slow in his speech." (James Legge, *The Chinese Classics*, vol. I, p. 251);刘殿爵译为:"The mark of the benevolent man is that he is loath to speak." (D. C. Lau, *Confucius: The Analects*, p. 112)按:"讷"为言语迟钝,"讱"为言不易出,说话谨慎。二者的基本意思都是"slow in/of speech"。刘殿爵两处都没有忠于原文,而是似乎有意将"讷"与"讱"翻译得更有利于他所理解的中国君子的形象。理雅各这里则基本上是忠于原文的。

现。所以,一方面,孔子有对言的某种深刻的警惕,但另一方面,他又必然把言放在第一位。与如何为政相联系的孔子著名的"正名"说的复杂含义之一是(我们这里不可能专题分析"正名"这一复杂问题的各个方面),实际上,**言才是一切**,而且就是一切。行——至少是人之行,社会之行——不可能独立于言,更不可能先于言。不仅如此,而且,没有言就不可能有任何行——有"意—义"的行,"成功"的行("言不顺,事不成")。所以,必须通过使名正而使言顺,并通过使言顺而使事成。在这里,孔子所要求的恰恰正是君子"先行其言"的反面:为政的君子必须能"先言其行"。

然而,必须强调的是,正名不仅只是为了成事的言或说,而且其本身就已经是在行事和成事。正名所成之事就是让事事物物——在孔子这里,尤其是社会秩序和伦理关系中的事与物——皆符合其名。但是,正名这一需要本身却已经蕴涵着,名本身始终有可能不正,或名本身已然不正了。而名本身之有可能不正则意味着,名之正与不正实乃某种"约定俗成"之结果,亦即,仅为政治上、社会上、文化上的规定。㊴ 而这样的规定则始终都是相对的:人们始终有可能说某名并未得到正确的使用,人们也始终有可能挑战任何一名之被公认为正确的使用方式。名命之而成;名命之而正。命名需要言;命名即发言。名之或命名已经是在行事与成事。而为了名,为了命名和正名,就必须能够对他人(被认为不知"正名"者或使用"不正之名"者)说出并论证一名之如何方为正用,以及此名之如何已经失其正用。所以,正名这一只能在**言**中完成的事本身其实就已经是**行**,而且是非常复杂困难的行——"言(中之)行"。而这一正名与顺言工作当然不仅要求一般意义上的能"言",而且要求真正的能"辩":能够通过言来区分不同的名,能够通过言来对不同的名做出意义上的规定,并且能够通过言来维持诸名的被相信为正确的使用方式。有了如此为言所维持着的"正名",一般意义上的行才有了标准和保证。所以,孔子这里又接着说:"君子名之必可言也,

---

㊴ 关于"正名"以及"约定俗成"问题,参见本书"解构正名"章中的有关论述。

言之必可行也。"(《论语·子路》)"名之必可言"即意味着,君子必须能够解释为何此名应如此而非如彼,为何此名应名此物或此事而非彼物或彼事。而"言之必可行"则意味着,君子必须能够将自己的解释确立为行为的普遍原则。所以,"君子于其言,无所苟而已矣!"(同上)而"无所苟"则要求着言的准确与精细。但是,所有这些均蕴涵着,在非常深刻、非常根本的意义上,行,孔子和整个中国传统如此重视的行,不仅并不先于言,而且言本身已经就是行,甚至是最根本的行,是使孔子所理想的有"(意)义"之行成为可能者。因为,在孔子这里,行必须合乎义,而行之(正)义则离不开言之(意)义。

八、《论语》中之"修辞":反问与提喻

如果我们还没有忘记孔子之欲将某种言——巧言——和某种能言者——佞人——放逐于理想之邦以外的欲望,那么我们就会看到,为了恢复一个纯朴简单的理想秩序而要求的对某种能言者的排斥,与为了建立这样一个秩序而要求的对某种能言者的需要,其实正是言的根本性的"暧昧"地位的一个表现。理想的政治秩序和社会秩序需要言来建立和维持,并且就作为言(礼、乐、政、刑皆为"言")而被建立和维持。但是理想的政治秩序和社会秩序又欲放逐言——某些被确定为"过度"或"过分"之言,某些被确定为言之过者,因为言既是任何特定秩序的可能破坏者,但同时也是而且甚至"首先"即是其建立者。所以,孔子似乎是希望通过他的言建立这样一个秩序:在这一秩序中,言不再真正是言。换言之,孔子所希望的似乎正是"通过"言而实现理想的"无言"。

孔子的"君子",或孔子自己,就生活在言的这一暧昧和这一暧昧的言中。所以,作为志在恢复/建立某种其实必然始终已经失去了的理想秩序(传统)的人,孔子的理想"君子",或孔子自己,必然发现自己欲讷于言而不得不敏于言,欲不辩而不得不善于辩,欲无言而不得不言。孔子在将言贬到从属地位的同时肯定了言的根本意义上的重要性,但

又在肯定言的这一重要性的同时贬低言。从孔子对待言的这一"暧昧"态度出发重读《论语》中之言，我们也许可以看到几个非常值得注意的"修辞性"特征。这里所谓"修辞性"特征，是指为了在言中或通过言而达到特定目的而设计或使用的手段。

　　如果我们接受以上的分析，并且回忆一下孔子明确宣布的一个关于"修辞"本身的，亦即，关于语言的具体使用的基本原则，"辞达而已矣"（《论语·卫灵公》），那么我们对孔子的某种反对"修辞"的态度也许不会感到惊讶。当然，首先，孔子的这一有关辞或修辞的原则本身在意义上并非一目了然，因而需要专题分析，而此处的篇幅不允许我们如此。但是，从孔子对巧言、利口和佞人的一贯憎恶以及孔子的慎言原则来看，孔子的这一修辞原则意味着，说话只要足以表达所要表达的意思就可以了，此外即不必再有所修饰，否则就是淫或过度。这样解释出来，孔子的这一"修辞"原则与他对巧言、利口、佞人的憎恶以及对言的谨慎是一致的。根据这样的原则，当问题涉及的是语言在具体场合的具体使用时，孔子的明确宣布出来的立场似乎是反对任何"修辞"的。然而，如果我们仔细考察《论语》中的语言使用，就会发现，似乎反对修辞的孔子在语言的具体使用中仍然离不开修辞。而孔子说话中的一些反复使用的修辞方式则典型地反映着我们的分析所欲指出的孔子对于言的基本"暧昧"态度。

　　在《论语》中，孔子最常用的一种说话方式似乎就是本章开始不久即已提到的、自《论语》之始即已出现的反问。《论语》中此种说话方式非常值得注意。《论语》中所记录的很多孔子的话虽然没有一个明确的对话者，但却是以反问或所谓"修辞性问题"（rhetorical question）的方式说出来的。汉语传统中似乎并没有一个词可专指这一在西方修辞学中得到规定的言语方式。所谓反问或"修辞性问题"是后来的或翻译的说法。而"反问"在汉语中也有另一个意思，亦即，在对话中反过来诘问对方，因而与"修辞性问题"并非完全相当。西方传统的和现代的修辞学研究将此种问题形式定义为以问题形式出现的肯定，意在加强表达效果和对听众的影响力。此种问题因而并不期待一个回答。按照这种看法,我们会将孔子的这种说话方式理解为,他只是在以反问的形式间接表达着自己的正面陈述和肯定。这种说话方式从第一章就开始了:

> 子曰:"学而时习之,不亦说乎? 有朋自远方来,不亦乐乎? 人不知而不愠,不亦君子乎?"(《论语·学而》)

孔子的弟子也采用此种说话方式:

> 有子曰:"……孝悌也者,其为仁之本与?"(《论语·学而》)

根据孔子的"(反)修辞"立场,我们当然可以说,此种反问的说话方式其实已经超出了"辞达而已矣"的原则,因为与直陈相比,此种反问方式已经是"修辞",尽管孔子似乎并未有意将此种说话方式作为修辞来使用。这也就是说,孔子使用反问时似乎是自然的、无心的,而此种自然与无心则蕴涵着,使用反问乃是当时普遍接受的成规。然而,孔子的反问真是这样一种完全"清白"的说话方式吗? 即以《论语》中的第一段话为例,我们真能绝对自信地确定,孔子只是在以成规性的反问这一形式"肯定"着什么吗?"学而时习之,不亦说乎? 有朋自远方来,不亦乐乎? 人不知而不愠,不亦君子乎?":"学—习",至少有时对有些人来说,可能远非某种享受或快乐;远来的朋友则可能意味着责任甚至负担;而当我们的好处或才能不为人赏识时,我们也并非总能做到不生气。因此,听到孔子这样自己"问"自己或"问"某个实际的或理想的对话者时,我们其实并不能毫不迟疑地肯定,我们听到的只是一些并非真正需要回答的"自言自语",或一些只是以"问题"为形式的肯定,仅仅意在邀请和要求我们的赞同。这样,我们其实也不可能毫无疑问地确知孔子自己对这些"问题"的回答。于是,在更近距离的细致观察之下,我们(对)所谓修辞性问题的自信就开始动摇和消失了。因此我们需要问,反问或修辞性问题这种似乎如此常见的、也许是相当成规性的说话方式,究竟蕴涵着什么?[40]

　　作为某种问,它蕴涵着被问者亦即某种对话者。它以自身所特有的形式邀请并期待着某种回答。然而,此种形式的问同时又设法向被问者表明,它并不需要回答,它自己已经就是回答,对自己的回答。然而,这一回答,作为回答,却又始终只能将自身保持在一个问题的形式之中,并从而将自身始终保持为一个问题。这里,问题与回答之间的界线于划出之同时即被抹去了。我们不再能自信地区别回答于问题,或区别问题于回答。于是,我们对通常所谓修辞性问题的经典定义的信心就被动摇了。在以问题为回答的形式之中,在问题这一形式"之下",已经没有任何回答,已经没有任何真正的肯定,没有任何"之下"。此种反问乃问而不问,但又始终是不问而问。邀请回答但又并不邀请回答,不邀请回答但又同时邀请回答。不肯定同时亦已在肯定,但又始终是肯定而又无所肯定。在这样的说话方式中,问题与回答之间的明确界限被有意模糊掉或被突破了。反问既是问题也已经是回答:其问题中已经蕴涵回答,但其回答中又仍然蕴涵问题,并且始终仍然是问题。因此,反问乃是始终不可能与自身同一者。反问始终只能以不是自己而是自己,并且始终因为是自己而不是自己。因此,真正的反问并不是一个把自己假扮为问题的肯定,尽管听者甚至说者自己经常将此种反问仅仅当成这样一个伪装的肯定。相反,在这样的反问中,有一种真正的,亦即,结构性的,不确定,或真正的、结构性的开放,但此开放又

---

[40]《论语》中类似的似乎并不要求回答的反问还可以举出很多。当然,对习惯于某种传统的阅读方式的人来说,此类"反问"之"不成问题"是"不成问题"的。因此,我们这里的分析可能会受到怀疑。然而,真正应该被怀疑的也许正是此种"不成问题"的自信。让我们此处仅再举一极端之例:"子畏于匡。曰:'文王既没,文不在兹乎?天之将丧斯文也,后死者不得与于斯文也;天之未丧斯文也,匡人其如予何?'"(《论语·子罕》)这里,谁又能自信地说,孔子的"文王既没,文不在兹乎?"只是一个以反问为形式的肯定或断言? 置身于此种危急情况之中,孔子难道就没有一丝一毫的忧虑?"丧斯文"已经是迫在眉睫的可能,而孔子这里显然也已经做了两种精神准备:"天之将丧斯文"与"天之未丧斯文"。因此,孔子这里的反问,"文王既没,文不在兹乎?"同时是问题与回答,疑问与确信。在这一反问中,孔子既欲肯定而又有疑问,虽有疑问却又欲肯定。这里,阅读已经不再可能自信地划出其间的明确界线,也不再可能自信地二者择一了。

随时有可能被(追求确定意义的强烈欲望)结束或自己结束自己。此种不(欲)(绝对)确定但似乎同时又已经确定的说话方式**同时**蕴涵着言之谨慎和言之大胆。谨慎:言者至少不欲作出直接肯定,并因此而束缚自己于自己之言。大胆:言者让自己之言停留在结构性的不确定之中,并因此而让自己之言在说出之时就不再受自己的直接控制。而这一同时的大胆和谨慎又蕴涵着说者对语言的某种基本态度:言不是一切;言就是一切。所以,所谓反问或修辞性问题这种如此常见的说话方式在《论语》中既是某种——也许只是自然而然的、不自觉的或无心的——修辞手段,但又已经超出通常所谓修辞手段。在孔子这里,此种说话方式其实是支配言或说的一个基本原则,但此一基本原则必然是一双重原则:言不能说出一切;言必须说出一切。

也正因为如此,或正是出于这一基本意识,孔子,作为师,在回答弟子或学生的问题时,即使不使用反问的方式,也似乎从来不求"详尽"或"准确"。在《论语》中,孔子与弟子之间关于仁的意义的讨论可能就是相当有代表性的例子。孔子多次被学生问到仁,而且我们可以想象,《论语》中孔子那些没有以直接回答的形式出现的关于仁的说法也都是有关仁的讨论的,而讨论则必然蕴涵着对话者。但是,孔子在不同的场合对仁做出了种种不同的说法,而从这些说法中,我们似乎无法归纳出一个有关仁的基本"定义"。因此,如果根据西方的哲学论辩传统所确立的标准,孔子似乎未能成功地回答仁"是"什么,也未能成功地向他的对话者或向我们"证明"仁为总全之德。这一"未能"可能会被某些人视为哲学论辩的失败。然而,在孔子这里,关于仁的讨论,以及关于其他重要概念的讨论,其实可能并不以达到一个明确的定义(亦即,以定义的形式回答"是什么"这一标准的西方哲学问题)为标准和目标。孔子的做法似乎是,每次都根据具体的语境而仅仅说出仁的某一"方面"或某一"特征",而就以此"方面"或"特征"作为仁的某种比喻。

例如:"唯仁者能好人,能恶人"(《论语·里仁》),"仁者先难而后获"(《论语·雍也》),"夫仁者,己欲立而立人,己欲达而达人"(《论语·雍也》),"知者乐水,仁者乐山;知者动,仁者静;知者乐,仁者寿"

（《论语·雍也》），"仁者不忧"（《论语·子罕》），"颜渊问仁。子曰：'克己复礼为仁。一日克己复礼，天下归仁焉。为仁由己，而由人乎哉？'"（《论语·颜渊》），"仲弓问仁。子曰：'出门如见大宾，使民如承大祭。己所不欲，勿施于人。在邦无怨，在家无怨'"（《论语·颜渊》），"樊迟问仁。子曰：'爱人'"（《论语·颜渊》），"樊迟问仁。子曰：'居处恭，执事敬，与人忠。虽之夷狄，不可弃也'"（《论语·子路》），"仁者必有勇；勇者不必有仁"（《论语·宪问》），"子张问仁于孔子。孔子曰：'能行五者于天下，为仁矣。'请问之。曰：'恭、宽、信、敏、惠。恭则不侮，宽则得众，信则人任焉，敏则有功，惠则足以使人'"（《论语·阳货》），等等。

  在这些说法中，仁在其某一"方面"或"特征"中似隐似现。这些"方面"或"特征"当然并不是仁"本身"。例如，勇被描述为仁"本身"之规定性特征之一，但勇当然并不即等于仁。爱人也被孔子形容为仁"本身"的一个根本性特征，但爱人当然也不即是仁"本身"，假使仁真有所谓"本身"可言的话。孔子似乎说到了仁之方方面面，但却似乎从来也没有明言何为仁本身，或"仁本身是什么"。它们似乎皆仅为仁"本身"之某种比喻。而若按西方修辞学的说法，这些比喻可进一步被确定为"synecdoche"，即所谓"提喻"。但是，标准的提喻是成规性的，亦即，提喻的可理解性有赖于说者和听者之接受关于部分及其所属之整体之间的关系的某些共同约定。而正因为如此，所以通常的"提喻"才只是修辞手段。然而，在孔子这里，与其对语言和说话的基本态度不无内在联系的此种说话方式却并非仅仅属于某种成规性的修辞。因为，在孔子这里，虽然仁的诸多"方面"或"特征"皆被提及，但其所属之"本身"或"整体"却从未出现。而此一不出现却并非是由于孔子之有意将之隐藏。孔子明言自己对弟子无所保留："二三子以我为隐乎？吾无隐乎尔。吾无行而不与二三子者。是丘也。"（《论语·述而》：7/23）"行"，即所作所为，当指作为师之孔子对弟子之教。准此，孔子之以种种说法喻仁就不是只可以某种"引而不发"的教育方法来解释者。也许孔子之不正面明言仁之为何或仁是什么正是因为，仁出于其本性或仁"本身"即不适合此种正面明言。也许仁"本身"就只能居于种种提喻之中,舍此即无任何藏身之地。于是,孔子关于仁的讨论成了通过种种表面上类似于"提喻"的修辞手段而对于仁"本身"所做的惟一可能的描述。而既然在这些"提喻"之中,所被代表的仁"本身"或整体不仅只是"修辞性"的不在场,亦即,不仅只是被有意隐藏起来了,而是真正的不在(亦即,并非只是不在此处而在其他地方),所以这些"提喻"中所出现的仁的"方面"或"特征"其实也不再可以被称为"方面"或"特征"。它们作为一些"能指"(signifiers)仅仅将我们指向其他更多的"能指",而不可能将我们最终指向任何明确的"整体",亦即,仁"本身"。于是,这些"提喻"乃是被普遍化了的"提喻"(generalised synecdoche)。所谓"普遍化的提喻"则意味着,所喻始终不在或永远阙如的比喻。《论语》中关于仁的全部说法就构成这样一个"普遍化的提喻"。我们如欲按照那一定要追问"是什么"的精神去追问仁"是"什么,就只能在这些普遍化了的提喻中进行无限的运动。而我们的任何力求将仁之意义"定于一尊"的做法,在这样的普遍提喻之中,都必然只能是暂时的和武断的。

九、结　论

关于孔子对言的基本态度,关于《论语》中的"修辞",关于孔子的特殊的论辩方式,这样的"普遍化的提喻"可以告诉我们什么呢? 在更为深入和详尽的专题分析以前,让我们以下述可能只具有暂时性的提示结束本章。

作为圣人,孔子的最高理想是不辩和无言。不辩和无言是理想的秩序。中国传统对言的态度在此既形成孔子的这一立场,但同时也为孔子的这一立场所加强和延续。但是,不辩和无言这样的欲望只能是辩和言本身所产生的欲望,是从辩和言中所产生的欲望。在以言表达不辩和无言的欲望中,我们可以发现孔子对言的态度之中的关键暧昧,而这一暧昧乃是言之本质所必然具有的"暧昧"的某种"反映"。不辩和无言意味着,理想的秩序不需要言,所以言是附加的和后来的。圣人需要言和辩只是为了恢复理想的无言。所以,圣人将自己置于辩之上,并在不得不辩时反对辩,而且欲将辩放逐于理想秩序之外。但是,为理想秩序的维护和建立所必须的言的能力和言本身又意味着,这样的秩序其实始终是通过言而建立的,而且其实就只能作为言而被建立。所以,理想秩序所遵循的道其实并非外在于言并高于言。并没有外在于言并且高于言之道。言即道;道即言。于是,要求自己慎于言的君子,或孔子自己,有意或无意地采取了一些符合这样的对言的暧昧态度的说话方式:其中一是不再能在传统修辞学中被定义的"修辞性反问",另一是我们这里暂名之为"普遍化的提喻"者。这样的"普遍化的提喻"在将我们指向其所代表的整体的同时否定任何这样的整体,在将我们指向言之外的同时否定任何这样的言之外。这一方面是言的极度谨慎,另一方面则是言的极度大胆。在孔子这里,一方面,言不可能言仁,因为仁作为德——作为"全德"——在言之外并高于言;另一方面,仁并不在言之外,仁其实就"是"并且也只"是"这些似乎时时都在以"部分"暗示"整体"的言。而这意味着,我们不可能在这些"普遍化的提喻"之中找到整体,不可能在这些关于仁的修辞之言或比喻之言的**背后**发现仁。这或许亦可解释,为什么《论语》中关于仁的问题不能被翻译为一个"仁是什么?"的问题,或为什么"仁'是'什么?"这一问题严格地说并不是一个"中国式"的问题,因为这一问题所要求的是一个亚里士多德意义上的定义:区分+合并。而圣人不辩。圣人之不辩蕴涵着,圣人能够包容一切而为理想整体。然而,假如我们可以退一步而承认在某种意义上真可以有这样的整体的话,那么这一整体其实也只能存在于"普遍化的提喻"之中。其中,整体的出现将必然只能是无限延迟的。圣人即使在愿意或需要时,也不可能将其所怀之整体"和盘托出"。但这当然也意味着,这一不可能被和盘托出的,或不可能被以任何整体方式而整体说出的整体始终都已经以某种自己的方式而在言中了。这一在而不在的或不在而在的整体,就只存在于孔子的或我们的的始终不可能以某一终极之言结束的有限言语——孔子的或我们的那些必然永远都不可能完整的"只'言'片'语'"——之间。

　　对于其实历来都在缠绕着《论语》读者的一个问题,即为什么《论语》只是"只言片语"的集合,而这一集合竟然能成为中国传统中的"第一经典",我们现在也可以开始提出某种可能的回答了。正因为孔子对言的谨慎,所以我们没有孔子亲笔写下的东西:孔子不想让他的言,必然是"只言片语"的、不完整的言,束缚或固定他。而又正因为孔子在言上的大胆,所以他敢于就以"只言片语"来谈论仁。这一大胆则出于对这样一种必然情况的意识,即人其实只能如此说话,否则人就永远无法开口发言。当然,孔子似乎没有想到,或者是,即使想到了却也不可能防止他的这些"只言片语"被编辑为一个某种意义上的"整体",一个从根本上即不可能完整的"整体"。而我们,作为《论语》的读者,其实却始终也不可能摆脱这样的阅读欲望,即,通过这些"只言片语"而重新达到孔子之言所"提喻"的那一似乎应该在言之外的整体。然而,在《论语》中,我们却必然始终都只能通过一"只言片语"而走向另一"只言片语",并期待着,而且其实已经在那无边的"普遍化的提喻"之中,达到了那圣人欲不辩而怀之的、那从不出现的、也不在任何地方的"整体"。《论语》本身也许就是言之两极——言之谨慎和言之大胆——的一个隐喻,而这也许就是孔子以其对于言之必然"暧昧"的态度——而非以其"直接"所言者——所"间接"教于吾人者。

"道"何以"法自然"?

> 谁挥鞭策驱四运,
> 万物兴歇皆自然。
>
> ——李白

一、引　言

《老子》第二十五章的结尾,"道法自然",是一句历来为人称引的名言。尽管如此,其意义却似乎仍然飘忽不定,而有待更细致和深入的解读。① 因此,本文想围绕"道法自然"的意义及其理解提出初步的问题。在《老子》中,"道法自然"是一句断言,但此断言本身却要求我们首先提出下面这样的问题:如果道法自然,道**何以**法自然?"何以"问

---

① 本文初稿完成之后,笔者在网上读到王中江的短文《"道"何以要"法""自然"》(《光明日报》,2004年8月31日),发现在如何理解老子的"自然"上,笔者与此文作者似乎有某些表面上的不谋而合之处。但可能是限于报纸的篇幅,作者语焉不详,对其论点未能做具体分析。作者亦提出道若为生万物者,何以还要法万物的问题,惜乎亦未给出任何满意答案:"'万物'为'道'所生,'道'何以还要遵循万物之'自然',回答是'道'生成万物而又'无为'于'万物'。对'万物'无为,就是让万物按其本性'自己'成就自己,这就是'自然而然。'"但"'道'生成万物而又'无为'于'万物'"并不是对于"'道'何以还要遵循万物之'自然'"的回答。无为于万物至多只是让万物放任自流而已,即如儒家理想中的古之帝王垂手南面、无为而治天下那样,而还不是"遵循"万物之自然。我们此处所欲考虑的问题,除了自然何以应被理解为万物之自然,主要就是道何以必须法自然。

的首先是"以何":道**以何**法自然?亦即,"它"拿什么或凭借什么来法自然?而这一有关"以何"的问题同时也是一个有关"如何"的问题:道如何以其所以者——以其所"以"之"何",以其所凭借者——而法自然。但是,这个"'凭借'什么"的问题其实也是一个"'凭'什么"的问题:道凭什么(要)法自然?亦即,"它"好端端的干什么要去法自然,尤其是当道被相信为至高无上者之时?换言之,"道何以法自然"这一问题,如果可以被理解为一个有关"以何"及"如何"的问题的话,那么这一有关"以何"及"如何"的问题其实同时也是——或者甚至更是——一个有关"为何"的问题。所以,在试图回答"道以何及如何法自然"之时,也应该回答"道为何法自然"。"为何"问的是:"因为什么?",或"怎么会?"。出于何种可能,以及何种必然及必要,道要去法自然?此可能与此必然及必要内在于道"自身"吗?

于是,分解开来,"道何以法自然"是一个既需要我们回答"以何"及"如何",也需要甚至更加需要我们回答"为何"的问题。二者不可分。然而,上述"道何以法自然"这一双重问题之提出表明,我们似乎是欲处理两个边界与意义皆已确定者之间的关系。而此则蕴涵着,我们已经不仅知道了道所法之自然本身为何,而且也知道了此一法自然之道本身(如果道真可以被说成是有任何"本身"的话,但我们将会看到,道可能并无任何"本身"可言)为何。但是,不仅道本身之应该如何被理解和被规定历来皆聚讼纷纭,道所法之自然本身究竟为何其实亦悬而未决。因此,为了回答"道何以法自然",就需要我们首先考虑一个为回答这一问题本身而应该提出的更初步问题:道所法之自然究竟为何?至于那一有关道"本身"究竟为何的问题,我们将先仅就其是否为"物"这一问题而做一提示,并将于澄清"道法自然"的"自然"之义后,在对"道何以法自然"这一双重问题的回答中,再做进一步的分析。②

---

② 有关道"本身"或道之"本质"为何的深入分析,参见拙著《有(与)存在:通过"存在"而重读中国传统之"形而上"者》(北京:北京大学出版社,2005年),尤见第二部"道可道"中对老子的解读(第161—260页)。

二、"道法自然"的直接语境:《老子》第二十五章

通行本《老子》(王弼注本)第二十五章全文为:

> 有物混成,先天地生。寂兮廖兮,独立不改,周行而不殆,可以为天下母。吾不知其名,字之曰道。强为之名曰大。大曰逝,逝曰远,远曰反。故道大,天大,地大,王亦大。域中有四大,而王居其一焉。人法地,地法天,天法道,道法自然。

帛书本《老子》甲、乙本合校之结果与此基本相同:

> 有物昆〔混〕成,先天地生。繍(寂)兮繆(廖)兮,独立而不改,可以为天地母。吾未知其名也,字之曰道。吾强为之名曰大。大曰筮(逝),筮(逝)曰远,远曰反。道大,天大,地大,王亦大。国中有四大,而王居一焉。人法地,地法天,天法道,道法自然。③

郭店《老子》甲本亦有此章之全部:

> 有状混成,先天地生。寂繆。独立不改。可以为天下母。未知其名,字之曰道。吾强为之名曰大。大曰逝,逝曰远,远曰反。天大,地大,道大,王亦大。国中有四大安〔焉〕,王处一安〔焉〕。人法地,地法天,天法道,道法自然。④

三种来源的文本在文字上基本没有重大出入。此章是《老子》中

---

③ 高明:《帛书老子校注》,北京:中华书局,1996年,第348—352页。
④ 文物出版社编:《郭店楚墓竹简》,北京:文物出版社,1998年,老子甲:11。

直接讨论道的不多章节之一。⑤ 老子这里并没有自始即径以"道"直名其所欲言者。他以"道"为其所欲言者之**字**而非其所欲言者之**名**,是因为他承认自己未知其名。但"未知其名"却并不是说,他相信他所欲言者之名仍有待于知,而自己的有限之知尚不足以知之;而是说,他所欲言者乃本来就不可名者。《老子》中另一处即说道乃"绳绳不可名"。⑥ 不可名亦即不能在语言系统中被某一符号所"代表",因而在某种意义上也不可被言说。然而,这只能是"在某种意义上",因为若绝对不能被言说,则其即归于绝对的无。于是,为了让不可言说者**作为**不可言说者而"出现",此不可言说者仍须被言说。因此,为了让这一不可名因而也不可言说者进入言中,从而能被我们以某种方式来谈论和思考,老子只能先将其作为某"物"——作为言所言及者,作为言之题以及思之题——而提出来:提到我们之前,提到语言之中。是以老子以"有'物'(状)混成"谨慎地开始其言不可言者之言。当然,这样的说法确实会让我们去想像一物,一无名之物。但老子随后就说,此"物"乃先于天地而生。于是,我们想像此"物"的努力立即就受到挫折。因为,在中国传统中,"天地"代表着一切有形者——一切物——的极限。在天地"以前"或天地"以外",我们无法想像任何物(或状)。⑦ 所以,"先天地

---

⑤ 按通行本《老子》的顺序,以道为主题的章节有第一章:"道可道";第四章:"道冲,而用之有(又)弗盈";第十四章:"视之而弗见,名之曰微";第二十一章:"……道之为物";第二十五章:"有物混成";第三十二章:"道恒无名",第三十四章:"大道氾兮,其可左右也";第四十章:"反者道之动";第四十二章:"道生一";第五十一章:"道生之"。而其中专论道"是什么"的仅为第十四章,第二十一章,及第二十五章。

⑥ 通行本《老子》第十四章:道"其上不皦,其下不昧,绳绳不可名,复归于无物"。帛书本"绳绳不可名,复归于无物"句为:"寻寻呵不可名〔命〕也,复归于无物。"(高明:《帛书老子校注》,第284页。)

⑦ 《老子》中"物"字约三十四见。其中绝大多数都是相对于道而在"凡有貌象声色者,皆物也"(语出《列子·黄帝》,见杨伯峻:《列子集释》,北京:中华书局,1979年,第49页)这一意义上使用的。仅第二十一章中"道之为物"之"物"与第二十五章中"有物混成"之"物"非普通意义上的物。此二者皆是出于要将道作为一个"东西"——作为言之所言或言之对象——来谈论这一需要而使用的。更详细的分析可参见拙著《有(与)存在:通过"存在"而重读中国传统之"形而上"者》第二部第三章:"老子与海德格尔之近:'道之为"物"'抑或'"物"之为"道"'?",第231—260页。

(而)生"之"物"这样的表述立即否定了将这里所言者理解为一般意义上的物的可能,并暗示此物实乃言中之物,而且仅为言中之物,亦即,言之所言者,或言必然会在某种意义上使其"物化"——使其化为某"物"——者。老子这里面对的其实乃一结构性困难:不言此不可言者即无此不可言者,而言此不可言者即已失此不可言者。这一困难因而实为一必然的双重约束:不可言不可言者;必须言不可言者。

是以老子还是要接着说。现在他说的是,这一先天地而生并且"独立不改"者可以"为天下母"。这一比喻会诱惑我们再次将其想像为一物,而且是一"生"万物之物。但此生万物之"物"真是一物吗?若实为一物,则当有一名。但老子却说,吾实不知此"物"之名,而仅能以"道"为此物之"字"。所以,我们必须强调,在老子这里,"道"仅为此"混成"之"物"的字而非名。而在中国传统中,众所周知,与"名"相连之"字"有说明名本身之含义的作用。老子以"道"作为"字"来说明他所欲言但却不知其名者,这意味着什么呢? 也许是,他欲坚持,此种"不知其名"乃是由其所欲言者之本性所决定的。此字之为"道"者必然出于其本性即为不可名者。何以出于其本性即不可名? 因为,"名必有所分"也。⑧ 名的作用就是区分:名区分此(物)于彼(物),从而将一物作为一物而"指出"。而名本身亦仅因彼此相别而为名:一名之为**此**名即因且仅因其非**彼**名,亦即,一名之为某一名即因且仅因其有别于同一系统中之其他名。因此,凡可被区而别之者皆可名,皆可有名。所以,严格地说,真正的不知其名者,亦即,真正的其名不可知者,只可能是因为下述情况才如此,亦即,其乃不可被区分为一与他物有别者。此即意味着,被字之为"道"者并非有别于万物之(惟)一物。而此"非有别于万物"也许恰恰是因为,此以"道"为其字者实乃首先使万物之别成为可能者,亦即,使万物**通过**它而成为万物者:万物之**道**。如此看来,

---

⑧ 王弼:《老子指略(辑佚)》,见楼宇烈:《王弼集校释》(上册),北京:中华书局,1980年,第196页。王弼的原文是这样的:"名必有所分,称必有所由。有分则有不兼,有由则有不尽;不兼则大殊其真,不尽则不可以名。"我们此处无意分析王弼此论。其中所涉及者须专题分析。

老子之以"道"来字其所不知其名者实非偶然。"道"作为其字可描述此其名不得而知者之"功"或"用"。而这也就是说,其"功用"可借道路之"道"以为形容。也正是因为这样,王弼方能进而申说"道"字之义为"万物之所由"者也。而如果此以"道"为字者乃万物之所由,则其之为并非与万物处于同一层面者明矣。所以,给这个无名者一个解释性的字——"道"——还是要强调,这里所言者其实并非一物,一普通意义上的物。至于此以"道"为其字者何以及如何可为万物之道,容当后叙。

关于此字之为"道"之"(非)物",如果现在还要再说它些什么,老子说,那么我们就可以勉强称其为"大"。"大"这一形容当然也指向形,而形则为物之形。所以"大"也会让人想到物。但老子随即却说:"大曰逝,逝曰远,远曰反。"于是我们知道,此可强名为"大"者不可能又是一物,即使是一"大物"。正因为可暂时以"道"为字者之"大"是超越了一切可以想像的界限的"大",所以这样的无形之"大"必定不可能"在"任何地方。它必然始终已经从任何具体的地方消失("逝"),必然始终已经从任何具体的地方远去("远")。但消失不在和远去也就是返回来和无所不在("反")。而这其实也许正是道——我们所能理解的道,普通意义上的道,日常生活中的道,道路之道——的真正本质。道其实并不在任何地方,也并不占据任何地方。相反,道乃是让任何所谓"地方"成为地方者。试问,如果没有道,还能有任何所谓地方吗?"地—方"意味着特定的有限的区域。而特定的有限的区域蕴涵着不同区域之间的分别与联系。道则正是使这样的分别和联系成为可能者。在这一意义上,道必然"大于"或"超越"任何地方。也许正是因为普通意义上的道的这一其实并不"普通"的本性或本质,"道"才可以被老子用来说明他所理解的那个万物赖之以成为万物者。

现在,在所有这些谨慎的表述之后,老子就开始直接称其所言者为"道"了,并让其与天、地、王一起而并称为"国"(或"域")中之"四大"。"国"字在这里需要一点解释。在帛书本和郭店本《老子》中作"国"者在王弼本《老子》中作"域"。这里的问题是,为什么这一被字之曰

"道"而强名之曰"大"者,这一应该超越一切可能之大的"大",却又与天、地、王这些有限的大一起而被称为"四大",而且,根据郭店本及帛书本,还是"国中"之"四大"?"道"难道只是"国中"诸大之一吗?正是这一问题促使高明在其《帛书老子校注》中引《说文》戈部:"域,邦也",及口部:"国,邦也",以证"国"字与"域"字同音同义,"异体同源,故'国中'、'域中'无别也",并从而将帛书本《老子》的"国中"又改回到"域中"。⑨ 韩禄伯(Robert Henricks)在其郭店《老子》的翻译中也认为"国"应为"域"。但既然二者无别,则大可尊重帛书及郭店之"国"字,而不必强"国"为"域"。王弼这里的注释才道出了倾向读"国"为"域"者的真实心理。其注云:

> 天地之性人为贵,而"王"是人之主也。虽不职大,亦复为大。与三匹。故曰"王亦大"也。"四大":道,天,地,王也。凡物,有称有名,则非其极也。言道则有所由,有所由然后谓之道。然则道是称中之大也,不若无称之大也。无称不可得而名,故曰"域"也。道、天、地、王皆在乎无称之内,故曰"域中有四大"者也。⑩

但这样说来,"道"则仅为无称者之内之一有称者之称,而不再是从根本上即无称而不可得而名者"本身"之称了。王弼这里似乎是为他所见到的《老子》文本中的这一"域"字所困。而通观王弼对《老子》的整个注释,他强调的最为明确的一点就是,"道"乃无称者之称。但既然"道"乃无称者之称,为什么老子似乎又将此无称者仅列为"域中"或"国中"四大之一呢?王弼显然想对此作出解释,于是就说,"无称不可得而名,故曰'域'也。但"域"其实并不能接受王弼这样的解释。谈论任何意义上的"域"都意味着有限。而"道"能将自身局于任何有限

---

⑨ 高明:《帛书老子校注》,第352页。此一"校改"似乎反映了校注者在此处实为文本所困,因为高明校注帛书本《老子》基本是以帛书为正的,但此处他却只能反过来以通行本为正。
⑩ 高明《帛书老子校注》引,第352页。

之"域"之吗？

实际上，帛书本和郭店本《老子》在这里之皆作"国"而不作"域"表明，说"国中有四大"并无深意。老子这里的话的听众应该包括理想的或可能的王。从王自己的观点看，他当然是"国中"之大者。但王却不能以已为唯一之大。所以老子要强调说，国中有四大，而王仅为其中之一。因此，王只是"亦"大。此"亦"或"也"即蕴涵着，王虽一国之主，却并非国中唯一之大。尚有其他大者。而"最大"者，或者，更严格地说，本质上即已不再可以"大"来称呼或形容者，当然就是以"大"为其强名而以"道"为其字者。以"道"为字者无处可在又无所不在。正是在这样的语境中，"道"被说成是国中四大之一。但这却并不意味着，"域"（或"国"）比道还大。而正因为"域"字被理解为至大无外之域，王弼才需要强解"域"之义为"无称不可得而名"者。所以，帛书本和郭店本《老子》此处之作"国"而不作"域"，使此段更好理解。作为国之主，王在国中不能以唯一之大自居，而必须记住尚有其他大者，方能为王。所以，在这一语境中，"国中有四大"并不意味着，道、天、地、王仅为"国中"之四大而已。因为，显然，不仅道比国大，天与地当然也远比国大。而正因为王只是"亦"大，只是道、天、地之后的大，而王代表人，所以老子接下来才说："人法地，地法天，天法道……。"

对于这些说法，我们似乎都没有什么问题。作为在某种意义上可"为天下母"者，作为不可能"具（有）（形）体"之大，作为其他诸大不可能真正与之并立之大，而这就是说，作为其实不再真能以"大"来形容者，道应该为其他诸"具（有）（形）体"之大（王、人、地、天）所法。而且，我们也许会觉得，老子的话在这里就应该停下来了。然而，老子却又接着说："道法自然！"这就让我们立即困惑不解了。因为，按照这一排比句式所形成的阅读期待，"道法自然"在这里显然是在说，就像人法地，地法天，天法道一样，道也法某一他者，而"自然"就是道所法之他者之名。然而，道怎么还要法一"他者"——"自然"？这个勉强可以"大"为名之道不是生万物者吗？如果是这样，道"之外"怎么还能有任何所谓"自然"呢？"自然"在这里什么意思？它指的究竟是什么？只要看一下对这一表述的众多已有解释和翻译,就可以发现老子这一表述给两千多年来众多解释和翻译努力造成的种种挫折。[11]

三、汉语语境中"道法自然"的若干传统与现代解释

这一不再能接近和理解老子的基本思路的情况早在《老子道德经河上公章句注》中就已见端倪。河上公注"道法自然"为:"道性自然,无所法也。"[12]这一注释本身只能被理解为,道有其确定之性,或有其本质,而道之性或道之本质就是,它本来即如此("自然"),所以不可能也不需要效法任何其他东西。这就是说,道不以任何他者为自身之法。让我们这里先暂时不管"效法"意义上的"法"所蕴涵的独特逻辑。仅就这一注释而言,这是对"道法自然"的很奇怪解释。首先,这一解释置《老子》这里的语法本身和语境于不顾。"人法地,地法天,天法道,道法自然"是非常整齐的排比句式。所以,"道法自然"这里应该按照前三句的句式来读。这一文字安排本身即已明确排除了将"道法自然"解释为"道之性本来如此而无所法"的可能。当然,河上公这一注释的隐含思路或逻辑可能是这样的:道确实可以说是"法"一可称为"自然"者,但道之本性就是,而且,也只有道之本性才是,本来即如此的,亦即"自然"的,所以说"道法自然"其实即是等于说,道法"自己"或"自身"。而这在某种意义上又等于是说,道无所法。

河上公对"道法自然"的注释及其中所隐含的思路几乎代表了近两千年来对老子这一表述的基本解释。宋代的董思靖在其《道德真经集解》中解释"道法自然"说:"道贯三才,其体自然而已。"元代的吴澄

---

[11] 这里,诸多解释努力之受挫也许主要并不是因为"道法自然"这一表述本身晦涩难懂甚至语义不通,而是因为解释不再能真正接近老子的基本思路。而此实因"明道若昧,进道若退,夷道若类〔纇〕"也(《老子》第四十一章)。但这一思路在某种意义上其实应该是极其显而易见的。是以老子才会有此一叹:"吾言甚易知甚易行,天下莫能知莫能行。"(《老子》第七十章)

[12] 王卡点校:《老子道德经河上公章句》,北京:中华书局,1993年,第103页。宋代张氏《道德真经集注》引"道性自然"作"道长生自然"。

在其《道德真经注》中解释"道法自然"也说:"道之所以大,以其自然,故曰'法自然'。非道之外别有自然也。"⑬这些解释均蕴涵着一个明确的信念:既然道乃至大,因此不能再想象和谈论道之外者或道之上者,所以道不可能于自身之外再有所法。

也正是出于同一看法,唐代的李约在其《道德真经新注》中甚至为这一段文字作了不同的标点:"王(人)法地地,法天天,法道道,法自然。"他对此作出如下注释:

> "道大,天大,地大,王亦大",是谓域中四大。盖王者"法地"、"法天"、"法道"之三自然而理天下也。天下得之而安,故谓之德。凡言人属者耳。其义云"法地地",如地之无私载。"法天天",如天之无私覆。"法道道",如道之无私生成而已。如君君、臣臣、父父、子子之例也。后之学者谬妄相传,皆云"人法地,地法天,天法道,道法自然"。则域中有五大非四大矣。……又况"地法天,天法道,道法自然",是道为天地之父,自然之子,支离决裂,义理疏远矣。⑭

冯友兰在其对"道法自然"的解释中就回应了李约的这一域中只能有"四大"而不可能有"五大"的说法:

> 这并不是说,于道之上,还有一个"自然",为"道"所取法。上文说:"域中有四大",即"人"、"地"、"天"、"道"。自然只是形容"道"生万物的无目的、无意识的程序。"自然"是一个形容词,并不是另外一种东西,所以上文只说"四大",没有说"五大"。⑮

---

⑬ 二说皆转引自陈鼓应:《老子今注今译》,北京:商务印书馆,2003年,第173页。
⑭ 转引自高明:《帛书老子校注》,第353—354页。
⑮ 转引自陈鼓应:《老子今注今译》,第173页。

然而,是否还有可以被称为"自然"的另一"大"为道所法,以及如果真是这样的话,道如何法此"自然",我们其实并不确定。

稍微浏览一下"道法自然"的现代汉语翻译,我们也可以看到,对老子这一表述的现代解释大多仍然不出河上公的思路:

人效法地,地效法天,天效法"道","道"效法他自己。⑯

人遵循地的法则,地遵循天的法则,天遵循道的法则,道遵循自己生成的样子。⑰

道按自己的样子行事。⑱

人取法地,地取法天,天取法道,道纯任自然。⑲

四、"道法自然"的若干西方翻译

以上翻译都蕴涵着,道有一个本来即如此的"自己"或"自身",所以道法自然就是听凭自己如此,或以自身为法,或照自己的样子行事。但是,一旦我们开始试思并试问,道的这一"自己"或"自身"究竟是什么样子,就会意识到,按照《老子》中对道的一贯"形容",道根本就没有任何"自己"或"自身"可言,因而当然也不可能去照着"自己"或"自身"的样子如何如何。认为道有一"自己"或"自身",就有可能将对道

---

⑯ 许抗生:《帛书老子注译与研究》,杭州:浙江人民出版社,1985年,第114页。文中之"他"或为"它"之误,或作者有意为之。许对"道法自然"的注释直承河上公注:"此句河上公注:道性自然,无所法也。此注是。自然并非'道'外之一物,而是指'道'自己而已。此句意思是说,'道'为天地最后的根源,无有别物再可效法,所以只能法其自己那个自然而然的存在而已。"(同上)

⑰ 冯达甫:《老子译注》,上海:上海古籍出版社,1991年,第61页。作者这里将道理解为"自然规律":"道是自然规律。'道法自然'是说自然规律取法'天然自然',取法自己生成的样子。"(同上书,第60页)

⑱ 郭世铭:《老子究竟说什么》,北京:华文出版社,1999年,第133页。

⑲ 陈鼓应:《老子今注今译》,第173页。

的解释引向某种宗教方向。这一倾向在汉语解释传统中经常只是无意识的或隐含着的,但在一些(尤其是较早期的)西方语言的《老子》翻译和解释中则很明显。《老子》的英语译者之一,19世纪著名英国汉学家理雅各(James Legge)即是一例。

理雅各将《老子》二十五章此段译为:

> Man takes his law from the Earth. The Earth takes its law from Heaven; Heaven takes its law from the Tao. The Law of the Tao is its being what it is.⑳

理雅各翻译的最后一句有结构上的暧昧。"The Law of the Tao"直译回汉语是"道之法"。此在英语和汉语里都可以有两种意思:道所立之法;道本身之法。前者可以是道为万物所立之法,支配万物之法,后者则可以是道"自身"的法,支配着道的法,为道所建立起来的法,尽管这一为道"本身"立法者应该也只能是道本身。从理雅各的翻译看,汉语动词"法"被译为"从什么那里接受其法"。人从地接受自己的法,地从天接受自己的法,天从道接受自己的法。这些法是他者所立之法。此与老子原文有一定距离。但这一距离似乎可以消除。"人法地"之"法"是以地(地之所为)为自己的榜样,或者说,是照着地的"做法"去做。但此就蕴涵着,地为人之法。所以,理雅各译人、地、天三句亦有道理。但第四句则有问题。此句之英译,若照其前三句之译法,则应该改为:"The Tao takes its Law from ziran(自然)"。但这样"自然"就意味着,其为一在道之外而为道所取法之物。理雅各大概不太可能接受对于"自然"的这样一个解释,所以才有我们现在所看到的译法。若将整句译回汉语,则为:"道之法乃其之是其所是。"这样,"道法自然"之"自然"就被理雅各解释为道本身之"是其所是"(being what it is; being itself)。

---

⑳ James Legge, *Lao Tze*: *Tao Te Ching*. Oxford: Oxford University Press, 1891, p. 68.

这一理解乃是西方传统对上帝的理解,而理雅各在其对此章的评论中也确实提到了上帝。他说,"先天地生"近于第四章之"might seem to have been before God(象帝之先)"。理雅各接着推想:

> Was he(案:指老子)groping after God if haply he might find Him? I think he was, and he gets so far as to conceive of Him as 'the Uncaused Cause,' but comes short of the idea of His personality. The other subordinate causes which he mentions all get their force or power from the Tao, but after all the Tao is simply a spontaneity, evolving from itself, and not acting from a personal will, consciously in the direction of its own wisdom and love.[21]

> 他是不是正在摸索上帝呢,即使他有幸可能发现他的话?我想他是的,而且他已经达到了将上帝设想为"无因之因"的地步,不过他还是没能形成一个有关其人格(personality,或位格)的观念。他提到的其他从属原因皆由道得到它们的力量或权能,但道最终却〔被老子理解为〕只是一自发活动,只是自生自变,而不是出于一己之意志并有意识地按照其自身的智慧与爱而行动。

此乃在西方传统思路中尝试接近老子思想的一种典型情况。老子的"象帝之先"的"帝"被译为"God",此又成为相信老子是在探寻上帝的根据。理雅各认为老子已经极为接近将这一上帝想为"无因之因"或"第一因",只是还没有将其想为一有人格的具体存在而已。理雅各亦将老子中其他三者(天、地、人)想成是作为从属原因而由道获得其力量者。这也是按作为创造者的上帝与其所创造者的关系来想道与万物的关系。然而,万物之在某种意义上从道接受其德并不一定就意味着,道在老子这里是上帝意义上的万物之创造者。这里,让我们先仅仅点

---

[21] James Legge, *Lao Tze: Tao Te Ching*. Oxford: Oxford University Press, 1891, p. 68-69.

出这一问题。具体的讨论,要到我们真正澄清道与万物的"关系"时才可能开始。

20世纪著名英国汉学家韦利(Arthur Waley)对"道法自然"的翻译和解释也反映着西方宗教传统和哲学传统类似的倾向性问题。韦利译《老子》第二十五章最后一段为:

> The ways of men are conditioned by those of earth. The ways of earth, by those of heaven. The ways of heaven, by those of Tao, and the ways of Tao by the Self-so.

其注"self-so"则为:the "unconditioned"; the "what-is-so-of-itself."[22]韦利的翻译因而至少有这样几个问题:

一、用"be conditioned",即"以什么为条件;受什么制约",来译"法"。这样翻译下来,我们看到的是一连串的统治关系。当然,就其对本章的评论看,这正是他的理解:

> The intention of this 'chain-argument' … is to show that a line of connection may be traced between the ruler and Tao. This connection exists macrocosmically, in the line ruler, earth, heaven, Tao; but also microcosmically, in that by passing on and on through successive stages of his own consciousness back to the initial Unity he can arrive at the Way which *controls* the multiform apparent universe.[23]
> 〔老子〕这一"链式论证"的目的……是要表明,可以在统治者和道之间找到一条联系的线索。这一联系既宏观地存在着,亦即,它可见于统治者、地、天、道这一条线之中,但也微观地存在着,亦

---

[22] Arthur Waley, *The Way and Its Power: A Study of the* Tao Te Ching *and Its Place in Chinese Thought*. London: George Allen & Unwin Ltd., 1934, p. 174.

[23] Ibid. p. 175. 引文中的斜体字是我所为。

即,在一步步地通过其意识的各个连续阶段而回到那原初的统一之后,他即能达到那**控制**着大千世界的道。

韦利所理解的道"controls"(控制)一切。相反,老子反复强调的却是道之"生而不有"等等,亦即,是不控制。

二、在其翻译中,是人之道为地之道所制,地之道为天之道所制,天之道为道之道(the ways of Tao)所制。"道之道"是一个值得注意的说法,但韦利并未对之作出专题评论。最后,道之道则为"the Self-so"所制。"The Self-so"是韦利对"道法自然"之"自然"的翻译。此一翻译将道所法之"自然"理解为 the "unconditioned",或"无条件者"。这样一来,在道之上就还有一更高者。但真正的"无条件者"(the unconditioned),那本身不受其他任何条件制约者,只能是西方形而上学的"*causa sui*",即"自因"或"第一因"。这正是作为形而上学的西方哲学的上帝。于是,关于道的思想就变成了某种关于"无条件者"或哲学的上帝的思想。这是通过西方形而上学概念来解释中国传统思想的又一突出之例。

类似的问题还可见于其他一些英语翻译。例如下面的这一个:

> …[H]eaven owes its greatness to the Principle (of which it is the principal agent). (Greatness borrowed, as one can see, whereas) the Principle owes its essential greatness to its underived, uncreated, existence.[24]

意识到这一以西方哲学或宗教概念"翻译"老子所存在的严重问题,在中国思想之西渐中功不可没的陈荣捷的选择是,以我们如今非常

---

[24] Derek Bryce, trans. *Wisdom of the Daoist Masters*. English translation of Léon Wieger's French translation. Lampeter: Llanerch Enterprises, 1984, p. 17. "道法自然"之"道"在此被翻译为"Principle"。

熟悉的"nature"来翻译老子的"自然"。于是,"道法自然"就被径直译为"Tao models itself after Nature."㉕这里,"Nature"是大写的,意味着作为总体的"自然(界)"。然而,这一翻译其实并非如其乍看上去那么直截了当,因为"Nature"(拉丁语的"natura",而此词又为古希腊语"physis"的翻译)意义上的"自然",一个经常在总体意义上被理解的自然,一个经常被人格化的自然,其实并不见于中国传统。至少在魏晋以前,汉语的"自然"并无此义。当然,小写"nature"的一个基本意思是存在于时空之中的一切东西。但在中国传统中,若欲表达这一意义上的"自然",人们会说"万物"或"天地万物"。以"Nature"翻译老子的"道法自然"中的这个"自然",似乎是有意无意地受了现代汉语中常将"Nature"翻译为"自然"的影响。这一翻译反过来又遮蔽了汉语的"自然"的原义,使人误以为老子的"自然"就是"Nature"或"nature"意义上的自然。以西方意义上的"Nature"来译老子的"自然"多见于从事英语写作或汉语典籍英译的中国现代学者。例如,林语堂对"道法自然"的译法即与陈荣捷完全一致:"Tao models itself after Nature."㉖但晚近西方20世纪学者亦有采取类似译法者,如 Gregory Richter 即将"道法自然"译为:"… and the Dao takes Nature as its Law."㉗理雅各的翻译是在"自然"成为现代汉语对"Nature"的标准翻译之前进行的,所以至少还没有受到这一影响的危险。

一些更为留心、更欲在字面上贴近原文的现代英语翻译则大多采取了下述大同小异的译法。例如,刘殿爵的企鹅版英译《老子》中将此译为:"Man models himself on earth, earth on Heaven … And the Way on

---

㉕ Wing-tsit Chan, *A Source Book in Chinese Philosophy*, Princeton, N. J.: Princeton University Press, 1963, p. 153.

㉖ Lin Yutang, *The Wisdom of Laotse*. London: Michael Joseph, 1958, p. 143. 林语堂此处对"nature"有一注释:"Tse-jan, *lit*. 'self-so,' 'self-formed,' 'that which is so by itself.'"

㉗ Gregory C. Richter, trans. *The Gate of All Marvellous Things*. Souty San Francisco, Cal.: Red Mansions Publishing, 1998, p. 49.

that which is naturally so."㉘Gia-Fu Feng 与 Jane English 则将此句译为："Tao follows what is natural."㉙这些不再径以名词"Nature"来译"自然",而仅以形容词"natural"或副词"naturally"来描述老子所欲言者的翻译,至少可为英语读者保留解释老子的这一"自然"的更大空间。韩禄伯在其郭店《老子》的翻译中采用了与前述诸译略有不同的译法:"And the Way takes as its model that which is so on its own."㉚安乐哲(Roger Ames)与郝大维(David Hall)的翻译虽欲在"道"及"法"二语的译法上独出心裁,但其"自然"的译法仍基本上同于上述诸译:"And way-making emulates what is spontaneously so."㉛在王弼的《老子注》这一语境中翻译老子的瓦格纳(Rudolf Wagner)对"自然"一语的翻译则几乎完全另辟蹊径。他竟然使用了一个八词一串的自造长词"that-which-is-of-itself-what-it-is",令人很难不联想到他的德语文化背景以及某种可能的海德格尔哲学的影响:"The Way takes That-which-is-of- itself-what-it-is as model."㉜

这些英语表述若再译回汉语,我们就得采用诸如"道效法那自然者",或"道追随那自然而然者",或"道效法那本身即如此者",甚至"道效法那出于自身即是其所是者"这样的现代汉语表述,并强调这个"者"字。而这样的表述所容许的解释与那些与河上公的解释一脉相

㉘ D. C. Lau, trans. *Tao te ching*. Harmondsworth, Middlesex: Penguin,1963, p. 82. 此为《老子》通行本的翻译。刘殿爵的马王堆帛书《老子》译本(D. C. Lau, *Lao-tzu Tao Te Ching, translation of the Ma Wang Tui Manuscripts*. New York and Toronto: Alfred A Knopf, 1994)中此句的翻译与此同(p. 73)。

㉙ Gia-Fu Feng and Jane English, *Lao Tsu: Tao Te Ching*. London: Wildwood House, 1972, p. 45.

㉚ Robert Henricks, *Lao Tzu's Tao Te Ching: A Translation of the Startling New Documents Found at Guodian*. New York: Columbia University Press, 2000, p. 55.

㉛ Roger Ames and David Hall, *Dao de jing: "Making This Life Significant"—A Philosophical Translation*. New York: Ballantine Books, 2003. (转引自何金俐的中文翻译《道不远人——比较哲学视野中的《老子》所附之英译原文。北京:学苑出版社,2004 年,第 145 页。)

㉜ Rudolf Wagner, Laozi, & Wang Bi, *A Chinese Reading of the Daodejing: Wang Bi's Commentary on the Laozi with Critical Text and Translation*. Albany: State University of New York Press, 2003, p. 203.

承者有所不同。这里最关键的差异是,如果我们在现代汉语或英语中这样说,那就等于承认,照老子的这一说法,道确实效法某一可被称为"自然"者,而此一"自然"者或"自然而然"者可能又并不是西方意义上的作为总体的、人格化的"Nature",或现代汉语中的"大自然"。那么,道所效法的此"自然而然"者,或者,更严格地说,此可能为复数的诸"自然而然"者,究竟是什么呢?

五、王弼对"道法自然"的理解

为了回答这一问题,我们也许得回到王弼对《老子》的注释。那里我们可以发现,早已存在着对"道法自然"的一个与众不同的解释,一个在对"道法自然"的解释传统中其实也许尚未被充分注意和真正理解的出色解释。

现在就让我们重新看一下王弼对"道法自然"的理解。王弼将"道法自然"解为:"道不违自然,乃得其性:(法自然也)。"[33]此解承其以上对"人法地,地法天,天法道"之解释而来:

> 法,谓法则也。人不违地,乃得全安:法地也。地不违天,乃得全载:法天也。天不违道,乃得全覆:法道也。[34]

可以感到,王弼这里的措辞很谨慎,因为他用了与《老子》这里的原文相应的排比句式来解释老子这段话的意思。按照王弼的这一解释,人是因不违反地而使自己得到全安;地是因不违反天而使自己可以全载;而天是因不违反道而使自己可以全覆。照此,道也是因不违反"自然"而使自己得到自己的本性。这里,道之不违自然一如人之不违地,地之

---

[33] 楼宇烈:《王弼集校释》(上册),第65页。括号中之"法自然也"乃校释者据陶鸿庆说校改。

[34] 同上。但此引文中的标点为笔者所为。

不违天,天之不违道。显然,"自然"在这里被理解为一与人、地、天、道并立者。

然而,由于"自然"一词本为一形容词,所以即使王弼对"道法自然"的这一解释本身也有可能被误解。例如,余敦康就说:

> 按照王弼的解释,所谓"道法自然",意思是"道不违自然,乃得其性",自然是对道的内涵即道的本性的一种规定,并非另一凌驾于道之上的实体。不仅道以自然为性,天地万物也都以自然为性,自然之性遍及天地万物,是所有一切有限事物的内涵的本性。㉟

在此,王弼所说的"道不违自然"中的"自然"被理解为只是对道本身的一种描述,而不是"道之上的实体"。此"自然"诚然不可能是道之上的"实体",但如果王弼所说的"道不违自然"真的仅仅意味着道不违反自己或自身,那他对"道法自然"的解释与河上公一脉的解释可能就没有什么分别了。

然而,王弼真是这个意思吗?我们必须接着王弼以上的话往下看:"法自然者,在方而法方,在圆而法圆。于自然无所违也。"此正是王弼对自己所说的"道不违自然,乃得其性"的进一步解释。而照这一解释,"道法自然"的意思就是,如果"本来"就是个方东西,道就跟着它一起方,而如果"本来"就是个圆东西,道就学着它一起圆。而此种跟从、学习或效法首先蕴涵着对方之为方及圆之为圆的**承认**。在此承认中,道让方、圆作为方、圆而存在。方、圆之或方或圆乃是其"本来"即如此,而此即其"自然"。所以,道之让方为方、让圆为圆就是不违此"自然",而这也就是说,不违这些自然者或自然而然者本身之"自然"。反之,如果道强方者为圆,而强圆者为方,那就会是有违或有犯于自然者

㉟ 余敦康:《魏晋玄学史》,北京:北京大学出版社,2004年,第167页。

本身之自然了。而在中国传统中,"自然"者或"自然而然者"即是万物。㊱ 所以,照王弼的理解,"道法自然"即意味着,道法万物,亦即,道法"自然而然"之万物,或法万物本身之"自然"。㊲ 而道只有如此"不

㊱ 说万物乃自然者或自然而然者,即是说万物各自本来就是自己那个样子,亦即,本来即是其之所是。所以,从某种意义上说(当然,仅仅是从"某种"意义上说),一说万物"自然",就已经是把话说到头儿了或说尽了:如果万物本来就是它们各自那个样子,那还更有什么可说的呢?正因为如此,所以王弼于"于自然无所违"一语后即对"自然"本身作了这样一个解释:"自然者,无称之言,穷极之辞也。"此语之意在我们此处的语境中应不难理解。但在王弼的一些评论者中,"无称之言"似尚未得确解。唐君毅认为其意为"无特定事物为其所称"(见唐君毅:《中国哲学原论》上册,香港:人生出版社,1966 年,第 32 页),Wagner 则将其译为"a saying for what is without a name",即"关于无名者的一个说法"(见 Rudolf Wagner, *A Chinese Reading of the Daodejing: Wang Bi's Commentary on the Laozi with Critical Text and Translation*, p. 203)。前者之说仍嫌朦胧,后者之译则令王弼以"自然"为无名者之名。而在《老子》的语境中,"无名"之说又总是有可能会让人想到终极者或最高者("无名天地之始")。其实,从王弼此语的句法看,"言"与"辞"是互文见义的说法,故"无称之言"与"穷极之辞"二语亦互文见义。"穷极"乃"尽头"之意。故"穷极之辞"即谓,"自然"这个说法乃是话说到尽头时的一个说法。关于万物,当我们再没有什么可说了的时候,或不再有什么能说的时候,就说它们"自然"——说它们本来就是那样,仅此而已。相对于"穷极之辞","无称之言"这一表述的意思即可以被确定为:无所说之言,亦即,没有说出什么来的说法。言通常是有所称的。称是以言及物,亦是以言出意。我们即在这一意义上说某某"言必称……"(如"言必称尧舜","言必称仁义"等)。在王弼这里的具体语境中,既然"道法自然"之意已经被确定为道之"在方而法方,在圆而法圆",则物之方或圆即已隐然被视为物本身之自然。故自然乃就万物而言。但在王弼看来,说万物"自然"乃是一种并没有说出什么来的说法,或一种不再有什么可说了的时候的说法,故曰"自然者,无称之言,穷极之辞也"。

㊲ 钱穆注意到了王弼的这一解释,但认为后者在此已经背离了老子之"道法自然"的本意。在其《郭象〈庄子注〉中之自然义》中,钱穆评王弼之"道法自然"注曰:"今按:《老子》本义,人法地,地法天,天法道,道至高无上,更无所取法,仅取法于道本身之自己如此而止,故曰道法自然。非谓于道之上,道之外,又别有自然之一境也。今弼注道不违自然,则若道之上别有一自然,为道之所不可违矣。又弼注屡言自然之道,则又若于人道地道天道之外,又别有一自然之道兼贯而总包之矣。故弼注之言自然,实已替代了《老子》本书所言之道字,而弼不自知也。"(钱穆:《庄老通辨》,北京:三联书店,2002 年,第 364 页)钱穆此处对"道法自然"之理解仍不出河上公的思路,故其虽解王弼注"道法自然"之语,但未解王弼注"道法自然"之意。至于钱穆提到的王弼所言之"自然之道",在王弼老子注中共三见:其注"孰能浊以静之徐清,孰能安以久动之徐生"曰:"此自然之道也";其注"信不足焉,有不信焉"曰:"夫御体失性,则疾病生。辅物失真,则疵衅作。信不足焉,则有不信,此自然之道也";其注"少则得,多则惑"曰:"自然之道,亦犹树也。转多转远其根,转少转得其本。"此皆非钱穆所言,亦即,皆非谓道之上更有一自然之道。这些说法实更可先就其字面来理解。其字面义有二,但两者相辅相成。一、自然之道谓自然而然者本身所有之"道—理",即自然而然者之何以即必得如此,而不可能有其他样子。而这就蕴涵着,二、自然之道即谓自然而然者所循之道。故此道仍为老子所言之道。王弼提到"自然"之诸注中,(转下页)

违自然",亦即,不违万物(之自然),才能"得其性"。按照王弼这里的句法,此"其"字显然应该指道。"得其性"亦即道保持而不失去自己之"性"。

然而,如果道只有如此不违万物之自然才能保持自己之性,道自己之性又是什么呢?我们能在严格的意义上谈论道自己之性吗?道之能在方而法方、在圆而法圆即蕴涵着,道"自己"或"本身"——如果我们还能这么说的话——并没有任何确定的形体,因而其实也并没有任何确定的"自己"或"本身",不然它就不可能如此地"随圆就方"。道无形,无体,因而亦无严格意义上的性,如果性意味着确定的特性或本质的话。道正因为在非常严格的意义上无形,无体,更无任何自身之性或质,所以才能真正极其柔和地随圆就方,而从不会迫方、圆违其本身之自然而就道"自身"之范。但道之从不把"自身"强加于方、圆之上正是而且也只能是因为,在非常严格的意义上,道其实并无任何"自身"可言。而正因为道并无任何"自身"可言,道才只能或必须让"自己"随方就圆。

于是,顺着王弼对"道法自然"的解释,我们达到了这样的结论:"道法自然"意味着,道法自然而然之一切。而自然而然之一切**即**万物。《老子》的文本本身所支持的显然也是这一解释。因为,根据"人

(接上页)很多都是在顺应物之自然这一意义上的自然。如,"善行无辙迹"之注曰:"顺自然而行。"(顺自然而行非谓顺从一现代意义上的"大自然",而仍是顺物本身之自然之意。)"善闭无关键"之注曰:"因物自然,不设不施。……因物之性,不以形制物也。""复归于婴儿"之注曰:"婴儿不用智,而合自然之智。""为者败之,执者失之"之注曰:"万物以自然为性,故可因而不可为也,可通而不可执也。"(以自然为性是说物之性即物之本来如此或自然而然。)"圣人去甚、去奢、去泰"之注曰:"圣人达自然之至,畅万物之情,故因而不为,顺而不施。除其所以迷,去其所以惑,故心不乱而物性自得之也。"("达自然之至",在王弼注的语境中,乃谓能彻知万物之根本上的自然而然,亦即其最"本源"或"真实"或"最实在"的状态,或其"本是"。"畅万物之情"与此相应,谓让万物将自身之实然表露无遗。)"道常无为"之注曰:"顺自然也。""建德若偷"之注曰:"因物自然,不立不施。""大巧若拙"之注曰:"大巧因自然以成器,不造为异端,故若拙也。""知者不言"之注曰:"因自然也。""治人事天莫若啬"之注曰:"农人之治田,务去其殊类,归于齐一也。全其自然,不急其荒病。"(以上王弼注皆转引自上引钱穆书,第363—366页。)

法地;地法天;天法道;道法自然"这一排比句式,与"人"、"地"、"天"、"道"并列的"自然"这里显然应该被视为一已经名词化了的词组,意味着某(些)可被称为"自然"者,而非作为状态或性质的"自然"。所以,"道法自然"即意味着,**道法万物**。㊳

六、"道法自然"与"道生……万物"

然而,面对这一现在似乎应该得出的结论,我们又困惑了。因为,对"道法自然"的这样一种解释让我们立即又面对另一个极其困难的问题:道不是"生"万物者吗?人们当然不会忘记《老子》本章中及其他章中那些似乎非常明确地肯定道生万物的话:"道生一;一生二;二生三;三生万物";"道生之,畜之,长之,遂〔育〕之,亭之,毒之,养之,复之。"㊴而如果道生万物,万物何以还能真正"自然"呢?因为,如果是道"生"万物,则万物之"然"乃是道使之然(亦即,"他—然"),而非万物自身使自身然("自—然")。㊵ 而如果真是这样的话,道又怎么竟会(让"自己")法万物呢?这里不是应该反过来说,亦即,是万物法道吗?上述这整个问题也可以反过来这样问:如果万物确实"自然"("自然而然"),亦即,自来如此,本然如此,而并非先由道决定其如此,道又如何

㊳ 我们发现,有些英语翻译蕴涵着此种理解,或已经隐隐指向这一方向。例如,除上文提到的 Wagner 以外,还有张中原(音译),其译此句为:"Tao is in accordance with that which is." (Chung-yuan Chang, *Tao: A New Way of Thinking*, New York: Harper Colophon Books, 1975, p. 72; 及 Michael LaFargue,其译此段为:"Earth gives the rule for people/Heaven gives the rule for Earth/Tao gives the rule for Heaven/The rule for Tao: things as they are." (Michael LaFargue, *The Tao of the Tao Te Ching: A Translation and Commentary*, New York: SUNY, 1992, p. 84.)

㊴ 见通行本第四十二章,帛书本第四十二章;及帛书本第五十一章。通行本五十一章此处则为:"道生之,德畜之,长之,育之,亭之,毒之,养之,覆之。"本文此处引文从帛书本。诸家或读"亭"为"成","毒"为"熟",或释"亭"为"定","毒"为"安"。从前者,则"亭之,毒之"即为"成之,熟之";从后者,则为"安之,定之"。说见高明《帛书老子校注》,北京:中华书局,1996年,第72—73页。

㊵ 参较《吕氏春秋·义赏》篇中以下语:"春气至则草木产,秋气至则草木落。产与落或使之,非自然也。"

还可是"生"万物者呢？

如果我们仅仅根据简单的线性关系或形式逻辑来"质问"老子,那么我们其实并不需要任何回答,因为我们已经知道这一回答了:若道生万物,万物当然就不可能"自"然。反之,如果万物真的"自"然,那么万物就不可能"生"于道,道就不可能是"生"万物者。[41] 在遵循所谓"形式逻辑"的思想中,这样的提问或质问当然是合法的,但这样我们就在试图开始理解老子之前先已经把通向真正理解的"道"堵死了。我们觉得老子这里有一个所谓"逻辑"上的问题。老子的思想和论述在这里不通。这就行了。

然而,如果老子真的是要说:"道生万物,而道又法万物之自然",而且真的是要通过这样的似乎"不合逻辑"的表述告诉我们些什么,那又会如何呢？

如果这里我们想保持对老子思想的最起码的"信"（信念、信心、信任,没有这一最起码的信,我们就根本不可能开始我们对《老子》的阅读）,就必须首先考虑这样一个与这里提出的问题有关的准备性问题:的确,老子是说"道生……万物";但是,如果道在某种意义上确实"生"万物,而如果万物在某种意义上也确实"生"于道,而万物又确实自然,那么,"道生……万物"之"生"又究竟能意味着什么呢？此"生"究竟是何种意义上的生呢？

也许只能是:虽然道确实"生"万物,但道之生却只能是"不生之生"或"生而不生"。因此,万物也确实"自然",但万物之自然却只能是"得"其自然（这两种情况所蕴涵的独特的"逻辑"皆非遵循形式逻辑原则的思想所允许）。说道之生物只能是"不生之生"或"生而不生",此首先是欲强调,道不是造万物者,不是造物之主,不是创造万物的"上帝"。道之"生"万物只能是**让万物去成为**万物,或**让万物去是**万物,亦即,**让万物去成为其各自之所是**,或**让万物各自去是其之所是**。所以,说道生万物并不是要说,是道本身实际上生出了万物,而是要说,是道

---

[41] 是以中国思想传统中之有郭象的物之"自生独化"之说,并非偶然。

本身以某种方式**让**万物**生**。所以此一"让—生"之"生"并非母生子这一意义上的生。道之此"让"蕴涵着某种邀请之意:请万物生,请万物到来,请万物开始其本身之**有**,请万物开始其各自之**存在**,请万物**成为**万物。没有道之此"让",此一非常根本性的"让",就没有万物本身之"生"。没有道之此"让",就不会有万物。但也正因为道并不是自己去生万物,而只是去让万物生,所以道并不"决定"万物之如何生。因此,让万物生必然只能意味着,让万物**自生**。而道既已以其让而邀请万物自生或邀请其到来,就也必须尊重应邀而生或而来之万物,亦即,尊重万物各自之所是,或尊重万物之自然。

于是,让万物自生、自来之道也必然是让万物自然之道。万物正因为道之让其自生方能自然,方才自然。而道也正因为能让万物**自生**,亦即,能让其是其之所是,或能让其自然,而方能为道:为一切"自然(者)"(所由)之"道"。此"自然'之'道"又只能意味着:让自然者能由之而来并由之而行之"道",让自然者能自然或能自然而然之"道"。而那自然者,亦即,那自然而然者,即是万物。在《老子》第二十五章中,这一可为"天下母"者之可被"字"之为"道",或许就正是因为其乃此一意义之上的万物之"道",乃让万物成为自然而然者或让万物**通向自身**之"道"。作为这样的"(通)道",其对万物之"让"——其邀请万物"通过"它空无一物的"自身"而到来——正是此道作为道的题中应有之义。道只有让物通行方可为道。道正因为能如此**让**万物"(自)生"且"自(然)(而)然"而为(万物之)道,万物则正因为道之此让,或此作为让之生(亦即,道生万物之生)而(成)为"自(然而)然"之万物。这里,"'自(然而)然'之万物"当然并不是说,作为总体的"大自然"(中)的一切事物,而是说,本来即如此这般之物,自身即如其所然之物。

正因为道乃"自然"——所有"自然(而然)者"——之道,或者,乃"让"自然者得以"自然"之道,而"自然"——所有自然(而然)者——乃"由于"或"通过"道而"得"其自然,成为"自然",所以,道"本身"亦在某种意义上"自然"。是以《老子》中也说:"道之尊[也],德之贵

[也],夫莫之命[爵]而常[恒]自然[也]。"㊷但这可能也是《老子》中又一个会导致将"道法自然"理解为"道'本身'(是)自然(的)"的说法。然而,"法自然"之道的"自然"却不可能与万物之"自然"同义,而这首先是因为,如上所述,道并非一"自然而然"之"物",故并无"自然"这一表述所可能蕴涵之"自(身)"可言。既然"道法自然",亦即,法那些"已经"自然而然者,道就不可能有任何"自身"或"自己的样子",或自身与自身的同一,否则道就不可能真正地法自然,而只会这样或那样地把"自身"强加于一切自然者之上,从而令其并不能真正自然。因此,道之"'自'然"只能意味着,道让万物自然而然。**道"本身"即只"是"万物之"自然"**。正因为道没有本身或自身,没有本性,或正因为道在并非"空无一物"的意义上为无,所以"自然",亦即,自然而然者,万物,万有,才是道唯一可效法与所效法者。道只有效法自然——效法一切自然而然者——方能为道,亦即,方能为让自然而然者"由于"或"通过"其而成为自然而然者之道。而道亦仅当让万物自然之时方"自然",亦即,方为一从根本上说即不可能有自身、因而甚至也不可能在任何严格的意义上被真正称为"自然"的道。道"本身"之"自然"就**只是**而且也只能是**就**万物之自然而**让**万物自然,或让万物通行。所以,"道"的确"法自然"!现在,"道法自然"这一表述的意义就变得十分确定了。不论在《老子》第二十五章的直接上下文中,还是在老子的整个思想中,"道法自然"都只意味着:道效法那"自—然—而—然—者",亦即,道法万物。

七、"道生……万物"的"具体"意义或方式

道之所以法万物,而且必须法万物,是因为被称为"道"的这个"可为天下母"者并非造物主意义上的生万物者。道之"生"物只能是"法自然",亦即,是"在方而法方,在圆而法圆",从而"于自然无所违也"。

㊷ 《老子》第五十一章。方括号中虚词为帛书本《老子》所有。"命"字在帛书本中作"爵"。

换言之,这就是让万物各**是其所是**,并**自**行其**是**,亦即,让其作为各自不同的、自然而然的万物而有,而存在。然而,这样说能有意义吗? 而如果真可以这样说的话,那这又是什么意思呢? 如果万物之"自然"只是因为道之能法万物之自然而"让"万物自然,那么万物的此种由于道之让而来的"自然"又究竟意味着什么呢? 万物的这一由道之让而来之"自然"也许只能意味着,在道法万物之自然"之前"——当然,这是一无法想象的"之前",一从未实际存在的"之前"——万物还**并不**自然。因此,如果一方面可以说,"道法自然",那么另一方面就又必须说,万物又只有"通过"道方有所谓"自然"而言。当然,这一说法是非常冒犯所谓"常识"的,但又确实是如此的。为什么?

为了回答此问题,让我们先具体地分析一下"自然"这一表述所蕴涵者。"自然"中这个本来表示"燃烧"的"然"意味着"如此",但此"如此"有非常强烈的动词意味,所以其表示的首先并不是静止的"如此",而是动态的"去如此",亦即,"去像这个样子"。"然"的动词性用法,如《庄子·齐物论》之"物谓之而然:恶乎然? 然于然。恶乎不然? 不然于不然。物固有所然,物固有所可。无物不然,无物不可"中之诸"然"字,就有这样的意味。所以,作为活动或过程,"自然"蕴涵着,自己**使**自己**如此**(而非**如**任何其他东西),自己**让**自己(成为并保持为)这样。于是,能**自—然**,亦即,能自己**让**自己去**如**自己之**此**,即已蕴涵着,万物已各**有**一能让自己去如自己之此的"自己"或"自身"。

然而,万物却并非本来即各有其"自身"。因为所谓自身必然已经蕴涵着自身与自身之**分**。只有能以某种方式与自身分开,因此而与自身相对,并认同于此自身,物才能有一所谓的自身,亦即,有其同一性。那么,万物又如何才能开始各有其"自身",并从而有可能"自然"呢? 回答仍是,是道让万物可以开始各有其"自身"。这就是说,是道通过"法自然"——法万物之自然——而让万物开始各如其所如,各是其所是。或者说,是道让万物开始**成为**自然而然的万物。而这就蕴涵着,在道"开始"法万物之自然、从而让万物"开始"自然"之前",万物还并无任何"自身"可言,因而也还不可能"自然",或尚无所谓"自然"。

那么,道又是如何让万物开始各有其自身的呢?道仍是,而且也只能是,通过法自然之万物或万物之自然而让万物开始各有其自身。具体地说,道之"法自然"首先意味着道对万物各自之所是的"承认"。此"承认"之"承(担)"首先要求一"(确)认":认(出)一物之为一物,如认方之为方、认圆之为圆等。认一物之为一物即是确定地认出此物之同一性,亦即,确认此物为与"自身"同一者。若无此种对物之各自的同一性的确认,即无任何所谓特定之物。但确认一物之同一性或其自身意味着,区别此物于他物,并相对于他物而确定此物之为此物(而非任何其他物)。而这就是说,一物只有在与他物的联系与区别中,其"自身"或同一性才有可能得到确认。例如,道之在方、圆而法方、圆首先即已是对于方、圆(之物)之为方、圆(之物)的确认,亦即,是对于方、圆(之物)"自身"的同一性的确认。但此确认也是让方、圆各有其"自身"或各有其同一性者。为什么?因为方之为方即在于其有别于圆,而圆之为圆则即在于其有别于方。而道之能确认方、圆之为相互有别之物,并因此而分而法之,则首先是因为,道在其最直接但也最深刻的意义上就是万物之道。具体地说,此一表述意味着,道乃是万物之间的普遍联系。只有在道之上,或在道之中,一物才能不(被)囿于"自身"而走向另一物。只有在道之上或在道之中,一物才能通达于另一物,万物才能相互通达。而此普遍通达在使万物相互联系之时,亦使万物相互有别,因为联系建立区别。正是此种根本性的联系—区别,才使万物开始各自具有自身的同一性,亦即,开始各自有其"自身"。因此,正是因为道——万物之间的道,联系万物之道——使万物能各自走出"自身"而走向他物,并与他物照面,万物才能开始各有自身,亦即,开始成为具有同一性的、能被确认的万物。而这也就是说,万物此时才"首次"各自**是其所是者**,亦即,是相互有关而又相互有别之万物。万物之能各自是其所是,就正是因为万物皆在道之中通过相互有别而各自开始"是"某某特定之物。但也正因为如此,我们才无法说道("本身")"是"什么。说道"是"什么就是要相对于他物而确定道"本身"之同一性,或确认道之"自身"。但道却是使此普遍的"相对于……"成为可能者,因而从根本上即不可道(说)。可道之道只是一道,一具体的道,而使此可道之道为可道之道者则在非常根本的意义上不可道。

不可道之道对于万物之"承—认"不仅"确认"万物之为万物,而且"承担"万物之为万物。此一根本性的承担意味着,为万物负责。而此一负责则意味着,不断地保证万物去各是其之所是者,或不断地去保证万物之为万物。而道之"法自然"即可说是此一承担活动的具体表现。道之"法自然",或道之在方、圆而法方、圆,而不是强方、圆为非方、非圆,就是对于方、圆之作为方、圆而存在的根本性承担。而形象地、并贴近道之本义地说,此一承担就是让万物作为"自然(而然)"之万物而行于道上或道中。道即因为**让**万物**通行于**道——通行于"自身",并由此通行而得其"自然"——之上或之中而为万物之道,万物也即因为必须"通过"道或必须通行于道之中而为道之万物。所以,道的确是"万物之所由"者,尽管我们几乎已经完全不能理解这一表述的既简单而又深奥的"形而上"含义。

道:万物之所由也。万物"通过"道而成为万物。万物之"通过"道是"行"亦是"为":"行—为"。而此"行—为"则是最根本或最原始的事件。此事件让万物得以与其**尚未存在**的"自身"拉开距离,并恰恰就是通过这一拉开距离而为万物建立起各自之"自身"。因为,"通过"道者已非尚未"通过"道者。已经"通过"道者即因此种"通过"而以某种方式离开了自身。所以,正是道让物之"自身"与"自身"有分,而正是此"分"才让万物**开始**有所谓"自"或"自身"可言。㊸ 有了"自",或有了"自身",万物才能"首次"回到自身之中,居于自身之中,并能开始"自—然"。而道就**仅仅**法此"自然"而已。

这也许就是"道法自然"所蕴涵的最简单而又最深奥的"(非)逻辑"或"道":道必须而且也只能法自然方可为万物之道;而万物则只有为道所法,或者说,只有"通过"道,方才为自然之万物。我们可以名此

㊸ 这里,让我们别忘了《庄子·齐物论》中的那句简单而深奥的话:"其分也,成也!"

"(非)逻辑"或此"道"为"让之(非)逻辑"或"让之道"。但让之道也是道之让:道若不让万物"自然",就根本没有万物;而万物若不能"自然",就根本没有道。道**只是**让万物自然,但是此"让"却**成就万物之为万物**。道即在此意义上,或以此种方式,而从根本上为生万物之道。

八、"道法自然"与圣人之"能辅万物之自然"

然而,如果通过以上分析,现在已经可以接受"道法自然"即"道法万物",我们还必须回答一个重要问题:如果道并无任何"自身"或"自己",道又如何能**让**"自己"去法"自然"呢?即使接受道并无任何"自身"或"自己"之说,说"道法自然"是否仍然会把道隐隐地变成某种**能法者**,亦即,某种"**主体**"呢?

道并无"自身"或"自己",而且如果以上分析皆可成立的话,也不可能有任何"自身"或"自己",所以道又只能而且必须"通过"人——"通过"老子所说的"圣人",忘己之人,无己之人——而让"自己"去"法自然(万物)"。道"通过"人而成为道。人呢?人则"通过"道才能成为人,成为老子所理解的人——"圣人"。所以,在老子这里,人应该让自己同于道:"从事而〔于〕道者同于道。"[44]而正因为如此,在老子这里,"道法自然",圣人亦"法自然"。道与圣人之间的这一"相似"非常重要。圣人之"法自然"体现为:"能辅万物之自然,而不敢为。"[45]人作为人即能为。此是人之不同于道之处,因为道本质上不能为。但也正因为人能为,所以也才有可能主动地、有意识地"辅万物之自然"。"辅万物之自然"当然已经是某种"为",但是此"为"的独特之处却是"不为"。"不为"是因为"不敢为"。"不敢为"则是因为人深知自己在根

---

[44] 《老子》第二十四章。引文从帛书本。
[45] 帛书本《老子》第六十四章。王弼本此处为:"以辅万物之自然,而不敢为。"

本上的"不能为"。㊻而出于对此根本上的"不能为"之自觉的"不敢为"则正是欲"让"万物"自然"。如果人因自信自己之能为而敢为,如果人因此一自大的自信而不仅敢为,并且"胡作非为",那就不会有万物之自然了。人之欲"让"万物"自然",或人之能有此"欲",此种不以欲求而却以不欲求为其特征之欲,则是因为人能通过"法地"而"法天"而"法道",而"道"则始终"法自然"。

"道法自然"——道始终只是**让**万物**自然**,所以"道恒无为也"。然而,也正是因为"道恒无为"——道从根本上就不可能有任何为,所以道之法自然才必须通过人来"实现",所以道才**需要**人——同于道之人,理想的人,老子的圣人——来守:守住道之无为。而守住道之无为,却正是为了让万物**成为**自然(而然者)。此亦即老子所说之物之"自化":"道恒无为也。侯王能守之,而万物将自化。"㊼但"守"实已是为,而且也许是最困难亦最根本的为,因为"守"需要意识,需要主动,需要警觉。道需要人之有意识的、主动的、警觉的为来保守住其根本性的无为。㊽而正是在这样的以"有为"而"为'无为'"的(圣)人之为中,或正是在这样的"无为之为"中,方能有万物之自然,或自然之万物。

㊻ 在郭店《老子》甲中,"能辅万物之自然,而不敢为"即作"是故圣人能辅万物之自然,而弗能为"。而此句之后即紧接通行本之第37章"道恒无为也"。这意味着,在郭店《老子》甲本的作者或抄写者的思想中,圣人之无为或弗能为与道之无为是紧密联系在一起的。因此,圣人不仅是能为而敢不为,而是从根本上即没有可能为。但这应理解为,从根本上说,圣人只有**辅**万物之自然的可能(此当然也是为),而没有**为**万物("为万物"是在创造意义上产生万物。王充《论衡·自然》篇中说:"天动不欲以生物,而物自生,此则自然也。施气不欲**为**物,而物自为,此则**无为**也。"见《论衡校释》,北京:中华书局,第776页。黑体为笔者所为)的可能。没有为万物的可能不是圣人无能("应该能而不能"这一意义上的无能),而是圣人不可能无中生有地"为"出万物。

㊼ 此从郭店楚简本《老子》甲引(甲:7)。王弼本《老子》第三十七章作"道常无为而无不为"。朱谦之《老子校释》(北京:中华书局,1984年)所依之景龙碑本同。帛书本《老子》第三十七章首句同第三十二章首句,作"道恒无名"。

㊽ 是以老子要人"为无为"(《老子》第六十三章)。

情与性

道始于情,情生于性。
始者近情,终者近义。
　　——郭店楚墓竹简

心性天人:重读孟子

> 夫子以仁发明斯道,其言无罅缝。
> 孟子十字打开,更无隐遁,盖时不同也。
>
> ——陆象山

一、引言:阅读作为署名

如果我们为了方便而暂时接受一个悠久的定论,即中国文化中存在着一个儒家的道统,而孔子虽非此道统的开创者,却是以其仁教真正"发明"(陆象山语,"发而明之"之义)此道统者,那么,在这一道统中,在孔子之后,是孟子第一个明确提出并讨论了不仅对此道统本身,而且对整个中国传统都极为关键、极为重要的心、性问题。① 这些问题又与中国传统中的天、人问题密不可分。在孔子之后,是孟子关于心、性、天、人的思想,与《中庸》等经典一道,奠定了儒家作为所谓"内圣之学"

---

① 所谓"道统",就像所有传统一样,始终都是后来者所进行的一种重构,或所做出的一个"发明"。任何这样的"道统"或传统因而皆仅存身于这样或那样的历史叙述之中,并且就作为这样或那样的历史叙述本身而存在,而我们则始终都可以而且应该对历史叙述本身进行必要的质疑。因此,如果我们此处继续使用"道统"这样的说法,这并不意味着我们对这些说法本身的毫无保留的接受。但本章和本书的篇幅没有为对此问题的必要讨论留出余地。系统深入的必要质疑应该成为另一研究的专题。

或"成德之教"(牟宗三语)的论述基础。② 因此,孟子的思想在儒家传统中占据关键地位。他关于心、性、天、人的思想是后来大部分宋明儒学思想家发展自己思想的主要经典依据之一。但作为一个对中国儒家思想传统有奠基赋形之功者,正如每一传统的开创者那样,孟子的思想也活在一个悠久而复杂的诠释传统之中。③ 诠释是一种阅读,而阅读是一种署名。因为,如果作品始终都有待于阅读才能是其之所是,那么作者的署名从根本上就是不完全的。我们可以说,这是一种结构性的不完全。所以,作者其实从来都不可能是其作品的唯一署名者。作者的署名始终都有待于读者的(再)署名来肯定(或——例如,以批判的形式——否定,但此否定也必然首先已经是对于作品的原始肯定)。

因此,始终都是读者与作者共同签署着一部作品或一个文本。已经有无数古代与现代的读者在《孟子》这一文本上署下了自己之名。④ 重读孟子并不意味着否认以往诠释的有效性或忽视其重要性,亦即并不是要抹杀以前读者在《孟子》上的署名。然而,问题恰恰是,即使是为了尊重这些署名,或即使是为了去重读这一复杂的《孟子》诠释传统本身,我们也有必要"穿过"这一由众多诠释文本构成的传统而重新回到(就像以往的读者们一再做过的那样)《孟子》这一文本本身。我们的希望仅仅是,在穿过——是穿过,而不是绕过,亦即,不是忽视——这一漫长的诠释传统而回到《孟子》文本本身之时,在也像以往的诠释者

---

② 对于认为《中庸》先于《孟子》者来说,"与《中庸》等经典一道"这一表述会引起某种不同意。但我属于认为《中庸》可能后于《孟子》者之列,虽然我对这一问题的理论分析与其他持类似观点者也不尽相同。参见拙著《天命:之谓性!——片读〈中庸〉》(北京:北京大学出版社,2009年)中对此问题的详细论述,尤见第40—72页。

③ 参见 Chun-Chieh Huang, *Mencian Hermeneutics—A History of Interpretations in China*. New Brunswick and London: Transaction Publishers, 2001.

④ 其实,就《孟子》一书而言,也许应该说,这一以其目前形式而为我们所见的文本本身可能已经就是孟子与弟子共同署名的结果。司马迁在《史记·孟子荀卿列传》中即说孟子"退而与万章之徒序诗书,述仲尼之意,作《孟子》七篇。"当然,也有人甚至认为《孟子》一书完全是在孟子之后由其弟子记述的。参见杨伯峻《孟子译注》(北京:中华书局,1960 年)导言中的考证(第4—7页)。本章所引《孟子》皆出此书。以下文中将仅于所引《孟子》之文后于括号内注明其篇名。

那样试图在《孟子》这一复杂文本上签下自己的谦卑之名时,我们对《孟子》的这一极为有限的重读亦将可以在这一诠释传统本身之中留下或添上一点新的痕迹。

阅读不是将自己强加于作品。阅读首先是尊重他者,是接受与承担我对他者的责任,是开始对他者并为他者——为作为作者的他者——负责。共同署名是共同负责。尊重他者,接受责任,我们就必须真正聆听他者,向自己提出作者曾经提出或可能提出的问题。因此,孟子的问题——如果我们在《孟子》这一文本中所确认的问题也会为孟子本人所认同的话——将引导我们的重读。

二、"求则得之,舍则失之:求在我者也"

让我们试从孟子对人性之善的著名断言开始:"人无有不善,水无有不下。"(《孟子·告子上》)我们知道,孔子很少谈论人性。整部《论语》中只有"性相近也,习相远也"一语涉及人之性,以至于子贡会慨叹:"夫子之言性与天道,不可得而闻也。"⑤但到了孟子这里,或到了他的时代,人性已经成为需要辩论的重要问题。孟子的弟子公都子与孟子讨论人性问题时列举了三种人性论:一、告子的"性无善无不善"之说;二、"性可以为善,可以为不善"之说;三、"有性善,有性不善"之说。⑥ 这些论点均已蕴涵下述假定或信念为前提:一、有所谓"人性"这样的东西;二、有某种公认的善恶概念,可供论者作为价值标准来衡量人性。就这样的假定或信念而言,告子的"性无善无不善"意味着,善恶并不内在地属于人性。因此,人性也不能以善恶来衡量。所谓仁、义等等被认为是善的东西对于人来说是外在的。让人变为仁义,就犹如

---

⑤ 见《论语·阳货》,与《论语·公冶长》。

⑥ 《孟子·告子上》:"公都子曰:'告子曰:"性无善无不善也。"'或曰:'性可以为善,可以为不善。是故文、武兴则民好善,幽、厉兴则民好暴。'或曰:'有性善,有性不善。是故以尧为君而有象,以瞽瞍为父而有舜,以纣为兄之子且以为君,而有微子启、王子比干。'"

将木材制成杯盘。⑦但是,如果人还是能被变为仁义(者),那么人就必然本来即有此可能。因此这一说法其实已经包含了第二种说法,即人可以成为善的,也可以成为不善的。这就是说,善与不善二者都是人的可能性:木材既可以制成杯盘(以服务于人),也可以制成弓箭(去杀伤人)。第三种说法则蕴涵着,人性虽是给定不变的,但却不是普遍相同的(这有违于孔子的"性相近"之说)。于是,人生而善即善,生而不善即不善。我们的阅读将试图表明,孟子的性善论与上述立场并非截然不同,而是与之——尤其是与第二种看法——有复杂的联系。

现在,针对上述人性论,孟子是这样解释自己的人性观点的:

> 乃若其情,则可以为善矣,乃所谓善也。若夫为不善,非才之罪也。恻隐之心,人皆有之;羞恶之心,人皆有之;恭敬之心,人皆有之;是非之心,人皆有之。恻隐之心,仁也;羞恶之心,义也;恭敬之心,礼也;是非之心,智也。仁义礼智,非由外铄我也,我固有之也。弗思耳矣。故曰:"求则得之,舍则失之。"或相倍蓰而无算者,不能尽其才者也。(《孟子·告子上》)

这一段话的论述脉络其实十分复杂,而且不无一定程度的意义暧昧。这一意义暧昧首先存在于"善"与"为善"这两个只有一字之差的表述之间:"乃若其情,则可以为善矣,乃所谓善也。"这就是说,无论人实际上如何,人之情——人之实(际)情(况),或人之所以为人——都是,他可以为善,亦即,他总是有去行善事并做善人这样的可能。⑧孟子即称此人之情——人的这一能去为善的实(际)情(况),或人的这一能去为善的可能性——本身为善:"乃所谓善也。"所以,这里的问题首先是,

---

⑦ 《孟子·告子上》:"告子曰:'性犹杞柳也。义犹桮棬也。以人性为仁义,犹以杞柳为桮棬。'"

⑧ 关于"人之情"——人之实情与人之感情——的问题,详见本书下章中的讨论。

人有否**为善**之可能,而非人性是否本身即**善**。孟子所肯定的则首先是,人作为人即从根本上有为善之可能。

　　置于这一原初语境之中,孟子的"人无有不善"就不应该被简单地理解为,没有人不善,而应该被——至少是首先被——阐述为,无论人实际上如何,人皆无不具有为善的可能。但有此为善之可能却还并不就等于人必定已然善,已然在通常的意义上善,或已然可以被称为善者。孟子当然知道,人尽管有此为善之可能,却仍有可能不去为善,或去为不善。但此"为不善"却不是"才"——人性本身之构成——的罪过。就其始终有此可能,始终可以为善而言,确实可以说人性本善。但这样肯定人性本善——人本来就有为善的可能性——并不就必然蕴涵着,人在实际意义上或在现实生活中亦"无有不善"。因此,孟子所说的人性之善首先乃是那使人可以为善之善,是使人的任何具体之善,或任何被特定的社会文化传统认可的善(行)成为可能之善。亦即,此善乃是使任何相对意义上的善成为可能的"绝对的善",如果我们真可以这么说的话。就此而言,此善——人之始终可以为善这一可能性——其实已经超越了相对意义上的、处于特定的社会文化传统之中的、处于与恶形成二元对立之中的善,因而已经不再能够在通常的意义上被叫做善了。

　　对于孟子来说,这一为善的可能性是由被相信为本来就内在于我的仁义礼智来证明和保证的:"仁义礼智,非由外铄我也,我固有之也。"但何为或何谓仁、义、礼、智?它们又何以本来即内在于我?孟子所言的仁义礼智当然有其特定的历史内容。根据这些特定内容,当时的社会就可以判断怎样的人及行为可被称为仁、义、礼、智。⑨ 但对于孟子来说,所谓仁义礼智首先体现为人所具有的恻隐、羞恶、恭敬、是非

---

　　⑨　例如,《孟子·梁惠王上》:"未有仁而遗其亲者也,未有义而后其君者也。"这是说,仁这一观念在当时包含着事亲尽孝这一观念,义则包含着事君尽忠这一观念。又如《孟子·公孙丑上》:"子贡曰:'学不厌,智也;教不倦,仁也。仁且智,夫子既圣矣。'"这是说,在当时一个人如果能学不厌即可称为智,如果能教不倦即可称为仁。

之心。孟子相信,人作为人即皆有或必有此"四心",而此四心或者已经就是仁义礼智本身,或者至少也已经是仁义礼智的开端。⑩ 仁义礼智则是社会和传统所认可的善。因此,正是我——每一个我,所有的我——所固有的四心,作为善端或善性,才内在地保证了我必然始终都有为善的可能,因为我所固有的为善的能力使我不必依赖我无力决定的外在条件就能为善。⑪

如果为善的可能性已经为人所固有,为什么还会有人不为善或为不善?孟子的回答是,不为善或为不善者是因为没有"思"没有"求",而并非其本质上就不能为善:"仁义礼智,非由外铄我也,我固有之也,弗思耳矣。故曰:'求则得之,舍则失之。'"我们已经看到,所谓"仁义礼智……我固有之",说的其实并不是我已经内在地拥有了现成的仁义礼智,而是我已经拥有使我的社会和传统所认可的仁义礼智得以发展和实现的可能性。因此,所谓"思"与"求"就是去思索和寻求我所固有的这些内在的可能性。然而,第一,如果我已经拥有使仁义礼智得以生发和实现的可能性,亦即,拥有孟子所谓善端或为善的可能性,为什么我还需要去寻求它们?第二,为什么有人会"弗思"和"不求"自己之善端?此种"思"与"求"是首先并最终取决于我自己的意志行为吗?亦即,我的这一寻求完全都是主动的吗?第三,如果"思—求"我自己之善端是必须的,是什么使这样的"思—求"本身成为可能?亦即,这一寻求本身的可能性在哪里?

让我们试先考虑第一个问题:为什么我还需要寻求据说已经内在于我的善端或为善的可能性?这一需要似乎意味着,尽管我已经内在

---

⑩ 《孟子·公孙丑上》:"无恻隐之心,非人也;无羞恶之心,非人也;无辞让之心,非人也;无是非之心,非人也。恻隐之心,仁之端也;羞恶之心,义之端也;辞让之心,礼之端也;是非之心,智之端也。"

⑪ 在孟子所谓人之"四心"中,占据首位的"恻隐之心"所代表的乃是人所固有的这样一种根本能力或可能性,亦即,人始终能被他者感动。而正因为能被感动,或能为他者的痛苦而痛苦,所以人有可能为善。本章主要集中于分析人如何找到和重新占有人的为善的可能性。下一章将集中于分析"恻隐之心"的根本意义。读者或可将此二章对观。

地拥有善端或为善的可能性,我却并没有原始地占有它们。然而,如果这些善端或为善的可能性确实为我所固有,那么它们就是从根本上构成我之为我者。因此,"我没有原始地占有我的善端"这一表述就意味着,我并没有原始地占有我自己。然而,这一"自己"却不是一个已经摆在那里的现成之物,因为这一"自己"还有待于寻找。这一有待于我去寻找的"自己",这一拥有内在的善端或善性的我,因而只能是我的可能性。如果我的善端或善性首先只是我的可能性,那么找到我的善端或善性也就意味着,实现我的这一可能性,或实现我之为我。因此,就孟子的性善论的内在思想脉络来看,也许可以"吊诡"地说:我已经是我自己;我还有待于成为我自己。或者,人之性本善;人还有待于成为善。照孟子的看法,这一"成为"或"实现"是通过一个在我自身之内的寻求过程而达到的。

这样,我们就发现孟子的人性思想其实蕴涵着一个复杂的双重结构。人之性之可以名为善是因为人有为善的可能性。但有此可能却不等于人必会去为善。因此,人首先还需要知道和找到自己的为善的可能性。这样,实现人的为善的可能性就有赖于人的另一可能性,找到和占有——亦即,实现——这一为善的可能性的可能性。在此意义上,后一可能性更为重要。孟子用"思"、"求"、"求放心"、"反"、"反求诸己"、"反身而诚"等等说法所指点的正是这样一种可能性。纯形式地说,这些表述的意义可以被归结为:我必须转向自己,或折向自身,以便能在我自己之内寻求我所固有的善端,或我的为善的可能性。对于孟子来说,这是一种只要我求就一定能得之求,因为这是寻求已然内在于我的东西:"求则得之,舍则失之,是求有益于得也,求在我者。"(《孟子·尽心上》)而我有这一"求"的可能是因为我必然能"思",或能"反身(而诚)"。

孟子的"反身"结构所描述的也许正是(用海德格尔的话说)人的特定的存在方式。我正是被这样构成的:为善虽然确是我的可能性,但是这一可能性始终都还有待于被实现。换言之,我的存在方式决定了,我只有占有或重新占有我已然所有者,才能是我自己,亦即,才能实现我自己。这一重新占有是通过反身活动实现的。这就是为什么反身而诚、求放心、思诚等等对于我之为我具有根本意义上的重要性的原因。没有这一将我自己折叠到自身之上的可能性,或这一自我折叠的可能性,我就只能完全作为"本性"不可改变的现成者而存在,一如犬或牛。因为犬性或牛性——或一般意义上的动物性——中没有这一自我折叠的可能性。⑫ 而没有这一可能性,我就不可能作为自己而去占有自己,实现自己。但是,这一自我折叠的结果却并不是自我封闭,从而让自己成为一个"万物皆备于我"的自足者,而是自我开放,亦即,让自己向他者开放。

就"反身而诚"乃是从根本上使人之为人者而言,所谓本性纯善的圣人就只是一个神话。孟子认为,有三种善者:"尧舜,性之也;汤武,身之也;五霸,假之也。"(《孟子·尽心上》)就是说,尧舜之善是天生本性使然,汤武之善是反身而诚、身体力行所致,而五霸之善却只是(假)借善而济欲。然而,尽管是借善济欲,却也可以弄假成真:"久假而不归,恶知其非有也?"(同上)这里的问题是,五霸与汤武似仍均有为善的可能,而尧舜却被剥夺了这一可能。因为,汤武能"反身"而占有自己的为善的可能性,五霸至少也能把善或长或短地借来使用一下(亦即,为了功利目的而为善),而尧舜却似乎只能听凭自己的善性来摆布。然而,如果善并不是身外现成之物,如果善始终需要有我去为,或去使之实现,亦即,善只是我自己的可能性,那么假借善也只能是在我自身之内假借,向我自己假借。因而,此处"真"与"假"或"有"与"借"的区别其实仅仅是"借而不还"与"借而还之"之间的区别。假而不归或借而不还即意味着占有。如果我借善而不还,我其实就占有了此善。因为,所谓假善或借善只能意味着,我虽在为善,但却不是有意为善,不

---

⑫ 这其实并非绝对如此。人与动物之间的界线并不像其在中西哲学传统中所理解的那样截然分明。但这一复杂问题超出了这里的篇幅,需要另外专题处理。读者可以参考德里达 *The Animal that Therefore I Am*(Ed. Marie-Luise Mallet, trans. David Wills. New York: Fordham University Press, 2008)一书中对这一重要哲学问题的讨论。德里达此书是对西方哲学文本中将人截然对立于动物这一逻各斯中心主义传统的细致解构。

是因为善而为善。我只是在假装为善而已。但虽然是在假装,我的善行之于他人却照样还是善行。而如果我一直就这样假装下去,那我也就是一直在占有和实现着我的为善的可能性。因此,人与自己的——亦即,与自己的可能性的——关系确实可以"占有"一词来描述。然而,依照孟子的论述的内在逻辑,如果低于圣人品格的人与自己的关系可以"占有"来描述,圣人本身却不然。他们就是原始的善。而"是"善即不可能"为"善。因此,他们必须生而即为尧舜,亦即,生而即为圣人。对于他们来说,一切都将是本然。但是"本然"却并不是人的存在方式。因此,理想的圣人其实乃是被剥除了"人性"的"人",是被剥夺了为善之可能性的"纯善"。但"纯善"——无须任何人为的善——却必然等于"纯不善"。

因此,如果孟子相信"人皆可以为尧舜"的话,那么下述似乎悖谬的说法也许是可以成立的:人皆可以为尧舜,而尧舜却不可以为尧舜,因此尧舜也不可以为人。因为尧舜的圣化同时也就是其非人化,是其人的可能性的被剥除。于是,圣人将与非人无别。因为这一"人的可能性"的根据恰恰在于,我能够反身思诚而占有我自己的可能性,我的为善的可能性。作为人,只要我主动地寻求,我就能求得(回)自己的善性。如果没有这一通过主动寻求而得回我的为善的可能性的可能,人就只能被动地是其"本来之性",假使此种存在方式对于人是可能的话。这样,我的给定之性让我是尧舜就只能是尧舜,是桀纣就只能是桀纣。⑬ 我将只是一被动地为我的给定的本性所决定者。这就是相信有所谓"性之"者,即相信有一切皆为其本性之自然流露者的题中应有之义。按照这一逻辑,如果人没有生而为尧舜,就根本不会再有成为尧舜的可能。相反,如果"人皆可以为尧舜",而尧舜也是人的话,那么尧舜就不可能是所谓"性之"的圣人。"人皆可以为尧舜"之"为"是

---

⑬ 这就是"有性善,有性不善"之说所蕴涵者。

"去成为"。⑭ "去成为"意味着可能性的被实现。"为尧舜"就是实现人之成为尧舜的可能性。人人都有这一根本的可能性,这应该就是孟子所谓"人性善"的根本意义。

因此,如果我们顺着孟子的性善论的理路往下走,那么本性纯善的圣人(例如尧舜)就只是神话,因为善始终需要有人来为。所以,如果我们可以将人所固有的为善的可能性视为人之性,并称此性为善,那么人人皆为本性"纯善"者,亦即,人人皆可为善。对于人来说,重要的不是本来就善,亦即,不是本来就已经在此或在彼具体之善中,而是**始终**可以去为善,**始终**能够去为善。这一意义上的为善意味着,能够为我本来所不能为者。⑮ 如果人没有这样一种可能性,如果人只能被动地为其本来能为者,人就只是被动的现成之物,就将与孟子心目中的动物无别,因而也就将无所谓善。孟子反复为人引用的名言是,"人之异于禽兽者几希。"(《孟子·离娄下》)但到底是什么决定着这一稀薄微妙的差异?决定这一差异的也许正是人作为人所固有的为善的可能性。而人的"反身"结构,或者,人的"反求诸己"的结构,则正是人可以求得自己的为善的可能性的一个条件。我能为善是因为我可以反身,可以反求诸己,可以思诚,可以在自己之内找到与占有自己的善性。

当然,如果这一结构就是人的特定的存在方式,或人性的结构,那么这一反身结构或自我折叠结构就同时也使理想的、浑无罅缝的尧舜式至善或纯善成为不可能。因为反身或自我折叠必然在我与(作为我的可能性的、内在于我的、我可以去使之实现的)善之间打开一条根本性的缝隙。我与善之间必然始终存在距离(这就是说,我与我的可能性之间必然始终存在距离),无论这一距离如何微小,如何隐而不显。

---

⑭ 《孟子·告子下》:"曹交问曰:'人皆可以为尧、舜,有诸?'孟子曰:'然。''交闻文王十尺,汤九尺,今交九尺四寸以长,食粟而已,如何则可?'曰:'奚有于是?**亦为之而已矣。**……子服尧之服,诵尧之言,行尧之行,是尧而已矣。"(黑体字为笔者所为。)

⑮ 在儒家传统中,人被认为能够"见危致命","杀身成仁"。但这些其实都超出了我本来所能为者。为了他者,我能超出我本来所能为者,而为我本来所不能为者。换言之,为了他者,我能超出自己。

而希求成为孟子笔下的尧舜,亦即希求成为至善或纯善,就意味着希求这一缝隙的完全闭合,这一距离的彻底消失。然而,这一缝隙的完全闭合或这一距离的彻底消失只能意味着那使为善的可能性得以可能者的终结,或"人性结构"的终结。因而:人的终结。终结是因为,当人不再能够或不再需去寻求和占有自己的为善的可能性时,当人可以完全只按给定的本性而存在——如果这对于人来说是可能的话——时,人也就与孟子所谓"禽兽"无别了。因为人所异于禽兽之处恰恰就在于,人不仅仅只是其本性,而且还可以反身而回向此本性,从而思此本性,求此本性,得此本性,占有此本性。这也就是说,人之异于其他动物之处就是人能求得、占有和实现自己的可能性,或能自始即作为自己的可能性而存在。这就是人的特定存在方式。如果这一存在方式是比任何特定的具体的善——任何人所能为之善——都更为根本者,那么人的本性就确实只是一先于任何能够被以具体方式(社会、文化、历史方式)规定之善的为善之可能性。而人之"能为善"意味着,人必然始终都与此"能"有距离。所以,至善非善,而善非至善。反身结构这一为善之可能性的条件使我永远不可能达到、成为或止于至善。因此,作为榜样或作为理想的尧舜乃是这一"人性结构"必然可能唤起却始终无法满足的欲望。

因此,孟子的性善论所坚持的人之善性必须被理解为超越相对意义上的善恶的人性,而这一人性只是一根本的可能性。只有这一可能性才使特定社会文化意义上的——包括孟子的、儒家的——善恶成为可能。就此而言,孟子坚持的性善论与告子的性无善无不善之说,或性可以为善可以为不善之说,或性有善有不善之说并非截然对立。就人之性超越二元对立中的善恶而言,可以接受上述第一种说法,即性无善无不善。但是此性已非犬性牛性意义上的人之动物性,而是人之所以异于禽兽的人性。这一意义上的"人性"包括两个基本点:第一、人之为善的可能性,亦即,人从根本上即有能被他者所感动的能力;第二、人之在自身之内求得和占有这一可能性的可能性。换言之,人虽必能为善,却仍然需要能让自己去**主动**为善。正因为如此,才必然会有"人

心性天人:重读孟子

（虽）无有不善"，却仍会有"以尧为君而有象，以瞽瞍为父而有舜"这样的现象（《孟子·告子上》）。这就是说，**可以为善之性同时也必然就是可以为不善之性**。没有这一为不善的可能，也就没有为善的可能。而当人由于种种原因而一味为不善时，他当然很容易就会被视为本性即不善者。

三、"尽其心者知其性也，知其性则知天矣"

如果我首先还必须去"思—求"我之内在的为善的可能，我就必须已然以某种方式知道，我确有此可能。我如何才能知道我确有为善的可能？如果为善是我的可能性，而此可能性就是我之性，我之作为人的人性，我又如何才能认识到此乃我之性？孟子的回答是"尽心"："尽其心者，知其性也。"（《孟子·尽心上》）为什么能尽自己之心的人就能知道自己之性？但首先，何谓尽心？《尚书·康诰》已有"尽心"之说："往尽乃心，无康好逸豫，乃其乂民。"《孟子》中的梁惠王也说自己对于国家是"尽心焉耳矣"（《孟子·梁惠王上》）。此所谓"尽心"是说他自己在治国上已经竭尽其心之所能。《说文》释"尽"为"器中空"。容器中的内容全部出空了就是"尽"。作为动词，"尽"则意味着，将容器中所有的内容都倒出来。因此，"尽心"这一表达蕴涵着这样一个意象：心是一个容器。照字面说，"尽心"就是将心里所可能容纳的东西全部倾出。这似乎意味着，我心里的东西已经是现成的。但在我将心里的内容倒出来之前，我其实并不知道我心里究竟有什么。因此，这一内容本身还只是某种可能。只有将其倒出来看看，我才能真正知道我的心里究竟有什么。而知道我的心里"有"什么，也就知道了我的心"是"什么。因此，尽心就能知心。而心之可尽表明，我的这一可尽之心本身也是我的可能性。而如果我的可尽之心乃是我的可能性，或我的可能性的一部分，而我的可能性就是我之性，那么此"知心"本身当然已经就是"知性"的一部分了。

以上只是形式地分析了"尽心"的意义。为了具体地理解孟子所言之"尽心",我们还须知道"心"本身的不同含义。孟子在不同然而相互关联的意义上使用"心"这个词。首先,孟子确定"心"的作用是"思",这一思的能力是我作为人所接受的赠予。⑯ 孟子认为,只要我思,我就能求得我所固有的内在的善性。但是,这一可以寻求内在善性的能思之心本身也可能对我自己蔽而不彰。此心有可能尚未开始思,或已经不再思,而未思或不思则不得。其次,我的内在的善性或为善的可能性本身也被孟子称为"心"。我有作为仁、义、礼、智之端的恻隐、羞恶、恭敬、是非之四心。此四心皆可求而得之,扩而充之,而此一求得与扩充则总是要我——每一个我,所有的我——以我的能思之心去求去扩。因此,尽管孟子并未如此明言,他的"尽心"其实包含着两个层次,所以这里我们所面对的是一个双层结构,或我们前面分析的那个自反性(反身)结构——以心求心:以我的**能思之心**去寻求、实现、扩充我的可以让我**为善之心**。

我如何才能开始让自己去尽心?只有当我的能思之心与为善之心呈现给我之时,我才有可能将其作为我的可能性而把握它们,实现它们。⑰ 例如,我只有在被将入于井之孺子打动并反思我的这一被打动之时,亦即,在我对此孺子的恻隐之心出现之时,才有可能认识、把握和实现此恻隐之心。但这意味着,为了能开始去"思—求"我的恻隐之心,这一恻隐之心必须已经被呈现给我了。于是,在这一双层的"尽心"结构中,问题首先是我的恻隐之心——让我们为了简洁而称其为"善心"——或为善之性的呈现。如果仅仅从纯粹之思——假使这是

---

⑯ 《孟子·告子上》:"心之官则思,思则得之,不思则不得也。此天之所与我者。"
⑰ "呈现"一词会让人联想到牟宗三所强调的他得自于熊十力的重要启发:良知是呈现。牟宗三说:"三十年前(案:当在 1932 或 1933 年),当吾在北大时,一日熊先生与冯友兰氏谈,冯氏谓王阳明所讲的良知是一个假设,熊先生听之,即大为惊讶说:'良知是呈现,你怎么说是假设!'吾当时在旁静听,……大为震动,耳目一新。吾当时虽不甚了了,然'良知是呈现'之义,则总牢记在心,从未忘也。今乃知其必然。"(牟宗三:《心体与性体》,上海:上海古籍出版社,1999 年,第 153 页。此事亦记载于牟宗三《五十自述》,《牟宗三先生全集》第 32 卷,台北:联经出版社,2003 年,第 78—79 页。)因此,我们此处有一个与此观念的潜在对话。我们与牟宗三的不同之处在于,我们关心的是,是什么或谁使恻隐之心或良知的呈现成为可能。

可能的话——开始,我不一定就能"思则得之",因为我的善心或为善的可能性也许尚未作为可能性呈现给我。所以,第一层次的思求之心并不是我之尽心的起点。为了尽我能思之心而认识和把握我的恻隐、羞恶、辞让、是非之心,此四心必然已经以某种方式被呈现给我了。而恻隐、羞恶、辞让、是非之心向我呈现之时也必然就是我在以某种方式尽此四心之时,即使此刻我对此尽心尚无明确意识。因为,它们在我之内的出现或到来必然是我感到自己非常需要它们之时。[18] 所以,在以我的能思之心明确地反求我的恻隐、羞恶、辞让、是非之心之前,我可能已经就在以某种方式尽此四心了。我只有在无论如何有限地、无论如何微不足道地尽我的恻隐、辞让、羞恶、是非之心时,才有可能反过身来或回过头来认识到它们是我的真正可能性。这也就是说,尽心的起点是我在社会伦理关系之中的实践。只有在具体的人我关系中,亦即,只有在无论如何有限地、无论如何微不足道地实现我的善心或为善之性的活动时,我才有可能认识到它们乃是我的真实可能性。只有这样,我的能思之心才有可能去求得我的为善之心或为善之性。因此,不仅"尽心"就能"知性",而且"尽心"已经就是"尽性",亦即,已经就是实现自己的为善的可能性的活动。[19] 人之性始终只是人自己的可能性,而人只有在实现这些可能性的时候才真正认识自己。

我们的问题现在就集中于,我的恻隐、辞让、羞恶、是非之心——我的为善的可能性——如何才会呈现?因为"呈现"这一表述本身就蕴涵着或预设了尚未呈现或不再呈现。所以,说"呈现"就意味着,它们并非一直都在我面前。问"如何才会呈现"因而也就是问,是什么——

---

[18] 齐宣王在下令用羊来代替他不忍见其受罪的衅钟之牛时,就是他的不忍之心或恻隐之心出现之时,同时也就是他在以某种方式尽自己的不忍之心或恻隐之心之时。但他此时对自己之此心究竟为何尚无明确意识:"王说〔悦〕。曰:'诗云:"他人有心,予忖度之。"夫子之谓也。夫我乃行之,反而求之,不得吾心。夫子言之,于我心有戚戚焉。此心之所以合于王者,何也?'"(《孟子·梁惠王上》)

[19] 《中庸》第二十二章:"唯天下至诚,为能尽其性;能尽其性,则能尽人之性;能尽人之性,则能尽物之性;能尽物之性,则可以赞天地之化育;可以赞天地之化育,则可以与天地参矣。"关于"尽性",参见拙著《天命:之谓性!——片读〈中庸〉》中的有关分析。

或谁,如果不是我自己的话——将我的可能性展示给我,或将我置于我的可能性之上?但现在还是让我们先来完成对孟子的"尽心则知性知天"之说的初步讨论,然后再来处理这一问题。

如果我们已经明确了"尽心"与"知性"的关系,那现在就还须接着讨论"知其性,则知天矣"(《孟子·尽心上》)的意义。这一表述中的"则"字使"知性"成为"知天"的条件。但"知性"何以即能"知天"?在中国传统中,"天"这一观念的多义性使这一表述可以有不同的解释。一个可能的解释是,性乃是我受自于天者,所以知我之性也就可以知天。这意味着,人可以根据其所接受的赠予——如果人之性可以被视为天之所赠的话——来认识赠予者。但这只是一种间接的认识,有些像是我根据自己所收到的一件匿名的独特礼物来推想那不曾露面的赠送者。另一个可能的解释是,人之性是天的一部分,因此知性就可以知天。这样的认识是提喻性(metonymic)的或由一隅而知全体的认识。第三种可能的解释是,人之性与天具有某种同一性,亦即,它们在某种意义上是同一物。在这样的情况下,对我之性的认识也必然就是对天的认识。当然,这要求我们必须解释性与天如何才是同一的。在有保留地接受第一种解释的情况下,让我们试沿第三种解释的方向来理解孟子的这一"知性则知天"的思想。[20]

说性与天同一就等于说,"性就是天"。但这"就是"又意味着什么呢?性如何是天?说性就是天并不是要把性崇高化或神秘化。如果就其基本字面意义来理解,"天"意味着高高在"人"之上者。高高在人之上者是超越于人者。无论怎样分析汉语中"天"的含义,这一"高高在上"之义总是隐约可见。如果我之性在某种意义上就是天,那么我之性就不仅是在我之内者,而且也是高高在我之上者,亦即,是超越于我者。换言之,"性就是天"意味着,性是内在于人的超越性,是使人能超

---

[20] 我们知道,在中国传统中,"天"有多种含义(例如,冯友兰就区分出五种)。由于篇幅限制,本章不拟分析不同意义上的"天"在《孟子》这一复杂的、多音多义的文本之中的关系。因此,此处所讨论的"天"与下文所讨论的道德意义上或伦理意义上的"天"暂时当分别视之。

越自己者。说性是内在于人的超越性，是因为人之性——人的天生之性，或人获之于天之性——只是人的可能性，而这一可能性的应有之义就是在实现自身之中超越自身。因此，"超越"一词在此并不具有神学色彩。我们以下将试图表明，超越乃是向着他人的超越，超越是超越自己而走向他人。

由此而论，知性则知天可以是一个非常深刻而且重要的思想：天可以通过我对性的认识而被认识，天只能通过我对性的认识而被认识，因为我之性就是天。而我之性就是天在此只意味着，我之性——我之作为人的人性——就是一能够使我超出自身或超越自己的可能性。这既非自大地将人提升为天，将人的有限性直接提升为超越性，亦非傲慢地将天贬低为人，以人的有限性否定超越性。相反，这乃是承认，没有纯粹而绝对的超越性，亦没有纯粹而绝对的有限性。天不离人，人不离天。这是对"人"中之"天"的真正敬畏，是对人这样一种有限存在之中的无限性的真正敬畏。而这一敬畏恰恰表现在我的尽心尽性的努力之中。去尽心尽性就是去尊重内在于我的作为可能性的超越性，或作为超越性的可能性。天就在这样的意义上既内在于我又超越于我。因此，努力保存我自己的可尽之心，尽量培养我自己的可超越之性，就已经是在为天服务了："存其心，养其性，所以事天也。"只有这样，人才真正地尊重了天，那既内在于人又超越于人的天。而这样的尊重同时也就是对人自身——对人之性，或对人之为人——的尊重。这样的敬天事天因此并不需要任何外在的宗教性仪式，因为天在这里不是一个有意志的独立存在，亦即，并不是一神论宗教意义上的上帝。天也并不是在与"文化"概念的对立中被理解的"自然"。相反，人之以存心养性而事天乃是承认、尊重和培养自身之内的超越性，亦即，是根据人所应是者而将人自身提升到自身之上。

天既内在于我又超越我。这一"既……又"表明，我的存在本质上乃是一种自足的不自足。这种"自足的不自足"是人的存在方式。我是自足的，因为我已经以可能性的方式具备了一切：这也许可以说是对孟子著名的"万物皆备于我"之说的一个可能解释。有人或许会说，人作为有限的存在不可能拥有一切。但这一质疑没有考虑我们这里试图分析的孟子的论述脉络。如果天确实已然内在于我,如果我确有可能通过尽心知性而知天,通过存心养性而事天,那我就已经在可能性的意义上拥有一切了。在这一意义上,我确实是自足的。从神学或人类学角度来批评孟子这一思想是断章取义而不中肯理的。但是,从哲学或伦理学角度来肯定这一思想为确立与坚持人的道德主体性或道德自律性也有失鹄的。还原到孟子的思想脉络之中,联系尽心知性知天来读"万物皆备于我",这一名言表达的应该是我的作为可能性的自足性。应该具备的我都已经具备了,因为从可能性方面说我已经不再欠缺什么,已经不须再到我自己之外去寻求什么了。就此而言,我是自足的。然而,这一自足性还只是可能性。这一自足的我还仅仅只是一个可能的我。我还有待于实现我自己,亦即,实现我自己的可能性。因此,我的自足本质上又是不自足的。所以,已经"万物皆备"的我还必须去反身而求诚,强恕以求仁:"万物皆备于我矣。反身而诚,乐莫大焉。强恕而行,求仁莫近焉。"(《孟子·尽心上》)如果万物真是在实在的、现成的意义上"皆备于我",那么我就是一个拥有和支配一切的绝对主体,也就没有必要再去反身而求,强恕而行了。

"反身而诚"的必要,求仁的必要,表明了万物既备于我又尚未备于我,或表明了我既自足又不自足。因此我们才用"自足的不自足"这一悖谬性表述来描述这样一种属于人的存在方式:虽然我已经"自足地"拥有一切善端或为善的可能性,但我还需要去求得它们;我有知天事天的可能,但为此我尚须让自己去尽心知性。至此为止,追随孟子的论述脉络,我们已将人的为善的可能性,人的尽心尽性知天事天的可能性理解为人的基本存在方式,亦即,理解为人性的基本结构。如果这一点可以成立,那么我们就确实可以与孟子一道肯定,"人无有不善,水无有不下"。而这现在明确地意味着,人始终**有可能**为善,正如水始终**有可能**向下流。

但为了实现我的为善的可能性,我首先还必须知道我确实有此可能性。孟子相信,只要我去思与求,我就能找到、占有、发展、实现我的善端或为善的可能性。我只要尽心即可知性,而知性实乃尽性。知性、尽性则即可知天、事天。然而问题在于,尽管人内在地拥有善端或为善的可能性,却总是会有人没有认识到自己的这一可能性,没有去思求其善端善性,或没有去尽其心为善。面对这样的情况,孟子只是叹惜人缺乏自发的为善意愿:"仁,人心也;义,人路也。舍其路而弗由,放其心而不知求,哀哉!"(《孟子·告子上》)孟子在此似乎无可奈何:如果人本有为善之可能性,但却不求为善,那又还有什么办法呢?然而,这恰恰是某种唯"心"论的问题。此一唯"心"论到心为止,因此不能解释有心而不尽的现象,而只能将之付诸哀叹并视为非常。我们的阅读将试图表明,在孟子这里,即使人的能思能求——能找到和获得自己之为善的可能性——的本心也并不是绝对的起点,因为这一本心其实以他人为起点。我们将试图表明,是他人首先将我推到我的为善的可能性之上,他人即因此而将我构成为一为善求仁之我。因此,是他人首先给我一个成为"自己"的机会,也是他人推动我超越我自己。而这一超越将是向着他人的超越。超越我自己也就是实现我的为善的可能性,或实现——为了预示下文的分析,让我们说——以"我而为他(人)"的可能性。

四、"今人乍见孺子将入于井,皆有怵惕恻隐之心"

我们分析孟子的性善论时提出了三个问题。第一,如果我已经拥有使仁义礼智得以生发和实现的可能性,亦即,拥有孟子所谓善端或为善的可能性,为什么我还需要去寻求它们?第二,为什么有人会"弗思"和"不求"自己之善端?此种"思"与"求"是首先并最终取决于我自己的意志行为吗?亦即,我的这一寻求完全都是主动的吗?第三,如果"思—求"我自己之善端是必须的,是什么使这样的"思—求"本身成为可能?亦即,这一寻求本身的可能性在哪里?

我们已经初步讨论了第一个问题:寻求的需要表明我并未原始地占有我的为善的可能性,而这意味着,我从根本上说其实就只是我的可能性。我的可能性则始终都有待于我去实现。在孟子这里,认识与实现我之性——我之为善的可能性——的途径是去尽我之心。尽我之心则包含两个层次:尽我的能思之心与尽我的恻隐、羞恶、辞让、是非之心。如此去尽心必然已经就是在尽性。然而,究竟是谁或什么推动我去尽心尽性?是我自己,还是其他力量?提出这一问题是因为,孟子当然知道,虽然人皆有善端或为善的可能性,但却总有人不去思索和寻求它们。㉑ 当然,为了能够去"思—求"我的善端,那体现为我的恻隐、羞恶、辞让、是非之心的善端,或我的为善的可能性,它们也必须要能以某种方式被呈现给我。所以,才有我们那个提出和保留在上一节的问题:我的恻隐、辞让、羞恶、是非之心——我的为善的可能性——如何才会呈现?

让我们就先从这个问题开始。孟子相信人皆有内在的善端或为善之心,但是此心处在"求则得之,舍则失之"的状态之中。这一表述意味着,这一寻求的成功保证只是"去求":只要我去求,就一定能得到。就此而言,孟子似乎将这一寻求的成功保证完全置于我自身之上。这就是为什么孟子对"弗求"、"弗思"者只能发出无可奈何的叹息的一个原因。然而,如果这一寻求无论有如何必然的"主观"保证,亦即来自我自身的保证,也仍然是一种寻求,那我们当然就必须问,这一寻找的"客观"可能性是什么?因为任何一种寻求都不仅有赖于寻求者,而且也结构性地依赖于寻求的对象。从这一方面说,如果寻找欲成功,它就必须事先已经知道它所要找的东西。而为了能知道所要找的东西,这一东西就必然能以某种方式被显示给我的寻找了。

让我们以"四心"之中最重要的恻隐之心为例。为了找到与占有

㉑　孟子将此主要归之于外在环境的影响:"富岁子弟多赖,凶岁子弟多暴。非天之降才尔殊也,其所以陷溺其心者然也。今夫麰麦,播种而耰之,其地同,树之时又同,浡然而生,至于日至之时,皆熟矣。虽有不同,则地有肥硗、雨露之养、人事之不齐也。故凡同类者,举相似也,何独至于人而疑之?圣人与我同类者。"(《孟子·告子上》)"牛山之木尝美矣。以其郊于大国也,斧斤伐之,可以为美乎?……虽存乎人者,岂无仁义之心哉?其所以放其良心者,亦犹斧斤之于木也。旦旦而伐之,可以为美乎?"(《孟子·告子上》)

我的恻隐之心,这一恻隐之心必须能够作为我可能找到的东西显示给我。按照孟子的看法,恻隐之心当然是我所固有的,内在于我的。但是,得不到或者失去这一恻隐之心总是一个可能。而这意味着:恻隐之心并非始终都会向我呈现。那么,恻隐之心如何才可能向我呈现?为此,我们首先必须分析一下恻隐之心本身。

什么是恻隐之心?孟子有时也称"恻隐之心"为"不忍人之心"。为了阐明所谓不忍人之心或恻隐之心,孟子举了一个也许不无虚构成分的例子:

> 所以谓人皆有不忍人之心者,今人乍见孺子将入于井,皆有怵惕恻隐之心:非所以内交于孺子之父母也,非所以要誉于乡党朋友也,非恶其声而然也。由是观之,无恻隐之心,非人也。(《孟子·公孙丑上》)

孟子相信,对于人来说,恻隐之心的必然性构成人之为人。而这样的恻隐之心就是仁的开始:"恻隐之心,仁之端也。"(《孟子·公孙丑上》)有时,孟子也将此心直接等同于仁本身:"恻隐之心,仁也。"(《孟子·告子上》)

这里,恻隐之心起于我之所见:一个孩子正面临生命危险。这一情况立即激起我的惊骇与同情。我的惊骇与同情则可能导致我向孩子伸出援救之手。但是我此时此地的心理与行为既非为功利目的所驱使(结交其父母或博取名声),亦非由生理原因所决定(不喜欢孩子的叫喊)。只要我见到这样的情况,我就会因为心被触动而采取行动。孟子即由此而断言恻隐之心是人的本性:"无恻隐之心,非人也。"人有这样的恻隐之心等四心就像有身体四肢一样必然:"人之有是四端也,犹其有四体也。"而我所应该做的就只是在自己之内去找到它们,了解它们,保存它们,扩充它们:"苟能充之,足以保四海;苟不充之,不足以事父母。"(《孟子·公孙丑上》)

然而(一个非常关键的"然而"!),这一内在于我的恻隐之心的呈现却有待于某一他人的到来：是出现在我面前的身处险境的孺子唤起——但此"唤起"同时也是"构成"——了我的恻隐之心。因此，在孟子这里，以孺子将入于井为例来阐明恻隐之心蕴涵着孟子自己也许并未意识到的重要性和必然性：我的恻隐之心并非仅仅由他者所唤起；我的恻隐之心也需要他者来构成。如果对于他人的恻隐是我的可能性，那么，正是这一软弱无助的孺子将我推到这一可能性面前，或将我置于这一可能性之上，从而使我第一次明确意识到我的这一为善的可能性。而如果我向孩子伸出援救之手，我就占有并实现了这一可能性。这就是说，没有这一身临险境而软弱无助的他者在我面前的出现，我的恻隐之心就仍然可能对我隐而不显。而此"隐而不显"此处则只能意味着：尚未真正形成，尚未进入存在。因此，单纯断言人皆有恻隐之心，在理论上是不充分的。如果恻隐之心总是**对于他者的恻隐之心**，那么**恻隐之心的呈现——或形成——与他者的到来必然是同时的**。恻隐之心需要有他者来作为其必要的构成部分。这就是说，没他者就不可能有我的恻隐之心。因为恻隐之心意义上的心始终都是能感之心，而能感此心者则必然始终都是他者。因此，对于这样的能感之心来说，能使其感而动之的他者是结构性的必要。而且在这里，心之感并不是对他者的"无动于衷"的纯粹知觉。中国文化传统的一个基本认识是，心感物而动。这就是说，知觉必然始终伴随着特定的情感。情感与知觉因此不是彼此从属，而是同源共生的。心之知必然有心之情相伴。可能正是部分上基于这一认识，中国传统中才没有独立而纯粹的认识论问题。心——能"感而动之"之心——始终都作为特定的心或特定的情感而存在，是以孟子才谈论恻隐之心、羞恶之心、恭敬之心等等。

如果是他者首先唤起/构成我的恻隐之心，并将这一恻隐之心呈现给我，那么也是他者将我折叠到我自身之上：是他者使我反身而内求。孟子说：

　　爱人不亲，反其仁；治人不治，反其智；礼人不答，反其敬。行

> 有不得者皆反求诸己。其身正而天下归之。诗云:"永言配命,自求多福。"(《孟子·离娄上》)

又说:

> 若有人待我以横逆,君子必自反也。(《孟子·离娄下》)

这里,"反求诸己"发生在"行有不得"之后,"自反"发生在遭遇他人的粗暴蛮横之后。如果我能在他者面前畅行无阻,为所欲为,我就不会亦不必自反。因此,正是他人将我折反到我自己之上,从而使我有可能反于自身而求之于己。当然,反求诸己似乎确实是要去寻求我自己内在的可能性,但是这一回到自己或回到自身之上的可能却首先来自他人,来自我与他人的遭遇。我之回到我自身的可能性之上是回到我的为善的可能性或伦理的可能性之上,而为善则是将我自己给予他人。因此,我的此种可能性的实现即是我对自己的超越。没有他人,我也许就会一直待在我自己的某种有限的自足之中。推动我超越自己的这种不自足的自足状态的是他人。

因此,是外在的他者才使我有可能发现并面对我自己的内在的善端,是他者的到来或我与他者的遭遇才使我内在的寻找成为可能。换言之,是他者提供了一个让我发现、占有、实现我的"内在"的(为善)可能性的机会。这也就是说,是他者让我有机会成为善,成为我。因此,他人先于我。在有"我"以前已经有"他/她"。

如果我的(对自己的)寻找始终都是在与他人的遭遇中开始的,那么这一寻找不可能只采取抽象的理论形式,亦即纯粹的观照方式;也不可能采取完全的内省方式,因为我的恻隐之心并非纯然内在于我。② 相反,我的恻隐之心结构性地依赖于他者作为一个必要成分。孟子所

---

② 我们这里指的是作为 theory(theoria)的现代汉语翻译的"理论"一词,其词源意义是观照。

谓的"我固有之"的"内"——我的内在的善心善端善性——必然已经蕴涵这一构成性的"外"。没有这一不可压缩之"外",也就不可能有那些"我固有之"的"内"。而这就意味着,在某种意义上,"内"者不内,"外"者不外。因此,为了在我自己之内找到我的恻隐之心,我必然亦必须首先面对一个不可被压缩为"内"的根本性的"外",亦即社会关系伦理关系中的他人。我必须亲身"履—践"这一关系。因此这一寻求首先是"实践"。这就是为什么原始儒家非常强调"践"与"履"的重要性的原因之一。只有在他人面前,只有在社会或伦理关系之中,我才有可能去面对自己,从而才有可能有机会发现我自己的内在的恻隐、羞恶、恭敬、是非之心。

然而,说他者给我一个为善与成为我自己的机会并不意味着他者是我的主宰,而我只是被动的、由他人支配的仆从或奴隶。他人给我机会同时也是我给他人机会,亦即,给他人一个去是他的机会(所谓自律与他律的问题可以从这一角度重新加以审视)。为了讨论这一问题,我们应该回到孟子的孺子之例上去。选择孺子将入于井为例来阐明我(对他者)的恻隐之心还蕴涵着,我与他者的关系是非对称的。他者在这里是弱者,是小者,是饥者,是贫者。他者因而总是作为对我有所"要—求"者出现在我面前的:他者(需)要我,他者(请)求我。然而,作为弱小者的他者对我的需要与请求具有一种独特的存在方式:一方面,这一要求立即将责任放置在我身上,从而使我受到约束;但是,另一方面,这一要求对于我却又没有任何实质性的强迫力量。无论面对弱小的还是强大的他者的要求,我都仍然还有拒绝的自由。然而,这一拒绝却必然意味着:既拒绝给我自己一个机会,也拒绝给他者一个机会。因此,他者虽然并不能强迫我,但向我走来的他者却不仅在要求着他/她自己的机会,而且也在给我一个成为我自己的机会,一个实现我自己的可能性的机会。因而:一个超越我自己的机会。

然而,他者也并不因为其弱小饥贫的地位或处境而成为低于我者。相反,他者在我之上。他者在我之上是因为,他者超越我,因而要求我的真正的尊敬。他者的这样一种独特的身份在孟子的另一段论述中得到了充分表现：

> 一箪食,一豆羹,得之则生,弗得则死。嘑尔而与之,行道之人弗受;蹴尔而与之,乞人不屑也。(《孟子·告子上》)

孟子这里所说的可能隐指《礼记·檀弓》中的"嗟来之食"故事。㉓ 这个故事表明,在他者必然超越我这一意义上,我与他者其实并不平等。"他者超越我"的意思是,我的势力权力暴力本质上不可能及于他者。的确,从"事实"上看,他者此刻是作为饥者出现在我面前的,他者确实亟待我的周济,他者的生命此刻甚至就攥在我的手中。然而,我却并不因为这种情况而能够对他为所欲为。尽管他者此刻事实上饥渴不堪,极其有求于我,尽管得不到我的周济他就有可能死,他者所"要—求"于我的首先却是我对他之为他的承认与尊敬。我此刻虽然掌握着能让他者活下去的东西,但是我却不可能因此而能够将他置于我的支配之下。因为,面对我给予的嗟来之食,他者仍然能坚决地说"不",尽管这一拒绝可能意味着生命的代价。这就是说,他者拥有我本质上无法支配的自由,而这一自由并不因为我实际上控制了他者的生命或掌握了他者的生存资源而转移或消失。他者永远在我之外,而在我之外的他者必然超出我,超越我。

他者不仅在其外在于我这一意义上超越我,而且更是在其使我超越自己这一意义上超越我。超越自己乃是实现自己的为善的可能性,或伦理的可能性。因此,这一超越始终是向着他人的超越。是他者给了我一个机会,让我有可能了解与实现我的作为超越性的可能性。因此,从"远处"向我走过来的他者其实也是从"高处"向我走下来,从而将我置于责任之下。下面我们将试图说明,他者所从来的"高处"与中

㉓ 《礼记·檀弓上》:"齐大饥,黔敖为食于路以待饿者而食之。有饿者蒙袂辑屦,贸贸然来。黔敖左奉食,右执饮,曰:'嗟!来食。'扬其目而视之,曰:'予唯不食嗟来之食,以至于斯也。'从而谢焉;终不食而死。"

国传统中的天——道德或伦理意义上的天——密不可分。如果在孟子思想中有所谓天听天视,天命天意,那么它们也是通过他者呈现给我的。

五、"学问之道无他,求其放心而已矣"

以上是在试图回答我们的第三个问题:如果"思—求"我自己之善端是必须的,是什么使这样的"思—求"本身成为可能？亦即,这一寻求本身的可能性在哪里？我们说,这一可能性本身在于他者之到来,在于我与他者之遭遇,在于我之为善的可能性在此遭遇之时的呈现。这同时也部分地构成了对我们第二个问题——对于我之善端的"思"与"求"是首先并最终取决于我自己的意志行为吗？——的回答。我们说,首先是他者让我有自反的机会,首先是他者推动我反之于身而求之于内。这也就是说,我对于自己的善端或为善的可能性的思求并不完全都是主动的。然而,这一回答是不完全的。因为,如前所述,尽管他者为我提供了这样的机会,但他者并不能在任何实质性的意义上强迫我。我仍然是自主的。但是我的自主表现为我自己主动努力去抓住那些已然闪现但却仍然可能稍纵即逝的善端:我的已经被呈现给我的恻隐、羞恶、恭敬、是非之心。在孟子看来,所谓"学—问"就是去找回并抓住自己的这些放失或走丢了的心,而不是去积累关于世界的客观知识:"学问之道无他,求其放心而已矣。"(《孟子·告子上》)如果学问——学与问,一种主动将自己向他者开放,让自己从他者那里接受方向、指导、教诲的活动——意味着去寻求和找回自己的"放心",那么,"放心"之求得又意味着什么？

让我们仍以四心中最重要的恻隐之心为例来继续我们的讨论。他者(孺子)唤起了我的恻隐之心,我的恻隐之心始终是对于他者的恻隐之心。这一恻隐之心应该被区别于本能的或天然的同情。因为,从根本上说,是他者要求我的恻隐之心。是将入于井之孺子首先无言地把我推到我对他者的无可回避的责任之上。然而,尽管本质上无可回避,或者说,尽管我就只因为无意之中遭遇了一个将入于井之孺子却已然有了一个不能见死不救之责,我还是有可能见死不救。这就是说,我仍然可以让自己转身而去,不顾他人死活。而这样的"决定"当然是——从某种意义上说——主动的。只有当我对他者的恻隐之心具体化为我的援救之手时,我才真正肯定了我有对他人的恻隐之心。而这也就是说,我才真正肯定和承担了我对于他者的责任。因此,我之自觉的善行或为善之举乃是对于我对他者之无可回避的责任的主动肯定和重新肯定。

此责任之从根本上即无可回避是因为,首先是他人生——不止一个意义上的"生"——我,因而我与他人的无从切断的关系——伦理关系——从根本上构成着我的存在。而这就意味着,我只要活着,就始终已然是对他者负有责任者。在后世经常沦为教条的那些儒家传统价值——孝悌仁义忠信——的结构性基础即是这一我对他人的本质上即无可推卸的责任。但是,尽管我必然已经处身于这一责任之中,这一责任却仍然有可能对我蔽而不彰。因此,我才有主动去"学"与"问"的必要。但此"学"此"问"不是积累有用的信息,而是接受他人的教诲:是他人把我的"善端"揭示给我,是他人把我的"本心"指点给我。[29] 这样,求我自己之"放心"就有赖于向他人"学(与)问"。而"放心"之求得就意味着我自觉地找回我对他人的"责任感",意味着我明确地肯定我对他人的本质上无可推卸的责任**为我的责任**。

正是这一肯定将我变为自觉的伦理主体。但这一主体乃是一为"他"负责之"我",一以他为"主"之"体"。在这一肯定中,自律与他律之间的界线因而变得无法维持。这里自律已然是他律,因为我实际上不可能从我自己之内形成这一责任,而只能对这一从外面而来的责任给予肯定。但是,这里他律也是自律,因为毕竟是我自己在主动承担这

---

[29] "本心"是见之于《孟子·告子上》的说法。其具体语境是孟子那段著名的关于人可以"舍生而取义"的话。孟子认为,人皆应能在生——人之最大的利——与义之间做出正确的选择。如果人在一度坚持义的原则之后却为了利而放弃义,那就叫做"失其本心"。

一责任,毕竟是我自己在对他人说,"是,这是我的责任"。这蕴涵着,我仍然可以对这一责任说"不",但是这一"不"却必然已经蕴涵着一更为原始的"是",因为我的针对他人的"不"本身已经肯定了我需要对他人说点什么的责任,亦即,已经是对于他人之在的承认与肯定,是对于此种承认与肯定之中所包含的我对他人的应承或责任的承认与肯定。在我之前——一个多义的"前","以前"、"面前"和"前面"之"前"——已然有他。我对于我的伦理责任的任何否定都必然已经会以我对这一责任的肯定为前提。

这样,我的伦理责任就并不应该只被理解为一种我如果愿意并且有足够的意志力量就可以拒绝的"后天"负担。我并不是"先天"地生为独立的自我或主体,尔后又偶然地受到某种特定社会文化规定的束缚。原始及后世儒家思想强调的个人的伦理责任的必然性(在这一思想中,这一必然性经常被解释为"天理",但在对它的现代批判中又经常被理解为仅仅是属于特定社会文化结构的、没有任何普遍性的教条)应该这样来理解:这一本质上无可逃避的责任先于我而构成我的存在。这一"无可逃避"并不意味着我就完全不可能对之说"不"。但是却意味着,即使我在说"不"的时候,这个"不"也仍然蕴涵着一个更为原始的"是"。这一"是"所肯定的并不是我发现自己置身其中的任何特定的伦理责任,而是任何特定的伦理责任皆必然蕴涵的构成伦理责任之为伦理责任者:他者。那在不止一个意义上生我的他者也必然先于我。而孟子继承和发展的儒家伦理即明确地肯定并且深刻地尊重这一"先于"。因此,孟子可以言近而旨远地说:"徐行后长者谓之弟〔悌〕,疾行先长者谓之不弟。"(《孟子·告子下》:12/2)我当然总有可能"不悌"。然而,在我能把作为长者的他人不管不顾地甩在我的身后之前,我首先总是只能出现在他的身后。这就是说,不悌已然蕴涵着一个根本性的悌。在我可能对先我而在的他者说任何"不"之前,我必然已经对之说了"是"。这就是我对他人的最原始的"唯唯诺诺"。任何

"否否"均已蕴涵着这一原始的"唯唯"。㉕

如果以上的分析能够成立,那我们现在就能肯定,无论我在自己的意识之中是否明确,我实际上总是已经置身于伦理责任之中了。就我是这些伦理责任的承担者而言,亦即,就我之应对和能对他人(父母、兄弟、子女、君臣、夫妇、友朋)负责而言,我确实总是伦理关系之中的主体,或伦理的主体,尽管我之为他人负责经常表现为某种形式的服从。㉖ 其实,根本意义上的服从正是我他关系的本质,亦即,是真正的(对他人)负责的本质。对他者的真正服从正是对他者之为他者的根本尊重。否则,我就必然会化他为我,化异为同。当然,作为对他者之尊重的真正服从应该区别于两种不同形式的盲目服从。第一种盲从是非自觉的盲从,第二种是自觉的盲从。后者是助纣为虐,前者是为虎作伥。而真正的、负责的服从并不排除必要的违抗。透过孟子对人性之善的论述在表面上的某种单薄,孟子要求我在自己之内寻求、发现、保存、扩充的其实也许正是我对自己对于他者的责任的明确肯定与承诺。原始的"是"需要我再以"是"来加以肯定。只有通过这样的(再)肯定与(再)承诺,我才真正开始主动负起我其实自始已经置身其中、自始已经对之说"是"的伦理责任。

而正是我的无可推卸的伦理责任才构成我的"善端"。就它们是**我的**责任而言,确实可以在特定的、有限制的意义上说它们内在于我。因此,孟子确实可以说仁义礼智"我固有之",因为这些所谓善端在孟子那里其实均可归结为我对他者的伦理责任本身以及我对这些责任的肯定:

㉕ 司马迁在《太史公自序》中说"唯唯,否否,不然"。这一看似模棱两可的表达其实也许并不仅仅是客套或修辞策略,也不单纯是辩证性的"将欲取之(否定之),必先与之(肯定之)"。这一表达其实非常深刻地表现了我们这里所说的原始肯定。我对他者必须先说"唯唯"才能再说"否否"。任何这样的否定都蕴涵着这一原始的肯定。

㉖ 例如,《论语·里仁》中记载的孔子所说的事父母的方法,就是这样的"负责的服从":"事父母几谏,见志不从,又敬不违,劳而不怨。"

> 仁之实,事亲是也;义之实,从兄是也;智之实,知斯二者弗去是也;礼之实,节文斯二者是也。(《孟子·离娄上》)

我的伦理责任从侍奉父母顺从兄长开始,是为"仁义"的本质。而"礼智"的本质则是我对这一责任的理解、肯定、坚持与赋予形式。

这里,我们可以顺便分析一下孟子的"良能良知"说。孟子说:

> 人之所不学而能者,其良能也;所不虑而知者,其良知也。孩提之童,无不知爱其亲者,及其长也,无不知敬其兄也。亲亲,仁也;敬长,义也。(《孟子·尽心上》)

良能良知说将我的伦理责任说成我的本能。然而,实际上,我们只有在下述意义上才能谈论"良能良知":如果我有这样的良能良知,那是因为我是被"生"入伦理责任之中的,而这一伦理责任首先体现为我对作为父母与兄长的他人的责任。正因为是责任,所以仍然有待于去学与问,去求与得。因此,不学而能者其实仍然有待于学,不虑而知者其实仍然有待于问。内在的仁义因而其实从未十分内在。

六、"天视自我民视,天听自我民听"

孟子的伦理思考在某种意义上服从其政治思考。确定仁义为内在是欲在个人之内找到理想社会与理想政治的基础。这一基础就是人皆有之的内在的仁。因此,孟子的理想统治者是仁王而非哲王,而其理想的政治形式则是所谓"仁政"。仁政的另一说法是与"霸道"相对的"王道"。孟子相信,只要为君者以其内在的不忍人之心或仁心实行仁政,取得与治理天下皆将易如反掌。下面,让我们从与他者的关系的角度分析一下孟子的理想政治"仁政"中包含的伦理层面。

孟子见齐宣王时,后者希望他谈如何称霸,孟子则委婉地坚持讨论如何实现王道。齐宣王因而想知道自己是否具备成就王道的品质,于是孟子就从他听说的一件小事开始了他们的对话：

> 臣闻之胡龁曰，王坐于堂上，有牵牛而过堂下者。王见之，曰："牛何之？"对曰："将以衅钟。"王曰："舍之！吾不忍其觳觫，若无罪而就死地。"对曰："然则废衅钟与？"曰："何可废也？以羊易之！"不识有诸？（《孟子·梁惠王上》）

在得到后者肯定的回答之后，孟子告诉齐宣王说，这样的不忍之心就足可以让他实现王道。但齐宣王自己却仍然感到困惑。首先，这种不忍之心究竟意味着什么？为什么自己不忍看到牛似乎无罪而赴死的可怜相？为什么自己并非出于吝啬却要以羊易牛？孟子解释说，这是因为你见到牛却没有看见羊。"君子之于禽兽也，见其生，不忍见其死，闻其声，不忍食其肉。是以君子远庖厨也。"（《孟子·梁惠王上》）因此，以羊易牛乃是孟子所谓的"仁术"。如果术是做事的方法，那么"仁术"也许可以译为"仁的方法"。仁的方法本身并不是仁，而只是具有某种仁的性质或仁的成分的方法或策略。为什么齐宣王以羊易牛只是"仁术"？不忍见牛去死的确是仁的某种体现，但衅钟的仪式又不可废，于是不在眼前的羊就代替了堂下簌簌发抖的牛。这样，不忍之心既得到满足，衅钟仪式也可以照常进行。但这一做法确实只是一种仁"术"。因为，如果齐宣王真正同情禽兽，那么就应该对牛羊一视同"仁"。然而，"仁术"又毕竟也是"仁"术，其"仁"性就在于齐宣王对禽兽的不忍之心。

何为不"忍"？《说文》释"忍"为"能"，似乎与孟子或与我们所熟悉的"忍"的意思无关。段玉裁说，这里的"能"乃是某种熊类动物，其性坚（忍），所以贤者被称为能，强壮被称为能。进而，敢于行是能，敢于止也是能。这就是俗话所说的"能干"与"能耐"。"耐"就是能忍得住。段玉裁说，像"能"一样，"忍"字亦兼"能行"与"能止"二义："敢于杀人谓之'忍'，俗所谓'忍害'也；敢于不杀人亦谓之'忍'，俗所谓'忍耐'也。"㉗二者都意味着某种"能"。段玉裁的解释很有意思，为许慎的定义提供了失去的环节。细玩"忍"字，确实可见其含"能"义。忍需要某种能力，忍体现某种能力。《现代汉语词典》以"忍受"与"忍心"释"忍"。在前一意义上可说"忍痛"、"忍让"；在后一意义上可说"残忍"。而"残忍"的反面就是"于心不忍"。在前一意义上，"忍"是一种积极的心理或精神能力，即承受力。能忍痛就是能承受疼痛或苦难，而不为之所动。而当疼痛或苦难超出人的忍受能力时，人可能就会被它们压垮。忍受、忍耐、容忍乃至忍辱负重等等都蕴涵着这一意义上的承受能力。能忍受，而不为艰难困苦所压倒，是人成就事业的条件。也正是在这一意义上，孟子将"忍"字用为动词，意味着"使具有忍的能力"。他说，当天要将重任交给一个人的时候，必然会以种种艰难困苦锻炼此人，"所以动心忍性，曾益其所不能"（《孟子·告子下》）。所谓"忍性"就是将忍的能力铸入人的性格。而一旦变得坚韧而能忍，人就能承担天降之大任。

在后一意义上，虽然《说文》分析"忍"字为从"心"，音"刃"，属于形声字，但"忍"字本身又容许甚至诱使人们从会意字的角度去理解它。这样，"忍"字就可以被形象地解释为心对于锋利如刃者的承受。疼痛、苦难、耻辱这类身体或精神感觉如刀之刃在心，而能忍就是能让心经受住如刀似刃者的割刺。但这样做的结果很可能会是感觉的钝化或心的麻木。而人之心一旦变得"麻木"，就离"不仁"不远了。当人能"忍心"之时，人就会变成"忍人"。㉘ 忍人能够忍住自己之心而不为他者或他人所动，而这样做有时似乎当然是必要的，因为不然人就无力完成某些事情。因此，"不忍"在某种意义上是无力的表现。齐宣王就正因为不忍看临死之牛的可怜，才下令放掉它。但如果他当时找不到一

㉗ 段玉裁：《说文解字注》（第10篇下）（上海书店影印经韵楼刻本），上海：上海书店，1992年，第515页（上栏）。

㉘ 《春秋左传·文公元年》："且是人也，蜂目而豺声，忍人也。"此乃楚令尹子上评楚王所欲立为太子的商臣的话。杜预此处注"忍人"曰："能忍行不义。"

只可以代替此牛之羊呢?

这样看来,忍似乎是一种矛盾的能力。一方面,忍显然是承担重任、成就大业者的必要品质。但另一方面,当孟子谈论王道仁政这样的天下大事时,不忍——忍之能力的某种不足或缺乏——却是实现这一理想政治的基本条件。于是,一方面,敢于杀人是忍;另一方面,敢于不杀人也是忍。然而,如果政治必然包含着某些形式的"牺牲",那么,连一头牛的可怜样子都不忍去看的人又如何实现王道呢?

为了回答这一问题,我们需要指出,在孟子这里,"忍"与"不忍"是分别针对自己与他人的。忍是对自己而言,意在增强我忍受自身痛苦和磨难的能力。不忍则是对他人而言,意在让自己能敏感于他人或他者的不幸和痛苦。对于孟子来说,自我的目标从某种意义上说就是变成能忍者,即"富贵不能淫,贫贱不能移,威武不能屈"的大丈夫。(《孟子·滕文公下》)但是,我却不能忍心于他人之遭受不幸或痛苦。因此,岿然不动、顶天立地的大丈夫却必须又要能让自己之心被他人或他者的哪怕最微小的不幸和痛苦所感动。不然我就是忍心者或残忍者。当然,中性地、不含褒贬地说,能够"忍心"只意味着,我能够让自己之心忍而不为他人的不幸和痛苦所动。而如前所述,这其实经常是某些行为——尤其是政治行为——的一个必要主观条件。汉语智慧中出处无考的"无毒不丈夫"说的就正是,要做大丈夫——至少是某种类型的大丈夫——就必须能忍心。例如,现代中国文化塑造的革命者的形象就是双重意义上的"忍人":既"忍心"让自己赴死,也"忍心"让他人赴死。就后者而言,孟子似乎还有奠定道义基础之功。因为正是孟子说过,处死暴君是"诛"而非"弑"。㉙ 这一思想涉及的复杂问题我们将试图在别处加以讨论。㉚ 这里,我们注意的是,在孟子看来,要求于王者

㉙ 孟子与齐宣王有如下的对话:"曰:'臣弑其君可乎?'曰:'贼仁者谓之贼,贼义者谓之残。残贼之人谓之一夫。闻诛一夫纣矣。未闻弑君也。'"(《孟子·梁惠王下》)

㉚ 我已在《吾道一以贯之:重读孔子》(北京:北京大学出版社,2003年)中较为详尽地分析了这一问题,见该书第四章"忠于/与他人"之第四节"忠的革命和革命的忠"(第216—218页)。

的不是"忍"而是"不忍"。"不忍"就是"仁":"人皆有所不忍,达之于其所忍,仁也。"(《孟子·尽心下》)因此,仁就是将自己的不忍之心推而广之。而王的位置恰恰可以让他能将自己的不忍之心普及于天下。这一普及就是仁政的实现,或仁的实现:

  先王有不忍人之心,斯有不忍人之政。以不忍人之心,行不忍人之政,治天下可运之掌上。(《孟子·公孙丑上》)

因此,孟子对仁王仁君寄予无限希望。他反复强调:"惟仁者宜在高位"(《孟子·离娄上》);"君仁,莫不仁"(《孟子·离娄上》,《孟子·离娄下》);"仁人无敌于天下"(《孟子·尽心下》);"苟行仁政,四海之内皆举首而望之,欲以为君。"(《孟子·滕文公下》)

  孟子的仁政是其人性思想与伦理思想在政治上的运用。仁政是政治的伦理化。而伦理化的政治的理想是欲结束政治的政治性,而将其化为理想的伦理关系。伦理关系则始终是人我关系或我他关系。从这一角度看,孟子的君或王本质上乃是要对作为民的他者负责的伦理主体:以民为"主"之"体"。作为统治者,王者与民的关系并不对称或平等。但是这一不对称并非由于王在国家中统治或支配民。这一关系的独特之处在于,一方面,王是高高在上的主宰,是理论上似乎可以独断专行而不受任何限制者,甚至是手握他人生杀予夺之权者。然而,另一方面,王又是被民要求和由民支配者,是对民并为民负无限之责者,是王而为民者,我而为他者。民因此绝不仅仅是王的附庸或工具。民也不只是在形式逻辑上作为王的对立面而构成王之为王。民也在一个更根本的意义上构成王之为王,亦即,是民将王逼到王的责任之上。而正是通过承担这一责任,王才真正成为王,成为对民负责和为民负责的主体,一个以民为主之体。当然,作为主体,王在某种意义上仍然可以自由地或随心所欲地拒绝他的责任。但是,当他拒绝他在作为民的他者面前所负的责任之时,他同时也就拒绝了他作为王者的主体身份。他

于是就不再是"君",而只是可以被民推翻"一夫"。㉛

因此,在这一不平等关系中,君一方面高高在上,另一方面却又地位低下(这一"低下"不含贬义)。相反,民一方面地位卑微,另一方面却又高高在上。这一"上"甚至上通于天,是天意天命的显现之所。是以孟子可以肯定性地引证《尚书》的古语而赋予其更深刻的含义:"天视自我民视,天听自我民听。"(《孟子·万章上》)这里,天意与民意的等同意味着,如果存在着天命天意,那么它们只有通过民才能显示出来。换言之,正是在与作为民的他者的关系这一层面中,天才向王显示自己的真正面貌:道德的强加者与裁判者。因此,天并不存在于王与民的关系之外或之上,亦即,并不存在于我他关系之外或之上。所以,这一意义上的天远非人格化的主宰,而是一个仅在民中露面的存在。天在王与作为民的他者的关系之中被揭示给作为王的我。我对天与天意的尊重只能体现为我对民与民意的尊重。这就意味着,民意具有超越性。民意因而首先并不是民的具体的形而下的意见,而是超越性——天——的体现者。这也就是说,对于作为王的我来说,民——他者——就是这一超越性,就是天,而仁民——去关怀他者,去为他者负责——就是事天敬天。

这里也许就存在着有助于我们理解中国传统中天——道德或伦理意义上的天——这一观念的线索之一。如果对于殷人来说,天是高高在上的主宰,天意具有不受任何主观人事影响的客观性质,那么周人形成的天命无常观以及与之相应的敬天保民思想的实质也许就在于,这一思想蕴涵着,天并不真正独立于人,独立于(作为统治者的)我与(作为民的)他者的伦理关系。天或者天命天意就在这一关系之中。无视这一关系,无视作为民的他者,就是愚蠢傲慢地无视天命天意,就是有意无意地毁灭自己。而慎德保民就是敬天。这就是说,王者只有通过他与民的关系才能与天和天命发生真正的有意义的关系。因此,如果王与民的关系从根本上说可以归结为人我关系,而人我关系在这一传

㉛ 参阅本书"'若保赤子'——中国传统文化的理想之政"章。

统中是从伦理层面被把握的,那么,伦理性才是这一天与天命的本质或真相。在儒家传统中,天作为道德之天这一观念就起源于人我关系这一根本性的伦理关系之中。

因此,在孟子看来,即使是"天"对于其"子"——天子——的选择也始终并且只能是通过民之选择与接受来实现的。② 离开这一关系而纯思辨性地讨论天是没有意义的。因此,天的问题可以存而不论,而在"天子"与民的关系中,天已然蕴涵于其中。这就是为什么孟子反复强调,人并没有一个外在的天可以祈求福佑或推卸责任。他不只一次地引用《诗经》与《尚书》中的话来表明他在这一重要的天人问题上与一个悠久的传统的联系:"永言配命,自求多福"(《孟子·公孙丑下》;《孟子·离娄上》);"天作孽,犹可违;自作孽,不可活"(《孟子·公孙丑下》;《孟子·离娄上》)。③ 能够作孽的天还只是自然的天,所以由此而降的灾祸还是可以躲避的。而如果我自己对他人不仁不义,那就是自作罪孽而无法逃避了。由于在以伦理关注为核心的先秦儒家思想中,天作为伦理性存在起源于人与我的伦理关系,因此天不会在这一思想中上升膨胀为唯一的人格神,亦即,不会成为神学的上帝。这样的天的观念一直或显或隐地支配着中国传统思想。

天在人我关系或我他关系中显现其面目,而王与民的关系从某种意义上说更能表现我他关系的结构与内涵。因为在这一关系中,他者也是弱小饥贫者,是有赖于王者的恩惠与仁爱者。然而,如上所述,民却并不因为处于这一地位而卑微低贱。相反,孟子说,在一国之中,"民为重,社稷次之,君为轻。"(《孟子·尽心下》)恰恰就因为我作为

---

② 见《孟子·万章上》:"万章曰:'尧以天下与舜,有诸?'孟子曰:'否。天子不能以天下与人。''然则舜有天下也,孰与之?'曰:'天与之。''天与之者,谆谆然命之乎?'曰:'否。天不言,以行与事示之而已矣。'曰:'以行与事示之者,如之何?'曰:'……昔者尧荐舜于天而天受之,暴之于民而民受之。……使之主祭而百神享之,是天受之,使之主事而事治,百姓安之,是民受之也。……《泰誓》曰:"天视自我民视,天听自我民听。"此之谓也。'"此章本身值得进一步细读。

③ 《孟子·离娄上》又引《诗经·大雅·文王》中诗句:"上帝既命,侯于周服;侯服于周,天命靡常。"

君而被置于某种支配地位之上,所以君轻民重,或我轻他重。在我他关系中始终存在着这一根本性的不平衡或不对称。在这一关系中,我始终是"受主之体"。民始终要求我的关怀,爱护,尊重。作为民的支配者,我从根本上受作为民的他者之支配。民高高在上,上通于天,是天命天意之所在。君则必须尽心竭诚,从而不违真正的天命。因此,在这样的君民关系中,绝对的君权意味着凡人无法负担的绝对责任。这样的君民关系当然远非现代意义上的"民—主"。因为,虽然君轻民重是孟子理想的仁政模式,这一设计中却没有什么能够保证君必然以民为重。这就是说,这里没有什么能保证君必然承担起其对于民的伦理责任。㉞ 因此,在孟子这里,一切都只能寄希望于具有"不忍人之心"的、能行仁政的仁君。如果没有呢?忍受或者"革命"。而后者虽然可能革除一个昏君暴王,却并不能保证一个圣王仁君。这就是政治的伦理化所可能会有的问题。仁政作为政治理想并不保证理想政治的必然实现。

七、"仁也者,人也"

仁政系于人而非法,因此仁政是"人正"而非"法治"。那么,人又是什么?孟子说:"人之异于禽兽者几希。"(《孟子·离娄下》)而人与动物的这一稀薄微妙的差异即在于人具有内在的善端:能够发展为仁、义、礼、智的恻隐、羞恶、辞让、是非之心。我们已经试图将孟子心目中人与动物之间的这一差别理解为人的为善可能性,亦即人的伦理可能性。我们也已经试图表明,所谓内在的仁义礼智并不那么绝对地内在。我们以孟子的恻隐之心为例分析了这一善端的亦内亦外、非内非外性质。我们的阅读现在所试图表明的是,这一亦内亦外、非内非外的

㉞ 当然,这就是说,除了民本身。但是,除了民本身之作为君的绝对约束以外,这一设计中并没有制度化的东西来保证不仁之君可以经由法定程序而被和平地去除。参见本书"'若保赤子'——中国传统文化的理想之政"章。

性质蕴涵在孟子对仁这一观念的论述之内。只有从这样一个并非绝对内在的仁出发,我们才能开始理解孟子关于仁的不同说法之间的可能联系。而理解孟子关于仁的思想则是理解其关于人的思想的起点。

孟子说,恻隐之心人皆有之。恻隐之心因此乃是可以规定人之为人者的诸规定之一。这一说法将不具有恻隐之心者排除在人的概念之外。如果,根据孟子,恻隐之心是仁之端,或已经就是仁,那么仁就是规定着人之为人者的诸规定之一。因此,如果想说明人是什么,这一说明似乎应该包括"人者,仁也"这样的定义。亦即,人是具有由恻隐之心所规定的仁者。但是孟子却说:"仁也者,人也。"(《孟子·尽心下》)当然,根据朱熹提供的线索,孟子这里不是在定义人,而是在试图定义仁、义、礼、智这四个内在的善端。⑤ 但是,即便如此,这一表述方式也仍然向我们提出了巨大的问题。因为,对于习惯于区分"实体"与"性质"的西方思想来说,"人者,仁也"似乎顺理成章。"人"在这里是主语/实体,"仁"是谓语,是性质。这与孟子以仁来说明恻隐之心为何——"恻隐之心,仁也"——在形式上是一致的。相反,"仁也者,人也"却似乎是欲反过来以一个我们所熟悉的实体——人——来规定我们可能尚不明其究竟为何者——仁——的性质。这里,一个并不具体者是需要被思考者。思想环绕这一被思考者旋转,试图为之赋予某种形或象,从而使之得以理解。如何理解仁?请通过人去想象。于是人就成为仁的具体形象。但是,如何理解人?人又只能通过仁去想象。于是,我们无法离开人来想仁,也无法离开仁来想人。这里似乎有一个循环,其中无主无从。"仁"即非"人"的主语,"人"亦非"仁"的谓语。"仁也者,人也"因而不是一个符合实体/性质两分这一西方思想常规的定义。

既然如此,我们就只能进入"仁也者,人也"这一循环,并在此中开始思考仁与人。这一循环让我们可以将这一表述倒转为前述的"人也

---

⑤ 见朱熹《四书章句集注》(北京:中华书局,1983年,第367页)"仁也者,人也"之注:"或曰:'外国本"人也"之下有"义也者宜也,礼也者履也,智也者知也,信也者实也"凡二十字'。"

者,仁也",其中可视为主语的"人"被可视为谓语的"仁"所描述。但仁本身——如果仁真有所谓"本身"的话——又是什么呢?孟子经常将仁形容为"人之安宅",并将人与仁的关系形容为居住关系:"居恶在?仁是也。路恶在?义是也。居仁由义,大人之事备矣。"㊱居的比喻似乎蕴涵着,如果物质性的居——房屋之建造和使用,或居住——已经使人有别于其他动物,那么精神性的居——仁之居——就使人成为真正的人,亦即,"大人"。而这也就是说,成为伦理主体。

  如果人是通过"居仁"而成为人的,那么仁也是通过人的居住而成为仁的。这就是说,如果有所谓仁的话,它也只能通过人来体现,而且只能体现为人,体现为具有恻隐之心的人,或仁者。这也许就是为什么孟子一方面能将仁描述为"人之安宅",另一方面又能说,"仁也者,人也"。仁并不是现成的东西。仁只能通过人而到来,仁只能来到人之中或者人之间。人之居于仁之中也就是仁之居于人之中。人是仁之人,而仁则是人之仁。

  仁与人的这样一种"循环关系"使我们也可以调和作为人皆有之的恻隐之心——作为"人心"——的仁与作为"人之安宅"或"广居"的仁。㊲为什么又是内在的人心,又是外在的宅居?我们可以试从内在的心这一端开始我们的解释。我们已经试图表明,这一"内在"并非十分内在,因为这一内已然蕴涵着一个根本性的外作为其构成部分。而他人就是这一根本性的外。因此,仁并非绝对地内在于我。相反,仁只能在"我"与"(他)人"之间。仁就是这一微妙而难以把捉的"间",或者说,仁就是人我关系的关系性。这里,"关系性"的意思是,构成人我关系之为人我关系者。我始终只能是"人我之间"的我。我就居住在

  ㊱ 语见《孟子·尽心上》。"安宅"之说见《孟子·公孙丑上》:"夫仁,天之尊爵也,人之安宅也",及《孟子·离娄上》:"仁,人之安宅也;义,人之正路也。旷安宅而弗居,舍正路而不由:哀哉!"

  ㊲ "广居"之说见《孟子·滕文公下》:"居天下之广居,立天下之正位,行天下之大道;得志与民由之,不得志独行其道;富贵不能淫,贫贱不能移,威武不能屈:此之谓大丈夫。"根据朱熹《四书集注》:"广居,仁也。"

这一"间"或这一关系之内。这一关系构成人之为人,亦即,将每一个人皆构成为一为他之我,一以他人为主之体。如果这一关系就是仁,那么"仁"字之义就确实也可以被解释为"二人",亦即,"人"与"人",或"人—人"。仁就是这一人与人的关系,而这一关系的基本结构是我与他/她/它,或我与他人/他者。人我关系本身之所以就是仁,是因为从根本上说,只有他人才是道德的根据。他人就是我之应该为仁的那一"应该",就是道德的真正的超越性的根据。这里,如前所述,"超越"的意思是超越我本身,超越我的内在性。如果道德的这一根据被传统地归之于天,那么他人才是这一道德之天的真相,亦即,他人才是天这一概念的真正意义。是他人让我仁,要我仁,求我仁。仁是我对他人的无可推卸的责任。就其无可推卸而言,这一责任先于我。而这也就是说,仁先于我。因此,我只能通过居于此仁而成为(真正的、具有"仁心"的)人。而我居于仁之时,也是仁居于我之时。仁居于我而体现为我的对于他人的不忍之心或恻隐之心,亦即,"人/仁心"。

　　人之难于思考就在于人乃是仁之人,而仁之难于把握则因为仁离开人亦不存在。仁并不是人之外的独立存在,不是道德实体,不是帝或天。但仁却必然超越人,亦即,超越任何可能的主体而构成主体之为主体。仁的这种微妙独特的存在方式使其经常逃脱思想的把握。向内偏一点,仁就有可能被理解为人的先天的本性或后天的道德;向外偏一点,仁又很容易被想象成形而上本体。在《孟子》这一文本中,这两种可能的解释似乎是可以同时存在的,而我们的阅读则试图追寻使这两种倾向皆成为可能的基本结构。这一基本结构将不仅可以让我们能够解释孟子论述中表层上的薄弱或抵牾之处,而且也可以为理解仁在后世(尤其是在宋明理学中)所经历的本体化提供一条线索。这一基本结构就是仁所蕴涵的结构。正是这一结构使仁的本体化与内在化同时成为可能,使"为人之我"与"为己之我"同时成为可能,使所谓自律道德与他律道德同时成为可能。然而,可能也正是由于仁的结构,中国传统中才既不会出现一个绝对的超越者——上帝,也不会产生一个绝对的自我。因为无论前者还是后者,均已蕴涵仁作为其结构的可能性。

　　仁就是人我关系本身,伦理关系本身。所以,道德的根据既不在于上帝,也不在于我自己,而是在于他人。是他人要求我负责,做主,行善,为仁。而这也就是说,是他人要求我"成人"。这就是"居仁"的根本意义。我通过居仁而成人,仁亦通过我之居而实现自身。如果仁构成着人,那么人之性——人之本性——就不是任何事先给定的东西。"人性"只能是"仁性",亦即,仁所构成之性,我中有他之性,我而为他之性。因此,如果在仁的结构中理解人之所谓本性,那么这一"本性"从某种意义上说乃是一无"本"之"性"。之所以说"无本"是因为我之本其实从来不在自己之内。然而,如果我之本——我的基础、我的根据——不在自己之内的话,此本亦不在上帝那里。这一"仁的文化"没有也不需要创造一个作为根据的超越的上帝。相反,我的真正的根据在他人。是他人使我"成人"。如果"天命之谓性"在某种意义上也意味着我之性乃是我所接受者的话,那么将仁作为我之(本)性而给予我的最终乃是他人。因此,如果仁是我之性,那么我之性中就始终铭刻着"(他)人/仁"作为我的根本构成部分。因此,如果"仁也者,人也",那么,"人也者,仁也"。后者现在所表示的已经不是或不仅只是一种道德性质,而是人的基本构成,或人之人性。从某种意义上说,这一构成已经蕴涵在今体"仁"字的写法之中。㊳

八、余言:阅读期待阅读

　　性善还是不善?仁在内抑或在外?为善究竟是在"我"还是在"人"?在伦理关系中,我到底是"自律"还是"他律"?何为"本心"、"本性"?何为人,何为天?这些问题吸引着孟子及其同时代人,纠缠

　　㊳　我们知道,郭店楚简中的"仁"字写为上"身"下"心"。与此相比,"仁"字当为较后起的写法。当然,此字之由上"身"下"心"到被写为"仁"的过程仍值得研究。我们这里所关心的是此字之被写为"仁"时,这一写法中所蕴涵的对于仁以及对于人的哲学理解。

着后代的儒学学者,也困扰着我们这些希望重读中国思想文化传统的现代读者。本章对《孟子》的有限阅读仅仅是想表明,这些复杂问题并没有任何简单的回答。我们的阅读因而试图尊重我们所面对的思想的复杂性,倾听其中不同的和潜在的声音。我们已经试图以此有限的阅读在《孟子》这一重要文本的页边署上自己的谦卑之名,而这一阅读当然又有待于后来的读者再以自己之名来加以认可、修正或批判。

情与人性之善

> 问世间情是何物，
> 直教生死相许？
> ——元好问

情——人之情——是中国传统中的重要问题。① 从孟子之言人之为不善并非"人之情"，到庄子与惠施之辩何谓有"人之情"，荀子之论情为（人）性之质，荀子之驳宋钘情不欲多之说②，《吕氏春秋》之认人天生有欲、而欲则有其情③，魏晋玄学中王弼之倡圣人之情乃"应物而无累者"，宋明理学中程颢之欲人能"情顺万物而无情"，直至中国现代哲学家冯友兰之举"应付情感的方法"，对情这一问题的关切贯穿了中国

---

① 感觉与感情之间的联系与区别，是本章写作时的原初问题语境，故此章对孟子思想的讨论从情这一问题开始。读者可参较上章"心性天人：重读孟子"中对孟子思想的侧重点有所不同的讨论。

② 《荀子·正论》："子宋子曰：'人之情欲寡，而皆以己之情为欲多，是过也。'故率其群徒，辨其谈说，明其譬称，将使人知情之欲寡也。应之曰：'然则亦以人之情为目不欲綦色，耳不欲綦声，口不欲綦味，鼻不欲綦臭，形不欲綦佚——此五綦者，亦以人之情为不欲乎？曰：'人之情欲是已。'曰：'若是，则说必不行矣。以人之情为欲此五綦者而不欲多，譬之是犹以人之情为欲富贵而不欲货也，好美而恶西施也。古之人为之不然。以人之情为欲多而不欲寡，故赏以富厚而罚以杀损也。……'"按：此"欲寡"或"欲多"之"情"指的是人作为人即必有种种欲望之"实情"。

③ 《吕氏春秋·仲春纪第二·情欲》："天生人而使有贪有欲。欲有情，情有节。圣人修节以止欲，故不过行其情也。故耳之欲五声，目之欲五色，口之欲五味，情也。此三者，贵贱、愚智、贤不肖欲之若一，虽神农、黄帝，其与桀、纣同。圣人之所以异者，得其情也。"按：圣人之"得其情"是得人之为人即必有欲之实情。圣人之过人之处在其能不违此情而已（"不过行其情"）。

传统。④ 但如果上述"情"字皆被理解为现代汉语中的"感情"或"情感",则我们有可能从一开始就已经错了,因为"情"字在汉语中并非仅有此义。在古典文本中,就经常可见"物之情"或"事之情"这样的表述。例如,《孟子》中就既言"人之情",亦言"物之情"。《庄子》、《荀子》及其他先秦文本中亦屡见"事之情"、"物之情"、"恒物之大情"、"万物之情"、乃至"天地之情"这样的表述。⑤ 即使在现代汉语中,我们也仍然可以在"事情"、"实情"、"国情"、"军情"、"世情"、"灾情"或"情况"、"情势"、"情形"、"情状"这些双音词中看到"事"或"物"之"情"这一意义上的"情"。这些"情"显然并非"感情"或"情感"之"情"。⑥ 既然如此,我们就面对着这样一些问题:首先,"情"之本义为何?其次,如果所谓"人"之"情"仅指人之"感情"或"情感",而所谓"物"或"事"之"情"则与"感情"或"情感"无关,那么为什么此二不同表述("人之情"与"物之情")在汉语中却又共享着同一"情"字?此一共享是纯粹偶然吗?假如不是的话,那么"情"的两个不同意义是否有一者在先?二者之间是否有某种内在的联系,某种从一者向另一者的意义延伸和过渡,或某种双向的交流和影响?而关于人之情,亦即,关于人之感情或情感,关于其本质,"情"字的一词二分又是否可以告诉我们一些重要的东西?最后,通过对这些有关"情"的问题的研究,我们是否将能够获得对"性"——人之性——的更深入的理解?本章的

---

④ 关于冯友兰对情感问题的论述,参见陈来:《现代中国哲学的追寻》(北京:人民出版社,2001年)第14章"冯友兰论中国哲学中的情感问题"(第315—331页)。

⑤ 《庄子·大宗师》:"死生,命也;其有夜旦之常,天也。人之有所不得与,皆**物之情**也。"又:"若夫藏天下于天下而不得所遁,是**恒物之大情**也。"《庄子·在宥》:"鸿蒙曰:乱天之经,逆**物之情**,玄天弗成。"《庄子·秋水》:"是未明天地之理,**万物之情**者也。"《荀子·天论》:"故错人而思天,则失**万物之情**。"《吕氏春秋·仲夏纪第五·大乐》:"先圣择两法一,是以知**万物之情**。"《晏子春秋·内篇·问下第十三》:"故外知**事之情**,而内得心之诚,是以不迷也。"《庄子·人间世》:"吾未至乎**事之情**,而既有阴阳之患矣;事若不成,必有人道之患。"又:"行**事之情**而忘其身,何暇至于悦生而恶死。"《韩非子·外储说左上》:"范且、虞庆之言,皆文辩辞胜,而反**事之情**。"《庄子·徐无鬼》:"以应**天地之情**而勿撄。"

⑥ 这一意义上的"情"的声音,除了"情感"或"感情",我们还可以在"情绪"、"情调"、"情欲"或"爱情"、"欢情"、"悲情"等双音词中听到。

写作即将让自身为这些问题所引导。我们将从对"情"字在先秦经典文本中的基本意义的分析出发,以勾勒事或物之情与人之情二者之间的内在意义联系,并进而分析人之(感)情的本质。此一分析最终希望到达这样一个初步目标:阐明中国传统对人之情的理解之中的哲学蕴涵与孟子的性善论之间的重要关系。因此,在对于人之情的初步分析所建立的理论框架中来更具体分析孟子的性善之说,将构成本章的主要部分。在本章中。此框架之建立将为上篇,性善之说的分析将为下篇。

上篇　情——从(事)物之(实)情到人之(感)情

一、(事)物之"(实)情"

"情"字不见于甲骨文和金文,故当为此后所出之字。汉代许慎的《说文解字》之将"情"解释为"人之阴气,有欲者也",反应的已经是对于"情"这一概念的更后来的理解。⑦ 在《尚书》中,"情"仅于《康诰》一见:"敬哉!天畏棐忱。民情大可见。小人难保。"⑧孙星衍疏解此句为:"天威之明,惟诚是辅。验之民情,大可见矣。小民不易安也。"此疏并未对"民情"之"情"的意思做解释,或许是以为并无必要。但此"情"究竟何"情",其实并不清楚。《尚书译注》将"民情大可见"译为

---

⑦ 许慎对"情"字的解释相对于其对"性"字的解释:"人之阳气,性善者也。"他之以性为阳,以情为阴的解释似受汉代阴阳观念之影响。

⑧ 参见屈万里:《尚书今注今译》,台北:商务印书馆,1969 年,第 96 页。《春秋左传·定公四年》载,周成王分康叔以殷遗民七族,"命以康诰,而封于殷墟"。《史记》与《书序》皆本其说,以为本篇乃武庚之乱平定后,成王封康叔于卫之诰。但也有学者以为《康诰》乃康叔封于康之时,武王给他的诰命。无论如何,此诰都是在告诫作为治民者的康叔要敬畏天命,明德保民。

"民情大致可以看出",也以为"民情"这一表述本身并不需要翻译。⑨ 但有的学者则将此语译为"百姓的心情很容易看出"。⑩ 此乃以"心情"来解释"民情"之"情"。但"心情"乃内在于人者,因而不仅不易捉摸,而且因人而异,所以并非一定显而易见,但《尚书·康诰》中所说之"民情"却是"大可见"。而如此可见者显然首先应该是能立即浮现在人之目前者,亦即,是事物的首先可以被直接感知的"情况"。所以,此"情"至少也是不应仅以"心情"来翻译者。治民者所需要了解的"民"之"情"首先并非其"心情",而是其"实(际)情(况)"。亦即,他们需要了解的首先是自己所治之民生活得"如何"。了解此"如何"或此"民情"从原则上说则当然是为了保民和安民。

当然,这一大可为治民者所见的民之"实(际)情(况)"或民之"如何"亦必然为民自身所见,或更准确地说,必然为其所感,因为民不是物,而是能感受自身之"情(况)"、并会以种种方式受此"情(况)"本身影响的能感者。此一对于自身生存之"情(况)"的感受,则可以在感受者自身之内表现为某种"心情"或"情绪",以及对于造成了此"情(况)"或影响了此"情(况)"之形成者(亦即,治民者)的某种"感情"或"情感"(例如,爱或恶或惧:善待民者民爱之,不善待民者民恶之,虐民残民者民惧之,等等)。而对于那些欲得见民之"情(况)"的治民者来说,民之心情、情绪或情感、感情当然也是民之整体的"情(况)"的一部分,而在需要了解之列。所以,《尚书·康诰》所说的此一"大可见"之"民情"应该被理解和翻译为:包括了民之"心情"、"情绪"、"情感"、"感情"等所谓主观因素在内的民之整体"实(际)情(况)"。

"情"字两见于《论语》:"上好信,则民莫敢不用情"(《论语·子路》);"孟氏使阳肤为士师。问于曾子。曾子曰:'上失其道,民散久矣。如得其情,则哀矜而勿喜!'"(《论语·子张》)。此二"情"字一为民所自知而不敢隐瞒之"情",即民本身之"真(实)情(况)",一为法官

---

⑨ 李民、王健:《尚书译注》,上海:上海古籍出版社,2004年,第261页。
⑩ 屈万里:《尚书今注今译》,第99页。

情与人性之善 | 181

所察而得见之"情",即案件或罪犯之"真(实)情(况)"。《孟子》中"情"字则四见。其中"夫物之不齐,物之情也"(《孟子·滕文公上》)说的是,万事万物之各不相同而非整齐划一,乃是其"实(际)情(况)"。物之情以外,在谈论人性之善与不善时,孟子说到了"人之情":"乃若其情,则可以为善矣。乃所谓善也。若夫为不善,非才之罪也";"夜气不足以存,则其违禽兽不远矣。人见其(亦即,不善之人)禽兽也,而以为未尝有才焉者,是岂人之情也哉?"(《孟子·告子上》)。有人会以为孟子此处所言之"人之情"已为人之"感情",但此"情"其实还是"实(际)情(况)"意义上的"情"。孟子相信,人之为人的"实(际)情(况)",亦即,人之所以为人,或人之性,就是其必有为善之可能性。当荀子称"情"为"(人)性之质"时(《荀子·正名》),他其实也还是在"实(际)情(况)"这一意义上来理解"情"的。他的论断,"性之好、恶、喜、怒、哀、乐谓之情"(同上),首先应该被理解为,好、恶、喜、怒、哀、乐正就是人之性或人之为人的"实(际)情(况)"。但于此我们其实已经可以开始感到"情"字之意义从"实情"向"感情"的意味深长的延伸和过渡。因此,让我们在此对下文将要进行的进一步分析先做一提示:正因为好、恶、喜、怒、哀、乐等乃是人性本身之"实(际)情(况)",所以好、恶、喜、怒、哀、乐本身才也开始被径称为人之"情"。此"情"于是可以意味深长地一词两义:人之"(实)情";人之"(感)情"。而"情"的意义之所以能如此地从"实情"向"感情"或"情感"延伸和过渡,恰即因为在一个人性问题受到日益重视与深入探讨的时代,**人之"感情"或"情感"开始被视为人之为人的最基本的"实(际)情(况)"**。

　　试以不同方式重述以上之所说:在其早期用法中,"情"指的是包括人这一特殊事物在内的万事万物之"实(际)情(况)",或其"如何"或"所然"。以古典方式来表述,我们可以说"情"乃"实"。此"实"为包括人在内的事或物之"实"。"实"则相对于"虚"。后者意味着,里面空无所有。前者则意味着,里面有"实质"或"内容"。这一"里面的实质或内容",即是(也包括人这一"特殊事物"在内的)万事万物的可以见知或有待于见知之"情"。所以,"情"乃内在于事物者。"情"是事物的内里之"实"而非其外面之"表",所以汉语传统中才有"情伪"、"情文"等对举表里或内外的说法。情为内,伪为外,情为质,文为形。⑪ 而正因为"情"乃内在于事物之"实",而非其可能误导或欺骗人之感官的外在之"表",所以欲了解事物之"情",就需要人这一能知其情者去穿透事物之外表,而达于事物之内里。而既然事物的内在之"实"或"情"至少并非总是能被直接见知,欲真正地"知情"就不仅需要视、听、嗅、尝、触,而且需要"用心"。这也就是说,不仅需要直觉,而且需要心思。"情"字的"心"旁可能即与这一为了解事物之"情"所必不可少的心之作用有关。"心之官则思",能思之心则可以思万事万物之"实—情"。

二、从人之"(实)情"到人之"(感)情"

但在中国传统中,"心"的作用并非仅为"思",某种"无动于衷"之纯思,而且也有"感"。"心"之"感"则并非眼耳鼻舌身等"感官"之"感",而是"感动"之"感",亦即,是"感者"本身必有所"动"之"感"。"情"为事或物之"实",但以"情"指称的此"实"并非事物静态的、固定的"本质",而是其动态的、流动的"内容",是其活跃的、变化的内在状态。正是在这一意义上,在汉语传统中,"事"与"物"之"情"才似乎也总是被或多或少地反过来染上了人的"感情"之"情"的色彩。⑫ 因此,

---

⑪ 例如,《墨子·非命中》:"子墨子言曰:凡出言谈,由文学之为道也,则不可而不先立义法。若言而无义,譬犹立朝夕于员钧之上也,则虽有巧工,必不能得正焉。然今天下之**情伪**,未可得而识也,故使言有三法。"《管子·七法》:"言实之士不进,则国之**情伪**不竭于上。"《吕氏春秋·季春季第三·论人》:"内则用六戚四隐,外则用八观六验,人之**情伪**贪鄙美恶无所失矣。"《荀子·礼论》:"凡礼,始乎棁,成乎文,终乎悦校。故至备,**情文**俱尽;其次,**情文**代胜。"荀子所言之"文"乃礼之形式。刘勰《文心雕龙·情采》:"诗人什篇,为**情**而造**文**;辞人赋颂,为**文**而造**情**"所言之"文"则为诗赋之形式。内"情"现于外为"文","文"则可以为"伪"。

⑫ "事"之"(实)情"与"人"之"(感)情"之间的界线即因此而并非总是截然分明。在需要人以心"感"之的万事万物之"情"中,我们似乎总是能听见"感情"之"情"的声音。而人与事之"(实)情"之间的联系即是中国传统中被如此看重的那个"感":事物之"情""感"人,人"感"于事物之"情",从而通于事物之"情"。"情"总须"感"而后"通"。

欲知事与物之情，人就必须不断地面向事物敞开自己，亦即，敞开自己之"心"，从而让事与物之"情"可以不断地"感"己之"心"，让己之"心"可以不断地"感"（受）事与物之"情"。正因为心能"感"万事万物之"情"，所以人才能"通"万事万物之"情"，"得"万事万物之"情"，从而也才有可能"顺"万事万物之"情"。

人之"心"可"感"万事万物之"情"的"感"字非常重要地表示着，心之"感于物"并非明镜之"映物而无染"，尽管中国传统中不仅多有以镜比心之喻，而且还常以镜之映物的完全无染为人应对万事万物的理想模式。⑬ 然而，中国传统却也一贯肯定，人之心乃必然"感"于物而"动"者。《礼记·乐记》论乐之起源即曰："凡音之起，由人心生也。**人心之动，物使之然也**。感于物而动，故形于声。"又曰："夫民有血气心知之性，而无哀、乐、喜、怒之常，**应感起物而动**，然后心术形焉。"⑭

上引《礼记·乐记》的说法与郭店竹简《性自命出》的开头十分接近："凡人虽有性，心亡（无）奠（定）志，待物而后作，待悦而后行，待习而后奠（定）。喜、怒、哀、悲之气，性也。及其见于外，则物取之也。""取"让我们想象，是种种外物将人似乎固有的喜、怒、哀、悲从里面"拿出来"。但被拿出来放在表面上的喜、怒、哀、悲在未被拿出来之前其实还无所谓喜、怒、哀、悲，而只是其可能性而已。这也就是说，是人之性本身的特定构成使喜、怒、哀、悲成为可能。所以喜、怒、哀、悲才被称为人之性。《礼记·中庸》所谓"喜、怒、哀、乐之未发谓之中"，其实也意味着，尚未表现于外的喜、怒、哀、乐仅仅作为可能性而内在于人。因

---

⑬ 例如，《庄子·应帝王》："至人之用心若镜，不将不迎，应而不藏，故胜物而不伤。"王阳明《传习录》："随物见形，而明镜曾无留染，所谓情顺万物而无情也。"关于"感"之分析，可参见贡华南：《从"感"看中国哲学的特质》，《学术月刊》第38卷11月号，2006年11月，第45—51页；以及贡华南：《"咸"：从"味"到"感"——兼论〈咸〉卦之命名》，《复旦学报（社会科学版）》，2007年第4期，第54—60页。

⑭ "感"与"动"——因"感"而"动"，或"感"而使"动"——之连用让汉语最终有了"感动"这一固定的现代词汇。《荀子·乐论》中"故制雅颂之声以道之……使其曲直、繁省、廉肉、节奏足以**感动**人之善心"，及汉荀悦《汉纪·成帝纪二》中"天尚不能**感动**陛下，何敢望。独有极言待死而已"中的"感动"都是"感而使动"或"因感而动"之例。

此可以说,人本身也许只是喜怒哀乐的可能性。

但喜、怒、哀、乐本身又是什么？我们已经看到,荀子将此四者再加上好、恶而统称为性之情:"性之好、恶、喜、怒、哀、乐谓之情。"但这一表述主要仍是在说,此六者乃人性本身之"实(际)情(况)"。《礼记·礼运》所列之"人情"则有七种:"何为人情？喜、怒、哀、惧、爱、恶、欲,七者弗学而能。""弗学而能"意味着:人作为人即必能有此七情。但此处这一有了具体数目的"人情"已经不再指广义的人之"实(际)情(况)",而是狭义的人之"感情"了。人作为人即必能因感而动,动即为情,亦即,为人所特有之种种感情。至于《性自命出》之径以此诸"情"为人之"性",则可能是因为此文本之作者欲明确肯定情——人之能够有情——乃人作为人即生而固有之"能力"。至于此固有"能力"之如何实现,《性自命出》与《乐记》则皆认为其乃万事万物作用或影响于人之结果:"动性者,物也";"及其(亦即,喜、怒、哀、悲)见于外,则物取之也。"⑮ 感于物而动是人之性,或人之所以为人。人不可能无感,感则不可能无动,而此动则首先和最终都必是人心之动。心之动即会令人生《性自命出》所言之"喜、怒、哀、悲",《中庸》所言之"喜、怒、哀、乐",荀子所言之"好、恶、喜、怒、哀、乐",或《礼记·礼运》所言之"喜、怒、哀、惧、爱、恶、欲"。⑯ 凡此种种,虽名称与数目或有不同,但却皆为人心之"感—动"状态,而此即人之"实(际)情(况)"。于是,在汉语传统中,这些内在于人的"(感)动(状)态"本身,作为人所特有之"实(际)情(况)",才也开始被称为"情"。

这样,我们就可以清晰地看到汉语传统中"情"之意义是如何由万事万物之"实情"向人之"感情"的延伸和过渡了。"情"本指包括人在内的万事万物之"(实)情"。但人与万事万物虽皆有其"(实)情",人

---

⑮ 汉代王充也处在这一传统之中:"情,接于物而然者也,出形于外。"(《论衡·本性》)

⑯ 在中国传统中,关于情——感情——的种类,还有不同的说法。佛教的说法与《礼记·礼运》的说法基本一致:喜怒忧惧爱憎欲。中医的说法则是:喜怒忧思悲恐惊。例如,明代朱橚等编著的《普济方》四十三《因论》中说:"七情者,喜怒忧思悲恐惊。若将护得宜,怡然安泰;役冒非理,百病生焉。"

之心却又能感万事万物之"(实)情"。因此,与万事万物有别的人这一"特殊事物"之"(实)情"与人本身这一能感万事万物之"(实)情"的根本能力有关。而在其为万事万物所感之时,能感万事万物之"(实)情"的人之心本身即会处于种种特定的"(感)动(状)态"之中。如果人——人之心——不可能不因"感"(于)万事万物而"动",而心之"感—动"则始终会置人于喜、怒、哀、乐等等特定的"(感)动(状)态"之中,从而让人首先在这样的"情况"中——在人的种种"感情"之中——发现自己和揭示万物,那么喜、怒、哀、乐等等心之特定的"(感)动(状)态"就确实是人这一"特殊事物"之最基本的"情况",是人之为人的最基本"实情"。而此"实情"就是:人必会因"感"而有"情",或必有种种"感—情"。

不可能不为万事万物所感,并必然会因感而动,因种种不同的感而有种种不同的动,因种种不同的动而形成汉语中后来以"感情"所指称之种种"情",如喜、怒、哀、乐,等等:如果人之此种"情况"确实就是人之为人的最基本之"(实)情",那么汉语传统在开始以"情"字来指称人之"感情"时,其实就已经达到了对于人之性或人之本质的这样一种非常深刻的理解:人之最基本的"(实)情"就是人之"(感)情",或人之必有因"感"而生之"情"。这也就是说,在此传统中,人之性,或人之所以为人者,被认为首先就是人——人之心——之必能感于物而动。心之必能"感于物而动"则会让人发现自己始终已然处于某种"感动"——因"感"而"动"——状态之中。甚至所谓完全的"无情"也仍然还是某种特定的"动情"状态,而并不意味着情之全然阙如。只是因为心始终不可能不因感而动,动则不可能不生情,而情则不可能不以种种方式深刻地搅扰人,人才有可能也会渴望"无情",亦即,渴望"情"——"感情",因"感"而生之"情"——的克制或消除,甚至渴望人之心可以一如"槁木死灰"之"无情"。

正因为人始终都不可能无喜、怒、哀、乐之情,正因为凡此种种"情"其实就是人之不同于其他事物之"(实)情",所以在汉语传统中,谈论"人之(实)情"其实主要就是谈论人之喜、怒、哀、乐。也正因为人之最根本的"(实)情"就是人之必有喜、怒、哀、乐之"(感)情",我们才可以理解,人之情——感情或情感——之"中、和、平、正"在中国传统中何以竟能具有"天地"意义或"本体"意义。⑰ 于是,一旦涉及人,一旦需要谈论和思考的是人之"情",人这一"特殊事物"之"情",人之最基本的"实(际)情(况)",或人之所以为人的根本之处,"情"字就开始具有非常深刻的双重含义。正是汉语之"情"的这一意味深长的一词两义,让我们可以言简意赅而一语双关地说,**人之情就是人之情**,亦即,人之不同于万事万物的特定之"(实)情"就是人之必有"(感)情"。而当我们在汉语中做出如此表述之时,我们在谈论和思考的其实恰恰就正是人之性,或人之所以为人。

三、感—情:人之最根本的可被感动之性

正因为情乃因感而生,所以我们才有了现代汉语中的双音词"感情"。此词现在似乎只是"感"与"情"的某种近义复合,我们在其中已经很难分别听出二者各自的独立声音。但在古汉语中,我们却会在动宾结构中首先发现"感情"这一表述。例如,汉《金乡长侯承碑》中有"昆嗣切剥,哀恸感情"之语,刘伶《酒德颂》中有"不知寒暑之切肌,利欲之感情"之语。⑱ 在这些表述中,作为动词的"感"表示的是此对彼之影响,作为名词的"情"则是此影响之承受者。被"感"之"情"乃人之"情",所以"感"人之"情"也就是"感"人本身。这一意义上的"情"因而首先并不意味着人之特定的五情或七情,或人之具体的喜、怒、哀、乐,而是人本身之必然可被感动的能力,或其**可被动感性**。在此,"情"的意义其实回到了一切可以表现出来的特定"感情"之下,或回到了所

---

⑰ 《中庸》即曰:"喜、怒、哀、乐之未发,谓之中。发而皆中节,谓之和。中也者,天下之大本也。和也者,天下之达道也。致中和,天地位焉,万物育焉。"

⑱ 此皆为《汉语大辞典》例释"感情"这一词条之义时所引。刘伶语见《文选·晋·刘伯伦·酒德颂》。

有"感情"皆必然蕴涵者：**人之最根本的可被感动之性**。

如果人之"实情"就是人之"感——情"，或人之必有因"感"而生之"情"，那么，在人的种种具体"感情"（状态）之下，**"情"所表示的其实首先就是人的这一"始终可被感动"之性**。人不可能不因"感"而"动"，因为此乃人之"情"，人之最根本的"实情"，或人之人性。人必然会因"感"而"动"，"动"即不可能安。情——有情——因而也可以说就是人之必然的"不安"或不能安。⑲ 但也正因为人不可能无情，或人必有情，而有情则必不能安，亦即，不能始终安然自处而不为外物所动，所以中国传统中才也始终有一欲"保持"或"复归"无情状态、从而不使自身为情所累的倾向。此处加了引号的"保持"和"复归"是欲表明，对于人来说，其实并不存在着某种有情之前的原始无情状态。⑳ 此种"理想"状态始终都只能是欲望回头反向重（新）（虚）构出来的、其实从未真正存在过的"（非）起源"。在某种意义上主张人应"无情"的庄子在与惠施辩论人是否有情之时，其实就已经承认了人之从根本上即不可能无情。㉑ 在魏晋玄学中，何晏之以圣人为无喜怒哀乐之情，其实也只是说，圣人**应能**超出常人而做到不为情所动。㉒ 王弼将此明确道出，就有以下之言："圣人茂于人者神明也，同于人者五情也。神明茂，故能体冲和以通无；五情同，故不能无哀乐以应物。然则圣人之情，

---

⑲ 孔子与宰我论是否应行"三年之丧"时，他所着眼的就是这一重要的"不安"。父母之去世必然会深刻地"感"孝子而"动"之，从而使其长久地不安。

⑳ 《礼记·乐记》说："人生而静，天之性也。感于物而动，性之欲也。"此说似乎蕴涵着，在人感于物而动、动而生情之前，有一原始的平静无情状态。但人其实始终都只是在感于物而动"之后"，才开始去设想一个似乎应该存在的尚未感于物而动的"之前"。海德格尔会说，人总是而且也只能是在种种感情中发现自己以特定方式置身于世，因此即使所谓"无情"也只是"有情"的一种残缺样式而已。

㉑ 《庄子·德充符》："惠子谓庄子曰：'人故无情乎？'庄子曰：'然。'惠子曰：'人而无情，何以谓之人？'庄子曰：'道与之貌，天与之形，恶得不谓之人？'惠子曰：'既谓之人，恶得无情？'庄子曰：'**是非吾所谓情也。吾所谓无情者，言人之不以好恶内伤其身，常因自然而不益生也。**'"此处惠施坚持人之为人即必有情，庄子其实也接受此一看法。他与惠施的分歧只在于，人虽必有情，却不应因情而伤身。

㉒ 见《三国志·钟会传》裴松之注："何晏以为圣人无喜怒哀乐，其论甚精，钟会等述之。弼与不同，以为……"

应物而无累于物者也。"㉓追求达到"无情"之境其实最多也只能是希望始终不为情（或为生情之人或物）所累而已。此一欲望本身即已表示着纯粹无情的不可能。"无情（之状态）"其实总已经是对有情的某种压抑或消除。而对于"无情"状态的种种追求，则始终都首先只能是对于"情"之必然不可能"无"的重新肯定。

　　对于人之为人来说，必然不可能无情最终意味着什么？所有具体的情，或情的所有具体形式（喜怒哀惧爱恶欲），皆为人之"感—动"状态。"感—动"则始终是"感"于物而"动"。但人之为物所感，乃是为一切"异于己者"所感，亦即，为他者所感，而所谓"他者"则并非仅指"他人"而言。对人而言，万物皆为不可能与己无关之他者。㉔而人一为他者所感，情——种种可能的感情——即生于中（而亦可形于外，亦即，以种种形式表现出来）。所以，人之情（感情和情感）始终都是相应于他者之如何"动人"——如何"动"每一说"我"之"人"，每一以"我"自称之"人"——而生者。因此，人的任何一己之情——任何一"我"之情——都首先是对他者之"应"。他者"感"而"动"我，我即由于此一"感—动"而生某种情，所以**情乃感之应**。因此，无论所生之情的具体内容为何，我之情皆首先即已为对他者之应。而如果情乃不由人自主者，那么我之情就是我对"动"我之"心"的他者之"不由自主"之应，而任何所谓不动情或无情都只是对于先已"不由自主"者的重新控制。如此说来，人之必有情就只能意味着，人乃是从根本上就不可能面对他者而"无动于衷"者，乃是从根本上就不可能不以某种方式首先"不由

　　㉓ 王弼语出处同上，即前注引文以省略号代表者。《世说新语》亦载王弼类似之言："太上忘情，其下不及情。情之所钟，正在吾辈。"

　　㉔ 王阳明《大学问》中那段经常被人引用的话，尽管其中所涉及的问题需要深入专题分析（参见拙作《吾道一以贯之：重读孔子》，北京：北京大学出版社，2003年，第243—247页），其实已经就以某种方式道出了人与一切他者之不可能无关或必然有关："大人者，以天地万物为一体者也。……是故见孺子之入井，而必有怵惕恻隐之心焉，是其仁之与孺子而为一体也。孺子犹同类者也，见鸟兽之哀鸣觳觫，而必有不忍之心，是其仁之与鸟兽而为一体也。鸟兽犹有知觉者也，见草木之摧折而必有悯恤之心焉，是其仁之与草木而为一体也。草木犹有生意者也，见瓦石之毁坏而必有顾惜之心焉，是其仁之与瓦石而为一体也。是其一体之仁也。"

自主"地为他者所"感动"者。我之必然会"有动于衷",我之必然会"有情",即已是我对他者之最原始而且最根本的应。而我之任何有意的不应(有意不让自己为他者所感动,或有意让自己无情)其实都已经蕴涵了我对他者之应的在先性。人不可能不为他者所动,不可能不应于他者,而这也就是说,不可能真正地无情。"应"是对他者做出"回应",是"答应"。"答应"不仅蕴涵着"回答",而且也蕴涵着"同意"、"应允"。所以"应"也是"应—承",是我对他者的"应"而"承"之,是我向他者做出"承诺",是我来"承担"他者,来为他者负责。这才是人之情之为人之情最深刻、最重要的意义。

下篇　恻隐之心与人性之善

　　孟子的性善论,中国传统中最早的性善之说,实即植根于此一肯定人——人之心——乃必然感于物而动、动则情必然生于中的传统。人之感于物而动乃是感于他者而动。人乃是必会为他者所"感动"者。他者"感"我,我为他者所"动",此"动",作为我对他者之最原初的"不由自主"之应,则既是一种为他者"所动",同时也是一种为(了)他者"而动"。已经为他者所(感)动,我就不可能再让自己与他者无关了。于是,我为了他者而动,亦即,要去为他者做些什么,例如,伸手去救《孟子》中所提到的将入井之孺子。

　　为他者所"动"首先是我"心"之"动",是我之为他者"动心"。此一能为他者所"动"之"心",即孟子所肯定的人皆有之的"恻隐之心"。而孟子即在此"恻隐之心"中看到了人性之最基本的善。然而,在一个不同的语境中,孟子也曾与弟子谈论过人如何可以"不动心"。必会为他者所动之心,与欲在他者面前保持不动之心,此二者在《孟子》的文本中是否有某种关系?此一问题似乎尚未为论者所充分注意。但限于篇幅,本章不拟深入分析这一或许不无矛盾的关系,而仅试图在我们的论述中以某种方式"通过"孟子所谈论的"不动心"而接近到孟子所理解的"恻隐之心"的根本意义。现在就让我们在上篇的情之分析所建立起来的框架中来具体地分析孟子的"恻隐之心"与他所肯定的人性之善。

一、从"不忍人之心"中之"忍"说起

孟子相信,人皆有恻隐、羞恶、辞让、是非之心。在他看来,此"四心"就是仁、义、礼、智之开端,甚至就是仁、义、礼、智本身。[25] 在此"四端"或四德中,仁为根本。仁是《论语》的核心,也是《孟子》的核心,尽管孟子经常"仁义"并提。[26] 而自《中庸》和《孟子》以来,"仁"的意义就一直是以"人"来规定的。《孟子》中非常明确地说:"仁也者,人也。"(《尽心下》)[27]而如果"人"规定"仁"的意义,那么"仁"也可以规定"人"的意义。这就是说,仁乃是人之为人的本质特征。而如果按照孟子的明确说法,恻隐之心即意味着仁:"恻隐之心,仁也"(《公孙丑上》),而仁则意味着人,那么,在人所固有的"四心"之中,恻隐之心当然是最主要最根本的。所以毫不奇怪,在孟子这里,恻隐之心列于他所谓"四心"之首。没有恻隐之心,人就会失去那真正使其为人者。正因为如此,孟子才敢于说:"无恻隐之心,非人也。"(《公孙丑上》)所以,如果人性本善,那么根据孟子的看法,这首先就是因为,甚至只能是因为,人皆有恻隐之心。恻隐之心是人性之善的基本根据。故欲理解孟子的性善之说,就必须研究这一著名的恻隐之心的本质。

在《孟子》中,"恻隐之心"首先见于孟子对"不忍人之心"的论述之中。此一论述的语境是先王之政。孟子认为,最理想的政应是"不

---

[25] 《孟子·公孙丑上》。见杨伯峻:《孟子译注》,北京:中华书局,1960年,第79—80页。下引《孟子》时将仅于引文后括号中标出其篇名及篇章。篇章之分依据杨伯峻书。

[26] 当然,亦有主张礼为《论语》之核心者。但仔细的阅读当能阐明《论语》中仁与礼之密不可分。读者可参见拙著《吾道一以贯之:重读孔子》(北京:北京大学出版社,2003年)中关于仁与礼的分析。

[27] 《礼记·中庸》中也说:"仁者,人也。"

忍人之心"的自然结果,而这一"不忍人之心"则人皆有之:"人皆有不忍人之心。先王有不忍人之心,斯有不忍人之政。以不忍人之心,行不忍人之政,治天下可运之掌上。"(《公孙丑上》)为了阐明此"不忍人之心",孟子遂举"人乍见孺子将入于井,皆有怵惕恻隐之心"为例。这表明,孟子将"怵惕恻隐之心"视为"不忍人之心"的一种典型体现。他在此将"怵惕"二字加于"恻隐之心",以更具体有力地描述此心之"(感)动(状)态"。㉓ 既然"恻隐之心"乃是更广义的"不忍人之心"之一例,为了充分理解此"(怵惕)恻隐之心"的意义,让我们试先来分析一下孟子的"不忍人之心"本身究竟何谓。我们将从"不忍人之心"这一表述之中的"忍"字开始。

在《孟子》中,"忍"字最先见于孟子与齐宣王的对话。当后者希望知道自己是否具有成就王业之德时,前者明确地予以肯定。孟子的根据就是,齐宣王曾不忍衅钟之牛觳觫,若无罪而就死地,因而下令舍之不杀。但齐宣王如此行为之时,却并不懂自己何以竟至如此(《梁惠王上》)。于是他向孟子请教:"是诚何心哉?"(同上)此"心"当然乃是一已因"感"而"动"之心。但齐宣王所知道的只是,他自己已因被牛这一"他者"之痛苦所"感"而心有所"动",并因此一"被(感)动"而"主动"地去为此"他者"动了一下(亦即,去为此"他者"做了些什么)。他所不知道的则是,自己何以竟会因"被(感)动"而"主动":"夫我乃行之,反而求之,不得吾心。"这就是说,他不懂自己这一为了"他者"之行为的心理原因。而孟子即以"不忍"为之解释:"君子之于禽兽也,见其生,不忍见其死;闻其声,不忍食其肉。"(同上)正是由于对哪怕是作为禽兽的"他者",君子也有某种不忍之心,或心之某种不忍,而不是由于爱财或惜物("百姓皆以王为爱也,臣固知王之不忍也"[同上]),齐宣王才会下令释放赴死之牛。在孟子看来,这一不忍之心或心之不忍就正是齐宣王足以"保民而王"的条件:一个人既然甚至都不忍见禽兽受

㉓ 《孟子》中"恻隐之心"五见,其中《公孙丑上》中三见。此中有一次"恻隐之心"之前有"怵惕"二字。

苦,当然就更不应忍见人民受苦了。

然而,这一如此重要的、甚至于可以让王者成就仁政于天下的"不忍"本身又究竟意味着什么呢?说"不忍"即已蕴涵了"忍"。"忍"的意义是受与耐。是以汉语有复合词"忍受"和"忍耐"。"忍"意味着,忍者作出努力以承受那难以承受者。忍因而乃是某种主动行为。忍就是作为承受者的人对自己所遭受之艰难、困苦、伤痛、压迫、侮辱、伤害的某种主动耐受。正因为通常意义上的忍要求此种主动性(意志和决心),所以人们才可能会如此劝慰那些遭受着巨大伤痛者:"忍着点儿,一会儿/以后就好了/就不疼了。"此种劝慰是对遭受伤痛者的一个要求。这样的要求之所以可能则是因为,人之能否忍受伤痛与其意志有关,而意志是主动的。但是,在这样的主动、自由的意志行为成为可能之前,亦即,在我开始努力忍痛之前,我所如此忍受的伤痛必然已经落到我身上了。换言之,在我开始主动忍痛之前,我必然已经在被动忍痛了,无论后一行为表现为我之咬紧牙关还是叫苦喊疼。这里,说"被动忍痛"其实都已经是同义反复。忍本身已然就是一种"被……动",亦即,被外物或他者所动。需要主动地忍痛即已蕴涵着,伤痛始终都可能不期而来,不请自来,因而我必须始终都要做好忍的准备。做准备当然是某种主动。但此"主动"乃是要准备让自己"被动"。因此,在忍痛这一"行为"——如果忍痛仍然可以被视为一种行为,而行为应该蕴涵着主动的话——中,被动与主动之间其实已并无一条明确的界线。无论是否有所准备,是否心甘情愿,或者是否准备采取一切可能行动以解除、防止或逃避伤痛,我其实都只能首先绝对被动地忍受任何可能不期而来的伤痛。

所以,在遭受巨大伤痛时,无论"决心"忍痛与否,我都必然**已经**在忍痛了。而我之必然已经在忍而且不得不忍只是因为,我的身体已经并且仍在遭受伤痛。这就是说,我之必然要忍痛是因为,我有身体,而我的身体有感觉。身体本身就是感觉。如果我无从逃避自己的身体,那么,作为有身体者,作为一切身体感觉的承受者,或作为感受性或易感性本身,我其实从一开始就已经是一原始意义上的"忍者"。正因为我始终已经在忍,所以我才**不得**不忍。而人之身体本身就首先已然是人所不得不忍者。人,作为人,作为具有血肉之躯者,从一开始就不得不忍受自"身"之饥渴、疲劳、伤痛、疾病、衰老。而这在某种意义上意味着,人首先即必须忍受"自己"。人本身自始即已是一忍。因此,所谓"主动"忍痛其实只是对于我所必然已经与正在"被动"忍受之伤痛所表示的勇敢或无奈的"默认"。这就是说,决心忍痛只是决心去"**主动地被动**",亦即,去主动地接受人的这一无可逃避的最原始的被动性。忍或能忍是人之性。而忍这一现象之中即已包含着人全部的最原始的被动性。㉙ 就此而言,我们甚至可以说,**人者,忍也**。

二、忍与"不动心"

人,作为忍,作为忍者,必须也可以忍其所忍,亦即,可以主动、自觉地忍受其必须忍受者。主动的、自觉的忍则离不开心之坚决。身体伤痛之所以是伤痛,是因为它必然会"动"人之"心"。而"决心"忍痛就是不让自己之"心"为任何伤痛所"动"。心必然始终因感而动,此感则既可以是感于外物,也可以是感于自己之身体。在汉语中,人对于己身

㉙ "最原始的被动性"乃由莱维纳斯的说法而来。我们欲借此而将本章对孟子的恻隐之心的讨论联系于莱维纳斯的思想。读者当可在二者的思想中发现某些有意义的接近之处,尽管其间存在着由语言和传统形成的巨大的时空距离。对于莱维纳斯来说,"主体性"就是"作为比所有被动性更加被动的被动性而发生(se passe)的",而我"对他人之应承(或译责任),那先于我之自由,先于现在和先于再现之责任,就是比所有被动性都更加被动的一种被动性,就是被暴露——那非我所主动承担起来的暴露——于他者,一毫无保留的暴露,一被暴露之被暴露"。见 Emmanual Levinas, *Autrement qu'être ou au-delà de l'essence*, Martinus Nijhoff Publishers, 1978, p. 18. 已经发表的汉语译文是笔者所译的此书第一章:《异于去是,或,在是其之所是之外》(此标题有译为"异于存在或超越本质"者,但此翻译并非完全恰当,理由见笔者所做的翻译说明),《世界哲学》2007 年第 3 期,第 3—21 页,及第 4 期,第 66—76 页。笔者的全书翻译将由北京大学出版社出版。本文对恻隐之心的讨论有来自莱维纳斯的启发,但我们为自己确定的初步任务是,尽量先就孟子的思想本身进行具体分析,而不做任何平行的比较。关于孟子与莱维纳斯之间的可能对话,参看本书下章"莱维纳斯与孟子,或,作为感受性的主体与怵惕恻隐之心"。

的"感觉"之"感"之所以也是"感",就因为"身"之"感"必"感"于"心"。这同一"感"字于是使"身"之"感"与"心"之"感"不可能截然两分。没有"身"之"感"就不可能有任何真正的"心"之"感";而没有"心"之"感"也不可能有任何真正的"身"之"感"。"心"之"感(动)"总会有某种"身"之"感(觉)"相伴随,例如,肌肉之紧张,四肢之疲软,或体轻之欲飞("神欢体自轻,意欲凌风翔");而"身"之"感(觉)"又始终离不开"心"之"感(动)",因为最终是己之"心"在感己"身"之"痛(或)痒",或感他者之悲苦危难。所谓情就是心在感于外物或感于己身之时的"(感)动(状)态"。忍则可以理解为对于情——"感—情",因"感"而生之"情"——的控制或压抑。归根结蒂,忍意在控制和压抑身之"感(觉)"与心之"感(动)"之间的"自然"联系。

在汉语中,赞美这一控制和压抑能力的字眼之一是"勇"。能够忍受己身之伤痛,而不让己之心为己之身所动,经常会被认为是勇或勇气的一种表现。人之勇或勇气的更主要的表现则是,能够让自己之心始终不为他者所动。孟子似乎即持此种看法。所以,对他而言,"不动心"乃是一种可欲之德。而做到不动心的基本方法,据孟子说,就是培养个人之勇("养勇")。孟子说自己在四十岁之时即已做到了不动心。但所谓"不动心"却已经蕴涵着心之必然可动。正因为人之心在未加控制之时会"自然而然"或"不由自主"地因"感"而"动",所以人才需要有意识地用意志力量来控制此"心",使其可以不为任何能感此"心"者所"动"。㉚

而正因为我作为我即始终都已经被暴露于他人,而他人则是那始终都有可能与我对抗者或加害于我者,所以孟子讨论不动心时所举之例都是养勇者之如何努力让自己面对他者而无所畏惧的情况:

㉚ 参见张岱年在《中国哲学大纲》(《张岱年全集》第 2 卷,石家庄:河北人民出版社,1996 年,第 499 页)中对孟子的不动心之说的简略论述:"不动心即是主宰情绪不因外物而动之境界。""境界"一词本身具有褒义,但我们在"不动心"中看到的乃是一种与"忍心"有某种联系的、意义暧昧的、可褒可贬的品质。详后。

> 北宫黝之养勇也,不肤挠,不目逃,思以一豪挫于人,若挞之于市;不受于褐宽博,亦不受于万乘之君,视刺万乘之君,若刺褐夫;无严诸侯,恶声至,必返之。(《公孙丑上》)

在此例之中,养勇者的方法是与无论什么地位的他人都分毫不让地对抗。在孟子所举的另一例子中,孟施舍培养个人勇气的方法也是欲做到在面对他人之时"能无惧而已",而不是"能为必胜"(同上),因为与"无惧"不同,"必胜"并不在养勇者自己所能控制的范围之内。在这同一论述语境中,甚至孟子口中的曾子也是从不惧他者的角度来谈论孔子之"大勇"的,尽管根据这个被孟子转述的曾子,在孔子关于大勇的观念中,我对他者之惧怕与否是与我是否确信自己拥有正义联系在一起的。㉛ 所以,在孟子关于不动心的讨论中,无论这些勇气的水平和性质如何不同,**能使我"动心"者总是他人或他者**,而不动心则总是意味着:在与他者的对抗或敌对中保持自己之"心"不为他者所"动"。

但为什么我欲使自己之心不为他者所动?欲自己之心不为他者所动乃是欲维持自己之自主和自律,亦即,维持自己为一能够全然不受他者影响的、真正独立于他者的"我"。对于这样一个要维持自己之为绝对自主自律者的欲望来说,或对于这样一个要维持自我的理想主体性的欲望来说,他者始终都是最大的"威胁"。因为只有他者才是那始终都会打破我之自主自律者,亦即,是会让我不得不(逆自己之所欲而)敞开自己者。敞开总是向他者之敞开,而我之向他者敞开首先即具体表现为我之心为他者所动。此动即是我对他者之最原始的"不由自主"之"应"。所以,欲使我自己之心不为他者所动,也就是欲使自己不受他者影响。然而,这一使自己完全不受他者之影响的欲望本身又恰

㉛ 《孟子·公孙丑上》:"昔者曾子谓子襄曰:'子好勇乎?吾尝闻大勇于夫子矣:自反而不缩,虽褐宽博,吾不惴焉。自反而缩,虽千万人吾往矣。'""缩"有"直"意,在此意味着"正直"。"惴"是"使他(者)惊惧"之意。

恰表明了,我,作为必然"有身"者㉜,因而作为必然"能感"者,作为一必然能有"感"而且动"情"的血肉之躯,其实始终已经暴露于他者之前了。这也就是说,始终已经暴露于一切可能的严威、侮辱、暴怒、伤害之下了。正因为这一"始终已然暴露于他者",我才有可能欲培养自己面对他者的勇气,亦即,培养自己做到在他者的严威、侮辱、暴怒或伤害面前"无动于衷"。然而,"无动于衷"却已经蕴涵了一必然可动、能动之"衷"。这就是说,所谓不动之心已经蕴涵了心之必然可动与能动,而勇气——面对他者而无所畏惧——则已经蕴涵了我之必然暴露于他者,亦即,暴露于他者的影响,暴露于可能的伤害。而这一切又都意味着,我本身首先就是中国传统所言之"感",或莱维纳斯所言之"感受性"(sensibility),而感受性就是我之易受伤害性。作为感,作为感受性,作为感觉和感情,我其实始终已然被毫无保留地给予或暴露于他者了。莱维纳斯说,在被毫无保留地给予他者之中,感受性似乎就正是一切保护和一切无所保护所已然蕴涵者:易受伤害性本身。㉝而在孟子这里,我们所看到的也正是,勇气之必须及其培养所蕴涵的正是我本身之最根本的可被感动性与我本身之最原始的易受伤害性。

三、我作为必然要为他者忍痛而又"不忍"他者之痛者

然而作为感,作为感受性,作为必然可被感动者,也作为易于受到伤害者,我之"必然始终已经暴露于他者"不仅包括暴露于他者的严威、侮辱、暴怒、伤害,也包括暴露于他者自身所遭受的困窘、危险、苦难、创伤等,亦即,暴露于那本身可能正在遭遇和忍受种种伤痛的他者。此一暴露于他者自身的种种伤痛也许并不比暴露于他者的严威、侮辱、暴怒、伤害更容易忍受。自身受痛的他者之动我之心也许更甚于那加痛于我之他者。暴露于他者的伤痛,我之必须为他者忍痛(为他者忍

㉜ 《老子·第十三章》:"吾所以有大患,为我有身。及我无身,吾有何患。"
㉝ Emmanual Levinas, *Autrement qu'être ou au-delà de l'essence*, p. 94.

情与人性之善

受他者自身所受之痛)甚至会过于我之必须为自身忍痛。而如果主动的(有意的)忍意味着在任何能使人动心的情况下都做到不动心,而此不动心则既包含着心之不为自身所遭受之伤痛所动,也包含着心之不为他者所遭受之伤痛所动,那我们就可以开始看到汉语中"忍心"这一普通说法所隐含的义之两可了。"忍心"字面上意味着:让心忍,亦即,让自己之心忍而不为其所不得不忍者所动,或让自己之心去承受超出其所能承受者。说"承受"就蕴涵了"承受能力"。所以一切所谓"不能承受"均已蕴涵着"能够承受"。因此,所谓"忍心"让自己受痛只是:去承受自身难以承受之伤痛,而不让自己为其所动,而所谓"忍心"让他者受痛则是:虽然在承受他者之伤痛,却不让自己为之所动。忍心让自己受痛似乎勇气可嘉,但忍心让他者受痛则不免"狠心"或"残忍"之讥。就此而言,"忍心"其实乃是一种意义暧昧、可褒可贬的品质。孟子即一方面认为,王者应能不忍(心)目睹他者之痛苦,另一方面又认为,担当大任者必须经历某种形式的"忍心"训练:"故天将降大任于是人也,必先苦其心志,劳其筋骨,空乏其身,行拂乱其所为,所以动心忍性,曾益其所不能。"(《告子下》:12/15)这里,所谓"动心"恰恰是要训练心在被(触或感)动之时能忍住不动,"忍性"则是欲培养人的性格,使其更能承受。而这些都意味着,使人——人之心——变得更加能忍。如何"调和"——如果这是可能的话——孟子的思想中的不忍与应忍,仍是有待于我们思考和分析的问题。

现在让我们回到孟子的齐宣王。在他这里,"问题"似乎正是其不忍:**不忍衅钟之牛觳觫,若无罪而就死地**。如果一切忍最终都必然是"忍心",亦即,是让自己之心忍,或是控制自己之感情,那么一切不忍最终也都必然是"不忍心"。不忍心当然并不意味着,不让自己之心去承受任何负担。因为无论让与不让,我之心都必然已经在忍,而已经在忍是因为我始终都已经暴露于他者了。不忍心只能意味着,不让自己之心忍住而不动。动则是为他者所动。在齐宣王这里,其心所已经在忍受而又无法忍受者就是衅钟之牛就屠之前的痛苦。而正因为他不能忍而让自己之心不为自己目前之禽兽的痛苦所动,所以他才不能"忍心"地、无动于衷地让它去死,所以他才会为了此他者而动,亦即为它做些什么。

齐宣王之"不忍"只是不忍眼见就死之牛的痛苦。由于不忍这一他者的痛苦,亦即,由于其心已为此他者之痛苦所动,他才会下令解救这一他者,这一似乎本应被"牺牲"之牛。而在孟子看来,如果齐宣王之心也能为其民之痛苦所动,并因此而采取行动解救他们的痛苦,他即可以"保民而王"。保民而王的可能就正在于这一必能"自然而然"或"不由自主"地为他者之痛苦所动之心,这一不忍他者吃苦受痛之心。而这就是孟子所谓人皆有之的"不忍人之心"。

但是,我之不能使自己之心忍而不为他人之痛苦所动,或我之心之必会为他人之痛苦所动,乃是因为我,作为"有身"者,作为有感者,作为有因"感"而生之"情"者,其实始终已经在原始地、被动地"忍受"着我之必然要面对他人或他者的那一"面对",或我之必然要暴露于他人或他者的那一"暴露"了。我之身体本身——那必有感觉的身体和身体所必有的感觉——就是我之被暴露于"外",或被暴露于他人和他者。但这一"暴露于他人"不仅是暴露于他人所可能给予我的任何伤害,而且也是暴露于他人所可能遭受的痛苦。㉞ 暴露于他人之前,暴露于他人的痛苦,我其实即已经在"忍人",亦即,已经在自身之内被动地承担着他者。作为始终已然暴露于他人者,人本身就是对他人之"忍"。而此"忍"则既包括去忍他人之辱之害,也包括去忍他人之苦之

㉞ 《孟子》中"君子之于禽兽也,见其生,不忍见其死;闻其声,不忍食其肉。是以君子远庖厨也"(《梁惠王上》)即已包含着人之必然暴露于他者之痛苦这一现象的全部复杂性。人,作为必须靠吃他者才能维持身体之存在者,始终都有被暴露于他者的痛苦,并且不得不在某种程度上忍受他者的痛苦,但是人却不能因此而忍心让他者受苦。当然,没有对于他者的痛苦的某种必然忍受,人就不可能存在;然而,如果人完全无视他者的痛苦,人亦将因消灭了一切他者而结束自己之作为需要对他者负责者的存在。关于人不得不吃他者的问题(广义的他者,即一切非我之他/她/它……。佛教之不杀生及某些形式的素食主义皆涉及此一人是否应该吃某一类他者的问题。但此问题之复杂超出了本文的讨论范围),可参见德里达的《要点……:1974—1994 访谈录》中的《吃好,或主体之计算》(Jacques Derrida, "'Eating well', or the Calculation of the Subject", in Jacques Derrida, *Points . . . : Interviews*, 1974-1994. Ed. and trans. and Elisabeth Weber. Stanford, Calif.: Stanford University Press, 1995, pp. 255-287)。

痛。他人之痛苦会在我自身之内折磨我，使我难以承受，使我"不忍"。而正因为此"不忍"乃我之本性，所以解除他人之痛苦才也是我**自己**的必要，而不是我的可能因"万物（已）皆备于我"、或我已自给自足而有余的好意或慷慨。㉟

人作为人即必有此"不忍人之心"。而此一对他者之"不忍"即是我之仁，或我之善。所以，仁与善其实**首先**并非我之主动选择。当然，尽管如此，我却仍然可以，而且需要选择，因为我之心既是必能因"感"而"动"之心，也是能"虑"能"择"之心。㊱ 此能虑能择之心则可能会在特定的社会、文化、道德、习俗的影响之下做出不让自身受到"感动"的选择，亦即，做出"不动心"的选择。而如果我在某些影响之下真的选择了去"忍"我本来所"不（能）忍（受）"者（例如，见牛之若无罪而就死地时，齐宣王忍其被杀；或见孺子将入于井之时，我忍其落井），我就违反自己之本性——我之必能被他者所感动之性——而变得"忍心"或"残忍"了。而如果我让自己长此以往，我即可能成为所谓"忍人"，亦即，成为残忍之人。㊲ 但正因为忍心或残忍乃是人所必有之"不忍人之心"的压抑或残损，所以忍心或残忍之形成才需要"主动的努力"，需要某种强大的"心理训练"或"精神力量"，需要违反"自然"或违反人性

㉟ 见《孟子·尽心上》。当然，这取决于如何理解孟子的"万物皆备于我"。如果将此理解为，我已经在实际上具备了一切，那么我就是一自我完备的主体，而我之行仁为善即皆出于我之慷慨与主动。但是，这里也有另一种可能的解释，即孟子是在可能性的意义上谈论万物皆备于我的：我所具备的只是仍然有待于我去实现的善的可能性，而此可能性之实现有待于他者。这就是笔者在本书"心性天人：重读孟子"章中所尝试的解释。所以，我们此处是在含蓄地反驳前一种解释。

㊱ 《荀子·正名》："情然而心为之择谓之虑。"此能虑而择之心乃中国传统所理解之"心"的理智方面。汉语之"心"兼有二义，故难于翻译。很多学者现在将其译为"heart-mind"，以同时表达其感情方面和理智方面。

㊲ 见《春秋左传·文公元年》："且是人也，蜂目而豺声，忍人也。"此乃楚令尹子上评楚王所欲立为太子的商臣的话。杜预此处注"忍人"曰："能忍行不义。"（《国语·郑语》中史伯与郑桓公论周之兴衰时评谢国之民为"沓贪而忍"，亦是谓其民为忍人之意。）当然，人之不是忍人却可以成为忍人只能意味着，即使我之仁与我之善也始终都只是我的**可能性**。此即孟子何以要强调，他之所谓"性善"乃是："乃若其情，则可以为善矣。乃所谓善也。"（《孟子·告子上》）亦即，人之"（实）情"就是其有为善之可能。

的长期诱导。而这也就是说,需要忍心者或残忍者有能力去控制和压抑自己之"(感)情",控制和压抑那人皆有之的必然因"感"而生之(对于他者的)"(同)情"。

四、"具(有)(身)体"的恻隐之心

现在我们就可以回过来具体分析那作为"不忍人之心"之例的"恻隐之心"了。孟子给此心的全称是:"怵惕恻隐之心。"朱熹《孟子集注》中对此语的解释是:"怵惕,惊动貌。恻,伤之切也。隐,痛之深也。"㊳依此,"怵惕恻隐之心"乃一极受惊动而伤痛深切之心。但可以被如此形容之心本身究竟意味着什么?此心是荀子所谓能虑而择之之心吗?汉语之"心"当然不排除此义。但在极受惊动而伤痛深切状态之中时,此心是否还有暇思虑选择?我们且看孟子是怎么说的:

所以谓人皆有不忍人之心者,今人乍见孺子将入于井,皆有怵惕恻隐之心。非所以内〔纳〕交于孺子之父母也,非所以要誉于乡党朋友也,非恶其声而然也。(《公孙丑上》)

如果"怵惕恻隐之心"之生并非由于这些自私的动机,也不是考虑和选择之后的结果,那么此心就应是人之为人所固有者:

由是观之,无恻隐之心,非人也。(《公孙丑上》)

而正因为孟子所谓"怵惕恻隐之心"并非人有意为之者,而是不得不然者,朱熹才不无道理地称其为"情":

㊳ 李申:《四书集注全译》,巴蜀书社,2002年,第1059页。焦循《孟子正义》(北京:中华书局,1987年,第233页)于引《汉书·鲍宣传》"岂有肯加恻隐于细民"之注"恻、隐,皆痛也"后谓:"然则怵惕恻隐,谓惊惧其入井,又哀痛其入井也。"

情与人性之善

> 恻隐……，情也。仁……，性也。心，统性、情者也。㉞

因此，孟子的"怵惕恻隐之心"并非其自言之能思而得之之心（"心之官则思"），或荀子之能虑而择之之心，或朱熹之能统性、情之心，而是一能感而动之之心。心之动即为情之生。因此朱熹才释其为"情"。当其被暴露于一将入于井之孺子时，此心即因感而动，而"怵惕恻隐"所形容的就正是此一已被感动之心的特定"（感）动（状）态"，或人之一种特定的情。

然而，如果"恻隐"可以译为"深切的伤痛"，而所谓"痛"首先乃是身体性的感觉，那么我们就应该提出这样的问题：此一能感而动之心的特定"（感）动（状）态"，或此一特定的"感情"，何以需要为一表示身体性感觉的字眼所形容？此是否仅因我们的语言缺乏准确描述"感情"的词汇，所以才必须诉诸具体的"感觉"？

为了回答这一问题，让我们试来想象一下人之乍见孺子将入于井的情况。我之"乍见"濒危之孺子之"见"，正就是我之被直接暴露于他者——他者正在遭遇的可能危险以及此危险所可能导致的痛苦。我之此"见"本身是一种感官知觉，但此知觉会立即抓住我，直接打动我，具体影响我。在汉语中，描述这一直接具体影响的词汇也是"感"。突然见到他者之遭难，我立即就会为所"见"之情况所"感"。"见"已然是"感"，是"感觉"之"感"。"感"则同时意味着去触动和被触动。作为必可被感动者，我——我之身体——会由于此"感"而发生某种"动"。但此"动"最终必然是我"心"之"动"，是我有时可能希望其不要为他者所动的心之动。心之动即为情之生。因此，所谓"感情"其实就是那在我自身之内这样或那样地搅扰着我的"心"之"动"。但"心"之所以"动"，或之所以能因"感"而"动"，则首先是因为我有这样或那样的感官或身体知觉。所以，情始终是因感——我之"具'体'"地感于他者或感于己身——而生者。亦即，"情"始终是"感—情"。

㉞ 李申：《四书集注全译》，第1059页。

在人之心为将入于井之孺子所感这一情况中,此心之"(感)动(状)态"或"感情"被孟子描述为"怵惕恻隐"。对应于《礼记·礼运》中所列之喜、怒、哀、惧、爱、恶、欲七情,"怵惕恻隐"当属于哀、惧之情。哀是伤他者之痛,惧是恐他者之危。所以作为感情,"怵惕恻隐"所描述的并不是我的纯粹身体感觉(我在此并未受到实际身体伤害,因而并无任何实际的伤痛),而是这些感觉对整个的我——我之心——的某种影响,亦即,我之特定的心动状态。不同的心动状态即为不同的"感情"。所以,"感情"必然始终既包括"感(觉)"(外物或他者感我之身[体]),也包括"(感)情"(我之心因身[体]之感而动)。在汉语中,"感觉"与"感情"所共享的"感"字即标志着此二者之不可截然两分。"感"首先要求着身体的存在。如果人没有身体,那就根本不可能为外物或他者所触,因而也不可能在自"身"之内因"感"而"动"。人若无身体,心即无所寄托而成为完全的虚无。所以,若无身体,若无那"(能)感觉的身体"和"身体的感觉",人对他者的"恻隐之心"也就无所寄托而化为乌有。而如果情——感情——必生于心之动,那么当心无所寄托之时,人也就不可能有任何所谓感情。

因此,汉语之"心"的一词两义所能教给我们的也许正是,不应在感觉与感情或身体与精神的某种对立中来判断"恻隐之心"这一"感一情"。在汉语中,"痛"之所以既能描述感觉性的"身之痛",亦能描述感情性的"心之痛",一种"无痛之痛",就正是因为此"心之痛"不仅并非与身体性感觉无关,而且首先即是由直接的身体性感觉而起。我虽并未直接遭受身体上的创伤,但我那"不忍人之心"却的确是在因他人之痛苦而"痛",并因此而在为他人忍"痛"。

五、恻隐之心作为"感(觉)"与"(感)情"

如果在"恻隐之心"这样的表述中,我们已经无法区别其字面意义与比喻意义,那么感觉与感情之间的明确界线也就难于维持了。人之"恻隐之心"之所以可能,是因为人有身体,而身体有"感觉"。身体,或人之血肉之躯,才是伤痛——包括心之伤痛——的可能性。如果人没有身体,一个必然始终已经暴露于他者、可以受到伤害并因而能感觉疼痛的身体,人就不会"感"到什么。如果人只是纯精神性的存在,只是对于万事万物之非身体性的、无身体性的纯粹静观,那么人就不会有任何"具'体'"的伤痛之感,因为精神只"观"而不"感"(就是说,如镜之映物,并不会被所观者影响或感动)。所以,我们应该明确区别汉语中的"观"与"感"。⑩ 在中国传统中,无论是早期道家思想还是后来的儒家思想(主要是宋明理学),其实都有某种欲人成为非身体性的纯粹静观的倾向(亦即本文上篇所言对某种"无情"状态的渴求)。⑪ 而理想的

---

⑩ 当然,现代汉语中有"观感"一词,而这可以意味着,人可因观而有感。但可以产生感之观必须是可(被)感(动)之观,亦即,具有身体性的观,而不是完全无情之纯粹静观。

⑪ 《老子·第十六章》中有言:"至虚极,守静笃,万物并作,吾以观其复。"此已在讲人之虚己以观物。至于《老子·第十三章》中之"吾所以有大患,为吾有身。及吾无身,吾有何患",《庄子》中所言之身如槁木,心如死灰,似丧其耦(《齐物论》),堕肢体,黜聪明,离形去知,同于大通(《大宗师》),外生、朝彻、见独(《大宗师》),等等,都包含了强烈的消除身体或者消除身体之身体性的欲望。而《庄子》中之"一受其成形,不化以待尽,与物相刃相靡",则很可以用来阐明人实乃是一忍或一耐。其所谓"其形化,其心与之然,可不谓大哀乎"则明确标出了形/身与心之不可分。《孟子》中并无明确要人消除其身体性的说法,而其强调恻隐之心在某种意义上正是要坚持身体之身体性。但孟子之论不动心,亦有让人不受外在和内在影响之意。这就是说,让人无感。东西方传统中其实都有此种追求纯粹静观的倾向。我们此处可再引莱维纳斯《异于去是,或,在是其之所是之外》中的一段话以为参较:"在其追求精神知识之冒险的高峰阶段,感受性中的一切都意味着直观,或由观而受(此即视之由观而受)。而一旦感受性落回到接触之中,就像在吻的暧昧中(所发生的)那样,它即由**去抓**转为**被抓**,由意象之猎取者的主动转为被猎获者的被动,由瞄准转为受伤,由思想上的把握行为转为被把握,即在被他者——那并不显现自身的他者——所迷住这一意义上的被把握。"(Emmanual Levinas, *Autrement qu'être ou au-delà de l'essence*, p. 75)莱维纳斯这里是说,追求纯粹的甚至神秘的精神知识时,感受性倾向于理解为纯粹的看、视,纯粹的直观、静观,但感受性不可能只观而不感,即不可能不受所感受者之影响。一旦让感受性回到接触(接触属于感受性,即触觉,由接触而生之感受)这样的层面,感受性或感受者本身之必受影响就显示出来了。至于宋明理学中对于纯粹静观或"无情"状态的追求,则可以程颢《定性书》中所说"天地之常,以其心普万物而无心,圣人之常,以其情顺万物而无情"为某种代表。从某种意义上说,希望人之心与情"普遍消融"于万事万物之间,即是希望人能完全消除其身体性。但如果人——理想的人,圣人——真能做到这一点,也就不可能为他者,例如,为孟子那将入于井的孺子所动情了。因此,在程颢之以身体的"萎痹不仁"来说明仁其实乃某种深刻的痛感,与其所理想的圣人之"情顺万物而无情"之间,存在着某种不合。当然,程颢此语以及其基本思想要求更具体的解读,而此非为本章之篇幅所容许者。

纯粹的静观则被想象为可以不包含任何"感"——观与所观之间的相互感通和影响——的成分。在这样的关系中,所观不会对纯粹的静观本身有任何影响,而纯粹的静观本身也不会影响其所观,因为纯粹的静观"本身"已经没有一个必然只能存在于身体之内的、能被感动或被影响的心。因此,"不具(任何)(身)体"的、或消除了一切"身体性"的纯粹静观是真正地"形而上"的。理想的视或纯粹的静观超越一切具体的所观。在这一超越的纯粹的静观中,万物显现为独立自足者("万物静观皆自得")。欲从人的身体中分离出这一纯粹的视觉,纯粹的静观,就是让人从根本上成为无感——感觉与感情——者。

而正因为理想的纯粹的静观是"无心"之观,所以也不再有任何所谓"伦理"问题。因为,"无心"之观虽"观"而不"感",所以也就不再能有心之任何感动,或不再能因受到所观之影响而"有动于衷"。不再能"有动于衷"则是因为已无"衷"可动,所以也不可能对任何他者或事物有"情"。是以《老子》中有"天地不仁,以万物为刍狗;圣人不仁,以百姓为刍狗"之语。正因为纯粹的静观对万物万民"一视同(不)仁",所以高高在上的"天地"或"圣人"可以听任万物或百姓"自然",亦即,静观其自生自灭。此即为老子思想中所蕴涵的对于"无情"的某种追求。[42]

---

[42] 这里并非是要批评老子思想或笼统言之的道家思想,因为其复杂性非本文此处所能论及。而且,所谓"无情"本身亦有数义:现代意义上的"无情"意味着冷酷甚至残忍。传统的"无情",尤其是庄子所讨论的"无情",是强调人应该不动情。然而,不动情之说其实已经蕴涵或预设了情之必有及情之可动,而庄子所谓"不以好恶内伤其身"所蕴涵的或预设的也恰恰正是人之时刻可伤而且易伤,亦即,人之必然暴露于他者。正是因为此一必然会受伤害(例如,动情或伤心)的可能,才会产生这一不动情的追求或欲望,一个本质上即无法满足的欲望。因此,庄子在让人追求不动情或不动心(例如《庄子·德充符》中如下之言:"有人之形,无人之情。有人之形,故群于人;无人之情,故是非不得于身。眇乎小哉,所以属于人也!謷乎大哉,独成其天")之时,其实已经隐地承认了孟子所欲肯定者,即凡人皆有恻隐之心。而所谓恻隐之心则归根结底只是那必然可为他者所动之心,或那必然可为他者所生之情。于是,我们的问题并不在于争论人之是否皆必有此心或此情,而在于人之是否还能"让"此心此情为他者所动/而动。就此而言(当然,也仅仅是就"此"而言),道家与儒家的某种争论只在于,是从我必然要面对的(必然要面对是因为我自始即已暴露于他者)、**其实无可逃避的他者那里逃回到自身之中,还是在此面对之中让善获得我。**

但是，在中国传统中，上述这一以"纯粹的静观"所概括的倾向的问题是，此种纯粹的静观是通过欲消除静观者本身的身体性而取得的。这一纯粹的静观之变为"纯粹"有待于其所赖之身体的消除（或压抑）。然而，既然这一静观首先只有通过一身体才有可能，所以这一静观其实只有通过消除使其成为可能者的条件才有可能。因此，纯粹的静观其实是不可能的，亦即，是始终不可能纯粹的。任何纯粹的静观都必然由于只能通过一身体来想象而变得不纯粹。观总是一身体之观。而身体则不可能只"观"而不"感"。人，人之身体，就是感觉或感受性本身。人的一切感觉都必然以身体为条件，而人的一切感觉又都必然要影响这一身体。这里，所有的"感情"都有身体"感觉"的根据，而所有的身体"感觉"都已经是某种"感情"。所以，在人之"感"中，"感觉"与"感情"即已密不可分。正因为人有身体，能"感觉"，所以才可能受影响，能（被）"感动"，有"感—情"，亦即，有因"感"而生之"情"。

所以，孟子的恻隐之心其实首先就是人之因必然暴露于他者而在自身之内经受的伤痛之"感（觉）"与伤痛之"（感）情"。而孟子之肯定人必有恻隐之心，肯定人之有恻隐之心就像人之有手足四肢一样"自然"，其实就是肯定（虽然孟子并没有直接地这样说），人首先就是一感（sensibility）。而感则蕴涵着受，亦即，蕴涵着易感（susceptibility）。感与易感则蕴涵着易于受伤（vulnerability）。暴露于他者，暴露于他者已经或即将遭受的危险与痛苦，我不可能无所"感"，也不可能"感"而无所"受"与无所"动"。这就是说，我必然会因此一"暴露于他者之痛苦"而在我自身之内感到某种伤痛，并忍受此种伤痛。这一"在自身之内为他者感到和忍受伤痛"并非我之选择，因为在这一暴露中，我首先是全然被动的。作为具有必可被感动之性者，或作为感受性本身，我不可能不被暴露于他者，故不可能无所感，也不可能感而无所动。因此，我不可能不**因**他者并**为**他者而"心痛"。而此"因/为他者而心痛"并非或不再**只是**比喻性的说法，而是一种在其中感觉与感情已经不可能截然两分的"具'体'"伤痛。所谓"恻隐之心"就是人在全然被动地暴露于他者之伤痛时的必然"感觉—感情"。人在此不可能不感到恻隐或伤痛。人在此必然已经在以某种方式忍受着这一恻隐或伤痛了。这一伤痛之感先于我的任何反思,也先于我的任何主动承担。

因此,我,作为直接暴露于他者的恻隐之心,不可能不为他者所感,不可能不为他者所动,因此也不可能不为他者而感到心之伤痛。他者,在此作为一将入于井之孺子,要求我的援救。我们当然可以视援救与否为仍然取决于我自己之决定者。但是这一决定其实却首先来自他者:是他者在"要(与)求"我做出决定。所以这一决定并不是或并不完全只是**我的**决定。㊸ 为他者(例如,那将入于井之孺子)所动,直接感到自己之心的疼痛,我即必须解除这一内在的伤痛。援救将入于井之孺子因而乃是我为让自己"安心"——"安"我那本质上即始终"不安"的恻隐之"心"——而采取的行动。如果此行为即是善,那么善就首先并非我的主动行为。我首先乃是被善所要求,或者,用莱维纳斯的话说,"被善所抓住"。㊹

六、"性无有不善"

现在我们应该可以更深入地阐明孟子性善论的根据了。

根据孟子的看法,人性本善是因为人皆有恻隐之心。但是,有恻隐之心意味着,人作为感受性,作为善感者,作为必有感情者,必然会被暴露于他者的伤痛,并因此而会在自身之内感受伤痛。这一"暴露于他者",按照莱维纳斯的说法,甚至比裸露的皮肤之暴露于肉体伤害更为

㊸ 关于决定问题,参见本书"我之由生向死与他人之无法感激的好意——重读鲁迅的《过客》"章的有关论述。

㊹ "在我选择了善之前,善已经选择了我。谁也不是主动为善。我们可以看见一个主体性之中的,一个并没有时间去选择善,而是被其光芒所穿透而不自知的主体性之中的,这一非自由的形式结构。但主体性却看到这一非自由例外地为善之善性(la bonté du Bien)所救赎。此例外乃是独一无二的。而若说没有谁是主动地为善的,那也没有谁是被善所奴役的。"(Emmanuel Levinas, *Autrement qu'être ou au-delà de l'essence*, p. 13.)

直接。恻隐之心就是必然暴露于他者的我对他者之伤痛的直接"感（觉）—受（忍）"本身。人首先就**是一**恻隐之心，亦即，首先就是对他者之伤痛的"具—体"之"感—受"。⑤ 正因为"皆有恻隐之心"即意味着人之必然直接暴露于他者，以及人之因此暴露而必然会在自身之内感受他者的伤痛，所以人之要为他者忍受痛苦并且解除痛苦，其实首先并非是人出于好心和慷慨的主动选择和承担。作为恻隐之心，人在选择和决定自己"应"与他者所发生的任何可能关系（例如，见危授命，或见死不救）之前，其实已经就是这一直接的、全然被动的"暴露于他者"了。作为"心"，作为必有"恻隐"并能感受"伤痛"之"心"，作为直接暴露于他者的感性/感觉，我不可能不为/为他者所/而"动"，亦即，不可能不在自身之内因他者并为他者而痛。⑥ 而正是这一伤痛使我与"自身"分离，使我走到我自身之外，使我（重新）走向（始终已然在此的）他人，成为一"我而为他"者。⑦ 作为恻隐之心，作为必然会为他者所痛/而痛之心，他者其实自始即已在我"之内"了。所以，为他人解除伤痛首先乃是我作为人的"本性"使然，而不是由于任何外在的、功利的动机。如果解除他人之伤痛就是在为善，那么我之善就首先并不是我的选择，而是那内在于我之为我或我之人性之中者令我不得已的"要求"。如果，根据孟子，恻隐之心即为仁之端，或已经就是仁"本身"，而生而即有此仁即表明人之性善，那么，性善就意味着，作为恻隐之心，人在其"本性"中就已经为善所获得，或为善所占据了。作为恻隐之心，

---

⑤ 程氏兄弟所说之"满腔子是恻隐之心"（朱熹《孟子集注》引），只有如此才能得到其"本体"论层次上的解释。

⑥ 《诗经》中屡言"我心伤悲"，"我心忧伤"，"忧心且伤"。现代汉语说"伤心"：人可以为他人伤心，亦即，心为了他人而伤痛；当然，人心也可以为他人所伤害。这些表述皆蕴涵着，心本质上乃始终裸露于他者之前者。唯其如此，心方有可能伤。当然，裸露并非意味着，人没有可能设法对之加以保护。但需要保护自己之心而使其免于受伤，不恰恰蕴涵着心之原始的裸露及其始终可伤与能伤吗？

⑦ 这也是莱维纳斯的 *Autrement qu'être ou au-delà de l'essence* 中反复出现的表达（第6页，第21页，等等）。法文原文为：l'un pour l'autre。莱维纳斯有时将这一表达以连字符写为一词：l'un-pour-l'autre。其意为，一为彼之此，或一为他人之己。英译为"the one for the other"。这是莱维纳斯对我之为我或主体性的一个基本看法：我从根本上即是一为他（人）者。

作为能感、能动、能伤、能痛之心,**人不能不善**。这样,我们就可以理解孟子"若夫为不善,非才之罪也"之说的深刻意义了。"才"意味着人之本性,故不善并非人之本性使然,而恰恰是由于人违反了自己的本性。这就是说,违反了自己那必然"不忍"的本性而让自己变得能忍和残忍。这样,我们也就可以确定,我们应该在何种意义上接受孟子的"仁义礼智,非由外铄我也,我固有之也"(《告子上》)之说了:我之天生地、内在地拥有仁(义礼智)并非意味着,我已经先验地接受了某种来自上天的、形而上的道德原则("天理"),却意味着,我,作为人,自始即已生为一恻隐之心,亦即,生为一"我中有他"者,一"我而能为他"者。这样,孟子基于人的恻隐之心而确立的人性之善就确实有了内在于人性本身的根据。我对他者——对他者的一切,包括其自身所忍受的痛苦,以及其可能加之于我的任何伤害——的责任先于我的自由,我的选择,我的承担。但这一责任之必然,之可能,首先即在于人生而即为一"心",一"恻隐之心",一能为他者所感所动、能伤他者之所伤、痛他者之所痛之心。而这也就是说,人从本性上就是必然具有可被感动之性者。

当然,尽管如此,我仍可能会由于接受了某种"不动心"的训练而变得不再能为任何他者"动心"。我的恻隐之心——我的这一对他者之痛苦的必然"感(觉)—(忍)受"——始终可以由于种种原因而仍然对我自己蔽而不彰,或已然变得"萎痹不仁"。按照孟子的说法,这就是人之"放其良心"(《告子上》)或"失其本心"(《告子上》)。而当我失去自己的恻隐之心或能痛之心时,我的"不忍"就会变成"忍",我的"不忍人之心"就会变成"忍人之心",而我作为人就会由"能忍"变得"残忍"。当然,恻隐之心的此"放"此"失"只能是在我自身之内的放与失。而正因为这一放失本心是在人自身之内的放失,人也才始终都有可能去"求其放心"(《告子上》),亦即,找回自己的"本心",或"本性"。这就是说,我始终都有可能为善或重新为善,因为我之人性就是善。善作为我之人性已经在要求我。而这一为善或重新为善的**可能**则在于,在暴露于他者的痛苦之时,我让自己重新感受他人那不可忍受的伤痛,而不再有意或无意地让自己之心忍而不为此必然已经内在于我

的伤痛而动，从而让这一伤痛之感抓住自己，并支配自己的全部行动。㊸

而这也就是说，我让自己"为他者所动"，让自己切实地感到这一"为他者所动"，让自己之心为一切他者——他者之痛苦，甚至他者之"问题"，而此"问题"亦应包括他者可能加之于我的有意或无端的"迫害"——所"感动"，让自己之心因"为他者所（感）动"而生情，让此情——此一对他者之"深（刻）（感）情"——支配自己的行动，从而让自己保持而不丧失人性之善。

这难道不正是最根本的"人（之）情"：人之"（实）情"与人之"（感）情"？而此一以人之"感情"为人之"实情"，人之最根本的"实情"，人之所以为人之"实情"，或人之本性，不正是中国传统的"情"字之丰富蕴涵所仍然可以教于吾人者？而真正的"有情"者难道不正是那始终能保持自己的"恻隐之心"、因而能对天地之间一切有生甚至无生者皆给予真正的"（同）情"与关切的仁善之人？

㊸ 此处之所以强调这一"可能"是因为：我必然自始即已暴露于他者，而他者也自始即已在要求我。此"原始"暴露与此"原始"要求从根本上构成我之为我，亦即，构成我为一"我而为他"者。在任何可能的"为我"以前，我都已经在"为他"了。与为他相比，为我必乃"后来"之事。任何为我都只能意味着，从我必然已经面对的他者面前抽身而去，而将我的所有关切都转而集中于"某一他者"，即那作为他者之我自己。如果我们分析为我论（例如孟子所说到之杨朱的"为我"之说）所蕴涵的逻辑，就会发现，为我其实只能意味着，将我自己，而且仅仅将我自己，而非任何其他人，作为一他者而"为"（读为第四声）。因此，传统所谓为我实已是某种为他。我已然是一他；我中已然有他。也正因为如此，所谓"推己及人"才有可能：己已然为一他；我已然是（他）人。所以，我其实自始即已置身于善之中或为善所得，但能令此善之实现为善者是那向我走来的、我所面对的他人和他者。我之暴露于他人——暴露于他人之伤痛——将我之恻隐之心或我之善性呈现于我。所以，为善的可能就在于，让自己坚持在此暴露以及由此而来之恻隐或伤痛之中。以上所论，详见本书上章"心性天人：重读孟子"以及拙著《吾道一以贯之：重读孔子》。

莱维纳斯与孟子,或,作为感受性的主体与怵惕恻隐之心

与莱维纳斯在一起,我们将需要谈论他者。① 我们将需要与他谈论或向他谈论他者之思。但"他者之思"这一表述本身是有歧义的。这一表述既可以意味着:他者的思想,亦即,一异于我者的思想,另一个人的思想;亦可以意味着:关于他者的思想,亦即,关于那异于我(或我们)者的思想。因此,对于此"他者之思",我们此处就既可以或需要问:谁之思? 亦可以或需要问:所思者为谁? 当然,"他者之思"这一表述在结构上的歧义可能意味着,此二者在某种非常重要的意义上也许是密不可分的。首先,对于我们来说,对于中国思想传统来说,莱维纳斯当然是他者。这里,在纪念莱维纳斯诞生一百周年的学术会议上,我们需要谈论的即是这一他者的思想,这一来自不同思想传统者的思想。然而,这一他者的思想却同时也是一关于他者的思想,而且甚至是一关于他者之如何让我(成)为我——让我成为必然要对他者做出"回应"(répondre/respond to)和"应承"(responsabilité/responsibility)的,亦即,必然要为他者"负责"的伦理主体——的思想。而这也就是说,这一(关于)他者的思想其实乃是一关于我如何必然是一"我而为他"(l'un-pour-l'autre/the one for the other)者——关于一伦理主体——的思想。于是,与这样的思考他者的他者在一起,与这样的思考他者之如何让我

---

① 本章原为在杭州大学召开的"莱维纳斯百年诞辰国际会议"宣读的英文论文的中文版。此章可视为前两章的某种背景介绍与要点概括。

为我者的他者在一起,我们却感到不得不首先回到我们自己,而这也就是说,我们感到首先就必须对这一他者做出回应。因为,面对这一他者,面对这一他者的他者之思,或面对这一他者的关于我之如何必为一始终已然对他者做出应承的伦理主体的思想,我们其实已经"被"——被"被动地"——置于必须做出回应和应承——哪怕是以不回应和无应承的方式——的伦理主体的地位之上了。②

因此,说来可能奇怪,在莱维纳斯这里,这一传统上似乎应该"为一切作主"的主体从根本上说却是被动的,是一被置于首先即需要对他者的无论任何呼唤或命令都做出回应这一"被动"地位之上者,是需要对他者说"在下在此,悉听尊命"("*me voici*"③)者。的确,与几乎整个西方哲学传统相对,莱维纳斯正是在某种被动性中,在某种比所有被动都更加被动的被动性中(因此这其实已经不再是与其他任何被动性并列的"某种"被动性了),看到了主体之为主体的发生(se passer),而这一主体即作为此被动性而发生。④ 主体的主体性之作为被动性而发

---

② 当然,这里似乎并没有累赘地说"被'被动地'"的必要。"被"在汉语里已经表示着"被动"。但我们这里是想引入莱维纳斯的那个非常重要的有关主体性乃是一种比一切被动性更加被动的被动性的思想:"应(répondre),作为应承(responsabilité),那落在我身上故而我必须承担起来的对邻人的应承,即在此一被动性中,……,回响着。"(Emmanuel Levinas, *Autrement qu'être ou au-delà de l'essence*, Martinus Nijhoff Publishers, 1978, p. 18. 关于此书及其汉语翻译,参见本书"情与人性之善"章之注29。)

③ 这是《圣经·创世记》第22章中亚伯拉罕对神或上帝的召唤的回答,字面义为"我在这里"(希伯来语"hinneni")。莱维纳斯经常引此语以为我对他者之原始回应的范例。

④ "主体性……是作为比所有被动更加被动的被动性而发生(se passe)的。"(Emmanuel Levinas, *Autrement qu'être ou au-delà de l'essence*, p. 18.)因此,莱维纳斯在西方哲学传统所刻画的主体性中所看到的乃是某种"例—外",是主体之出于其"本性"即必然将自身"例"于一切去是者或一切存在之"外":"在主体性中看到一个例—外(ex-ception),一个将下述三者——〔是之去〕**是其之所是**(essence)、**去是者**(les étants)、〔二者之间的那一〕'**区别**(*différence*)'——之结合打乱了的例外;在主体的实体性中,在处于我之内的那'独一无二者'的硬核中,在我的〔与什么都〕配不成对(dépareilée)的同一性之中,瞥见对他人的替代;将这一先于〔自己之〕意志的自我捐出(abnégation)思之为一种无情的暴露,亦即,暴露于超越〔所带给主体〕的震创(le traumatisme de la transcendance),〔而此一暴露则是〕一种由某种比接受性(receptivité)、受难(passion)和有限性都更加被动——一种不同的被动——的容受性(susception)而来的暴露;从这一并不是被〔我〕主动承担起来的易受感染性(susceptibilité)中得出在世界上的实践(*praxis*)〔原则〕和知识"(引文出处同上,p. x)——这些就是莱维纳斯在其书之总注中为自己的重要著作 *Autrement qu'être ou au-delà de l'essence* 所作的概括。

生是因为主体,或我,自始即一被暴露于他者者。而与此一必然的暴露俱来的则是任何可能的伤害和创痛。在我可能将任何这样的由必然暴露于他者而来的伤害和创痛"主动"承担起来,从而"获得"或"恢复"我之主体性之前,我首先即已是这样一个几乎绝对的被动的暴露或被暴露,而暴露则意味着易于受到伤害:

> 易受伤害性(vulnérabilité);暴露于愤怒,于伤害;比所有忍耐更加被动的被动性,宾格形式的被动性;人质之为指控——那甚至发展到迫害的指控——所震创(traumatisme);以自己代替他者的这一人质〔所具有〕的同一性之被此迫害纠缠进去:这一切就是那个自己〔自我〕,就是自我的同一性的残损或击败。⑤

自始即已暴露于他者的自己或自我恰恰就因为这一原始的甚至"先于原始的"的暴露而不与自身同一。因此,与其说我之暴露于他者是我的"自我的同一性的残损或击败",不如说我的自我的同一性其实自始就是在这一暴露中建立起来的。但也正是由于这一原始的、必然的暴露于他者,我才可能"第一次"回到自身之上,成为一个因为这一原始差别——与他者的差别——而与自身同一的主体。而成为这样一个主体就是成为一个能对他者——我向之而被暴露的他者——做出回应与应承者,或成为一个伦理主体。

因此,在莱维纳斯这里,主体性最终是被追溯到自我的易受伤害性之上的,亦即,被追溯到那"不可传达的、不可概念化的感受性(sensibilité)"之上的⑥:"易受伤害性;暴露于愤怒,于伤害;比所有忍耐更加被动的被动性……。而这些,如果推到极端的话,就是感受性,那作为主体之主体性的感受性。"⑦但这里应该注意的是,此感受性并非

---

⑤ Emmanuel Levinas, *Autrement qu'être ou au-delà de l'essence*, p. 18.
⑥ Ibid., p. 17.
⑦ Ibid., p. 18.

仅为纯粹的被动接受而已。如果这里可以容许我们就"sensibilité"(英文"sensibility")的这一汉语翻译——"感受性"——而做一点发挥的话,我们也许可以说,感我者乃我首先不得不接受者或忍受者,但感我者也是"感—动"我去做出反应或回应者。我因感而应,故我们的汉语中有"感应"一词。但因为此应——反应或回应——乃因感而起,所以我对感我者所做出的最初回应或原始回应从根本上说乃是被动——被他者所动——的。我是先"被"他者"感—动",然后才会"应"。故"应"出于"感","感"导致"应",而"应"则是"应于他者"。他者作为他者即必然总会以某种方式"感—动"我或"影响"我,而此"感—动"或"影响"则是我不可把握者(如果我能把握他者对我的感动或影响,他者就会化为我的知识的"对象"了——这是莱维纳斯始终所强调的一点)。不可把握,因而也不可预备,或不可预防。所以,对于他者对我的"感—动"或"影响",被动的"回应"乃是我的惟一可能的原始"反应"。我,作为我,作为所谓主体,自始即被构成为一必然能感(受他者之影响)者,一必然能因感(于此影响)而应者,一必然要因感(于此影响)而应者。正因为如此,莱维纳斯才会说出像下面这样的话:

> 对他人之应承(résponsabilité),那先于我之自由,先于现在和先于再现之应承,乃是比所有被动性都更被动的一种被动性,乃是被暴露(exposition)——那非我所主动承担起来的暴露——于他者,毫无保留的暴露,被暴露之被暴露(exposition de l'exposition),表达(expression),说(Dire)。此一暴露是坦率,是真诚,是说之毫无虚假。不是那把自己隐藏与保护在所说之中,而仅在他者面前给出言语之说,而是那揭开自己之说,亦即,是让自己剥皮露肉之说,是切肤并触及神经末梢之感受性,是献出自己甚乃至于受难之说。⑧

---

⑧ Emmanuel Levinas, *Autrement qu'être ou au-delà de l'essence*, p. 18.

为了理解这段话,我们现在应该把莱维纳斯在"应承"、"(被)暴露"、"表达"、"说"几者之间建立的联系更明确一下。我们之从本文一开始就有意将莱维纳斯的"responsabilité"译为"应承",是因为莱维纳斯极其强调这个通常被译为"责任"的法语名词与其同源动词"répondre"之间的意义联系。我们通常所谓"责任"从根本上说实由我们对他者做出的原始回应而来。而一旦我在他者面前对他者之召唤做出回应,我其实就已经是在对他者做出应承了。这也就是说,我之"应"本身其实就已经是"承":承认他者之在,承认他者之可以支配我,承认我对他者负有无可推卸的绝对责任。因为我对他者的最初——假如真能有这样一个单纯的"最初"或"第一"或"原始"的话⑨——之应("me voici","在下在此,悉听尊命","唯唯","Oui, oui","Yes, yes",等等)乃是一无条件的回应。"无条件"是因为还来不及向他者提出任何条件,因此还没有可能向他者提出任何条件,因为即使我想要向他者提出任何条件,此一提出也必然只能在我对他者的原始回应之后。所以,此无条件之应——在还没有说出任何东西之前——回应着他者所可能要求于我的一切。此应之起则是由于我之被暴露于他者。或者说,此应本身即已是我之暴露于他者的这一暴露。应乃是表达,是我向他者表达些什么。而表达是说,是对他者说。但此说首先却并非任何具体的说,而是一种无所说之说,因为我之应首先乃是一纯粹的应,而还不是任何具体的应承。此说(或应)作为说(或应)仅仅向他者"暴露"我之整个的自己,所以此乃"那揭开自己之说,亦即,是让自己剥皮露肉之说,是切肤并触及神经末梢之感受性,是献出自己甚乃至于受难之说"。

说乃我对他者之应。我之必须应于他者是因为我作为一能感受者必然暴露于他者。于是,我,我之作为主体,我之作为主体的主体性,从根本上说首先即一感受性。而正因为主体性从根本上乃一感受性,所

---

⑨ 关于"最初"或"第一"或"原始"之应,亦即,关于第一个"oui"或"yes"或"是",参见本书"解构正名"章之注14。

以主体才从一开始即不可避免地为他者所"纠缠困扰"(obsession)。主体作为主体,作为感受性,乃是同中有异者,或我中有他者。主体作为主体其实从一开始即是一以他者为主之体,是必须对他者做出回应和做出应承者。

在这样一个在其感受性中根本地、原始地暴露于伤害和创痛,并在其最被动的被动性中对他者做出应承的主体中,我们已经很难认出西方哲学传统所刻画的那个作为主宰和自由的主体了。相反,在这个被莱维纳斯所彻底改写的主体中,却似乎可以隐隐感到某一部分中国传统所设想的人或人之人性。具体地说,莱维纳斯以其作为感受性的主体性而让我们想到的首先就是孟子及其所说的恻隐之心,因为在孟子所说的恻隐之心中,我们也可以看到一种根本性的我对他者之伤害或创痛的必然"感应"。因此,让我们请出孟子,请出其恻隐之心,来作为对于莱维纳斯——对于这一我们在此必须回应的他者,对于这一他者的他者之思——的一个回应。

但这当然不是要让我们躲在自己的传统和古人后面,以回避对于一个来自他者的紧迫的伦理召唤——一个召唤我们重新回到我们自己的无可逃避的伦理应承或责任之上的召唤——做出我们自己的直接应承。相反,在我们看来,正因为在面对莱维纳斯这样的为我们带来了他者之思的他者之时,一切学究式的概括或比较都必然苍白无力,所以才应该有另一种方式,一种照他者的要求而直接地、毫不闪避地做出负责的回应的方式。而请出孟子及其恻隐之心也许恰恰就是这样一种方式。因为,这里所出现的是一个有多重他者介入的复杂局面。一方面,作为来到我们面前的他者,一个来自不同思想传统的他者,莱维纳斯要求我们思考他者,思考他者之如何切近(proximité)于我,思考他者之如何让我为我,为一能对他者做出应承之我。而这在另一方面却就将我们置于一必须做出我们的回应和应承的"主体"地位之上。为了对莱维纳斯这样的他者的他者之思做出应承,我们因而在某种意义上必须回到自己。但回到自己并非是回到一个纯粹的、抽象的自己,一个脱离一切传统和语言的自己。回到自己是为了能对他者做出"更好"的应承,更"负责"的应承。为此,除了那我(们)所能对他者说的"第一言"之外,除了那绝对的"唯唯"或"Oui, oui"或"Yes, yes"之外,我们还需要对他者的具体召唤做出具体的回应和应承。正因为如此,在面对来自其他思想传统的他者之时,我们才有必要"回到"自己的传统,回到那个已然作为我们的他者,并因而也需要我们对之做出应承的传统,因为我们自己的声音也来自于这一传统,这一既作为我们自身的一部分,同时亦作为他者的传统。于是,正是由于面对一来自不同思想传统的他者,面对此一他者的思想对那出自于我们的回应的迫切要求,我们让自己重新与自己的传统——一个我们如不对之做出应承就可能陷其于沉默无言的传统——相遇,并让此传统重新发言,让其与我们一起面对其他思想传统对我们的召唤。

因此,面对莱维纳斯,我们需要让孟子重新发言,让孟子面对莱维纳斯,尤其是面对其作为感受性的主体性这一思想而发言:不是代我们发言,而是与我们一起发言,或与我们和莱维纳斯一起思考人或伦理主体的问题。如此,我们有可能既在传统中重新听到我们自己的声音,同时也在我们自己的声音中重新听到传统的声音。而此既非是让我们自己简单地重复传统,亦非是让传统说我们自己的话。当然,因为这里需要的是让来自中国思想传统的孟子面对来自欧洲—犹太思想传统的莱维纳斯做出回应,所以某种"翻译"是必要的。这就是说,我们有时需要通过对孟子或对莱维纳斯的某种"翻译"而实现必要的沟通。

孟子是在人性善恶这一古典问题的语境之内思考人的。相对于他那个时代及以前的认为人性非善非恶或可善可恶的论者,他明确肯定人性之善。但此善如何可能?孟子为人性之善提供的证据是,人皆有恻隐、羞恶、辞让、是非之心。在孟子看来,此四心是仁、义、礼、智的开端("四端"),甚至就是仁、义、礼、智本身。[10] 而仁、义、礼、智则是儒家传统所肯定的四德。在此四德中,仁则自孔子以来就已经被确立为最

---

[10] 《孟子·公孙丑上》。见杨伯峻:《孟子译注》,北京:中华书局,1960年,第79—80页。下引《孟子》时将仅于引文后括号中标出其篇名及篇章号。篇章之分依据杨伯峻书。

基本的德,甚至为**诸德之德**——全德。自《中庸》和《孟子》以来,仁的意义就一直是以人来规定的。《孟子》中非常明确地说:"仁也者,人也。"(《尽心下》)而如果人可以规定仁,那么仁也可以规定人。这就是说,仁也是人的本质规定。如果,按照孟子的明确说法,恻隐之心即意味着仁("恻隐之心,仁也"[《公孙丑上》]),而仁则意味着人,那么,在人所固有的此四心之中,恻隐之心当然是最根本的。而如果恻隐之心乃是使人之为人者,那么,假使没有恻隐之心,人就失去了人的最根本的规定性。按照孟子的说法,这就是:"无恻隐之心,非人也。"(《公孙丑上》)所以,毫不奇怪,恻隐之心列于"四心"之首。因此,如果人性本善,那么,根据孟子的看法,这首先甚至只能是因为,人皆有恻隐之心。

但孟子所说的这一恻隐之心究竟意味着什么呢?在《孟子》中,"恻隐之心"是"怵惕恻隐之心"的简化说法。此二者皆首先见于孟子对"不忍人之心"的具体论述。其中孟子肯定,最理想的政其实乃是或应是他所谓"不忍人之心"的**自然**结果,而这一"不忍人之心"则人皆有之:"先王有不忍人之心,斯有不忍人之政。以不忍人之心,行不忍人之政,治天下可运之掌上。"(《公孙丑上》)为了具体阐明此"不忍人之心"的意义,孟子举"人乍见孺子将入于井,皆有怵惕恻隐之心"为例。因此,"怵惕恻隐之心"乃是"不忍人之心"的典型或极端表现。

所谓"不忍人之心",应该理解为"不能忍于见到他者遭受痛苦伤害之心"。孟子之相信齐宣王应能保民而王,就是因为他知道后者曾有因不忍见衅钟之牛就屠之前的惨状而下令以羊易牛之举。能不忍见动物痛苦,也就更应该能不忍见他人痛苦。但"不忍"所蕴涵的乃是"忍"。能忍才可能不忍。而我之心之能够不忍他者受痛,不正是因为此心作为能感者,作为感受性——我们在此是否已能将这一中国传统的"心"径译为莱维纳斯的"感受性"而与其沟通了呢?——自始即已然在忍他者之痛了吗?而此"自始即已然在忍他者之痛"不恰恰是由于,我自始即已被全然暴露于他者了吗?

的确,尽管没有使用莱维纳斯式语言,孟子,在其所举之"今人乍见孺子将入于井"的例子中,其实已经非常明确地肯定了这一必然的暴露。被全然暴露于他者,我,作为"不忍人之心",作为"怵惕恻隐之心",或者说,作为一对于他者之痛极度敏锐的感受性,会因他者之创痛而创痛。此创痛在我突然见到孺子将入于井之时达于极致。在孟子的这个虽不无虚构但却非常极端的例子之中,我与一全然无助的他者不期而遇。我全然无所准备,全然为此他者所动,全然为他者正在遭受的危险所抓住。我之心在此一暴露于他者之中受到猛烈的震创。孟子所谓的"怵惕恻隐"即形容这一震创。这里,孟子所强调的是,我并非是因欲有此一震创而感到这一震创。亦即,我并非是别有企图而想让自己觉得或显得是在为此一他者所动。我之心之为他者所震创是因为此心从根本上即是必然暴露于他者而为他者所震创者。我作为我首先即是此恻隐之心,而此恻隐之心所见证的则是我之仁或我之善。因此,如果我出于我的恻隐之心而向这一将入于井之孺子伸出援救之手,那么这首先并不是完全出于我的自由选择,亦即,不是出于我的某种慷慨的冲动。援救将入于井之孺子乃我为解除我之恻隐之心所感觉到的伤痛而采取的行动。如果此举即是善,那么善首先不是我的"主动"。借用莱维纳斯的说法,我其实首先乃是被善所要求,甚至可以说,被善所抓住。

  我们让孟子这样发言是否在强孟子所难?我们是否在让孟子说莱维纳斯的话?在诸多的孟子思想研究中,孟子为阐明"不忍人之心"或"恻隐之心"所举的这个"今人乍见孺子将入于井"的例子似乎一直不能得到充分的注意,他者在此例之中的"作用"一直得不到合适的分析。因此,我们经常仅仅将其作为一个例子而已。而正因为如此,孟子的关于人性本善的思想即一直难得确解。孟子所说的善经常被理解为某种内在于我而可以被我慷慨地施于他人者。但这样我们就无法解释我为什么**一定**要把我之善施于他人。如果没有他者或他人,我是否还能被称为善呢?如果没有他人,我需要善吗?其实,我之"欲"善是因为将入于井的孺子——他者——在那里要求我。此要求甚至可以达到让我"舍己为人"的程度。因此,与其说是我"欲"为善,不如说是在他人面前我感到我**不得不**善。我善是因为始终已经有他者。我首先即是为善所抓住的。但我之能被善所抓住则是因为我作为我自始即是一"不忍之心",或一"恻隐之心",或一"比一切被动都更加被动的感受性"。

当然,尽管首先是我为善所抓住,但我也仍然必须抓住善。我的被动必须在他者面前变为一能对他者做出伦理应承之伦理主动。在孟子这里,将入于井的孺子即无声地将我置于必须对他者做出回应和应承的主动地位之上。但即便如此,对于此一他者,我仍然有可能出于种种考虑而袖手旁观或转身而去。这样,我就没有抓住善,而善也就没有抓住我。我以对他者之召唤的某种不回应和不应承而肯定了我对他者之原始回应与应承之从根本上即无可避免。如果回到"忍"这个中国概念,我们就可以说,在此种情况下,我是出于某种原因——某种"自私"的原因——而竟让自己的"不忍人之心"能忍而不为他者所动。

如果我之"不忍人之心",或"恻隐之心",或那暴露于一切的"感受性",所见证的乃是我作为人之人性或我作为主体之主体性,那么让此心忍而不为他者所动就是违反我作为主体之主体性或我作为人之人性。但生活在我们的社会中,人所经历的经常就是种种违反人之最根本的人性的教育和训练。

因此,肯定人作为人实乃一"不忍人之心"或"恻隐之心"(孟子),或肯定人作为主体之主体性可追溯至人的感受性(莱维纳斯),最终乃是要为一个我们极为需要的有关伦理主体的理论找到那令其不得不然者,或找到一个现象学上的理论根据。人作为人,作为具有"必善"之人性的人,或作为主体,从根本上即被如此构成为一必为他者所"纠缠烦扰"并必能而且必须对他者做出回应和应承者。这也许就是莱维纳斯的他者之思所能最终确定者,而这似乎也是孟子的恻隐之心以其独特的中国古典方式所能最终确定者。于是,对于莱维纳斯的思想,来自中国传统的孟子在某种意义上应该是能做出明确的应承的。而孟子对莱维纳斯的应承当然也是我们的应承,是我们与孟子一起对莱维纳斯的他者之思所做出的肯定的应承。莱维纳斯的思想由于与某一部分中国传统的切近而更加切近于我们。但莱维纳斯呢?他是否也会对孟子关于人必为一恻隐之心的思想做出肯定的应承？他是否能在某一部分中国传统中听到他对西方哲学传统的批评的回应或响应？但他是否也会因为孟子的或我们的传统并不最终肯定一个绝对他者（上帝）而略感失望？反之，孟子是否也会觉得莱维纳斯在其他者之思中包含进了太多的宗教因素？如果每一他者都是绝对的，我们又将如何为那（唯一）绝对他者在思想中找到一席之地呢？最后，如果恻隐之心或感受性仅仅意味着他者对我之必然的"纠缠烦扰"以及由此而来的我对他者的必然应承，而并不意味着实践中的伦理行为的绝对保证，我们又将应该如何与孟子和莱维纳斯一起坚持我们的恻隐之心或我们那作为感受性的主体性，从而不让我们在孟子那将入于井的孺子面前——或在莱维纳斯经常说到的孤儿寡母贫困无助者面前——在所有他者面前袖手旁观或掉头而去呢？这些将仍然是莱维纳斯和孟子要求我们继续做出回应的问题，亦将仍然是我们要求莱维纳斯和孟子继续做出其回应的问题。但这些已经超出了我们在此——在这篇短短的论文中——所能做出的回应。

同与和

君子和而不同,
小人同而不和。
——《论语·子路》

思 和

> 鸣鹤在阴,其子和之。
> 我有好爵,吾与尔靡之。
> ——《易·中孚·九二》

一、和之思念,和之思考

"和"对于我们来说似乎已经成为一个非常宝贵的社会概念的核心。"和"可以为我们形成一系列由其开始的美好字眼:和谐,和睦,和好,和平,和美。诚然,在这些汉语双音词中,"和"与其所引领之词可被视为近义词,而其间的关系则应被看作复合关系。例如,在"和谐"这一双音词中,"和"与"谐"即是意义相近之词。但"和谐"也必然是此"和"彼之"谐",或我"和"他——他人,他者——之"谐"。同样,"和睦"也必然是此"和"彼之"睦","和好"也必然是此"和"彼之"和而好之",亦即,和/合在一起,重归于好。而那对于我们这个世界如此重要也如此必须的"和平",也显然一定是此共同体、此民族、此文化、此宗教、此国家"和"彼共同体、彼民族、彼文化、彼宗教、彼国家之"平":平—静,平—安,也就是说,彼"和"此之间没有紧张,没有仇恨,没有冲突,没有战争。因此,"和平"也是"平"之"和",也就是说,此平"和"彼平之"和",或众平之"并育而不相害","并行而不相悖"(《礼记·中庸》)。因此,"和谐"实乃由"和"而生之"谐","和睦"实乃由"和"而生之"睦","和好"实乃由"和"而生之"好",而"和平"亦乃由"和"而生之"平"。有了如此由和而生之谐、睦、好、平,则即可能有整个世界之和美,而此"和美",作为真正的"和"与"美",当然也必定是由"和"而生之"美":美好,美妙,美满,完美。而这样的理想情况一旦在世界上真正出现,如果它真能出现的话,我们在某种意义上也许就可以用《礼记·礼运》中之话语来描述之:"大同"。① 这似乎当然是我们的理想,或,我们的欲望。

因此,我们的理想或欲望——对于和谐、和睦、和好、和平、和美的追求——在某种意义上,或某种程度上,是由和而生的。由和而生,也就是说,以和为其条件,以和为其可能。若以更哲学化的语言来表达,这也就是说,以和为其可能性的条件。但"以和为其可能性的条件"意味着,虽然没有和即不可能有和谐、和睦、和好、和平、和美,但有和却不必定有和谐、和睦、和好、和平、和美。为什么会是这样呢?这难道不是与我们对这些概念的通常理解相违吗?然而,我们在经验上都知道,此"和"彼始终都有可能未必谐、未必睦、未必好、未必平。此"和"彼,我"和"他(他人或他者),一个民族、宗教、文化、国家"和"另一个民族、宗教、文化、国家,始终都有可能不谐、不睦、不好、不平。而且,恰恰就是因为有了这个将彼此、人我或天下诸事诸物互相联系起来的"和",这个使彼"和"此或(他)人"和"(自)我连在一起的"和",才有可能生出种种"不一和"。正因为此、彼或人、我或不同民族、宗教、文化、国家已经在"和"之中——在其提供的"同在"的可能性之中——来到一起,相互暴露,直面而对,才有可能发生嫌隙、猜忌、伤害、对抗、冲突、战争。因此,让我们在此提醒自己,那些以不同方式表达着我们当下的社会理想或欲望——而有欲望当然正是因为有不足,有缺乏——的美好概念,

---

① 这里,在如此将"和"引向"同"之时,我们已经瞥见了"和"与"同"在意义上的紧密而复杂的联系,尽管人们如今会经常听到那些为"和谐"这一社会口号进行论证的学者们说,在中国思想文化传统的开端,"和"就已经被区别于"同"。让我们将这个对有关"和"与"同"之关系的问题的提示暂时悬置于此,留待下文适当时机再来讨论。

和谐、和睦、和好、和平、和美、等等,它们所蕴涵的那个"和"在意义上其实并非全然清白无瑕。

当然,尽管如此,我们仍然需要首先相信此"和",亦即,需要保持我们对于此"和"之信,某种最基本的信,因为否则我们就甚至不再能开口说话,亦即,开口"和"他人说话,开口"和"他人说:"我想'和'你说……",无论我想和他人说的实际上究竟是什么,甚至于哪怕只是:"我想'和'你说,我不想再'和'你说话了!"或者,"我再也不想'和'你说话了!"然而,也恰恰是因为"和"在意义上的这一暧昧或义之两可,我们需要思和,我们应该思和。而此"思和",此"和之思",恰恰即由于所思者的意义上的暧昧或义之两可,也必将发出复合的声音,或具有双重甚至多重的意义。思和,或和之思:对于和之思念;对于和之思考。思念:因为我们已经失去了和,或尚未得到和,和谐、和睦、和好、和平、和美之和。思考:正因为和似乎许诺了我们如此和美的前景而又给我们产生了仍然缺乏和美的现实,所以我们应该思考和,那似乎既使我们所希望之诸和——和谐、和睦、和好、和平、和美——成为可能又使其成为不可能的和。

二、出于分、别、离、异又欲结束分、别、离、异之和

让我们为此而重新倾听自己的语言。其实,当我们在上文中说"和谐"必为此"和"彼之"谐"等等之时,就已经是有意在让此"和"以某种不同的方式而为我们重新听到了。

在我们现代汉语中,"和"也许是我们最熟悉的、因而也是最不起眼的词之一。唯其如此,此"和"其实已经成为我们"日用而不知"者,或日用而不思者。但我们因似乎过于熟悉而不知亦不思的"和"乃是那个为我们在话语中起"连一系"作用的"和"。作为现代汉语中的连词,"和"的任务是将言说中之一"此"连接于一"彼",或一者连接于另一者。一旦在此种用法上使用"和",我们就是在欲表明,所言及之二者(或数者)已经在某种意义上或以某种方式来到一起或被带入同在

了,因而其间就已经有了某种联系。但联系所蕴涵的乃是差别。无差别即不可能有联系。或者说,无分即无和/合。因此,我们的连词"和"之所以能将不同者连在一起,亦即,和之所以是**可能的**,即在于已然有分,或已然有别,或已然有异。② 和必为诸有分有别有异者之和。所以,在语言中,在我们的现代汉语中,"和"作为连词,作为连接一"此"于一"彼"者,其实同时也是分离、区别及差异的某种隐含标志。"和"本身即涌现于其所隐含地标志出来的分离、区别及差异之中。没有分离、区别、差异即无所谓和,也不可能有任何和。

隐含地标志着分离、区别、差异的"和"本身同时也被分离、区别和差异所标志。这就是说,分离、区别、差异必然自始即已被铭刻在"和"之中,或"和"本身先天地就已经带上了"不和"的烙印。然而,在将诸"不和"者联系在一起之时,在创造诸"不和"者之间的"和"的同时,"和"又倾向于悄悄地掩盖或抹去其自身之中那先天的不和的痕迹。被"和"带到一起者已经"同"在一处。是以我们在汉语中亦可以说:此"同"彼……,或我"同"他……,等等。而这个与连词"和"有关的"同"之所以可以代替"和",当然并非仅仅是汉语中的一个偶然。"和"与"同"在概念上即关系密切。和始终已经在产生着某种同,所以"此'和'彼"这一表述才可以很容易地与"此'同'彼"这一表述互换,而"此'同'彼"则又很容易地就可以转向"彼此(之)'同'",亦即,彼此之间的同一而无别。我们汉语的客套话"彼此彼此"不是就已经隐含了这个"彼此之同(而无别)"了吗?而一旦被"和"连系在一起的双方或各方可以声言"彼此彼此",亦即,宣布彼此或相互之间没有差异,没有分歧,并相互"认同","认"对方为"同"于自己或"认"自己为"同"于对方,那么我们就离"同"——某种同,某种始终倾向将那些为"和"所连系者"同而为一"之"同",某种"同一(之)体",某种"大同",甚至某种至大无外之"同"——不远了。因此,"和",在我们上述所讨论的意义

---

② 《庄子·齐物论》中说:"其分也,成也。"当然,让我们不要断章取义,因为紧接此语而来的是:"其成也,毁也。"

上,与"同"——至少是某种同,某种意义上的同——的距离或许并非如某些试图区别"和"与"同"的人所想象的那么远。

当然,"同"这一概念在意义上也并非与自身完全同一,是以上文才谨慎地用了一个"某种"来限制我们所说的同。言同必及异,而此异则不仅意味着一同与他同之异,而且也意味着此同与自身之异,或此同自身之内的异。无异其实即无所谓同,即不可能有任何同。若套一句庄子的话说,那就是,既已为同矣,且得有言乎?③ 故同其实与异密不可分。然而,同却经常被想象为是与异无关者,或是完全排除异者,或是完全消融异者。此容后再论。

现在让我们再回到和之上。和既然至少可能会在我们刚才所讨论的意义上导致某种同,那么这个必然涌现于分离、区别及差异之中的和就似乎同时又是对于分离、区别及差异的某种补偿,某种弥合,因为和之"连一系"功能似乎可以缩小差距,拉近彼此,甚至化异为同。而既然"和"有此大功,它(或使用这个词的我们)就很容易胜利地宣布它(自己)已经克服了或超越了分离、区别及差异。然而,如果"和"本身即已必然地蕴涵着"不和"或分、别、离、异,如果其本身即已然以分、别、离、异为其可能性的条件,那么这个"和",相对于那使其成为可能的分、别、离、异或"不和"而言,又将意味着什么呢?"和"真能结束分、别、离、异吗?而一旦分、别、离、异真的终结了,"和"还能有存身之地吗?分、别、离、异之终结——如果这是可能的话——不因而也必然是"和"之终结吗?因此,我们是否也可以说,使"和"成为可能者同时也必然是那使"和"成为不可能者?"和"是否只是在分、别、离、异之内所产生的、因而本质上即始终不可能在分、别、离、异之内被满足的某种"欲望"?但如此一来,我们所理想所追求的和——和谐、和睦、和好、和平、和美——还有希望吗?是否最终只能有这样一种"和",即一种既结束分、别、离、异又结束自身之存在的和?而这也就是说,一种**不可能**的和?"和"是否到头来必然只能同时是分、别、离、异之终结以及其

---

③ 《庄子·齐物论》:"既已为一矣,且得有言乎?"

自身之终结?

三、宰夫之和:和的一种模式及其问题

为了回答这样的问题,我们应该继续倾听我们自己的语言。既然现代汉语中这个已经成为我们之问题的连词"和"并非从天而降,而是其来有自,那就让我们试返其发端之处进行考察。我们知道,"和"之本非连词而却能演变为我们的现代连词,是因为古典意义上的"和"——作为"谐"之近义词的"和",而非"此和彼"之"和"——本即已以某种方式蕴涵了我们所更为熟悉的这个"和",亦即,"此和彼"之"和",作为连词之"和"。因此,在"和"这一概念的经典出处重新考察一下这个虽然已经广为当今学者在"追求和谐"这一语境中所论及,却仍多语焉不详之处的概念,将有助于我们对和之问题的重新思考。

"和"这一概念的经典出处之一是《国语·郑语》,其中周太史伯阳(史伯),在为郑桓公论周之兴衰这一政治语境中,即相对于同这一概念而讨论了和。④ 我们知道,史伯论和与同之异时将和的意义规定为"以他平他",但史伯没有为同下一明确定义,而只是相对于"和实生物"而说"同则不继";又说:"若以同裨同,尽乃弃矣。"⑤据此,其所言之和乃不同之物的相济或互补,而其所言之同则似乎至少也有三义:具有自身同一性的单一个别之物本身为一同;彼此相同而无别的物之间的关系为同;而合众(不同或相同之)物而成的某种具有自我同一性的整体本身亦为一同。诸相同无别之物相互之间当然亦有间或有别,而

---

④ 《国语·郑语》:"〔郑桓〕公曰:'周其弊乎?'对曰:'殆于必弊者也。《泰誓》曰:"民之所欲,天必从之。"今〔周幽〕王弃高明昭显,而好谗慝暗昧;恶角犀丰盈,而近顽童穷固。去和而取同。"(见董增龄撰:《国语正义》[巴蜀书社影印清光绪庚辰章氏式训堂刻本],成都:巴蜀书社,1985年,第1058页。)按:郑桓公,名友,周宣王之弟,初封于郑。周幽王时在周室任司徒,公元前806—771年在位。

⑤ 《国语·郑语》:"夫和实生物,同则不继。以他平他谓之和,故能丰长而物归之;若以同裨同,尽乃弃矣。"(董增龄撰:《国语正义》,第1059页。)史伯此语乃接前注中所引之语而来。幽王之所作所为被史伯批评为"去和而去同",故他遂有此和、同之论。

此间或此别亦非不重要。但此别在史伯的语境中乃量之别。因此,相同之物的"同"——同而无别,同而为一——只能扩大或增加那本来就已经是一"同"者之量,而不能改善或变化此"同"者之质。而此"本来即为一同者"在史伯的语境中乃周王朝或"天下"。因此,史伯这里的着眼点及最终目的仍然是某种同及某一同。而这里之所以需要和乃是因为,和才是那被理解为可以真正"裨同"者。正是在这一意义上,史伯可以说,如果仅仅以同来辅助同("以同裨同"),亦即,如果没有某些不同或异质之物加入进来,那么这样形成的同就终有无以为继之日。一个完全自我封闭、自我同一之同——假使这样的同真是可能的话——即将因此而失之为同,停止为同,亦即,自己消灭自己。

因此,从任一特定之同本身的角度看,即使只是为了其自身的利益,为了能继续作为一同而存在,也必须至少在某种程度上求异。"求异"乃"存同"之所必须。个人作为一同——一单独之同,一"小同"——即已必须求异以存其同:呼吸饮食即已是极其基本但也极其重要的求异以存同。而史伯所言者,则是国或"天下"作为一同,作为一"大同",作为一如今所谓之政治、经济、文化上的"共同体"(community),应该如何通过(无论如何有限的)求异而存其同。但在史伯这里,或在先秦的政治语境中,此应存之同或共同体(中之一切)必须**同于一主宰**——王:

> 故先王以土与金木水火杂,以成百物。是以和五味以调口,刚四支〔肢〕以卫体,和六律以聪耳,正七体以役心,平八索以成人,建九纪以立纯德,和十数以训百体。……夫如是,和之至也。⑥

但是此一至和("和之至")或终极之和其实乃是"同内之和",亦即,某一特定之同内部的和,其自身之和,或其自身之和于自身。此乃**诸异之同**,亦即,各个互不相同者或相互有异者之被同于一(大)同之

---

⑥ 董增龄撰:《国语正义》,第1059—1065页。

内,并为了此(大)同之最大利益而相和或相同,而此相和或相同则很可能需要其中的诸不同个体为了此(共)同(体)之最大利益而受到约束或限制。所以此才是**诸异之同**,而非**诸同之异**。成就此同要求某种"主宰",或某个高高在上的要求同一或统一的意志,这个意志在清醒之时深知同之不可裨同,并——至少是策略性地——懂得如何"以不同裨同"。

正因为这样的同需要由一"主宰"来实现,所以"和五味以调口"的烹调或"和六律以聪耳"的音乐才会成为阐明此同的典型形象。在史伯之后,晏子在为齐侯论和、同之异时,将此二形象阐发得更为充分:

> 和如和羹。水、火、醯、醢、盐、梅,以烹鱼肉,燀之以薪。宰夫和之,齐之以味,济其不及,以泄其过。君子食之,以平其心。君臣亦然。君所谓可,而有否焉。臣献其否,以成其可。君所谓否,而有可焉。臣献其可,以去其否。是以政平而不干,民无争心。《诗》曰:"亦有和羹,既戒且平。鬷嘏无言,时靡有争。"先王之济五味、和五声也,以平其心,以成其政也。声亦如味:一气,二体,三类,四物,五声,六律,七音,八风,九歌,以相成也;清浊,小大,短长,疾徐,哀乐,刚柔,迟速,高下,出入,周疏,以相济也。……若以水济水,谁能食之?若琴瑟之专壹,谁能听之?同之不可也如是。⑦

但此仍是在君臣相济以成善政这一层面阐明和、同之异,故此和之着眼点或目的,就像在史伯那里一样,仍为一同,所以此同才始终皆须由一**主宰**来成就:烹和羹者为"宰夫",作和乐者为"太师",成平政者为"先王"。但和羹、和乐、平政皆仅为"诸异之(被同于一)同",而非"诸同

---

⑦ 《春秋左传·昭公二十年》,见阮元重刻《十三经注疏》(上海古籍出版社影印世界书局缩印阮刻本),上海:上海古籍出版社,1997年,第2093—2094页。《晏子春秋》亦有此文,收入其"外篇重而异者第七",见岳麓书社横排本《诸子集成》第5册,第203页。

之(相互有)异"。

四、至大无外之同

然而,我们这里也很容易感觉到,这样一种"同"出于其本性即已有成为至大无外者的倾向:通过合/和诸异入一同,小同将欲成为大同,而大同则欲成为至大无外之同。但对于至大无外之同的追求却也已经就是向着其自身之终结的运动。从理论上说,至大无外之同——假使这样的同真能被成就的话——将不会在其自身之外留下任何异。而一旦异彻底消失,消失到至大无外的同之内,此同即已不再为同了。而若从经验层面看,我们其实也早已从历史中学到,那被相信为能够成就此同的"主宰意志"可能会变得软弱昏聩,沉湎或迷失于既得既成之同,并因此而消灭此同,或使此同被消灭,而只留下四散之异,去等待另一个欲同求同的强大意志将之再次同一/统一起来。⑧ 而我们现在需要提出的问题——因为历史已经将此问题提给我们,提给我们自己,提给中国文化——则是,当至大无外之同已经被揭示为一必然不可能被满足的欲望之时,当一同必然要遭遇另一同,另一异于此同、但却与此同一样地同于其自身而异于他同之同的时候,或者,当此同遭遇其他不仅欲保持自身之同,而且甚至还要同一/统一他者之同的时候,会发生什么?再换言之,当每一个同都不仅欲自身之同,欲同于自身,而且欲令他者同于己,亦即,仍蔽于上述同之实相而欲成为一至大无外之同的时候,将会发生什么?这里,具有统一或同一力量的主宰已经不可能存在了。那么,**诸同于自身而异于他者之同又将如何真正地相和呢**?难道和将仍然只会是冲突与战争的暂时结果,而此结果又仍将只会是不断

---

⑧ 我们这里所具体地想到的事例是中国历史,尽管此一论述意在普遍。但在史伯为郑桓公论周之兴衰这样的语境中,这样的联想应该是可以原谅的。史伯对周之兴衰的论述已经在某种程度上描述了历史上朝代兴衰的一个模式:"先王"或开基立朝者孜孜求异以存既得之同,"今王"或即位守成者则往往取同而去和或去异,终至于让既得之同因此而失之。

文本之"间"

导致"各不相同"之同的形成与消散吗？

我们上述讨论实际上也已经是在涉及当今文化研究者们所熟悉并关心的所谓"认'同'"问题。在这样的文化语境中，和——文化之间的和谐——的问题与同——每一文化的自我认同——的问题之密切相关不仅表现在其他诸方面，而且也非常重要地表现在下述方面：一方面，不同文化之间面对着如何保持相互之间的和谐这一问题，而另一方面，每一文化又都面临着如何保持各自之认同这一问题。而当今所谓文化认同问题又经常只是那些担心丧失自身文化之同的文化，在一个更强大的同——欲"同众文化而为一"之同——的力量面前，想要尽力保持其自身之文化同一性或自身之文化认同的问题。文化上的自我认同，在这一意义上，于是就意味着：有意保持和坚守一同之异于另一同，或保持和坚守此同之异于彼同，或保持和坚守**诸同之异**。而这也就是说，有意保持和坚守诸同——也就是说，各个互不相同的自我同一者——相互之间的差异。然而，如果一个同——一个自我同一的文化——"完完全全"同于自身，那么此同就会是一个无法真正向外或向异开放者，因为其所做的一切，包括"聘后于异姓，求财于有方"（史伯语），都将只会是对于自身之同的促进。⑨ 如果是这样的话，此同又将如何向另一个同——另一个也必然具有某种自我同一性的文化——真正敞开自己，并在自己家里款待"真正"的异，或"真正"的他者，而并不追求去化此"异"或此"他"为同呢？⑩ 而这也就是要问，在个别文化的自我认同"和"不同文化的相互差异这二者之间，是否也能有真正的和？还是

---

⑨ 其实，欲完完全全地同于自身者就连"聘后于异姓"也做不到，因为这会被认为将破坏血统或种族的"同一性"或"纯粹性"。很多欲完全求同并因而绝对排异的古代和现代种族主义者不就有种种禁止或限制与外族或异性通婚的规定吗？因此，需要并能够"聘后于异姓"已经以某种方式表明，即使"聘后于异姓"的君主作为主宰必然会追求同，此同却必然只能以不同为同，必然只能是相对而非绝对的同。

⑩ 关于此问题的深入讨论，读者或可参见拙文：《"存在"于语境之上——"存在"的翻译与翻译的存在》，刊于乐黛云、李比雄主编：《跨文化对话》第 16 辑，第 65—83 页（上海：上海文化出版社，2004 年）。此文经修改后构成拙著《有（与）存在：通过"存在"而重读中国传统之"形而上"者》（北京：北京大学出版社，2005 年）的作为导论的第一章，读者亦或可参较。

234

文化自我认同的内在逻辑必然要么导致文化之间无法妥协的永恒冲突,要么就导致一个不停地兼并的认同运动,亦即,一个走向那不可能的至大无外之同的运动?

至大无外之同,如其可能实现的话,将会结束一切异。但一个至大无外之同也必然会使任何和皆成为不再必要及不再可能。而既然此同乃是某种和——"和诸异而为一同"之和——的结果,我们于是就回到了前面提出的问题:是否最终只能有这样一种"和",即一种既结束分、别、离、异又结束自身之和?而这也就是说,一种**不可能**的和?"和"是否到头来必然只能是分、别、离、异之终结以及其自身之终结?我们是否还有可能去想象并思考另一种和,一种"不一同"的"和",一种不追求去"同一"他者或去"同一"差异的和?如果置于所谓"文明冲突"或"文化和谐"这些问题的语境之中,我们的问题即可以归结为,在一个不可能或不再可能有一个高高在上的主宰来"和/合众异而为一同"的世界上,和,真正的和,伦理意义上的和,而非任何自觉或不自觉地屈服于任何霸力强权之下的同,是否还有可能?或换言之,在不可能存在着单一的、绝对的求同力量的多元经济、政治、社会、种族、宗教、思想、文化环境中,我们将如何希望及如何追求"和而不同"?

五、另一种和:相应与应和

这里,在我们的语言中,"和"的另一意义,可能或应该是其更原始的意义,或者可以为我们提供某种希望。一同与另一同之和,我与他之和,自我与他者之和,不同种族、不同文化、不同宗教之间的和,一种没有任何高高在上的第三者进行主宰或为之中介的和,首先只能是我之去和于他者。但此"和"现在乃是我们必须以果决的声调(现代汉语之第四声)而非商榷的声调(现代汉语之第二声)所说出来的"和"。此和乃是"应和"这一意义上的和,或"相应"这一意义上的和。而恰即在此意义上，我们将回到那本来的和。⑪ 和首先乃我对他者之应：对他者做出回应，无条件地应于他者。而我对他者的这一原始应和已经就是在向他者做出回答，在为他者做出应承，亦即，做出承担，负起责任。这里，和不再是或尚不是消极地"求同"，亦即，不是求自己之同于他者或求他者之同于自己，而是积极地"存异"，亦即，存那必然异于自己者——他者——之异。而我之所以要存他者之异是因为，无论是我被动地求同于他者，还是去主动地求他者同于我，此一单纯的求同都将结束他者之为异于我者，亦即，结束他者之为他者。而当他者停止为他者——为必然异于我者——之时，我亦将停止为我。因此，和，作为我对他者的原始的无条件之应，首先乃是真正地承认并且因而尊重他者为他者。而既然我们已经隐含地提到了孔子著名的"君子和而不同"之说，那下面就让我们通过对此说的初步重新分析来说明我们以上欲回到汉语的"和"之源头的尝试。

对于"君子和而不同，小人同而不和"（《论语·子路》），以前诸解释似仍多有未达之处，故其中之"和"与"同"似仍未得确解。⑫ 今人有

---

⑪ 在《说文解字》中，"和"被写为"咊"，解为"相应"，而其字形则被描写为"从'口'，'禾'声"。据此，"和"乃形声字，其从"口"则表示此字与言以及由此而引申之声音或音声有关。《说文解字》对"和"字的解释虽然已是汉代学者对此字之义的理解，但似仍可接受为对"和"字的正确解释。深入的语义分析及哲学分析当可表明，"和"之其他诸义皆由此义而来。声求其应，音求其应，言求其应，而应者即为和。无应即无任何和。就此而言，任何应首先皆已为和，亦即，为最原始最根本的和。但此和同时又会在具体语境中根据特定价值标准而被判断为是否"真正"的和。如果是，那么就会有相应者之间的和谐之和，而如果否，那么此即会被认为不和或失和，尽管此不和或失也已经以那最原始最根本的和为其条件。作为应或相应之和首先乃对于所应之声、之音、之言的原始回答，而此回答则已经是许诺。故"和"又可训"答"（见《列子·周穆王》"西王母为王谣，王和之"张湛注)，训"许"（见《后汉书·徐登传》"舟人不和之"李贤注)。此二训皆见宗福邦、陈世铙、萧海波主编：《故训汇纂》，北京：商务印书馆，2003 年，第 337—339 页。

⑫ 例如，何晏注此语曰："君子心和，然其所见各异，故曰不同。小人所嗜好者同，然各争利，故曰不和。"（何晏注，邢昺疏：《论语注疏》，刊于阮元重刻《十三经注疏》，第 2508 页，第二栏）。朱熹注此语则曰："和者，无乖戾之心；同者，有阿比之意。"又引尹氏曰："君子尚义，故有不同。小人尚利，安得而和？"（李申：《〈四书集注〉全译》，巴蜀书社，2002 年，第 921 页。)程树德《论语集释》引陈天祥《四书辨疑》曰："只以无乖戾之心为和，恐亦未尽。"但陈氏本人亦仅以晏子的君可臣否、君否臣可之说发明孔子之意。见程树德撰：《论语集释》，北京：中华书局，1990 年，第 936 页。

引晏子以释此和、同之异者,虽可备一说,但亦仍未达此二概念之基本意义结构。⑬ 晏子之论和同,以及此前史伯之论和同,表明此二概念在春秋时代已经得到一定程度的专题性思考。而此思考,如我们前面已经讨论的,基本是在政治语境中进行的。孔子在此之贡献,乃是在于他将此概括并上升为某种具有指导意义的格言。当然,由于《论语》一书的编纂方式,我们已经无从确定孔子是在何种特定语境中说出这些具有普遍意义的话的。但既然其已经以格言的形式传承下来,我们就应该待之以相应的阐释方式,因为格言是思想在具体事例及具体语境中进行普遍化的产物,亦即,是具有普遍性的思想。这就允许而且也要求我们对之做出纯粹理论性的阐释。那么,所谓"和而不同"及与之相对的"同而不和"究竟能意味着什么呢?让我们首先还是回到"和"之本义。

　　和首先乃是应:回应,应和。只要有人在此,我即不得不"应"之,亦即,必须对其在场做出我的"反应",向他表示我已经看见了他,告诉他我并没有忽视他的存在,向他表示我之恭与敬,尊与重,等等。即使我的实际"反应"也许可能只是要向此他者表示我之厌烦甚至憎恶,我之希望他不要妨我视听而尽快离开,即使我只是以某种眼神或姿态,某种"嗤之以鼻",来表示我对他者的这些敌意,甚至即使我完全有意不理不睬或忽视他者之在场,我也仍然还是正在一个非常根本的意义上回应着此他者,而且已经就在以我的这种否定性的回应而"承认"并"尊重"他人之为他人了。此一最基本最原始的应即是我与他人之最基本最原始的和。而此和则**既**为我之"和于他人",亦即,我之应于他人,**亦**为我之"和他人",亦即,我之"和"他遭遇,"和"他碰面,"和"他发生关系,或再简而言之,我之"和"他这一情况本身。因为,一旦应于他者,我就已经"和"他在一起了,就已经"和"他发生关系了。这一关系——现在由作为汉语之连词"和"所表示的这一关系——已经蕴涵在"和"之作为"应",作为我对他者之应这一意义之

---

⑬　如杨伯峻《论语译注》(北京:中华书局,1980年)中即如此(见第142页)。

中了(此亦即"和"何以最终可以发展或演变为现代汉语之连词的原因)。因为,这个作为应之和既表示着距离与差异,亦即,我与他人之间那不可消除的距离与差异,同时亦表示着接近与关系,亦即,我已经以我之应和而接近他者,或让他者接近我,并因此而使我"关系于"他者了。这样,那"我'和'他"之和,那意味着我与他人之接近并面对之和,就在一个最基本的意义上作为原始事件而发生了。没有那作为我对他者之应的和,就没有那意味着我与他者之接近与关系的和。后一和基于前一和,或者说,可能的和谐之和基于必然的(无可避免的)应和之和。

然而,为我们产生"我'和'他"或"我他之和"的"和"却并不将"我'和'他"同而为一。因为,"我'和'他"本来就只能是"和而不同"者。而和而不同是因为和,真正的和,就其本质而言即不可能完全的同。当然,这也就是说,不可能在"无差别的同一"——假使此种同一真的是可能的话——这一意义上,而不是在"同(必)为异之同"这一意义上的同。⑭ 完全无差别的同一乃是绝对的同。但有绝对的同就不会有真正的和,而有真正的和即不可能有绝对的同。因为,和,作为应和,意味着,这里有不同的声音,其他的声音,或他者的声音。没有这另一个声音,就不可能有应有和。而没有应和,就会是史伯所谓的"声一无听"。"声一无听"在史伯论和的语境中说的是音乐,但却亦可以被用以形容言说。"声一",声音的单一,毫无回应的无聊重复,单调乏味的自言自语,直至自己被自己的声音所淹没而不再能听到自己的声音,直至自己与自己之声同一而无别。直至——最终——有另一个声音做出应和,并要求应和。其实更严格地说,每一个声音首先都是作为应与和,作为

---

⑭ 如果同被理解为异之同,亦即,诸异之同在而相异,则古典汉语中同与和之间的意义联系就好理解了。此即何以和时而被区别于同,时而又与同互文见义。《国语·周语(中)》之"和同可观"即为一例。即使是在和与同此二概念的经典出处(locus classicus)之一,即《国语·郑语》中,在和被区别于同之后,亦有一困惑读者而仍有待解读的"务和同也"之语。有关同为异之同的一种从不同角度出发的讨论,读者或可参见拙著《有(与)存在:通过"存在"而重读中国传统之"形而上"者》,尤见第59—60,191—193,241页。

对于另一个声音的应与和,或作为对于他者的应与和,而出现的。他者已然在此,他者要求我之应和。我之应则应于他者之应,我之和则和于他者之和。而我也首先只能去应于他者,和于他者,而不可能去同于他者,更不可能去使他者同于我。因为,我之应或和本身即已表明了他者与我之不同而有别,表明了他者与我之间有一无法消除也不可压缩的距离。而和,作为我之应于他者,作为我对他者之应,亦即,作为我对他者的回应或应和,就是我在穿过"我—他"之间那无法消除也不可压缩的距离而对他者做出反应,做出应承,亦即,做出承担,负起责任。因此,和才"不同",才不是"求同",不是求他者之同于自己,或求自己之同于他者,而是"存异",存必然异于自己者——他者——之异。这也就是说,承认和尊重他者为他者,而无论此他者在"现实"中之身份或地位是什么。而且,也只有在不求同而却存异之中,和方能开始,方能有真正的和,应于他者之声的和,此声和(谐)于彼声之和。故君子"和而不同"。

君子,或人之作为人,其实本质上就只可能与他人"和",而不可能与他人"同",即使其也始终都有可能会以某种方式欲同而求同。因为同——完全无差别的同——从根本上说将意味着自我和他者的完全无声与沉默。但作为一种欲望,欲同并求同——欲求我之同于他者或他者之同于我——之所以也有可能,亦即,此种欲望之所以有可能产生,乃是因为人始终都有可能将自己从其对他人的原始之应和中抽回到自身之中,并从而**或者**欲膨胀自己而成为一个同化一切他者的绝对之我,**或者**欲压缩自己而化入一个绝对的他,并由此而陷一切回音于绝响,陷所有应和于无声。但如此一来,人就在一个非常根本的意义上变成"小人"而非"大人",变成一个不再能真正发声或能言之人了。这可能即为孔子所言之小人的"同而不和"。而小人之同而不和从根本上只能是因为,小人对于单纯的同之不负责任的追求——若其真能被实现的话——将使任何和,任何应和之声,或任何真正的"和(谐)(之)声",或任何我与他者之和,都成为不可能。不仅孔子所言之一般"小人"如此,作为某种"小人"的专制者与独裁者亦"同而不和":只强求同,而不容许和。但无论哪种同而不和,其结果都将既消灭和,也消灭同,亦即,消灭真正的同。因为真正的同,真正能够存在的同,只能是让诸异同在而并不(被)同化之同,亦即,是让诸异同在而相异,并恰即因此相异而能相和之同。

六、由这样的和而至另一种同

在上述讨论中再来看孔子的"君子和而不同,小人同而不和"之说,我们可以说,和就必然不同,同即必然无和。而只要我和,只要我对他者做出最基本最原始的应和,即使是某种无言无声的应和(而我——作为一我——其实始终都在以某种方式对他者做出应和了),就已经有了不同,因为这里已经出现了某种形式的**不同声音**,出现了**另一个声音**。这样,即使我之和最终只是对他者(之言)在实际上的完全肯定与支持,这里的局面也仍然还是根本性的"和而不同"。而所谓"同而不和",亦即,完全的纯粹的同,简单的无和之同,如果究至其极,则必然只能是我对他者的绝对没有反应。因为,即令最顺从最谦卑的"唯唯、诺诺",假使这是可能的话,当其被唯唯诺诺者说出之时,也会立即打破那理想之中的或想象之中的(亦即,欲望之中的,或作为欲望之对象的)、但其实却从来也不可能真正存在的绝对的同(此即何以那求极端之同的专制者必然既非常需要但又非常憎恶唯唯诺诺者的原因之一)。绝对的同,如庄子所说的那绝对的"一",本质上是不容许任何言的。⑮ 因此,"和而不同"描述的是我与他者之关系的必然情况或"本

---

⑮ 庄子清楚地知道有关绝对的"一"的吊诡或悖论:绝对的一不容言,而有言即已无绝对的一。但此一若不能进入言中亦不能存在。故庄子在描述了那理想的、绝对的一或同,那"天地与我并生,而万物与我为一"的理想状态之后,即继之以修辞性的反问:"既已为一矣,且得有言乎?既已谓之一矣,且得无言乎?"于是我们发现自己被置于不言不成,而言亦不成的两难处境之中,是即庄子所谓"吊诡"。但这里的问题并非是要我们于此二者之间择一,而是要我们持守于此处境之中。不能言而又不得不言即是人作为言者的"责任"。我们不能说出但又必须说出与言不相容之一。而这也就是说,**一必然只能以不一为一**。一之与自身相分离乃是一之成为一(转下页)

质",而"同而不和"描述的则是某种虚幻的理想或欲望,是要完全同于他者或让他者完全同于自己的"理想"或欲望。此"理想"或欲望经常可能会以无伤大雅的甚至鼓舞人心的形式出现并成为一个社会所追求的明确目标,因为一个排除所有异质的同质社会对于某种社会统治者始终都有诱惑力量。而此种"理想"或欲望之所以也是可能的,亦即,之所以也会产生出来,却恰恰就是因为始终已经有和,有那最根本最原始的和,亦即,有我那其实无论如何都必然已经以某种形式对他者做出了的最原始最根本的应和,而这样的应和则已经并将继续阻止着这样的同一的实现。

坚持此和,或坚持此和之所加于我者,坚持此和之要求与责成于我者:这就是坚持我对他人之先于一切有限允诺的原始应承,就是坚持我对他人的不可推卸的无限责任,而这也就是说,坚持我与他人之最深刻最根本的和。而放弃此和,那就是或者有意无意地走向那必然既结束他者、亦结束自己的绝对之同(而绝对之同——假使这真有可能的话——既然已经"绝一对",亦即,已经不再有任何与之相对者,那它同时也就取消了它所欲坚持的自身的存在),或者有意无意地走向我与他人或他者的"不和":敌视,对抗,冲突,战争。但"不和"却必然已经蕴涵着"和",那最深刻最根本的"和",那任何"人(和)我"关系都必然蕴涵着的"和"。因此我们才应该思念和思考这一最基本最原始的和,才应该坚持这一最基本最原始的和,而我们之所以应该思念、思考并坚持此和,是因为此和本身始终都已经在让我们无法拒绝地要求着我们。

(接上页)的必要条件。同理,从根本上说,同亦必然只能以不同为同。而此即任何自我认同(无论是个人的,还是集体性的)之实相或真理:绝对的同——假使这是可能的话——必然即因其绝对而停止为同。因此,所谓自我认同,真正的自我认同,乃是保持自身为异于自身者。只有能够保持此与自身之异,方才有"认同"——"认"自身为"同"于自身者——的可能。就此而言,"真正"的同乃那始终不可能实现其自身为绝对同一者。也只有如此,同方有可能向异——向他者——真正开放。而这也就是说,真正的同乃异之和,或,异之"和而不(绝对地)同"。这样,和与同即不再处于二元对立的关系之中了。而我们亦将有可能说,中国传统所理想的大同境界,即应为如此"和而不同"之同(此详见于正文下文)。其中,保持着与自身之异的诸同一者以其对他者之应和而向他者敞开自己,并为他者负责。

经由此和,经由此和让我无论如何都已经做出的那对他者的首先乃是无任何附加条件的应,我们当然也将会走向某种"同",因为我——任何一"我"——从来都不可能真正遗世独立,而必然总要以某种方式"和"他人或他者"同在",亦即,同在一起,和谐相处,共同生活。此"同"——作为社会之同,作为人类共同体之同——现在应该是一以我与他者之"和"——相应,应和,应承,负责——为基础和出发点之同,一能让诸异和谐同在,但却并不"化众异为独同"之同。让我们借用古典说法而称此同为"和—同"之"同"。⑯ 因为唯一可能的同,真正能够存在的同,必然经由和,必然蕴涵和,必然就是和。真正能够存在的"同"必然时时刻刻都需要在其自身之内保持着"异",亦即,保持着各种形式的"和而不同"。也就是说,唯一可能的同,真正能够存在的同——如果从"政—治"角度说,那就是"民主"之同——必然是其自身之内的各个互不相同或相互有别者,亦即,各个具有开放的自我同一性的"小同",之间的"和而不同",必然是其中的每一"小同"之在欲保持自身之同时向一切他者的开放,那以首先对他者做出无条件的应和为根本形式的开放。而正是这样的开放才将有可能为我们成就那真正可能存在的同,一个不会走向"化诸异而为一同"或"化众异为独同"之同,一个能够在自身之中将诸异作为诸异而保持和尊重之同,或一个能够始终以"和而不同"为原则而保持着自身之异于自身的同。一个"民主之同"。

于是,我们就将能够重新追回中国传统的一个理想,"大同"的理想。但是这一"大同",在被如此解释出来之后,将不再会是那使一切

---

⑯ 我们此处还是在影射《国语·周语(中)》"和同可观"之语。此语出自周定王之论何以待晋侯之使不用全烝:"服物昭庸,采饰显明,文章比象,周旋序顺,容貌有崇,威仪有则,五味实气,五色精以,五声昭德,五义纪宜,饮食可飨,和同可观,财用可嘉,则顺而建德。古之善礼者,将焉用全烝?"(董增龄:《国语正义》,第176—178页。)此处"和"与"同"之连用,表明和与同被认为意义相近或相同。邢昺亦以"和同"疏解《尔雅·释诂下》之"谐、辑、协:和也。关关、噰噰:音声和也。盬、燮:和也"中之诸"和"字:"和,谓相同。"王冰则以"同和"注《素问·上古天真论》之"和于阴阳"中之"和"字:"和,谓同和。"(此俱为《故训汇纂》引,第338页)。

都(被)同于或统于某一主宰之同,而是诸异——一切具有自我同一性或自我认同之异——之同在而相和,亦即,是诸异之互相开放,互相应和,而其应即必已为承,承诺与承担之承。诸异即因其互相应而互相承,亦即,互相对他者做出应承,做出承诺,做出承担,负起责任。而这也就是说,让每一他者皆作为他者而与之"相(应)和/和(谐)"。和即将如此而为我们应承一同,许诺一同,亦即,一个真正的同,一个真正能够存在的同,一个"诸异之同在而相和"之同。而由是我们即可能有古人已经将其连言之"和—同",有一个诸异之间的真正"可观"的"和—同",有一个未来意义上的"大同"。

让我们保持对此和与此同之思。让此思同时成为对于和与同的思考与思念。让此思考与思念成为对于未来而将来之和与同的一个召唤。

父与子

泂酌彼行潦,挹彼注兹,可以饙饎。
岂弟君子,民之父母。
——《诗经·大雅·泂酌》

"若保赤子"
——中国传统文化的理想之政

> 蓬莱太守民父母,
> 下顾赤子心忡忡。
>
> ——王冕

一、传统政治话语中的"父母"与"赤子"之喻

在中国传统中,视天与人之关系如父母与子女是一流行观念。此父母—子女关系又由"天之子"为中介而具体地实现为一种"天子—子民"的政治制度。天被认为将其作父母的责任具体地转授于天之子,所以天之子即是天下全体之人或民的父母。① 而作为天下全体之人民

---

① 《荀子·王制》篇将此一系列性关系表述为:"天地者,生之始也;礼义者,治之始也;君子者,礼义之始也;为之,贯之,积重之,致好之者,君子之始也。故天地生君子,君子理天地。君子者,天地之参也,万物之总也,民之父母也。"荀子此处所言之"君子"乃君天下者或君民者,亦即民之大君。早在《诗经·大雅·泂酌》中,即已有如下诗句:"泂酌彼行潦,挹彼注兹,可以餴饎。岂弟君子,民之父母。"自此之后,"岂弟君子,民之父母"即成为中国传统中表达君民关系的经典词语。荀子在解释君何以亦应如父母一样享三年之丧时,即将此诗句作为权威论述而加以引用:"君之丧所以取三年,何也?曰:君者,治辨之主也,文理之原也,情貌之尽也。相率而致隆之,不亦可乎?诗曰:'恺悌君子,民之父母。'彼君子者,固有为民父母之说焉。父能生之,不能养之;母能食之,不能教诲之;君者,已能食之矣,又善教诲之者也。三年毕矣哉!乳母,饮食之者也,而三月;慈母,衣被之者也,而九月;君曲备之者也,三年毕乎哉!"(《荀子·礼论》篇)董仲舒(转下页)

的父母,天之子即应为人民负起如父母对子女所负之责任。在传统经典中,此责任即直接地被规定为:"作民父母。"《尚书·泰誓上》云:"惟天地万物父母。惟人万物之灵。亶聪明作元后。元后作民父母。"所谓"元后"即民之大君也。《尚书·洪范》亦云:"天子作民父母,以为天下王。"此一表述意味着,只有当好天下人民的父母,天之子才能成为天下的王,否则就无此资格。因此,作民父母是为天下王的一个必要条件。② 而作为民之父母,天子对民就要"若保赤子"(《尚书·康诰》),亦即,须视其如初生之无语婴儿般而保护之。民在中国政治传统之开端处被称为"赤子",此一说法值得认真的分析。"赤子"在此并非只是偶然的比喻,而是通过形象而对天子与民之关系作出某种概念性的规定。③ 此处有这样一个系列:王天下者是天之子;天之子接受天之命而

(接上页)《春秋繁露·郊祭》中说:"天子父母事天,而子孙畜万民。"亦即,天子把天作为父母来侍奉,而将万民作为子孙来养育。《明史》记载:"甲子,大祀天地于南郊。礼成,天气清明。侍臣进曰:'此陛下敬天之诚所致。'帝曰:'所谓敬天者,不独严而有礼,当有其实。天以子民之任付于君,为君者欲求事天,必先恤民。恤民者,事天之实也。即如国家命人任守令之事,若不能福民,则是弃天之命,不敬孰大焉。'又曰:'为人君者,父天母地子民,皆职分之所当尽。祀天地,非祈福于己,实为天下苍生也。'"(《明史·卷三·本纪一·太祖三》)这是明代第一个皇帝朱元璋自己对其地位和责任的表述。天子或人君之为天地之子、万民之父的传统观念在中国皇帝的自我观念中得到印证。

② 所以,如果君不能为民尽责,即会被认为不配作民父母。孟子即曾如此质问梁惠王:"庖有肥肉,厩有肥马,民有饥色,野有饿莩,此率兽而食人也。兽相食,且人恶之;为民父母行政,不免于率兽而食人,恶在其为民父母也!"(《孟子·梁惠王上》)在与滕文公的对答中,孟子也有类似质问:"为民父母,使民盼盼然,将终岁勤动,不得以养其父母,又称贷而益之,使老稚转乎沟壑,恶在其为民父母也!"(《孟子·滕文公上》)反之,如果君能尽其为民所负之责,即会被认为可以为民父母,而民也会相应地尊敬之。例如,在国君用人的问题上,孟子说,须国人皆曰贤或皆曰杀,国君才可用之或杀之,"如此,然后可以为民父母"(《孟子·梁惠王下》)。又说,国君若能实行有利于士人、商人和农民的政策,"则邻国之民仰之若父母矣"(《孟子·公孙丑上》)。

③ 中国传统中,此说法贯穿于讨论理想"政—治"的话语。此处仅试引几例。《大学》第九章在解释何以治国必先齐家时说:"所谓治国必先齐其家者:其家不可教,而能教人者,无之。故君子不出家,而成教于国。孝者,所以事君也;弟者,所以事长也;慈者,所以使众也。"此即谓,家与国的"政治结构"是相同的。故所以事父者(孝)亦所以事君者,所以事兄者(悌)亦所以事长者,而所以待子(女)者(慈)亦所以待民(众)者。故君子如能在家待子女以慈爱,并能(转下页)

作天下之民父母；天下之民于是即为天子之子（民）。受命之天子在接受天之命时即被召唤到其责任之上，而成为必须为所有他者——天所眷顾的天下之民——负责的伦理主体。

民之被形容为"赤子"所蕴涵的是，受命于天的、保天下之民而王的天子对民所负有的责任乃是无限的，一如父母对子女所负有的责任那样。此处何以要言"无限"？因为赤子乃全然无助且极易受到种种伤害而夭折者，是以需要全然倚赖他人之喂养、照料和保护才能存活者。唯其如此，赤子其实自始即已以自身之无语（当然，赤子之哭声在某种意义上其实也已经是对他人——首先是对父母——之语）的到来和存在而将那已经成为其父母者召唤到他们自身的无限责任之上。赤子作为赤子乃是将无限责任置于父母之身的他者，而父母之养护赤子从根本上说首先则是因被此一他者所要求而去为之负责。因此，父母与子女的关系从根本上说乃是这样一种伦理关系，其中那作为必须去负责的伦理主体的"我"在"他者"的召唤之下对他者做出无条件的回应和应承，并因此而为他者负起无限的责任。此处无法

（接上页）使其孝悌，即能在国中或天下建立起理想的君—父与子—民关系。而成就这一切的出发点是君子要能待民如子。故《大学》第九章于上引诸语后即引《尚书·康诰》："康诰曰：'如保赤子。'心诚求之，虽不中不远矣，未有学养子而后嫁者也。"（按：今本《康诰》中此语为"若保赤子"。）荀子论政亦屡引"如保赤子"。例如，《荀子·富国》篇："故先王明礼义以壹之，致忠信以爱之，尚贤使能以次之，爵服庆赏以申重之，时其事，轻其任，以调齐之，潢然兼覆之，养长之，**如保赤子**。"《荀子·王霸》篇："上之于下，**如保赤子**。政令制度，所以接下之人百姓，有不理者如豪末，则虽孤独鳏寡必不加焉。故下之亲上，**欢如父母**，可杀而不可使不顺。"《二程集》（王孝鱼点校，北京：中华书局，2004年）中《河南程氏外书卷第十一》载："或问：'〈记〉曰："《康诰》曰：'**如保赤子**。'心诚求之，虽不中不远矣，未有学养子而后嫁者也。"'先生曰：'今母保养赤子，其始何尝学来？当保养之时，自然中其所欲。若推此心保民，设不中其所欲，亦不远。因说昔杨轼为宣州签判，一日差王某为杖直。当日晚，有同姓名者来陈状，乞分产。轼疑其杖直，便决替了。赤子不能言，尚能中其所欲。民能言，却不知其情。大抵只是少察。'"（第410页）《二程集》中另有一条记载与以上所记十分相似："尝言郑戬作县，定民陈氏为里正。既暮，有姓陈人乞分居，戬立笞之，曰：'安有朝定里正，而夕乞分居？'既而察之，乞分居者，非定里正〔者〕也。今夫**赤子**未能言，其志意嗜欲人所未知，其母必不能知之，然终不至误认其意者，何也？诚心爱敬而已。**若使爱敬其民如其赤子**，何错谬之有？故心诚求之，虽不中，不远矣。"（第16页）

逃避的首先并不是所谓血缘关系或天然纽带（我们知道自古迄今皆有出于种种原因而抛婴弃子的父母），而是父母（"我"）——作为自始即已无从回避他者的伦理主体——所负有的对子女（"他者"）的无可推卸的伦理责任。

　　称天子之民为"赤子"因此即蕴涵着：民作为他者之裸露无遮与柔弱无助，民作为他者之易受伤害与易于夭折，民作为他者之完全仰仗于作为天子之我，以及作为天子之我的由此而来的无限伦理责任。古典文献中有关"民"的其他类似说法，诸如"小民"（《尚书·召诰》："其惟王勿以**小民**淫用非彝"，"**小民**乃惟刑用于天下"，"欲王以**小民**受天永命"）、"小人"（《尚书·无逸》："先知稼穑之艰难，乃逸，则知**小人**之依"）等，皆与这一支配性的赤子比喻相连。在这样的语境中，"小人"的最基本含义其实就是与"大"人亦即成人相对的"小"人，即那尚未长大而独立之人。对于那负有父母之责的王者来说，民本质上就是这样的"小人"或"赤子"，亦即，是必须由负有如父母之责般的天子来善加保护才能存活者。故天子之受天命而作民之父母即是由天接受自己对于全天下所有"赤子"或"小人"的无限责任。所以，在中国传统中，敬天与保民（如赤子）之连言乃一顺理成章之事。在这一传统话语中，称民为"小人"因此并非是从治民者角度出发的贬损（至少最初并不是如此），而是意在强调治民者对其所治之民负有的无限伦理责任。

二、"以天下为一家"的伦理意义："百姓有过，在予一人"

　　既然天子与其民的理想关系被规定为一种父母子女式关系，那么理想地说，天下就确实应该是"一家"。所以《礼记·礼运》中即有如下之言："故圣人耐〔能〕以天下为一家，以中国为一人者，非意之也。"圣人之能以天下为一家，并非是出于其私意臆度，而是出于不得不然。此"不得不然"就是，当圣人回应自己的天命之时，他就已经无法逃避地来到了自己对全天下的无限责任之中，所以他必须以天下为一家，以百姓为一人。此"家"乃作为"国"之大家,此"人"乃天下之民。我们可以就此而言中国传统中的所谓家国同构。在并非以一己而私有全天下的意义上,圣人或国之君主需要以国为家,因为他被认为对民负有如父母对于子女般的无限责任。当然,天子之以天下为家,或君主之以国为家的情况,曾被中国传统中后来的思想家批判为让天下国家只受一人统治的"家天下"。④ 但此处问题的复杂性在于,所谓"家天下"可能并非只是历史之恶。因此,让我们来具体地分析一下。

所谓"家天下"乃是产生于历史之中的特定社会的特定政治结构。在特定历史时刻,首先需要有一个人——一个"我"——在他者的召唤之下做出无条件的回应和应承,而这也就是说,面对所有他者而承担起自己的无限责任。在中国传统中,此一时刻即王者挺身接受天命而王天下之时。所以相信自己已经接受天命而将有或已有天下者才自称"予一人"。⑤ 而自称"予一人"则意味着,"予",或"我",作为"一人",作为"第一人",作为不可被替代者因而也无处逃避者,已经在一至高命令的召唤之下来到自己的责任之上,成为对于自己的命令者——天——负有无限责任者,亦即,成为伦理主体。

---

④ 黄宗羲在《明夷待访录·原君》中说,"古者以天下为主,君为客。凡君之所毕世而经营者,为天下也。今也以君为主,天下为客。凡天下之无地而得安宁者,为君也。是以其未得之也,屠毒天下之肝脑,离散天下之子女,以博我一人之产业,曾不惨然!"是以"古者天下之人爱戴其君,比之如父,拟之如天,诚不为过也。今也天下之人怨恶其君,视之如寇雠,名之为独夫,固其所也。"(《黄宗羲全集》(第一册),杭州:浙江古籍出版社,1985年,第2—3页。)他认为之所以有此一古今之别,是因为前人"明乎为君之职分",后人则"不明"。然而,仅仅明白君或天子的职分、责任却并不能保证天下就一定会有贤君、明君,故已经开始意识到此一关键问题的黄宗羲在《明夷待访录》的《原君》之后诸篇中才开始讨论具体的制度问题。《明夷待访录》一书值得重新认真细读,非本文此处所能详论。

⑤ 例如,商汤伐夏桀时向天下宣布:"尔尚辅予一人,致天之罚"(《尚书·汤誓》)。汤伐桀之后又遍告天下说:"各守尔典,以承天休。尔有善,朕弗敢蔽;罪当朕躬,弗敢自赦。惟简在上帝之心。其尔万方有罪,在予一人;予一人有罪,无以尔万方"(《尚书·汤诰》);武王伐纣时也对天下说,"天视自我民视,天听自我民听。百姓有过,在予一人"(《尚书·泰誓下》)。《论语·尧曰》中亦载舜命禹之言曰:"予小子履,敢用玄牡,敢昭告于皇皇后帝:有罪不敢赦,帝臣不蔽,简在帝心!朕躬有罪,无以万方;万方有罪,罪在朕躬。"《尚书》中或有伪文,但其中所反映的中国传统政治观念却是代表性的。

文本之"间"

　　但在王者之天命中所到来的对高高在上之天的无限责任其实乃是受命者对于天下之民的无限责任。此即何以中国政治传统一贯强调"天视"必"自我民视",而"天听"亦必"自我民听",以及何以天子要明确宣告:"百姓有过,在予一人!"(《尚书·泰誓》)。此当然绝非仅仅意在笼络甚至欺骗的政治辞令而已。⑥ 此"予一人",或此"我",确实感到自己已经不可逆转地成为必须为天下之人负起无限之责的伦理主体,而且感到自己作为此伦理主体乃是唯一的。"予一人"的说法即表明了此一意识。天下已经成为"一家",而作为天子之我,在一个无可替代的地位之上,已受命而成为必须使天下之民得养如赤子的慈父或家长,亦即,成为必然要去承担天下之民所加于其身之全部重负者。此责任在伦理的意义上是无限的。因此,无论由于何种原因而出现民不得养的情况,天子皆须首先让自己来承担天下的全部过错。"养民"在中国传统政治词汇中的重要地位,于此应可得到基本解释。放在现代的所谓"民—主"制度中,由于其所蕴涵的某种居高临下之意,此词也许不会令已经成为"人"之"民"者——在中国传统中被视为需要来自居于父母地位的君主之"养"者——感到舒服,因为在现代制度中,独立之人民并不需要被养。但在中国传统中,"养民"一词却是在政治上对于天子—家长(或国君)的事先要求和事后赞扬(如果他能在某种程度上做到这一点的话)。⑦ 不能养民或不能使民得养的天子—家长则会因未能完成此一被视为根本的责任而受到批评或谴责。价值的判断在此是基于受命而保民养民者所应负起的伦理责任之完成情况而做出的。

---

　　⑥ 后世皇帝在天下出现问题时之感到自己必须承担全部责任而下诏"罪己",也首先应该由此来考虑。当然,在此种下诏罪己以谢天下的行为中,并不排除可能有不真诚的成分,亦即,仅仅出于政治考虑和政治需要的成分。但下诏罪己首先并从根本上乃一承担责任的伦理性行为。

　　⑦ 例如,《春秋左传·文公十三年》记载:"邾文公卜迁于绎。史曰:'利于民而不利于君。'邾子曰:'苟利于民,孤之利也。天生民而树之君,以利之也。民既利矣,孤必与焉。'左右曰:'命可长也,君何弗为?'邾子曰:'命在养民。死之短长,时也。民苟利矣,迁也。吉莫如之。'遂迁于绎。五月,邾文公卒。君子曰知命。"

三、父母与子女之间的"不平等"，
以及家伦理关系的两面性

但中国传统中之所以也有对于"家天下"的批判，因为此种"天下为一家"的情况或"国—家"结构既可以是最具伦理性、对他者最为负责的政治结构，也可以是最丧失伦理性的、最为狂暴的、最摧残他者的政治结构。此或首先可由家本身的两面性加以说明。

从一方面说，父母与子女的关系乃是最具有伦理性的关系。父母对子女的关切首先是出于伦理责任的关切。子女，尤其是年幼的子女，只有依赖父母的养活才能生存下来，因此父母对于子女乃负有绝对责任者（而正是因为父母首先要让子女活下来，所以无论子女由于何种原因活不下来时，父母都会为自己未能完成责任而内疚，即使此一活不下来的情况可能完全超出了父母的实际控制）。"赤子"这一说法的本意即生动而形象地体现出这一点。作为相对于父母的"他者"，子女要求着父母的一切。而相对于子女，父母也确实是一深刻意义上的能"献身者"。[⑧] 似乎再没有什么对于他者的关切能够比得上父母对子女的无限关切更直接，更深厚，更无条件了（尽管在实际生活中，此种关切可能会被种种功利性的考虑所污染或遮蔽）。此处我们若走得再远一些，或许即可借用莱维纳斯的表述，说父母在此种情况下乃是子女的

---

⑧ 莱维纳斯即以母性为能完全无私地"以我而为他人"的典型："受迫害者的不安难道不正是母性的某种形式吗？那被其所承受者或其所生出者伤着了的'母腹的呻吟'的某种形式吗？母性表示着对于他者的应承/责任，一个直至于去以自己替代他者的应承/责任，一个直至于去忍受迫害的结果以及迫害本身——迫害者即沉没于此迫害之中——的应承/责任。母性——这是典型的承受——甚至为迫害者（所进行）的迫害承受着责任。"（Emmanuel Levinas, *Autrement qu'être ou au-delà de l'essence*, Martinus Nijhoff Publishers, 1978, p. 95.）阅读英语的读者可参见英译本 *Otherwise than Being or Beyond Essence*, trans. Alphonso Lingis. The Hague: Martinus Nijhoff Publishers, 1981, p. 75. 关于此书的基本思想，读者可以参见笔者所译此书之第一章《异于去是，或，在是其之所是之外》，《世界哲学》2007 年第 3 期，第 3—21 页，及第 4 期，第 66—76 页。

"人质"。因此,父母与子女在这样一种"我—他关系"之中其实始终都是非对称的。此种非对称意味着一种不平等⑨,但此种"不平等"关系所表现的其实却正是我与他者之关系的实质:在他者面前,我始终都是那已经负有无限责任者,而此责任则始终都是先于我之选择即已到来者。⑩ 正是在这一意义上,可以说父母对于子女的深刻关切其实并非完全出于"自然"(并非所有动物都"自然地"关心自己的后代)。此种关切首先乃是一种**为他者**所**要求**的关切,因此首先乃是一种"不得已"而为之的关切(尽管常识所谓自然的或本能的"父母之爱"经常掩盖此一根本性的"不得已"):面对作为子女的他者,作为父母之我即不得不如此为其承担起一切责任。就此而言,此种关切与其说是出自"天伦",不如说是来自"人伦"。而正是父母对子女的此种"不得已"的或"不能自已"的"人伦"关切,与中国传统中治民者所被要求的对民所应有的关切之间的某种相似性,或不如说是同质性,才使中国传统经常将治民者称为民之父母,并将治民者与民的关系形容为"君—父"与"民—子"之间的关系。中国传统中的官/管的观念,肉刑之被认可与流行,地方官吏之一身而兼管理与执法之职而为民之父母,等等,一定程度上似均与此模式有关。

然而,在另一方面,在家里的父母与子女的关系中,作为对于子女负有无限责任者,父母亦可能成为对子女施加极大伤害者。父母可能会由于种种原因而成为"不良父母"。父母可能会以种种理由甚至毫无理由地伤害子女:父母有可能虐待子女,有可能对子女进行体罚,有

---

⑨ 参见亚里士多德《政治学》(苗力田主编:《亚里士多德全集》第九卷,北京:中国人民大学出版社,1994年)中的看法。在亚里士多德那里,家与国之所以被对立起来,部分上即因家中不可能有真正的平等。

⑩ 虽然俗话常说,天下没有不是的父母,但又有哪一父母真能完全不为子女的任何过错而感到内疚,并责备自己没有尽到责任,尽管从表面上看父母对子女的某些过错也许并不直接有责。作为父母的我甚至需要为作为子女的他者本身的过错负责!——此即我他关系之根本性的不对称和不平等的典型体现。

可能剥夺子女所应得者,甚且有可能要求子女的生命。⑪ 而有些伤害则有可能只是源于父母觉得自己要对子女真正地负责。子女在这样的关系中并没有现代意义上的"人权"可言。因此,在父母与子女的直接面对面的伦理关系中,此种作为伦理主体之我为他者负起绝对责任的理想情况,也可以甚至可能很容易就转变为对他者进行虐待和施加暴力的情况,因为此处我(父母)与他者(子女)的关系是直接的,其间没有任何第三者可以缓冲或阻止父母对子女的无论出于何种原因的伤害。⑫

这就是直接面对面的伦理关系之中所存在的必然暧昧之处:当我直接面对他者之时,一方面我必然会因此"直接面对"而已经对他者有责,但另一方面,却又还没有任何"具体"的制度能将我制约于对他者的责任,或能在我变得对他者不负责任或对他者残暴之时限制我。正如在面对将入于井的孺子之时,人作为本皆有怵惕恻隐之心者都会以某种方式或确然或隐然地感到自己应该援救,但这一已然落在那面对将入于井之孺子者身上的、因而其实已然是无可推卸的责任,却并不保

---

⑪ 我们知道在中国传统中有所谓"父要子亡,子不得不亡"之说。虽非出自经典,但却也是父母可以几乎完全任意地支配子女这样一种流行传统观念的某种反映。鲁迅曾在《二十四孝图》中写到过"郭巨埋儿"故事在他童年时如何令他害怕到不想做孝子("然而我已经不但自己不敢再想做孝子,并且怕我父亲去做孝子了。"见《朝花夕拾》,《鲁迅全集》第2卷,第256页)。在这一故事的几个版本中,郭巨都是为了自己的母亲(亦即,是为了自己要作孝子)而要埋掉自己的儿子(从而让自己的儿子在尚未可能成为孝子之前即失去了这一可能。当然,人们或许也可以勉强为之辩解说,虽然并未征得儿子"同意",但郭巨却是在"成全"儿子成为"贤孙")。无论如何解读郭巨的理由或动机,也无论其结局如何大团圆,这一故事都已经表明了:那能让作为子女的他者生者也可以是那能让其死者。

⑫ 在父母子女的直接关系中,甚至祖父母或外祖父母都会觉得自己是"外人"。因而,当父母在家里"管"孩子时,就经常会出现这样的尴尬情况:一方面,祖父母或外祖父母会小心翼翼地尽量避免"干涉内政",而另一方面,当他们出于疼爱孙辈或实在看不下去而忍不住出面劝阻时,孩子的父母就有可能会说,这不是你们的事,你们别管。在以下注释中将要提到的"宝玉挨打"一事中,出面干涉儿子、解救孙儿的贾母就跟儿子贾政这样说:"你也不必和我使性子赌气的。**你的儿子,我也不该管你打不打**。我猜着你也厌烦我们娘儿们。不如我们赶早儿离了你,大家干净!"(引文中黑体字为笔者所为)知道自己在贾府中之权威地位的贾母说的虽是气话,但却也以某种方式反映着中国传统社会的真情:连祖父母也知道自己被认为不应"干涉"父母子女之间的事。

证此人就必会采取负责的行动。所以,在父母子女的直接关系中,一方面,面对着已经到来的作为子女的他者,作为伦理主体的父母必然会自觉或非自觉地感到自己已经有了无限的责任,但另一方面,在这样一种直接的关系之中,却没有任何可以阻止父母由于各种可能原因(或甚至没有任何明确原因地)而由无限负责变为漠不关心,由极度关切变为极度暴虐,甚至爆发伤害冲动。⑬ 而一旦此种情况发生,软弱的子女(此一软弱乃本质上的软弱,亦即,是他者**作为**他者在面对一具有支配力量的"我"时的那种软弱,因为任何一"我"都是从根本上即有可能加害于他者之人。所以,此一软弱并不会因子女体质上的可能甚至已经强于父母而有所改变)即并无任何保护(因为此处只有父母本身才是其唯一的"保护"),并且会作为无助的"他者"而直接暴露于作为父母的"我"的暴力之下。

在现代"法治"社会中,为了保护应该享有现代意义上的"人权"的子女免遭无论出于何种原因的"家庭"暴力,就需要建立保护儿童个体权利(儿童的"人权")的法律,从而对父母在家庭内的行为做出规定和限制,包括在必要时从父母身边带走其子女并从法律上惩罚父母等等。这就是说,需要作为"第三者"的他人或社会以某种方式介入父母与子女之间。此一介入当然可能也会限制某些父母履行自己对子女的责任,因为认为自己是在真正为子女负责的父母可能会觉得,与那些不负责任的父母不同,他们自己的那些可能会被认为是"家庭暴力"的行为本质上其实乃是"为了孩子好"。但此种"为了孩子好",亦即,以"为了对他者真正负责"为理由而行使的暴力,即使可以被理解,也很可以在实际上置孩子—他者于死地。所以,在直接面

---

⑬ 我在新西兰十几年间,曾多次听到父母(多为年轻父母)因在暴怒中伤害子女(多为极年幼者)致伤致死而受审和服刑的新闻报道。其中最著名者当为出生仅三月的两个毛利婴儿(三生子中存活下来的两个)因家长施暴而头部受伤最终致死事件。21 岁的父亲 Christopher Sonny Kahui 因此被起诉。详情可参考网上百科全书 Wikipedia: http://en.wikipedia.org/wiki/Cris_and_Cru_Kahui_homicides. 根据联合国儿童基金会 2003 年的一个报告,在 OECD 国家中,儿童因受虐待而死亡数新西兰名列第三。

对面的伦理境况中,问题就在于,即使是我对他者的最负责任的行为,也很可能会变成对他者的施暴行为。[14] 而那些为了防止或限制可能施加于他者的暴虐而制定的法律或采取的措施,却又必然有可能会同时也限制甚至阻止我之去真正履行自己对他者的伦理责任。[15] 这一两难局面乃是结构性的。

四、天子—家长与子民之间的"不平等"

在中国传统的政治文化中,既然天子与其民之关系从根本上也被认为是伦理性的,而伦理性此处即意味着,作为天子之我面对作为民之他者乃负有无可推卸之无限责任者,所以父母与子女的关系之成为天子与其民之关系的基本形象或比喻,自始即并非偶然。一如父母与子女的关系,天子与民的关系也是不对称或不平等的,而此不对称或不平等乃是作为伦理主体的我与我需要为之负无限之责的他者之间的不对

---

[14] 试想一下日常生活中那些似乎本欲进行"说服教育"的父母,却因为孩子拒不听话学好而最终被激怒得失去"理智",以至竟将孩子打坏甚至打死的情况。在此,经典文学《红楼梦》第三十三回中"宝玉挨打"提供了一个令人难忘的场面。父亲贾政在暴怒之下,只想打死"逆子"宝玉("贾政……眼都红紫了,……只喝令'堵起嘴来,着实打死!'小厮们不敢违拗,只得将宝玉按在凳上,举起大板打了十来下。贾政犹嫌打轻了,一脚踢开掌板的,自己夺过来,咬着牙狠命盖了三四十下"),而宝玉这次也确实几乎被打死。贾政的本意当然还是要按照他自己所遵循的(也是当时社会所认可的)传统价值好好教育宝玉一番,以使其"成人"。从贾政本身说,这是根据他所理解的传统父母对于子女的责任而尽其为父之责(免得"明日酿出他弑君杀父"),但暴怒却使他那本为他者(在此是他的儿子)负责的本意变为对于他者的纯粹憎恶,而此憎恶则激起某种杀害他者的冲动("贾政冷笑道:'我养了这不肖的孽障,已不孝,教训他一番,又有众人护持,不如趁今日一发勒死了,以绝将来之患!'说着,便要绳索来勒死")。如果没有王夫人和贾母的"介入",宝玉可能真会死于父亲的板子之下或绳索之中。此乃欲对他者负责之行为转变为对他者施暴之行为的一个经典描写。

[15] 在一个绝对不允许父母以任何形式打孩子的现代社会中,很多父母都会感到自己已经无法真诚地为子女负起自己应负的全部伦理责任。一个极端的例子就是新西兰国会 2007 年 5 月 16 日通过的"Anti-Smacking Bill"(禁止〔父母〕打孩子法案)。此法案成为法律之后,父母哪怕只是非常"温和"地打淘气孩子一下屁股,原则上都是违法的。反对此一法律者认为,这样就会将很多对于子女真诚负责的无辜父母变成罪犯。2009 年,新西兰曾就此法案进行全民公决。尽管有百分之八十以上的投票者反对此法案,政府却迄今尚未决定将其废止。

称或不平等。正因为民乃是天子需要为之负起无限之责的他者,所以民才也是天子之"天",所以中国传统才自始即有"天视自我民视,天听自我民听"的政治格言。天子自天所受之命或其无限责任其实始终都只是对于天下之民的无限责任。民——天下之民——因而乃是天子所直接面对的唯一他者。所以,在中国传统的政治话语中,天子之天命也被认为只根据天子之能否负起其对民的无限责任为转移。这样,天之子,作为唯一受天命者,作为唯一者,其实就是一个被绝对放大了的"我"。而此"我"面前之民在某种意义上亦可以被视为是其所面对的唯一之"他"(是以《礼记·礼运》说圣人能"以中国为'一人'")。此似乎即是那理想的纯粹伦理境况:作为天子的唯一之我面对作为民的唯一他者而为之负无限之责。在这样一种直接关系中,此我对此他者之责任既无法推卸也无法逃避:在唯一的或作为整体的天下之民面前,天子不得不负起其无限之责。

然而,伦理上的无限责任在现实政治生活中很可能是重不堪负的。此即何以中国传统的天子或皇帝制度其实乃是一不可能的制度。民,作为赤子,作为裸露无蔽而软弱无力的他者,将无限责任放在那必须去负责的唯一伦理主体——天子——的身上。但这样的**在理论上**乃是无限的伦理责任,必然会**在实际上**将很多在天子之位者压垮。而还有很多只是通过继承而成为天子者,其作为必须为民负起无限之责的伦理主体的意识可能从来就没有充分觉醒过。而且,也像在家里那样,子女面前的那个无限负责的父母也很容易就能变成一个不为子女负责的父母。是以应该爱民、保民、养民如赤子的天子,也很容易就能变成害民、残民和贼民如草芥的独夫。天子对民所负有的绝对责任并不保证天子就必然能够并始终负起这一责任。所以,此处不仅会发生天子因种种原因而"无力"负责的情况,而且其所负有的绝对责任也很容易使他开始滥用与此绝对责任而来的权力。而在此种基于绝对伦理责任的政治结构中,民对天子的唯一可能制约,亦即,他者对那作为伦理主体的我的唯一可能制约,却从来就都只能是纯粹的伦理制约。⑯ 所谓"纯粹"是说,这样的制约似乎总是既绝对有力,但又绝对软弱。这也许就是为什么人们在中国传统政治所看到的在某种意义上似乎始终就只是明君、仁君与昏君、暴君的经常性交替。

当后一情况出现时,亦即,当明君、仁君成为昏君、暴君之时,或当昏君、暴君即位之时,又当如何使处于天子之下的裸露和软弱如赤子之民得到应有的养育和保护呢?当父母在一家之中对子女施虐逞暴时,至少还可以有其他人(例如祖父母或邻里等)或许会出于不忍之心而出面进行干涉,而此干涉在一些现代社会中则已经成为制度(亦即,社会工作者获得法律授权将遭受暴虐的孩子从父母身边带走,父母则可以因其对于子女的暴虐而受到审判)。但如果"天下为一家",如果全天下只此"一家",又有谁还能自外而介入这唯一之家,从而防止、限制或打破此一"家—天下"中的唯一家长所可能施之于家中成员——天下之民——的暴力呢?在"家—天下"里,在作为唯一"父亲"的天子面前,所有人都是"子女",因此所有人从理论上说都应该受到无限关切,但此应得之无限关切原则上却并无除天子—家长本身之外的任何保障。在天子—家长之下,没有人拥有可以由法律规定下来和加以保障的制度性权利(亦即,连天子—家长也不可剥夺的权利)。或者说,作

---

⑯ 当然,在中国政治文化传统中,这一所谓"纯粹的伦理制约"也是通过一系列的制度性中介而实现的。具体地说,天子身边的朝臣始终有责任"为民请命"。所以他们会以民生之疾苦与社稷之安危为由而谏劝天子采取或放弃某些行动,但接受与否则全在天子一人之所谓"乾纲独断"。天子可以不顾所有谏劝而一意孤行。兹试举一极端之例。明朝皇帝朱厚熜(明武宗)行为乖谬。正德十四年,身为天子的朱厚熜却欲以太师和大将军的身份往江南游历。当时146位大臣赴阙啼泣,请皇帝收回成命。朱厚熜大为震怒,下令凡抗命不离宫门的官员每人受廷杖30下,其中11人或当场被打死,或以后重伤而死。(参见黄仁宇:《中国大历史》,北京:三联书店,1997年,第198页。本事见《明史·卷一十六·本纪第十六·武宗》:"[正德]十四年……二月壬申,至自宣府。丁丑,大祀天地于南郊,遂猎于南海子。是日,京师地震。己丑,帝自加太师,谕礼部曰:'总督军务威武大将军总兵官太师镇国公朱寿将巡两畿、山东,祀神祈福,其具仪以闻。'三月癸丑,以谏巡幸,下兵部郎中黄巩六人于锦衣卫狱,跪修撰舒芬百有七人于午门五日。金吾卫都指挥金事张英自刃以谏,卫士夺刃,得不死,鞫治,杖杀之。乙卯,下寺正周叙、行人司副余廷瓒、主事林大辂三十三人于锦衣卫狱。戊午,杖舒芬百有七人于阙下。是日,风霾昼晦。……戊寅,杖黄巩等三十九人于阙下,先后死者十一人。")

为"子女",民所拥有的唯一权利就只是一个将入于井之孺子以其可怜处境本身对那见其处于危险之中者发出无声之微弱恳求的权利。而同情与拯救与否则全赖作为天子—家长的那个绝对之我的"怵惕恻隐之心",亦即,其对于他者的伦理责任感。而此"怵惕恻隐之心",或此本然的伦理责任感,则始终都有可能已经变得萎痹不仁甚至沦丧殆尽了。因此,这"唯一父亲"既可以极其关切,极度负责,无微不至,甚至呕心沥血,鞠躬尽瘁,死而后已,但也可以滥用权力,随意妄为,暴殄天物,草菅人命。在此,除了天子所面对的民本身以外,再没有什么第三者**原则上**能自外而介入此一关系之间,以制约此一绝对的我,此一绝对的主体,此一原则上应该是绝对的负责者,是以此一绝对的负责者也可以很容易就变为绝对的不负责者。而中国传统的政治思考在此一情况下为我们所提供的出路则是转移天命于新王这一意义上的"革命":终于不堪其残忍暴虐之民在起而回应新天命者的带领下诛杀不再可被视为民之父母的"独夫民贼",从而让天下可以有一能够重新为民负起无限责任者,一接受新天命去"作民父母"、从而"以为天下王"的新天子—家长。⑰

---

⑰ 《易·革·彖辞》:"汤武革命,顺乎天而应乎人。"《孟子·梁惠王下》:"曰:'臣弑其君可乎?'曰:'贼仁者谓之贼,贼义者谓之残;残贼之人,谓之一夫。闻诛一夫纣矣。未闻弑君也。'"《荀子·正论》:"诛暴国之君,若诛独夫。……故桀纣无天下,汤武不弑君,由此效之也。汤武者,民之父母也;桀纣者、民之怨贼也。今世俗之为说者,以桀纣为君,而以汤武为弑,然则是诛民之父母,而师民之怨贼也。不祥莫大焉。"当然,在中国传统中,除了此种"暴力革命",也还有一种似乎较为平和的天命转移方式:禅让。此则通常都以与暴君桀、纣相对的仁君尧、舜为其代表。《论语·尧曰》中有尧禅位于舜之语:"尧曰:'咨!尔舜!天之历数在尔躬,允执其中!四海困穷,天禄永终。'舜亦以命禹。"但即使尧舜之禅让确是理想的天命转移方式,后世的禅让(汉之禅位于魏,魏之禅位于晋,以及此后晋、宋、齐、梁、陈之相禅)却几乎都是出于无可奈何而对既成事实的追认。兹引汉献帝刘协禅位于晋武帝司马炎之诏书,以见一斑:"咨尔魏王:昔者帝尧禅位于虞舜,舜亦以命禹,天命不于常,惟归有德。汉道陵迟,世失其序,降及朕躬,大乱兹昏,群凶肆逆,宇内颠覆。赖武王神武,拯兹难于四方,惟清区夏,以保绥我宗庙,岂予一人获乂,俾九服实受其赐。今王钦承前绪,光于乃德,恢文武之大业,昭尔考之弘烈。皇灵降瑞,人神告徵,诞惟亮采,师锡朕命,佥曰尔度克协于虞舜,用率我唐典,敬逊尔位。於戏!天之历数在尔躬,允执其中,天禄永终;君其祗顺大礼,飨兹万国,以肃承天命。"(陈寿撰,裴松之注解:《魏书·卷二·文帝纪第二》)

然而,此一传统"革命"理论亦有使从伦理角度被理解的中国政治结构中的伦理关切与绝对暴虐之间的循环永久化的倾向。

五、有关公正、法律和制度之基础的思考

如何解决这一问题?如何防止在"家—天下"中绝对伦理转变为绝对暴力?为了防止或打破这样的暴力,作为民之"唯一父母"的天子就必须能够受到有效的制度性制约,但在"家—天下"中,在天子理论上乃是直接面对天下之民而为之负无限之责者这样一种"二人"伦理—政治关系结构中,谁才可能是防止或打破作为天子—家长之"我"对于作为子民—子女之"他者"的暴力的第三者呢?这样的问题让我们需要考虑公正("义")、政治以及法律的根本意义。此处所谓"政治"意味着,社会共同体为了保证其中每一个人应得之公正而进行的种种活动及其所成就者(制度与法律)。莱维纳斯曾以通俗的说法表达了他所理解的伦理与政治的关系:两个人之间是伦理,三个人之间则是政治。何以会如此?只有两个人时,我对另一个人的责任本质上是无法推脱的,是无条件的,是绝对的(当然,反之亦然)。但当第三个人出现时,政治问题就出现了。[18] 而政治问题之出现是因为,他者之外还有他者,亦即,还有第三者,第四者,等等,而每一他者都是独一无二的、不可比较的,每一他者又都要求我为之负责。于是,我可能就会发现自己陷入互相冲突的责任之间。所以,作为伦理主体的每一个我,作为对于所有他者皆负有无限责任的每一个我,为了对每一他者都尽可能公

---

[18] 当然,第三人或第三者其实也始终已经在场了,而第三者之在场的意义则始终都是"暧昧"的,因为一方面,其在场破坏了我一他面对面的直接伦理关系的纯粹性,但另一方面,其在场也可以阻止我一他伦理关系之中所可能出现的绝对暴力。关于"第三者"在我一他面对面的伦理局面中"暧昧"意义,可参见德里达在《告别莱维纳斯》(Jacques Derrida, *Adieu to Emmanuel Levinas*. Trans. Pascale-Anne Brault and Michael Naas, Stanford, California:Stanford University Press, 1999, p. 33)中论莱维纳斯思想时之所说。

正,就始终需要在不可比较者之间进行比较。⑲ 所谓政治问题从根本上说即由此而生,而所谓法律则是社会共同体欲让每一个人在其中都能得到公正这样一种政治努力的产物。就此而言,我们可以说,为了防止和打破"家—天下"中天子对民的可能的不公正,为了防止和打破天子可能施之于民的暴力,就需要有作为唯一家长的天子也必须遵守的法律。但这样说意味着什么呢? 在中国传统中,必须为民负无限之责的唯一天子与法律之间的关系是什么呢?

在中国传统中,天子本身作为对民负有无限责任的伦理主体,亦自始即面对公正问题("义"的问题),以及由对公正的需要而产生的对法律的需要。从天子作为唯一者而必须为天下之民负无限之责这一点来说,天下之民乃是天子的"唯一他者",而天子与天下之民的关系则是直接的、纯粹的、面对面的伦理关系。然而,理论上作为天子所面对之"唯一他者"的天下之民其实乃是由无数单一的、独特的、互相不可比较的他者所组成的,其中每一他者——每一个别之民——都是唯一的。于是,天子不仅对于作为唯一他者的民之整体负有无可推卸的责任,而且对每一个别之民也负有无可推卸的责任。在这样的情况下,天子对于任何个别之民所负有的责任都必然会为其对于其他之民的责任所限制,因为天子作为民之父母原则上应该保证每一子民相对于其他子民而言皆能享有公正的待遇。⑳ 于是即有

---

⑲ 不可比较是因为,我对每一他者的责任本质上都是无限的;而必须比较则是因为,当我对此一他者和彼一他者的责任发生冲突时,我必须在其中做出选择。例如《世说新语》中所述晋代邓攸在携家避难时,由于不能兼顾,而选择弃己之子而存己弟之子的故事,就是一个人在面对不能两全之事时所做出的困难的伦理决定。这是必须在不可比较者之间进行比较之一例。其实,中国民间中流行的那个已经包含着重要伦理问题的故事,即媳妇为了考验丈夫对她的忠诚而给他出这样的难题:要是我和你妈都掉到河里去了,你先救谁? 即已反映了一个人在面对一个以上的他者时所可能会遇到的责任冲突。此问题之必然没有满意回答,正是因为每一他者都是本质上即不可被比较的独一无二者。因此,任何一"我"在此一情况下的决定其实都始终只能是因事、因时、因地而异的尽量负责的"权宜之计"。

⑳ 此即孔子之"有国有家者,不患寡而患不均,不患贫而患不安"(《论语·季氏》)的根本意义。天子或国君当然应该照顾每一个人,但有限资源的公正分配则要求"均",亦即,兼顾所有之民而无所偏颇。其实,如果一家之中有不止一个子女的话,那么父母也始终面对着一个需要给予每个子女以公正待遇的"政治"问题。父母对个别子女的任何有意无意的偏爱都可能会激起其他子女的不满、嫉妒甚至敌意。

对于"义"的需要,亦即,有对于公正的需要,而公正若不欲沦为天子对于任何特定之民的随心所欲[21],就需要有明确的、"一视同仁"的法律来保证。这样的法律则需要由有效的制度来保证。让天下之民皆享有能保证其获得最大程度之公正的法律和制度,就是天子应为之"政"与"治"。

  法律与制度应该可以让天子保证每一个别之民作为民皆获得最大程度的(相对)公正。因此,法律与制度乃天子为具体而实际地完成自己对于天下之民的无限责任而必须者[22]。然而,如果法律与制度需要成为真正普遍者,那么天子就必须让自己也受法律与制度的约束。因为,普遍的法律**原则上**不应让任何人例外于法律,当然更不应让任何人凌驾于法律之上。所以,如果法律是**真正普遍**的,天子就必须也是首先面对法律的规定和要求而负责者。然而,在中国传统政治文化中,天子,作为对民负有无限伦理责任者,理论上也必然是法律与制度的唯一制定者及其最终依据。因为在这里,一切法律和制度理想地说都只是天子为尽可能完成其对作为他者的天下之民的责任而设者。因此,一切法律与制度**原则上**均随时可被天子一人出于最负责的理由而更改或推翻。这当然是因为天子被认为是唯一受天命者,而受天命即意味着对全天下——对天下全体之民——负有无限责任。但这里情况就成为,天子作为法律和制度的绝对依据同时也是法律和制度的绝对威胁,亦即,是随时可以施之于法律和制度的绝对暴力。这样,以天子——那接受天命而为天下负责的唯一者——为其超越性依据的法律与制度本身同时又被此依据本身所威胁。如此一来,在中国传统的政治结构中,法律和

---

 [21] 例如,唐玄宗晚年宠幸杨贵妃,以至于"后宫佳丽三千人,三千宠爱在一身。……姊妹弟兄皆列土,可怜光彩生门户,遂令天下父母心,不重生男重生女"(白居易《长恨歌》)。此种情况下,国中已无政治上的公正可言。《新唐书·卷五·本纪第五》评玄宗之由明转昏曰:"方其励精政事,开元之际,几致太平,何其盛也!及侈心一动,穷天下之欲不足为其乐,而溺其所甚爱,忘其所可戒,至于窜身失国而不悔。考其始终之异,其性习之相远也至于如此。可不慎哉!"

 [22] 是以《礼记·礼运》中甚至说:"故政者,君之所以藏身也。是故夫政必本于天,殽以降命。命降于社之谓殽地,降于祖庙之谓仁义,降于山川之谓兴作,降于五祀之谓制度.此圣人所以藏身之固也。"

制度在事实上就并没有更稳定和更可靠的保证,亦即,并没有在实际上能够超出天子之纯粹个人意志的保证,因此也没有真正的普遍性。

如果为了让中国传统中那也是旨在保证和维护公正的制度和法律更可靠和更稳定,而让天子也受限于**在理论上**是以他一人——以他所接受之天命——为唯一依据而设立起来的制度和法律,那又会如何呢?如此一来,此种特定政治结构中的法律和制度即会失去其伦理基础。因为,旨在保证和维护公正的制度与法律的基础应该是作为伦理主体的我对自己为一切他者所负有的无限伦理责任的自觉认可和接受。在伦理关系中,我与他者从根本上即是不对称的(直接面对他者时,我始终只能责己,而不能责人。例如,无论我出于何种原因而未能援救一将入于井之孺子,我所能责备的都只能是自己,而不是孺子为何竟让自己遇到危险,或其父母为何如此"不负责任"),是不可对换的(我不能将自己换到他者的位置之上);在法律中,我则有可能让自己不再直接面对他者,而仅仅以消极地不违反法律的规定和要求为满足。但如果法律不是基于每一伦理主体对于他者的无可推卸的伦理责任,法律就会丧失其根本性的基础。人们可能只会消极地遵循任何既成的法律规定,但却不知其何以应该如此,或根据何在。所以单纯"守法"的人却不一定是那真正能为他者负责的人,或是那在必要时能为他者做多出于法律所规定者的人。这在一定意义上也许正就是孔子对"道之以政,齐之以刑"的做法的某种担心和不赞成的原因。㉓

每一个人皆被要求面对法律而负责,但并非从天而降的法律本身也要求能为其负责者,亦即,能够负责的伦理主体。认可这一根本之点,那么中国传统中天子之超出制度和法律的情况,在特定意义上就有其(历史的)必然性。当天子作为必须对天下之民负责者而承担起自

㉓ 《论语·为政》:"子曰:'道之以政,齐之以刑,民免而无耻;道之以德,齐之以礼,有耻且格。'"孔子认为前一做法的问题是,这样一来人就不再有羞耻感和责任心。参见拙著《吾道一以贯之:重读孔子》(北京:北京大学出版社,2003 年)之附录"礼治与法治"中对此一问题的具体分析(第 304—316 页)。

己的无限责任之时,对于公正和法律的需要以及与之相应的制度的设定即已包含在此责任之内了,因为天子对天下全体之民的责任意味着对于天下每一单独之民的责任,而公正的法律和有效的制度则应能有助于必须为民负责的天子公正地对待和关切每一个别之民。但在这样的政治结构中,法律与制度的最终依据仍然是超越其上的天子。㉔ 如果在这样的由天子一人负无限之责的政治结构中,在法律和制度建立之后,天子让自己也受其无条件的制约,那么这一以天子对于天下之民的无限责任为最终依据的法律和制度即会失去其超越的根据。天子,作为已经接受天命而必须负责的伦理主体,对全天下——对所有他者——负有无限之责,而此责亦必然包括对旨在便利此责之完成的法律本身与制度本身之责。现在,如果天子也被要求放弃此一无限责任而成为"有限责任"者,而只对法律要求于他的有限的东西负责,那么,在这一传统的君主制度——由一人接受自己的绝对责任而形成的制度——中,就不再有任何理论上能为他者负无限之责者了。若没有这样的责任为根据,法律就只能根据某种没有实在伦理基础的抽象形式原则而在本来不可比较者之间进行比较和裁决。这样的比较和裁决于是即成为没有真正的根据者:再也没有人能真正会为此(本质上乃是不可能的、但却必须做出的)比较和裁决负起伦理责任。㉕ 在这样的情

㉔ 正因为如此,在中国传统的法律制度中,原则上只有天子或皇帝一人才有生杀之权,而这也就是说,天子或皇帝乃是那唯一必须为一切负终极之责者。而负责在此即意味着,在本质上不可能有任何绝对把握**为**他者或**对**他者做出正确决定的情况下,却必须做出决定。

㉕ 荀子所谓"有治人,无治法"即含此义:"有治人,无治法。羿之法非亡也,而羿不世中;禹之法犹存,而夏不世王。故法不能独立,类不能自行;得其人则存,失其人则亡。法者,治之端也;君子者,法之原也。故有君子,则法虽省,足以遍矣;无君子,则法虽具,失先后之施,不能应事之变,足以乱矣。"(《荀子·君道》)所谓"君子者,法之原也",说的正是必须有伦理主体以为法之根据,并为任何根据此法而做出的判断、裁决负责。就现代社会而言,正因为单纯的、抽象的法律条文在实际的、具体的情况下经常无能为力,所以才需要法官的负责的判断。而法官的难之为难正在于,他的每一次具体判断(他的每一个审判决定)都必然和必须是对于既成法律的创造性解释和应用。这也就是说,他其实每一次都必须以某种方式在**实现**法律之时**超越**法律。英美国家的案例法理论上就是在每一法官的每一具体判决的基础上逐渐形成和不断改变的。抽象的法律始终需要负责的伦理主体来在其实始终难以做出完满决定之处仍然为他者做出尽量负责的决定。

"若保赤子"

况下,甚至法律和制度的更改也成为不可能者,因为让自己完全"藏身"于法律之中的天子现在已经与其他人"平等"了。于是,这唯一可以批准法律和制度者也成了法律和制度的消极遵循者,这样原则上就不再有任何人真正"有权"修改法律和制度。除非在天子也被要求必须遵循的法律和制度中明确规定:天子同时也是法律和制度的任何更改、废除或创建的授权者和批准者。但这样一来,天子必须遵循的法律和制度就又成为天子可以依己之意而更改和推翻者了。于是,仍然没有真正普遍性的法律和制度。

六、从"君—主"到"民—主"?

所以,在中国传统的政治结构中,一个能够为全体他者负无限之责者乃是结构性的必要。除非发生另一种情况,即每一个体皆能以一为他者负责的身份参与制度的创建及法律的形成。在此情况下,每一个体皆为负责的伦理主体,亦即,皆为对他者负有无限责任者,但此责任则由于每一个我都必须同时对每一本质上皆不可比较的他者负责而受到限制。普遍的法律即基于每一这样的伦理主体对每一他者的责任而建立。此种法律尽管也不可能保证全然的公正,而需要时时修正、更改、发展、完善,却有每一负责的伦理主体之根本性的"同意"和"认可"为其基础。在此,每一个人都不仅是法律的消极遵循者,而且也是为作为法律的法律本身负积极之责者,亦即,是从根本上"有权"——例如,以投票表决的形式——批准法律的设立、修正和更改者。此是否即为"民—主"一义所蕴涵者?[26] 如此说来,绝对

---

[26] 参见卢梭从社会契约论角度提出的看法。他认为,在共和国中,每一成员都有双重身份:"每个个人在可以说是与自己缔约时,都被双重关系所制约着:即对于个人,他就是主权者的一个成员;而对于主权者,他就是国家的一个成员。"亦即,在此每一个人都既是国家的立法者也是其法律之服从者,而所谓立法即是为法律之建立、维护与实行负责。见卢梭:《社会契约论》第1卷第7章,何兆武译,北京:商务印书馆,1980年,第28页。

"君—主"制度的基本问题是,其中法律之形成并非经由**每一**负责主体的同意和认可。或者不如说,在此制度中,只有而且其实也只能有一个需要无限负责的主体。此主体原则上必须自己使法律(一套将本质上不可比较者进行比较以期建立和维持相对公正的制度)确立并为之负责。因为在此制度中,责任是单向的:天子或君主对民有无限的责任,民对天子或君主则只有义务。但"义务"并不是"责任"。因此,也许可以说,仅就"责任关系"而言,从君主制度到民主制度的政治结构转变乃是从唯一(为他者)负责者到全体皆成为(为他者)负责者的转变。

但以上所谓君主制度乃唯一负责者的政治制度,是仅就君主制度的根本结构而言。这并不是说,在中国传统社会中,除了君主之外,就再没有什么人是**实际上**也必须负责的伦理主体了,而是说,在中国传统的政治结构中,从理论上说,只有一人被认可为是必须对所有他者负全然无限绝对之责者(此认可最终来自传统意义上的天子所受之天命)。儒家政治伦理的一个基本问题是否即由此一结构性的限制而来呢?儒家自始即强调每一个人对他者的无限伦理责任[27],但在实践中此一强调却几乎始终都被限于个人修养层面("内圣"),而无法真正达到政治实践层面("外王")。当然,在政治层面上,有伦理责任感的儒者或士人也始终在力求尽一己对他人——天下之人——之责。对于忠君——真正的负责的忠而非愚忠[28]——的强调即儒家伦理责任意识在政治上的重要表现。但君主制度或专制制度使儒家所强调的个人对所有他人的伦理责任在政治层面上仅能通过忠君而间接地实现。这就是说,作为其实同样亦对所有他人皆负有无限之责的伦理主体,我——每一负责之我——对于民的关切理论上只能通过谏劝君主记住和履行他自己的无限责任而实现。我之忠当然最终乃是我之忠于我对作为他者之民

---

[27] 此乃贯穿拙著《吾道一以贯之:重读孔子》全书的基本主题。读者可以参考。
[28] 参阅拙著《吾道一以贯之:重读孔子》第四章"忠于/与他人——重读孔子关于忠的思想"(第183—224页)中对此问题的专题讨论。

的无限责任,但此忠在中国传统政治结构中却必须以忠君为形式而得到某种间接的实现。这就是说,在政治层面上,我对天下所有他人所负的伦理责任必然受到作为唯一绝对负责者之君主的限制。㉙ 我可以有"先天下之忧而忧,后天下之乐而乐"的胸怀和"鞠躬尽瘁,死而后已"的精神,最后却有可能需要去无可奈何地辅佐一个不堪辅佐的昏弱之君。正是因为这一情况,所以推到极端,中国传统才有所谓"革命"之说。而如前所说,此种传统的革命观念虽然可以使天命的变更或改换合法化,但却难以解决中国传统制度中的那个根本问题:如何保证此一政治制度**始终**拥有一能在其中为一切他者真正无限绝对负责之人。

就此而言,研究儒家思想及中国传统文化的一些现代学者所经常提出的那个有关中国传统政治的问题,亦即,为什么那美好的"内圣外王"的传统理想一到现实中就似乎总是只有内圣而无外王,也许可以这样来重新考察。牟宗三在《心体与性体》中说,内圣是"自觉地作圣贤功夫(作道德实践)以发展完成其德性人格",外王是"外而达于天下,则行王者之道"。㉚ 但是,照两千多年前孟子的说法,所谓圣人只是"人伦之至",亦即,圣人是只在人伦中才被成就的德性人格。㉛ 而所谓"人伦"实即人—我关系或自我与他者之间的关系。在此一关系中,我作为伦理主体始终对他人和他者负有无限责任。因此,内圣所强调的"成德"或道德修养其实并非只是个人**独自**成就自己的德性人格而已,因为此一人格其实只有在人伦之中,亦即,在践履我对他者的无限伦理

㉙ 当然,在所谓民主制度中,每一主体对他者的责任同样也会为具体制度所限制。在制度层面上,有组织的多数决定着我能对他者具体负责到什么程度。但此种情况与传统的一人绝对负责之间的重要区别是不应忽视的。
㉚ 牟宗三:《心体与性体》,上海:上海古籍出版社,2000年,第4页。
㉛ 《孟子·离娄上》:"孟子曰:'规矩,方员之至也;圣人,人伦之至也。欲为君,尽君道;欲为臣,尽臣道。二者皆法尧、舜而已矣。不以舜之所以事尧事君,不敬其君者也,不以尧之所以治民治民,贼其民者也。'"

责任之中,才能被成就。㉜而这样的具有圣人性格的伦理主体的最典型的体现其实就是理想的圣王,或理想的天子。天子或圣王才是中国传统的理想政治中最能为他者负无限之责者。㉝能让天下之人皆得其所保所养所安所乐,这就是理想的圣人之(政)治。但理想的圣人之(政)治在此一传统的开端处却经常被想象为一种无(政)治之(政)治,一种完全依赖圣人自身之伦理人格所成就的(政)治。㉞这样,理想地说,内圣本身即已蕴涵外王,即已应该成就最理想的外王,即已无须任何其他形式的外王。然而,如果作为王者的圣人需要对一切他者公正,而这一对于公正的需要则蕴涵对于公正的制度和健全的法律的需要,那么内圣外王者就必然要超出自己与他者的纯粹的伦理关系及其所包含的一己对他人的无限伦理责任,而致力于那能够保证和维护普遍公正的制度与法律的建立。㉟公正的制度和法律的建立及不断完善,才是最根本的"政"。有此根本之"政",才有天下之"治"。只有在这样的"政—治"之中,公正而有效的制度和法律本身才有保证;也只有在这样的制度和法律之中,天下之人才皆能真诚地相保若赤子。而如果必须有能够保证和维护普遍公正的制度和法律,那么传统的天子/子民式的、仅以一人而为全天下负责的政治结构就必须改变。但是,建

㉜ 牟宗三思想的问题之一可能是,将"内圣之学"或"成德之教"规定为个人德性人格的成就,而他在这样说的时候完全以个人为出发点。此与其基本看法,亦即道德为自律,密不可分。牟宗三说,就儒家思想的内圣面而言,"本来即此一面亦可使儒家不与政治纠缠于一起"。但此说并非确论。见牟宗三:《心体与性体》,第4页。

㉝ 是以《尚书·洪范》中才会说:"天子作民父母,以为天下王。"我们此处也可回忆一下《论语·雍也》中子贡与孔子的一段问答:"子贡曰:'如有博施于民而能济众,何如?可谓仁乎?'子曰:'何事于仁!必也圣乎!尧舜其犹病诸!'"

㉞ 例如,孔子即如此赞美舜:"无为而治者,其舜也与!夫何为哉?恭己正南面而已矣。"(《论语·卫灵公》)

㉟ 正因为如此,在《孟子》中,当需要面对己之父瞽瞍杀人的可能伦理困境时,被孔子誉为能够"无为而治"的舜才会被孟子想象为一个将会"视弃天下犹弃敝屣也;窃负而逃,遵海滨而处,终身欣然,乐而忘天下"之人。舜之所以会被孟子认为将如此行事,一个可能的解释就是,在作为儿子的自己对一个极为特殊的他者——父亲——的伦理责任与作为天子的自己之保证和维护公正的法律的责任冲突时,孟子尚无力让舜做出能够超出与个别他者的直接伦理关系和对个别他者的直接伦理责任的不同选择。

立普遍公正的制度和法律却不应该意味着让每一对他者本质上皆负有无限伦理责任的"我"都放弃自己对他者的无限绝对责任。所以我们今天所面对的基本问题仍然是,如何才可有一真正建立在每一作为伦理主体之"我"皆对他者负有的无限、绝对责任之上的有限而相对公正的制度和法律。㊱

㊱ 法律制度最好也只能是做到"有限而相对的公正",这是因为,虽理想地说,基于每一作为负责的伦理主体的"我"对每一他者的无限伦理责任基础之上的法律应能对所有的人公正,但正如作为个别伦理主体的我无法做到对所有他者都绝对地公正(先救母亲还是先救妻子,携子逃难还是携侄逃难),最为"负责"的法律也做不到这一点。然而,尽管只能做到有限而相对的公正,一己对他者的无限伦理责任却始终应该是真正负责的法律制度的基础。莱维纳斯在 *Autrement qu'être ou au-delà de l'essence* 的第四章 Substitution(替代)中写道:"纯粹的己……在自由之前即是需要〔对他者〕做出应承的,而且,无论那些通向社会上层建筑的道路是什么,但在社会上层建筑——在正义——中,那令我与他者无法成双配对的非对称仍将重新发现法律,自律,平等。"(p. 163)每一己或每一我皆必然是在能够自由选择之前即首先已对他者做出了无条件的"应承"。我对他者之"应"即已是对他者之"承",亦即,我在回应他者之时其实即已承担了对他者的无限责任。"应承"是笔者为莱维纳斯思想中的重要词汇"responsibilité"所选择的汉语对应词。此词似比通常的译法"责任"更能传达莱维纳斯赋予此词的特殊哲学含义。参见笔者所译莱维纳斯此书第一章的译者注释(《世界哲学》2007 年第 3 期,第 12 页,注 31)中有关此词之翻译的具体讨论。

有与 Sein

有不能以有为有,
必出乎无有,
而无有一无有。
——《庄子·庚桑楚》

汉语语境下的西方(哲学概念)"存在"

我们研讨会的议题是德语哲学与汉语哲学的互动关系。① 我这里呈上的是我与此议题有关的一项研究结果的部分概括。我将集中于一个问题和一点思考。我的问题,如果具体地说,是起于海德格尔的《存在与时间》(Sein und Zeit)中的一个表述——一句极短的话——的汉语翻译。我的一点由此而起并与此相连的思考则集中于汉语中"有"的哲学意义。概括报告一项已经被深入展开的研究似乎必然会冒疏漏不周之险。但我将尽我所能。鉴于我的研究结果已经以《有(与)存在:通过"存在"而重读中国传统之"形而上"者》为题出版,我将把书中对于此处所提出之论点的具体阐发留给有兴趣继续探讨这些问题的读者自己去阅读。

一、"有——存在"

在陈嘉映和王庆节翻译的海德格尔的《存在与时间》中出现了这

---

① 本文原为在台湾"中央研究院"中国文哲研究所 2007 年 9 月召开的"跨文化动态:探讨德语哲学与汉语哲学之互动关系"国际研讨会上宣读的论文。关于文中所及者的展开性分析和论述,详见拙著《有(与)存在:通过"存在"而重读中国传统之"形而上"者》,北京:北京大学出版社,2005 年。

样一个表述:"有存在。"②在汉语中,这其实是一个可以在其中听到两种不同声音的表述。一方面,我们可以将其读为一"有"字句:**有**存在。亦即,有着存在这么一种"东西",或有着一以"存在"为名者。但是,另一方面,我们也可以将其读为一主谓句:有**存在**。亦即,有(作为某种"东西"或某一以"有"为其名者)存在着。然而,无论是"**有**存在"还是"有**存在**",皆可令留心于文字的汉语读者不无困惑:仅就"有"在上述这两种可能读法中的意义而言,难道"有"在这里不就是"存在"吗,而"存在"在这里不就是"有"吗?③ 有能**存在**吗?存在能**有**吗?有如何才能**存在**?存在如何才能**有**?

"有存在"这一汉语翻译出现于其中的上下文是这样的:"当然,只有当此在(Dasein)**存在**,也就是说,只有当对存在之领悟在存在者状态上的可能性**存在**,才'有'存在。"④此处译文中括号内的"有"是德语习惯表达"es gibt"的勉强翻译。这一表达在德语日常用法上基本相当于英语的"there is",或法语的"il y a",故《存在与时间》的英译者此处即以"is there"(倒装的"there is")来译"gibt es"(倒装的"es gibt")。所以,汉语译者这里亦将其译为汉语中习惯上对应于上述欧洲语言表达的"有"。但在其后来的《论人道主义》信中,海德格尔曾特意强调,这一表达应该按其德语字面意义被理解为"它给予……"。

---

② 海德格尔:《存在与时间》,陈嘉映、王庆节译,北京:三联书店,1987年,第255页。
③ 台湾学术界目前所普遍接受的"存有"及"存有论"这两个表述即表明,"有"与"存在"是被视为同义的。但若能回到汉语语境中进行深入详尽的哲学分析,当可表明汉语的"有"与"存在"在意义上有重要不同。参见拙著《有(与)存在:通过"存在"而重读中国传统之"形而上"者》第一部第三章第三节"'有'与'在'"(第97—100页)中的具体分析。
④ 此乃陈嘉映、王庆节的汉语翻译《存在与时间》的译文(第255页)。括号中的"Dasein"为笔者所加。John Macquarrie 与 Edward Robinson 的英语译文此处为:"Of course only as long as Dasein is (that is, only as long as an understanding of Being is ontically possible), 'is there' Being." "当然,只有当 Dasein **存在**(只有当对存在[Sein]的理解在实际上[ontically/ ontisch]是可能的),才'有'('is there'/'gibt es')存在。"John Macquarrie and Edward Robinson, trans. *Being and Time*. Oxford: Basil Blackwell, 1962, p. 255.

而这个"给予"存在的"它"却又只是存在本身。⑤ 据此,"Es gibt das Sein"在汉语中就应该译为:"它——存在——给予存在。"⑥如此,"有"就可以在"Es gibt das Sein"的汉语翻译中消失了。但如果"有存在"这一意义两歧的翻译还可以在缺乏阅读警觉的读者那里"蒙混过关"的话(亦即,不留心的读者这里也很可以像接受"有天空"或"有人类"这类表述一样接受"有存在"这一表述,并不假思索地相信,这一表述说的就是:有着"存在"这样一种东西。当然,这样一来,此一被海德格尔极力区别于任何东西或任何"存在者"的"存在"就于不知不觉之间又重新成为一"存在者"了),"它——存在——给予存在"这一表述却立即会为读者产生困惑:海德格尔这个所谓的"存在"如何能够自己给予自己呢?而首先,海德格尔的这个据说能够自己给

---

⑤ 见 Martin Heidegger: *Basic Writings*: from *Being and Time* (1927) to *The Task of Thinking* (1964). David Farrell Krell eds., London: Routledge & Henley, 1978, p. 214。熊伟为我们提供的《论人道主义》信的汉语译文在此为:"在《存在与时间》(第212页)中有意而小心地写道:il y a l'?tre:'es gibt' das Sein('有'在)。用 il y a 去译'es gibt'是不准确的。因为在此'有'就是存在本身。这个'有'却是指称那有着而又维持着自己的真理的存在的本质的。这个和存在的本质本身一起有出来的就是存在本身。"(见孙周兴编:《海德格尔选集》,上海:上海三联书店,1996年,第378页。)对于我们来说,不可理解的是,在已经翻译了"用 il y a 去译'es gibt'是不准确的"这句话之后,亦即,在已经明确地知道了海德格尔认为不应以"il y a"去译"es gibt"之后,熊伟随后的汉语译文却依旧将"es"译为"有",以至于使汉语译文在此因不可理解而完全失败。兹试译海德格尔此段文句如下以供读者参较:"'il y a'('有……')只是不准确地翻译着'es gibt'('有……','它给予……')而已。因为此'es'('它'),此一在此给予(gibt)着的'es'('它'),就是存在本身。而'gibt'('给予')则指明存在的本质即为给予,即为授出其真相。"

⑥ 在被译为《面向思的事情》(*Zur Sache des Denkens*)(陈小文、孙周兴译。北京:商务印书馆,1999年,第2版)的那本讨论时间与存在的重要后期著作中,海德格尔又对"Es gibt das Sein"这一表述进行了深入的专题分析。这给该文的汉语译者造成了持续的困难,因为在这里海德格尔将注意力集中于这一表述中的那个完全不起眼的"es",试图分析这个第三人称中性代词在这一表述中尚未被留意和思考的意义,这就使得这一表述更不应该被按德语日常用法翻译成"有存在"。但由于汉语译者并没有去考虑这一汉语表述本身的问题,所以其译文不必要地摆动于"有存在"与"它给出"之间,并且造出诸如"我们阐释在'有'中给出的东西"(第6页),"然而,上述的给出对我们来说依然晦暗不明,就像这里所说的有(Es gibt)中的'它'(Es)一样","按照给出的这一如此有待于思的意义来看,这一有(它给出)(Es gibt)的存在就是被遣送者(Geschickte)",等等难读难解的汉语句子。详细分析海德格尔这本重要的小书的汉语译文,将能为我们提供很多非常值得考虑的问题。

予自己的"存在",这个在汉语中目前虽然通常被翻译为"存在",但其实却又经常可以与汉语的"有"混合使用的"Sein",究竟说的是什么呢?

二、"Sein"的汉语翻译

的确,"存在"从来即非可以令人满意的翻译。在汉语中介绍和研究西方形而上学的人在翻译上从一开始就已经遭遇了几乎是不可克服的困难。面对"Sein"或"Être"或"Being"(或古希腊和拉丁语中的对应词),面对西方形而上学的这个基本词或基本概念(当然,我们知道,说"Sein"是一基本概念是有问题的,详见下文),这个据说为一切思想和表述所必然蕴涵者,汉语中并没有一个能完全对应于它(们)的满意翻译。因为,在汉语中,至少是在东汉以前,并没有一个哪怕只是可以勉强地对应它们的词,一个既为系词亦为动词的词。而汉语中后来逐渐发展出来的系词"是",我们现在所使用的"是",以前乃是一个指示代词(相当于"此")和一个表示肯定的词。⑦ 而现在的"是",则除了继续表示肯定之外,基本上只是一个表示同一关系或类属关系的"系词"(例如:"他是老师","我是男人"等等。因此,我们不能说"我是男",而必须说"我是男人"或"我是男**的**"。"的"将

---

⑦ 亦即,一个"yes"或"oui"。汉语中"是"的指代义与肯定义之间的内在意义联系值得深入的哲学研究。指出一在此者即同时蕴涵着对于此在此者的肯定。当"是"被一指称在此之某物者说出时,此物即被同时指出和肯定了。"是"说的既是"是,此,这,这个",也是"是的,对的,没错,就是这个,就是它"。因此,现代汉语的"是"仍然不是"Sein"或"Être"或"Being"的完全对应词。但此"不对应"却也可以在汉语哲学与西方哲学的互动中开辟出新的思想可能性。例如,对于海德格尔有深入批判的莱维纳斯和深受海德格尔与莱维纳斯影响而又在哲学上独树一帜的德里达对于"oui"皆有深入论述。"Oui"乃我向他者说出的第一词,是我对他者做出的无条件的原初应承。对于莱维纳斯来说,"存在"问题必须在我对他者的此一无条件的"oui"或此一无条件的应承中才有意义。就此而言,汉语中"是"的指代义(与"存在"问题有关)与肯定义(与伦理问题有关)之间的内在意义联系难道不是已经包含着众多值得深思者吗?

"男"名词化,从而可被"是"联系于主语"我")。因此,汉语中迄今仍无可以差强人意地翻译"Sein"或"Être"或"Being"者。此问题近年来又激起了中国大陆汉语学术界的研究兴趣。很多专题论文已经发表,其中汉语的"是"、"在"、"有"、"存在"等作为翻译"Sein"或"Être"或"Being"的可能词选均已得到初步的考虑。专题论文集《Being与西方哲学传统(上下卷)》的出版在某种程度上就见证了这一研究兴趣。⑧但目前绝大部分的研究工作仍然限于问题的梳理而已,还少有真正的汉语哲学工作出现。而在西方哲学或形而上学的实际翻译和研究中,"存在"则依然似乎是大家已经习以为常的唯一选择或"非选择"。⑨ 台湾的汉语学术界则倾向于使用另一个似乎同样未经哲学质疑的译法:"存有"。

没有满意的对应词,所以我们在翻译和理解西方哲学时,几乎从一开始就面对着似乎是难以逾越的障碍。例如,海德格尔在《存在与时间》绪论部分中的那个关于我们必然已经理解"存在"的意义的说法(当然是已经翻译成汉语的说法)就是一例,亦即,虽然我们不知道"存在"说的是什么,但是能用"是"来问"'存在'是什么?"却表明,我们其

---

⑧ 宋继杰编:《Being与西方哲学传统(上下卷)》,保定:河北大学出版社,2004年。但此书也有重要的遗漏。例如,本维尼斯特(Emile Benveniste)的"Categories of Thought and Language"(《思想的诸种范畴和语言的诸种范畴》)和"The Linguistic Functions of 'to Be' and 'to Have'"(《"是"与"有"的语言功能》),以及德里达讨论本维尼斯特的重要论文"The Supplement of Copula: Philosophy before Linguistics"(《系词的增补:语言学之前的哲学》)就都没有收入。前者之文见 Emile Benveniste, *Problems in General Linguistics*, trans. Mary Elizabeth Meek. Coral Gables, Fla.: University of Miami Press, 1971. 后者之文见 Jacques Derrida, *Margins of Philosophy*, trans. Alan Bass, Chicago: University of Chicago Press, 1982.

⑨ 有鉴于此,笔者自己在西方哲学的实际翻译中已经开始进行新的尝试。在翻译莱维纳斯的著作时,鉴于作者自己之明确声明,笔者已经尝试以"(去)是"及"是之去是其之所是"来翻译莱维纳斯的"être"。见拙译莱维纳斯《异于去是,或在是其之所是之外》(Emmanuel Levinas, *Autrement qu'être ou au-delà de l'essence*, second edition 1978, Martinus Nijhoff Publishers)。连载于《世界哲学》2007年第3期,第3—21页,以及第4期,第66—76页。笔者尝试不同译法的理由见译者注释。

实已经在理解着"存在"的意思了。⑩ 但为什么能问"'存在'是什么?"就表明我们其实已经知道"存在"的意思了呢? 如果没有必要的解释,汉语读者可能并不知道海德格尔到底在说什么或到底想说什么,因为就这里的汉语翻译来看,海德格尔所说的似乎是没有意义的。这就是我们在讨论这个西方的"存在"时所遇到的初始难题。但这一"初始难题"在某种意义上其实可能也是其全部困难之所在:在汉语中,"是"与我们用以翻译"Sein"的"存在"在语义上并没有海德格尔这里所说的这个西方的"是"(sein, ist, be, is)与这个西方的"存在"(Sein, Being)之间的意义联系。在海德格尔这里,问题在开始时表面上(亦即,在其所谓"形式结构 formal structure"之内)似乎很简单:所谓"存在",这个哲学或形而上学应该首先思考的"存在",这个据说一直是西方思想的真正唯一关注的"存在",其实首先只是这个系词或动词"是"的名词形式而已。所以的确,在海德格尔在其中论述"存在"问题的德语中,以及在其他西方语言中,若能以"是"来问"'存在''是'什么?"这一问题,当然就是问者已经在以某种方式理解着"存在"之意义的证明。但是,在汉语中,如何理解这个西方的"存在"与这个西方的"是"之间的哲学关系或形而上学关系,在某种意义上却几乎就是我们的全部问题。这

---

⑩ 陈嘉映、王庆节译的汉语译文此处为:"我们**不知道**'存在'说的是什么,然而当我们问道'"**存在**是什么?'时,我们已经栖身在对'是'〔'在'〕的某种领悟之中了,尽管我们还不能从概念上确定这个'是'意味着什么。我们一直还未认出该从哪一境域出发来把握和确定存在的意义。**但这种通常而模糊的存在之领悟是一种实际情形**。"(海德格尔:《存在与时间》,第 8 页。)"实际情形"在德语原文中为"Faktum"。所以,海德格尔是将我们对"Sein"之意义的理解视为一确定事实的。但如果对于"我们"汉语读者来说,此并非一确实事实,则海德格尔的确信就会被动摇了。德里达在《人之目的/终结》(The Ends of Man, in Jacques Derrida, *Margins of Philosophy*, pp. 124-125)一文中曾引出此段并分析了其中所包含的严重问题。他指出,海德格尔的这个必然向 Sein 之意义开放的"我们",无论其如何单纯,如何谨慎,如何不起眼,也还是将存在问题的这一所谓形式结构铭刻在西方形而上学的视域之内,并铭刻在印欧语言环境之中了。这就是说,此一问题仍然是在特定的、"物质性的"(德里达以此指印欧语言系统)界限之内提出的。"存在问题"之不可能在汉语中"直译"而不失其原形,即印证着德里达的看法。我们之所以试图回到汉语的"有"而不让自己局限于德语的"Sein"(是,存在),也正是因为既欲与德语哲学思想(或西方哲学思想)进行对话,又不要为其仍然是在特定语言界限内提出的哲学问题所局限。只有这样,真正的哲学对话和互动才有可能。详见以下正文中的讨论。

一问题当然并不只是语言问题，但是我们将会看到它却与语言问题——语言的根本问题，或根本的语言问题——密不可分。

当然，提出"Sein"的汉语翻译"存在"（或"存有"）所包含和涉及的种种问题，并非是有意强调汉语哲学与德语哲学或西方哲学二者之间沟通与互动的困难甚至不可能。相反，这样的困难与问题应该成为我们在汉语中进行创造性的哲学思考的动力。套用海德格尔在《同与异》(Identität und Differenz)中的话，这里的问题在某种意义上可以归结为，在汉语中，我们能否以同样的方式就同样的思想之事而与西方哲学思想进行对话？⑪ 我们能否越过"存在"这个为翻译"Sein"而存在的词，这个在汉语传统中并不十分"哲学"的词，而在汉语传统的更深处找到一个可以与海德格尔的"Sein"有着类似或同样的哲学关切的词？

若果如海德格尔所言，有关"Sein"或有关其"意义"的问题虽然与语言——与某一或某些语言——密不可分，但却并非只是语言问题，那么我们就有理由在汉语中越过目前在表面上似乎与"Sein"之意义最为接近的"存在"和"是"而寻找。而这样做的目的当然并不是要否定"存在"及"是"在翻译"Sein"时的必要性及其有限合法权利，而是欲在汉语传统的更深处寻找与海德格尔所关切的问题进行真正对话的可能。为此，我们可以回到海德格尔对"它——存在——给予存在"这一表述的进一步阐释中去寻找某种初步线索。如果我们盯住这一费解表述的话，那么我们也许可以说，海德格尔的《存在与时间》的基本论述要点

---

⑪ 在《同与异》中，在一个涉及黑格尔以及整个西方形而上学思想传统的语境中，海德格尔曾经这样谈论过应该如何与思想家进行对话：与一个思想家的对话必须涉及同样的思想之事；而且，在这一对话中，我们应该不仅谈论同样的事，而且以同样的方式来谈论这一同样之事。海德格尔的意思应该是，如果我们不能以同样的方式与所对话者谈论同样的思想之事，我们就有可能只是在自说自话，而真正的对话却并没有发生。不过，海德格尔在此又同时强调了另一非常重要之点：所谓"同样"并非意味着全然无别的"同一"或"一致"。在单纯的"同一"或"一致"中，差异就消失了。而在"同样"中，差异才涌现出来。而且，思想愈是毫不含糊地让自己以同样的方式关心同样的思想之事，差异就表现得愈加明确。见海德格尔的 Identität und Differenz，我参考的是 Joan Stambaugh 的英译本，Harper & Row, New York, 1969, p. 42, p. 45。汉语译文可参见孙周兴编《海德格尔选集》下卷，第 820、822 页。

即在于,存在之将自身给予自身必须"通过"某一特定的存在——Dasein[12]——才能实现,亦即,必须通过 Dasein 对于存在之意义的必然理解才能实现。换言之,是 Dasein,是这一"在此"者,由于其对"存在"之意义的必然理解,而让存在能够将自身交给自身,从而"实现"自身。"Sein"只有在"Dasein"中与自身相分离,才有可能去给予 Sein,或去给予自身,或去将自身给予自身。就此而言,Dasein 在 Sein 的问题中至关重要,重要到我们甚至可以说,没有 Dasein 就不可能有 Sein。于是,即使是部分地通过文字游戏也罢,海德格尔也在其关于 Sein 的意义问题的论述中引入了人,而其《存在与时间》中全部的"基础存在论"从某种意义上说其实当然都是有关人的讨论。当然,这样的解释其实仍然语焉不详,并不足以解决我们在汉语中讨论海德格尔的存在思想时所遭遇的基本困难。但既然 Dasein 在此至关重要,而 Dasein 乃海德格尔有意以之指称"人"者,所以,我们也许也可以尝试着谨慎地将人带进来。而在汉语中,那能够允许我们这一尝试的可能就是自老子以来即被关切的"有"。因此,让我们现在先试回到汉语传统中的"有",那一在此传统中与"无"密不可分的"有",那一让庄子可以说"有有也者"的"有",那一同时既是名词亦为动词的"有",而对之作一番简略的分析。

三、从现代的"存在"(Sein)回到传统的"有"

当然,在"存在"或"存有"被作为目前流行的译名使用以前,"有"其实就已经被用来翻译"Sein"了,尽管此一翻译后来由于种种原因而被放弃。例如,贺麟翻译的黑格尔《哲学史讲演录》中,就有"有存在"

---

[12] Dasein 是在此者,即中译本《存在与时间》中的"此在"。海德格尔有意说"Dasein"而不说"人",不仅是要在"Sein"与"Dasein"之间建立系统的意义联系,而且也是特意要避开"人"这一概念所带有的西方形而上学内涵。但如果不忘海德格尔的用心,我们还是可以径以人来代替这个在汉语中难以翻译的概念。

的另一种读法的证据:"一条路是,只有'有'存在;'非有'不存在,——这是确证的路径,真理是在这条路上。另一条路是,'有'不存在;'有'必然是'非有',——关于这,我对你说,这是完全非理性的道路;因为'非有'你既不能认识,也不能达到,也不能说出。"这就是黑格尔所引用的巴门尼德的那段非常著名的话的汉语翻译。⑬ 而以汉语的"有"来翻译"Sein"表明,"有"与"Sein"在实质上而不是在形式上的某种相近其实已经被意识到了。然而,即使当"有"被用来翻译"Sein"或"Being"时,"有"在汉语传统中的哲学意义也并未因此而开始得到深究。相反,所发生的倒似乎是,作为"Sein"或"Being"之汉语翻译的"有"却在某种程度上遮蔽了中国传统中自老子以来即被思想予以关切的那个有。此"有"开始比照西方形而上学中的"存在"而被加以分析,而其相对于西方的"存在"而言的独特性则并没有被留意。但如此一来,对中国传统中的"有"的理解即很容易发生海德格尔在《存在与时间》开头所指出的西方形而上学传统对"存在"的种种误解。⑭

冯友兰对于"有"的分析在此似乎有某种代表性。在其《中国哲学史新编》中,冯友兰将老子的"有"理解为一个最大的总名,并将之比于西方哲学的"Being"。他说,《老子》第一章讲了三个概念,"有"、"无"、"道",黑格尔在《小逻辑》里也从"Being","Nothing","becoming"这三个概念开始讲起,此乃中外哲学家所见之略同。冯友兰进而就对老子的"有"做了如下的分析:

"有"是一个最概括的名,因为最概括,它就得是最抽象的,它

---

⑬ 黑格尔:《哲学史讲演录》第1卷,贺麟译,北京:商务印书馆,1959年,第265页。

⑭ 海德格尔列举了三种:"一、'存在(Sein)'是'最普遍的'概念","二、'存在'这个概念是不可定义的","三、'存在'〔是〕是自明的概念"。针对这些传统成见,海德格尔指出,一、"存在"的"普遍性"不是种的普遍性。其"普遍性"超乎一切种的普遍性。二、"存在"之不可定义只表明传统的适用于存在者的定义方法不适用于定义"存在"。三、我们虽然一直生活在对于"存在"某种理解之中,但其意义却隐藏在晦暗之中。(见陈嘉映、王庆节译海德格尔:《存在与时间》,第6页。)此处,与正文以下对冯友兰的讨论最为相关的是第一点。

的外延是一切的事物,它的内涵是一切事物共有的性质。……外延越大,内涵越小。"有"这个名的外延大至无可再大,它的内涵亦小至无可再小。它只可能有一个规定性,那就是"有"。"有"就是存在。⑮

冯友兰对"有"的这一分析既视"有"为一个指事名物的"名",又将其看作一个描述事物共有"性质"的形容词。于是,冯友兰这里同时肯定了"有"的某种"双重身份":"有"是一切事物的总名;"有"也是一切事物所共有的"性质"。"有"如何能具有这样的"双重身份",冯友兰的行文似乎并未提供能够回答这一问题的任何线索。而且,在这里,"有"是否可以被完全等同于我们在汉语中所理解的西方哲学意义上的"存在",而"存在"又是否可以被规定为一切事物的共同"性质",这一点即使在西方形而上学传统中也并不是从来就清楚明确的。是以才有康德出来说,"sein"("是/存在")并不是一个真正的谓词,亦即,"是/存在"并不是事物的某种性质,而是我们对事物之设定。是以也才有我们以上所讨论的海德格尔对整个西方形而上学的"解构"。

若按冯友兰的分析,中国的"有"(作为最概括因而也最抽象的总名)似乎不足以担当与海德格尔的"存在"问题进行对话的哲学任务。因为,从某种非常重要的意义上说,海德格尔在对西方传统形而上学的"解构"中所强调的乃是"Sein"的根本性的动词义。以汉语说即是,"存在"不是某种静态的情况,而是动态的事件。如果仅仅着眼于汉语的"有"的抽象名词义,那么汉语的"有"就也会像西方形而上学中的"存在"那样沦为某种"最普遍的"因而也最空洞的概念,而失去其原始的思想表达力量。然而,对于中国传统历来所关切的"有",是否还可以有不同的哲学分析?此分析是否能导致我们对"有"的不同理解?而此不同理解是否能真正有助于中国的"有"与西方的"Sein"的对话?而且,此"有"是否能真正进而为与海德格尔有关"存在"之思的汉语对

---

⑮ 冯友兰:《中国哲学史新编》(第二册),北京:人民文学出版社,1982年,第46—47页。

话贡献些什么？

既然海德格尔的"存在"不是状态而是事件，而他关心的乃是 Sein 的某种非常根本性的动词意义，那么我们也可以首先试对汉语的"有"的基本动词意义进行一语义分析。在此，汉语中"有"的一身而兼二任的独特现象最值得注意："有"在汉语中既表"所有"又表"存在"。这与印欧语言中此二义须分由"to have"与"to be"来表示形成了鲜明对比。因此，让我们问，为什么在汉语中"有"在某种程度上可以同时完成印欧语中"有"与"是（存在）"的任务？而此一"身兼二任"在哲学上又可以意味着什么？

根据汉语文字学家，"有"字象手执肉形，以形象地表示"拥有"、"所有"、"占有"，等等。从意义结构上说，"有"必然蕴涵一"（所）有者"或"能（占）有者"，也必然蕴涵着一可被有者。最终意义上的**能有者**只能是人，因为只有人才能**理解**"有"的意思。⑯ 而可被有者即是一般意义上的东西。因此，**"有"所表示的本来是作为能有者的人与任何其他东西所形成的一种关系**。然而，我之所以能与任何事物发生"有"与"被有"这样一种关系是因为：一方面，我必须是能有者，另一方面，必须已经"有"（"存在"）着可以让我能"有"的东西，因为我不可能"有"根本就"没有"（"不存在"）的东西。所以，作为"所有／拥有／占有"的"有"在其意义结构中应该已经蕴涵着可被有者本身之"有"（"存在"）。"我有马"即蕴涵着："有"（"存在"）着马这种东西。

---

⑯ 所以，像"桌子'有'四条腿"等类不以人为主语的"有"只是引申和比喻意义上的"有"。桌子并非真能"有"四条腿，因为桌子"的"四条腿"是"桌子之为桌子的一部分。相反，"人有两只手"这一表述却必然双重地表达着本来意义上与引申意义上的"有"，即使其上下文可能会限制其中一种意义的显示。在引申意义上，人确实可以在桌子有四条腿的意义上有两只手。但是这一说法其实已经将人在这里降低为像桌子一样的"东西"。而人之本来意义上的"有"手只能意味着，人"占有"自己的"手"，而此"手"也只有通过这一占有并且在这一占有中，亦即，作为人"的"手，而成为其所是者——手。也正是在这一意义上，我们甚至可以说"人有身（体）"（《老子》第十三章："吾所以有大患者，为吾有身。及吾无身，吾有何患？"）。在这一讨论里，动物之"有"肢体，例如，猿之"有"某种意义上的"手"，构成了某种不容忽视的中间地带。关于占有之有的讨论也许可以由此继续深入。

以上括号内的"存在"只是我们对汉语的"有"的另一种意思的附加说明或"翻译"。在古代和现代汉语中，表达此"存在"义的基本词汇也还是这个"有"，这个我们用以表示"所有/拥有/占有"的"有"。但是，在表示这一意义上的"有"之时，我们使用实际上并无任何特定明确主语的句型。所以，当所要表达的意思是马本身的存在而不是谁拥有马时，我们只说："有马"，或者，我们会再加上某种时空上的限定，例如，"厩有马"，甚至，"天下有马"，等等。由于这里不再有任何表示某一可能的所有者的主语，所以"（天下）有马"这一表述肯定的已经不是任何马之为任何人所"有"，而只是"有"马，或马这一事物本身的"有"。这个名词化了的"有"所表示的就是我们现在通常以所谓"存在"来理解的东西。就此而言，这一由"所有"义向"存在"义的过渡似乎是动词"有"的本来意义的某种"抽象"化，而这一"抽象"似乎也应该是"有"的意义的某种还原。被"抽"去了主语的、因而不再表示任何具体的所有或占有关系的动词"有"现在仅仅引出或带来一个宾语，亦即，一个事物、一个东西。"有……"这一表述现在只肯定一个单纯的"有**某**"，却不管"**谁**有"。在已经如此习惯于这种无主语的汉语"有……"字句的我们的通常感觉中，被没有任何主语的"有"如此带来的东西当然应该是本来就已经"在"那儿的。已经"在那儿"的东西"存—在"着，等待着任何可能到来的为人所有。根据"常识"，无论什么东西，当然都得本身先已经"有"了，然后才可能为人所"有"。我们会觉得这是"自然"的顺序。所以，如果"有"乃一词二义之词，那么表示存在的"有"似乎应该是表示所有或占有的"有"的前提才对。

四、汉语之"有"的独特之处

然而，如果表示"存在"的"有"应该先于表示"占有"的"有"，那么"有"的字义似乎也应该从前者向后者过渡和延伸才是。但是，在汉语中，一个本来表示"占有"的"有"却反而被借来表示一个意味着"存在"的"有"。此"借"则似乎意味着,汉语思想中**本来**并没有一个有关事物本身之"存在"的观念,因为这里我们似乎只是从事物之可为人"(所)有"出发来理解事物本身之"有"的,而不是相反。而这似乎又蕴涵着,对事物本身之"有"或"存在"的理解至多只是隐含在人对事物的"有"或"占有"之中。这就好像是说,人若"没'有'"了某一事物,此事物本身也就不会"有"。以这样一个"有"来既表示"所有"又表示"存在"是否意味着,与在印欧语之中所表述的关于"Sein"或"存在"的观念相比,汉语思想中关于"有"的观念中缺了点什么?甚至是,汉语思想中根本就没有一个有关事物本身之"存在"的观念?不过,情况也很可能是相反的:当汉语思想用"有"这个本来表示"所有"和"占有"的词来表示单纯的"在"或所谓"存在"(这一只是通过西方哲学才在汉语中变得流行起来的现代哲学观念)之时,"有"所表示的这个"在"或"存在"其实不仅没有"缺少"什么,而且比那个单纯表示"在那里"的"在"或"存在"甚至可能还多出点儿非常重要以及非常根本的什么。

  汉语的"有"比"在"或"存在"多出来的(或带出来的)是人这一根本的能"有"者,而用"有"来表示事物本身之"在"或"存在"则表明,这个似乎已经纯粹化了的、仅仅表示事物之存在的"有"在意义上其实仍然与那个必然蕴涵着一个能(拥)有任何事物的所有者的"有"紧密相关。没有人之能有,就没有有。

  因此,汉语的"有"的特殊之处恰恰在于,即使当我们似乎仅仅以这个"有"肯定一个东西似乎完全与人无关的单纯"存在"之时,我们其实也仍然在隐含地将其理解为一个"可(被)有"者。

  这似乎意味着,在汉语思想中,事物本身之"有"不能真正离开其"可(被)(拥)有"——亦即,其与某一普遍能有者的"关系"——而被把握。而这似乎又意味着,在汉语思想中,事物是不"独立"的,事物"本身"并没有得到真正的尊重,事物从来没有被首先和真正视为纯粹的"自在"者。⑰ 是这样的吗？

汉语思想是否历来都太热衷于"占有"事物，以至从未真正关心过事物本身的"有"或"存在"？这一思想是否一直就以某种方式认为：存在（之有）就只是被占有（之有）？然而，对于"非占有"（"不有"）的强调难道不恰恰正是中国思想传统的，尤其是道家思想的，最重要的特征之一？⑱

如果我们能够仍然或者重新体验"有"这个汉语动词所蕴涵的原始力量的话，那么我们也许就应该肯定，从最根本的意义上说，被汉语的这个"有"所肯定的事物本身之"有"或"存在"**并不独立于某种根本性的"占有"关系，而且也不可能独立于这样一种关系。**⑲ 没有独立的"有"。事物不可能独立地"有"。而汉语的"有"从其本质深处所说出来的其实也许一直就是：**事物自始即已是被"占—有"的。而正是这一最原始的"（被）占—有"本身才从根本上构成任何事物之"有"。事物乃因人之所"占"而"有"。**

但这一因"占"而"有"当然不是说，谁实际具体地"占"了什么就"（拥）有"什么，而是说，万物本身皆只因此一最根本的"（为人所）占"而"有"（亦即，存在）。因为，去"（占）有"某一事物首先和必然即是，已经理解着此一事物之"可（被）（占）有"。而理解事物之"可（被）

---

⑰ 这里，加在"自在"一词上的引号意在引起读者对此汉语词的多重含义的注意。"自在"首先可以简单地意味着，"自己在那儿"，由此又可以有"自由自在"的意思。但是，作为一个翻译过来的黑格尔哲学或者萨特存在主义哲学的术语，"自在（in-itself）"与"自为（for-itself）"对立，意味着"在自身之内"，亦即，一种不能走出自身而自己与自己相对的"存在"方式——物。"自在"也与康德的"在其自身之内的物"或"物自身"（thing-in-itself）有关。我们这里使用此词则是想要在以后的论述中表明，从某种根本意义上说，事物其实没有所谓"自在"，不可能"自在"，因为事物之"在"与"有"不可分，而"有"与人不可分。

⑱ 此处我们也许只需要回想一下老子的"生而不有，为而不恃，长而不宰"（《老子》第十章）的"圣人"就够了。

⑲ 此处必须强调以免引起误解的是，不可能"独立"的乃是事物之"有"或"存在"，而不是事物本身。人不是造物主，但事物之有，或有之有，却离不开人。这可能也就是海德格尔说的"只有当 Dasein 存在，才'有'Sein"的意思。读者当然注意到，这里我们重新引入了"有"，而这现在应当是可以允许的了。

(占)有"又蕴涵着,已经理解着事物本身之"有",已经将事物本身理解为"有"。人不可能"有"某一事物而并未已然**知**其"有"。知"有"某一事物就是已然知此事物本身之"有",或知其"存在"。而正是此知其"有"之知**本身**(而非作为个体"实际"上"具体"地"直接"拥有),才是人对物的最根本"(占)有",亦即,是人(通过知其"有"而)让物**成为**"有"。这也就是说,这一根本性的"占—有"首先乃是让事物作为意义而涌现。

但让事物**成为**事物或**成为**有的这一根本性的"占—有"又必然只能是一种"有而不有"或"不有之有"。因为,这一根本性的"占—有"本质上只是"让"万事万物本身开始其"有"。因此,这一根本意义上的"占—有"却又必然表现为放弃任何实际上的直接占有,放弃对事物的纯粹功利性的支配与控制。没有这一意义上的非占有的"占—有",物就无以为物,而那样也就根本不会有任何所谓物,或任何所谓有了。[20]只有通过人对物的这一根本性的"占—有",物才能开始进入其有限的"存/在"。而也正是由于这一根本性的能"占—有",这一**能**"让"物去"有",人也才成其为人,亦即,成为真正的根本的能有者。所以,这里我们也许可以借用《中庸》的一个说法,将这一意义上的"让物(成为)有"称为"成物"之"有"。然而,如果人"成(就)"物(之为物),物亦"成(就)"人(之为人),成就人之为"让"物"有"者。这一"让"物"有"者,这一真正的能有者,其实就是老子的那一生有之无。人,作为根本上的"能有者",必须让自身成为某种根本性的"无",从而让万有皆有。

---

[20] 我们必须注意这一复杂的"成(为)物"逻辑:成为物意味着进入"自身"。这一"进入"当然暗示着,尚未进入"自身"的物其实还根本无所谓"自身",因此也无所谓"是"物。但是没有距离的占有、纯粹消费性的占有在让物进入"自身"的同时也将物从其"自身"中驱逐出来,因为它仅仅"消(灭)(浪)费"物。在这样的占有中,物之"物性"没有得到真正的认识和尊重。因此,真正的占有必然同时意味着对于物之为物的真正尊重。只有在这样的占有中,物才真正进入"自身",成为"自己"。

五、"有"与"Sein"

以上讨论似乎可以被概括为一个海德格尔式的表述:**物乃是通过一个动词性的"有"而开始成为有的**。如果是这样的话,那么其实人也是通过能够说"有"而成为"人"的。此话现在至少意味着并且预示着,"有"这个词的"意义"并不是人自己的发明创造。人作为人即必然能理解有,必然从根本上"能有"。而只有在"有"之中,通过相互之"有"(人之有物与物之有人),人与物才开始进入"自身",成为"自己",亦即,成为"(能)有者"(亦即,能让万物皆有者)与"(能被)有者"(亦即,能存在者)。所以,人"有"物,而物亦"有"人。这里的两个"有"现在应该理解为"让其有",或"使之有",而不只是"所有"和"存在"。因为,从根本上说,"有"也意味着,不仅是人使物"有",而且**同时**也是物使人"有"。但是这里,使物"有"者并不是"造物之主",而使人"有"者也并不是"造人之主(上帝)"。"使物有"只是通过(去)(说)"有"而使物到来,而"使人有"则只是通过让人"有"物而成就人之有(人之存在)——人本身之作为必"有"万物者而"有",这就是说,人本身之"有"与"有",或人本身之"占有"与"存在",或人本身之"占有存在"。

因此,是人对于有——一词而二义的"有"——的意义的必然理解而让有有。这样,通过汉语的"有",我们对于海德格尔关于"Sein"或"存在"所说的那句话:"只有当 Dasein 存在,存在才能把自己给予自己,或者,才'有'存在",现在似乎就可以在汉语里做出这样的回应了:只有当有人时,只有当有了那必然能(说)有者(因而也必然能理解"有"之意义)之时,才能"有"有,或者,有才能"有"。[21]

---

[21] "有有"在此影射《庄子·齐物论》中"有有也者"之说。参见拙著《有(与)存在:通过"存在"而重读中国传统之"形而上"者》第一部第四章,"有'有'也者"(第112页以下)。那里我详细讨论了本文的篇幅让我无法涉及的一个问题:有之成为万物的总名以及有之有的遮蔽。此有之有的遮蔽可以与海德格尔所说的存在本身之遗忘相比较。

Sein通过Dasein而给予自身于自身，或"实现"自身；有通过人——通过人之双重甚至多重意义上的有——而有。那关于"Sein"或"存在"的问题并不是要将一切存在（者）追溯至一终极存在，亦即，一形而上学的上帝，而关于"有"的问题——如果此问题能在汉语思想中重新作为真正的问题和根本的问题而出现的话——当然也不是要将众有或万有追溯至一终极之有或一造物之主。没有Dasein，就不可能有Sein，Sein就不可能去将自身给予自身，而没有那必然能有者，那从根本上能"有而不有"者，也就不可能有有。然而，Dasein并不是上帝，而只是Sein的守护者。而那能有一切或能让一切皆有者也并不是有之主宰，而是那能从根本上令有能有之无。在汉语传统中，正因为人能让自己成为无，成为真正的生有之无，所以有才能有。于此，海德格尔的"Sein"与汉语的"有"二者之间真正对话的可能性似乎即正在涌现，因为二者似乎有共同的关切："存在"（Sein）（应）如何存在，或"有"（应）如何有？

当然，这并不是要以中国的"有"来比附海德格尔的"存在"之思，也并不是欲以"有"来代替"存在"而作为"Sein"的唯一汉语译名。以上所说，作为一个更加复杂的分析的已经简化的部分概括，意在回应我们研讨会的主题。此一关于汉语之"有"的思考确因海德格尔思想的激发而可能，此激发在我们这里首先表现为翻译中的问题。问题激起了一个在汉语中进行哲学思考的欲望。但这样的思考当然也可能会因此外来的激发而误入歧途。但误入歧途也是不同思想之间的互动的可能性，而此可能性则并非一定就是消极的。没有"误入（某种）歧途"的可能性，也就没有道的可能性。是以我才敢于呈上以上不无冒险的思考，一个关于汉语中的"有"的哲学潜能的思考，以参加一必然始终处于过程之中的汉语思想与德语思想的互动。

失之交臂？
——牟宗三与海德格尔的哲学遭遇

一、追求"道德的形上学"的建立

研究者通常认为，牟宗三与西方哲学的决定性遭遇发生在他的思想与康德哲学之间。正是由于此一重大的思想遭遇，牟宗三始有其宏大的"道德的形上学（moral metaphysics）"之论。"通过"康德哲学，或经由此一西方思想而返，牟宗三试图重新"发明"整个中国思想传统，主要是儒家思想传统，而其最终的哲学努力的指向则是要肯定，在宋明儒学思想中，康德所欲成就而未能成就者，即道德的形上学，其实已经被成就了。在牟宗三看来，宋明儒学乃性理之学，心性之学，内圣之学，成德之教。牟宗三认为，这些都是可以概括宋明儒学之本质的名称，而其又皆可以现代概念称之为"道德哲学"。此道德哲学即已"涵一'道德的形上学'"。如此，"则宋、明儒者依据先秦儒家'成德之教'之弘规所弘扬之'心性之学'实超过康德而比康德为圆熟"①。

"道德的形上学"这一表述是一个义之两可的表述：此既可是有关于道德这一现象的形而上学，亦可是一其本身即为"道德的"的形而上学。牟宗三明确强调，他所欲言者是后者而非前者，亦即，不是对于道德的哲学研究，以期发现和确定道德的根据和原则（牟宗三称此为"道

---

① 牟宗三：《心体与性体》，上海：上海古籍出版社，2000年，第一册，第7、9页。

德底形上学"),而是"由道德的进路来接近形上学,或形上学之由道德的进路而证成者"。②

所以,道德的形上学不在道德,而在形上学。但首先,何为形上学?牟宗三所理解的形上学意味着对于"一切存在之本体"或"根据"的探究。此本体"必须是绝对的普遍者,……不但只是吾人道德实践之本体(根据);且亦须是宇宙生化之本体,一切存在之本体(根据)"③。而所谓道德的形上学即是**通过**道德来达到此"一切存在之本体"或"宇宙之本源"。④

关于此一本体,牟宗三有不同的说法。在《心体与性体》一书中,他是这样来解释此一本体的:

> 就[其]统天地万物而为其体言,曰形而上的实体(道体 metaphysical reality),此则是能起宇宙生化之"创造实体";就其具于个体之中而为其体言,则曰"性体",此则是能起道德创造之"创造实体",而由人能自觉地作道德实践以证实之。⑤

仅就此实体或本体作为"能起宇宙生化之创造实体"——而非作为使道德实践成为可能的"创造实体"——而言,问题当然是,此实体或本体如何"生化"或"创造"一切?而既然此创造实体或本体与人之所谓"性体"实乃一而不二,于是问题实际上就成为,人**作为**这样的本体——或作为以某种方式与此本体同一者——何以能创造或产生万物?然而,如果此创造是西方的基督教上帝创造万物这一意义上的创造,则此非为中国传统所能认可与所能接受者。中国传统所讲的天生万物之"生"并非上帝造物意义上的"创造"。创造论或造物说与整个

---

② 牟宗三:《心体与性体》,上海:上海古籍出版社,2000年,第一册,第7页;第9页。
③ 同上书,第9页。
④ 同上书,第140页。
⑤ 同上书,第35页。

中国传统相左,因而并非是一心欲重新发明中国传统的牟宗三真想肯定者。于是在他这里,问题实际上就成为:**万物**——已经在某种意义上以某种方式存在着的万物——**如何就其本身而被肯认为万物**。

在牟宗三这里,这一肯认的关键首先是必须要能以某种方式论证,作为已经以某种方式与那"能起宇宙生化之创造实体"同一的人——那在某种意义上必然只能是"形而下"的人——是一个虽必然有限、但却同时又可以——或又必须——具有无限性的绝对的普遍者。在《心体与性体》中,牟宗三基本是这样论证的:一方面,那能起宇宙生化作用的"创造实体"必然会作为万物之体或本体而已经"具于"所有个体之中(但我们此处无法讨论这一"月映万川"式的"具于"或分享所包含的复杂问题);另一方面,在万物或所有个体之中,则只有能"作道德创造"或进行道德实践的人,才能在此实践中彻至此本体。所以,关键在道德,或更准确地说,在于牟宗三所理解的道德。⑥ 而既然人能如此"道德地"达到或重新达到那"创造实体"而与之或重新与之为一,那么人的性体或本心——作为这一"创造实体"的具体体现——就"必须〔也〕是绝对的普遍者",而此绝对的普遍者作为人之本心——作为心,作为能感能观者,或作为能"体(认)"者——则"是所谓'体物而不可遗'之无外者,顿时即须普而为'妙万物而为言'者"。⑦ 只有这样,此作为本体的人之本心或性体才不仅是道德实践的本体或根据,而且也是一切存在的本体或根据。但所谓"存在的本体或根据"在牟宗三这里

---

⑥ "讲道德,何以必须讲本心,性体,仁体,而主观地讲的本心,性体,仁体何以又必须与客观地讲的道体,性体相合一而为一同一的绝对而无限的实体? 欲回答此问题,须先知何谓道德。道德即依无条件的定然命令而行之谓。发此无条件的定然命令者,康德名曰自由意志,即自发自律的意志,而在中国的儒者则名曰本心,仁体,或良知,而此即吾人之性体,即发此无条件的必然命令的本心,仁体,或良知即吾人之性,如此说性,是康德乃至整个西方哲学中所没有的。性是道德行为底超越根据,而其本身又是绝对而无限地普遍的,因此它不是一个类名,所以名曰性体——性即是体。性体既是绝对而无限地普遍的,所以它虽特显然于人类,而却不为人类所限……。"(牟宗三:《智的直觉与中国哲学》,《牟宗三先生全集》第20卷,台北:联经出版社,2003年,第245—256页。下引此书出处皆同此。)

⑦ 牟宗三:《心体与性体》,第7页。

并不意味着从无生有,或凭空造出万物,因为中国传统从来不谈上帝意义上的创造,而牟宗三显然也无意于让人成为基督教的上帝这一意义上的造物主。在牟宗三这里,"存在的本体或根据"其实只意味着,万物必因此本体或根据而成为万物,或有必因此本体或根据而成为有。于是,这里的问题其实并不是何以竟有有而非一无所有(此乃西方形而上学的经典问题),而是有之何以为有,或者,更准确地说,是**有之何以及如何成为有**。而既然人,或人之绝对而无限普遍的本心,乃是"体物而不遗"者,所以最终的形而上问题在牟宗三这里就成为,人如何让万物作为"在其自己"者而朗现。

二、人必须是上帝:"智的直觉"与物之朗现

于此我们才能理解,为何写完《心体与性体》——"通过"康德哲学而重论宋明儒学之作——之后,牟宗三开始更明确更直接地谈论康德哲学,并且即以康德所言之"智的直觉"为关键而尝试建立一"道德的形〔而〕上学"。因为智的直觉与所谓物自体或物自身(即牟宗三之"物之在其自己",此皆为 things-in-themselves 的不同汉语翻译或说法)相对应。在康德这里,物自身这一概念要求智的直觉。但康德认为人是不可能有此直觉的。人只能通过其感性直观而接触现象,并通过先验或超越范畴而获得知识。如果接受这一点,则不但中国哲学不可能,中国这样的自来即无一上帝的文化亦将无立身之地。⑧ 因为,如此一来,则我们既不能理解物自何而来(因为没有造物主),亦不能肯定物之为物(我们只看到现象,而不知其本身为何),或肯定有之为有。故牟宗三说,如果康德是对的,即人作为有限的存在不可能有智的直觉,则中国哲学即不可能。而"道德的形上学"之能否充分建立起来的关键即

---

⑧ 牟宗三说:"如果吾人不承认人类这有限存在可有智的直觉,则依康德所说的这种直觉的意义与作用,不但全部中国哲学不可能,即康德本人所讲的全部道德哲学亦成空话。这非吾人之所能安。"(牟宗三:《智的直觉与中国哲学》,序,第5页。)

在"'智的直觉'之有无"。⑨

牟宗三认为,整个中国传统,即儒释道三教,都肯定智的直觉。而肯定人有智的直觉,就是通过肯定人能依绝对命令进行道德实践而**肯定人实即上帝**:

> 当吾人由无条件的定然命令说本心,仁体,性体,或自由意志时,这无条件的定然命令便证成发此命令者之为绝对而无限。如是,或者有上帝,则本心仁体或性体或自由意志必与之为同一,或者只此本心、仁体、性体,或自由意志即上帝:总之,只有一实体,并无两实体。康德于自由意志外,还肯认一绝对存在曰上帝,而两者又不能为同一,便是不透之论。⑩

于是,在没有上帝的文化中,人必须是上帝。但既然中国传统没有创造论或造物主之说,所以此一"上帝"的任务就不是从无之中创造万物(creation *ex nihilo*),而是以其智的直觉"实现"万物。此种实现的逻辑很独特:我所实现者并非由我而有,却又必须只因我而成为其自身,成为有。此逻辑的形象之一即是照。物因照而明,并因此而朗现,但这却并非意味着物是被此照创造的。因此,此处应该严格区分"实现"与"创造"。作为实现万物者,智的直觉之照必遍照万物,故牟宗三或称之为"圆照"⑪,或按张载的说法称之为"虚明照鉴"。⑫ 此圆照或虚明

---

⑨ 牟宗三:《智的直觉与中国哲学》,序,第 7 页。
⑩ 同上书,第 248 页。
⑪ "此'过人远矣'之知……乃根本是另一种知,此在横渠即名曰'德性之知'。吾人今日可随康德名曰'智的直觉'之知。……德性之知即随本心仁体之如是润而如是知,亦即此本心仁体之常润而常照。遍润一切而无遗,即圆照一切而无外。此圆照之知不是在主客关系中呈现,它无特定之物为其对象(ob-ject),因而其心知主体亦不为特定之物所限,故既非感性主体,亦非知性主体,而是圆照主体。"(同上书,第 240—241 页)。
⑫ "现在再说在什么关节上,智的直觉不但是理论上必肯定,而且是实际上必呈现。这个关节即在本心仁体之诚明,明觉,良知,或虚明照鉴。"(同上书,第 249 页)

照鉴或智的直觉使万物作为"在其自己"者而朗现之。[13]"智的直觉不过是本心仁体底诚明自照照他(自觉觉他)之活动。"[14]"智的直觉所直觉地认知者亦只是此'在其自己'之意义,即只就其为一'自在物'(e-ject)——就其自己所润生所实现之物之在其自己——而直觉地认知之,除此以外,它再无所知。"[15]

所以,对于牟宗三来说,所谓智的直觉的问题其实仅是物如何**显现**自身的问题,或如何使物如其所是地显现的问题,而不是物由何而来或如何被创造的问题。康德认为人没有智的直觉,所以物只能作为现象而显现。而所谓物自身并非另外一物,亦非隐藏在现象背后之物,而只是物之另一面相,是智的直觉不需要通过感性直觉的形式与知性概念的范畴即可知者。牟宗三与康德的争论的实质是,前者相信物可以作为如其所是之物而显现于我们。而照牟宗三的理解,既然此种显现即康德所谓之物自身的显现,而对物自身之知是属于康德认为人所不可能具有的智的直觉的,所以牟宗三必须肯定人有智的直觉。此智的直觉只知物之为物,除此之外则无所知。

三、牟宗三与海德格尔:失之交臂的遭遇

牟宗三所说的此种知而无所知,似乎很可以与海德格尔所说的"存在论意义上的知(ontological knowledge)"相比较。此知依海德格尔说也是知而无所知的(存在论意义上的知之所知为"无")。而具体深入的分析将应能表明,二者其实极为相近。然而,此并非暗合。事实上,牟宗三专题讨论智的直觉问题的《智的直觉与中国哲学》一书,其直接起因即是他对海德格尔的《康德与形而上学问题》(及其《形而上学导论》)的阅读。牟宗三在其书中全文翻译了此书的第 16 节,随之

---

[13] 牟宗三:《智的直觉与中国哲学》,第 257 页。
[14] 同上书,第 258 页。
[15] 同上书,第 257 页。

又节译了第 4 与第 5 两节,最后又全文翻译了第 25 节。

海德格尔此书的主旨是欲阐明,康德的《纯粹理性批判》乃是欲为形而上学奠基,并因此而将形而上学问题作为基础存在论而置于我们面前。[16] 所谓基础存在论,即"对于人的有限本质的存在论分析"[17],乃是海德格尔自己在《存在与时间》中提出,又在其后的思想中放弃的说法。关于他的《康德与形而上学问题》,海德格尔后来承认它是对于康德的过度解释,因为《存在与时间》出版后,人们大都误解海德格尔在其中提出的存在问题,而海德格尔在准备"康德的《纯粹理性批判》"课程时发现,康德此书可以成为他自己的存在思想的某种庇护所,因为他觉得自己可在康德那里为他自己提出的存在问题找到一个支持者。而海德格尔的存在问题,就我们目前所欲讨论者而言,其实也可以被概括为如何使存在物(seiendens/beings)显现这样一个问题。

在牟宗三所译《康德与形而上学问题》之第 16 节中,海德格尔说:

> 一个有限的、进行认识的被造物只有这样才能使自身与一个既非是其自身,亦非为其所创造的存在物发生关系,亦即,此一已在手边之存在物出于其自身即可被碰到。然而,为了能够如其之所是地碰到此一存在物,则它必须事先就已经被"承认"为一存在物了,亦即,就其存在之构成而言〔的承认〕。但这就意味着,存在论的知识,这一在此始终总是前存在论的的存在论知识,乃是一个像存在物这样的东西之能够对于一有限的被造物而立的条件。有限的被造物需要这一基本的能力,即能转而朝向……,从而让〔某物〕相对而立(einer entgegenstehenlassenden Zuwendung-zu)。在此一源始的转而朝向之中,有限的被造物首先让自己有了一个自由活动空间(Spiel-

---

[16] Martin Heidegger, *Kant and the Problem of Metaphysics*. Translated by James S. Churchill. Bloomington, Indiana University Press, 1997, p. 1. (本书完稿时,笔者见到刚刚出版的此书汉语全译本《康德与形而上学疑难》,王庆节译,上海:上海译文出版社,2011 年。读者可以参看。)

[17] 同上。

raum），其中某物能"对应"于它。事先即执持自己于此种自由活动空间之内，并源初地形成这一自由活动空间，此非他，而恰恰即是超越，即那标记自身于与存在物的一切有限交道之上的超越。⑱

这里，让我们只谈一点。为了能够与一不是被自己创造的存在物发生无论什么关系，遭遇此存在物的人，作为有限的被造物，必须已经知道此乃一物了，亦即，已知何为物，已知物一般为何，已经有物这一概念，否则人就会遭遇成千上万之物而不遇一物。以海德格尔的语言说，即是，我之所以能与作为存在物之存在物而相遇，是因为我事先已经知其为存在物，亦即，已经理解其存在了。而此"理解"存在物之存在即是海德格尔所说的"让……存在"。存在物必须经此一"让"方能存在，但此"让"却并不在基督教的上帝创造万物的意义上创造存在。必然能够理解存在（之意义）的"Dasein"，或所谓"此在"，或人，只是以自己之让——以自己对于存在的意义的必然理解——而让存在物作为如其所是者而存在，亦即，作为自身而存在。对任何一物之任何知均已蕴涵着，首先知其为物。或者说，对任何存在（物）之任何知均已蕴涵着，已经知其存在，已经理解其存在。可以说，那**在其存在中**被理解的物即物本身或物自身。没有此一理解或（前）存在论意义上的前理解，任何具

---

⑱ Martin Heidegger, *Kant and the Problem of Metaphysics*. p. 50. 我的译文。牟宗三的译文为："一个有限的认知的存有能够把它自己关联到一个其自身不是被创造的亦不是曾被创造的存在物（essent）上去，只有当这存在物其自身即能前来被遇见始可〔笔者按：牟宗三此句有关键性的误译之处〕。但是，要想使这存在物能够当作是其所是的存在物（能够如其为一存在物）而被碰见，则它必须事先（in advance）即作一存在物而'被认知'，即是说，以其存有之结构而被认知。但是这个意思即涵着说：存有论的知识（在此情形之中总是先存有论的）是一存在物自身（一存在物之为一存在物）一般地说能成为对一有限的存有而为对象（ob-ject）这种可能性底条件。一切有限的存有皆必须有这种基本的能力（basic ability）。此能力可被描述为转向某某——'朝向某某'，它让某物成为一个对象（ob-ject 剌出去使之挺立而为一个对象）。在这种根源性的朝向活动（primordial act of orientation）中，有限的存有首先给它自己置定一个'自由的空间'（free space），在此自由空间内，某物能与它（他）相对应。事先将一个人自己摄持于这样的一个自由空间内并且去形成这空间，这根本上不过就是那标识关于存在物的一切举动的（措施）的超越域（超越性 transcedence〔之开示〕）。"（牟宗三：《智的直觉与中国哲学》，第 31—32 页。）读者此处亦可参考王庆节《康德与形而上学疑难》第 64—65 页上的译文。

体的、特定的知识都是不可能的。

但这不也正是牟宗三关心的问题吗:物必须被如其所是地朗现为物,是以必须肯定人有康德没有许给人的智的直觉,是以人必须被肯定为有限而无限,必须被肯定为与上帝为一。牟宗三以为这是根据整个中国传统而推进或突破了康德。然而,详尽的分析当能表明,牟宗三的论述在此尚面对需要克服的困难。牟宗三此处若能参照海德格尔的关于存在的思想而发展其论述,或与海德格尔思想进行一场更全面的遭遇,他的有些困难似乎是可以克服的,甚至是可以避免的。然而,牟宗三却似乎并没有在海德格尔那里发现某种思想的共鸣。他引海德格尔只是为了表明海德格尔那一套不行。他在《智的直觉与中国哲学》序中即明言:"我不以为他的路是正确的。所以我觉得有重做'形上学引论'(按:此指海德格尔的《形而上学导论》)之必要。我此书即可视作此部工作之再做。"[19]在作为他的全书结论的第22章中,牟宗三称海德格尔的想法为"特别"。他承认海氏思想的"新奇",但认为他的"基本存有论"是"别扭想法":"他的别扭想法是不澈不透而只成一套虚浮无根缴绕词语的戏论,简单地说,他的继承于胡塞尔的'现象学的方法'对基本存有论而说是错误的。"[20]他认为海德格尔的"思路只是中国普通所常说的一句话,即'诚于中形于外',或'有诸中者必形于外'",并将此进一步归结为"我们北方一句俗语:'你是好样的,你站出来!'你不敢站出来,你不是一个实有,你不是一个真实的人,你就不是好样的。"[21]这当然是对海德格尔思想的某种漫画化。在牟宗三眼中,海德格尔的这一被漫画化了的思路的问题即在于"不肯认一个超越的实体(无限性的心体,性体或诚体)以为人之所以为真实的人,所以有'实有'性之超越的根据,所以我们可断定说这是无本之论。"[22]

---

[19] 牟宗三:《智的直觉与中国哲学》,序,第6页。
[20] 同上书,第450页。
[21] 同上书,第463—464页。
[22] 同上书,第465页。

但牟宗三之所以如此,似乎是因为他未能真正深入海德格尔的存在思想。他说:"海氏书中几乎每句都有'实有',但从未指出什么东西是实有。"㉓显然,像海德格尔的大多数读者一样,牟宗三最初是期待海德格尔要告诉我们"存在是什么"(或是是什么)的。在该章的最后一段,亦即《智的直觉与中国哲学》全书之结尾,牟宗三承认:"我初极不了解其实有论之实义与确义究何在。……其《实有与时间》一书的确难读,无谓的纠缠缴绕令人生厌。固时有妙论,亦大都是戏论。……我亦不欲尾随其后,疲于奔命,固亦实无兴趣读完他这部书。但我仔细读了他的讲康德的书。我自信以上的论断为不谬。"㉔牟宗三很自信,但在我们看来,牟宗三似乎是过海德格尔之门而不入,他似乎不能在海德格尔那里发现更有意思的东西,所以他要从海德格尔对康德的解读回到康德,并继续"本康德的思路从他所谓'超绝形上学'上建立基本存有论"。㉕但他关于智的直觉的说法以及其所提出的"无执的存有论",似实能与康德之后的海德格尔思想进行更好的对话,并通过此一对话而使其论述更为严密。

当然,这一观点需要详细的论证,而此论证这里是无法展开的。最后,我想回到此次会议的主题,并提出这样一点看法,即西方哲学之东渐或其在中国之接受、吸收、转化,并非总是依据一线性模式而进行。亦即,有时并非是"渐"。西方哲学史中的某种先后顺序在我们这里也许会被打乱,而此一打乱并非是或并非总是坏事。

㉓ 牟宗三:《智的直觉与中国哲学》,第460页。
㉔ 同上书,第472页。
㉕ 同上书,第473页。

人与我

子贡曰:"我不欲人之加诸我也,吾亦欲无加诸人。"
子曰:"赐也,非尔所及也。"

——《论语·公冶长》

他者"的"迫害
—— 鲁迅与莱维纳斯

> 癸亥,狂病人刘德广突入含元殿。
> 付京兆府杖杀。
>
> ——《旧唐书·本纪·卷十七下》

> 建炎二年十一月,高宗在扬州。
> 郊祀后数日,有狂人具衣冠,
> 执香炉,携绛囊,拜于行宫门外。
> 自言:"天遣我为官家儿。"
> 书于囊纸,刻于右臂,皆是语。
> 鞠之不得姓名,高宗以其狂,释不问。
>
> ——《宋史·卷六十五·志第十八》

一、引言:中国的现代性——渴望"人各有己"

　　从思想和精神的层面说,中国的"现代性"始于一个"人各有己"的希望和召唤。"个人"、"个性"或"自我"是五四的强烈呼声。这一时代对中国传统文化的主要批判之一就是,它扼杀人之个性或自我。而为了让中国进入真正的现代,"个人"或"自我"之确立就必须成为首要任务:必须"立我性为绝对之自由者",必须"以己为中枢,亦以己为终极"。① 此即五四时代的代表人物之一鲁迅在其早期文言作品《文化偏至论》中借转述西方哲学思想而表达出来的对于现代中国文化的希望和要求。在鲁迅看来,一旦在中国文化传统中被极度仇视的个人、个性、自我或我性伸张,"人各有己",中国这一"沙聚之国"即可"转为人国"。②

然而,如果确如鲁迅所言,在中国传统或传统中国之内,人皆"无己",那人又如何才可能开始"有己"呢?如果在鲁迅这里,"有己"应该是一主动的意志行为,亦即,去拥有一己,一尚未被自己所拥有之己,那么此一尚未被自己所拥有之己又能首先存在于何处呢?它在未被自己——被每一作为个体之我——拥有之前存在吗?如果己并非只是等着我去拥有的现成之物,那么,为了能"人各有己",人——每一个人——是否首先还必须为自己产生出一个己来呢?但如果人——被认为还没有己的人,某种意义上的"无己之人"——必须也只能自己为自己产生一个己,而产生此己者则必然也是一己,那么人又如何才能让己——让一个似乎仍然有待产生的己——为自己产生出一个己来呢?一件似乎不可能之事! 一个困难的问题!

---

① 此语见于鲁迅作于1907年的《文化偏至论》:"德人斯契纳尔(M. Stirner)乃先以极端之个人主义现于世。谓真之进步,在于己之足下。人必发挥自性,而脱观念世界之执持。惟此自性,即造物主。惟有此我,本属自由;既本有矣,而更外求也,是曰矛盾。自由之得以力,而力即在乎个人,亦即资财,亦即权利。故苟有外力来被,则无间出于寡人,或出于众庶,皆专制也。国家谓吾当与国民合其意志,亦一专制也。众意表现为法律,吾即受其束缚,虽曰为我之舆台,顾同是舆台耳。去之奈何? 曰:在绝义务。义务废绝,而法律与偕亡矣。意盖谓凡一个人,其思想行为,必以己为中枢,亦以己为终极:即立我性为绝对之自由者也。"(《坟》,《鲁迅全集》第1卷,北京:人民文学出版社,1981年,第53页。)

② 关于这一根深蒂固的仇视,鲁迅在《文化偏至论》中说:"个人一语,入中国未三四年,号称识时之士,多引以为大诟,苟被其说,与民贼同。"(《鲁迅全集》第1卷,第52页。)"人各有己"之说见鲁迅作于1908年的文章《破恶声论》:"盖惟声发自心,朕归于我,而人始自有己;人各有己,而群之大觉近矣。……而今之中国,则正一寂漠境哉。"(《集外集拾遗补编》,《鲁迅全集》第8卷,第23页。)"人国"之说见于《文化偏至论》以下之语中:"外之既不后于世界之思潮,内之仍弗失固有之血脉,取今复古,别立新宗,人生意义,致之深邃,则国人之自觉至,个性张,沙聚之邦,由是转为人国。"(《鲁迅全集》第1卷,第58页。)

二、诞生于他者之迫害中的己

《狂人日记》,中国现代文学的第一篇白话小说,在种种其他的可能解读之外,似乎也可以被读为其作者鲁迅"解决"这一困难问题的尝试:为了"有己",为了能够拥有一个自己尚未拥有而却应该拥有的己,我必须让己或让自己——让那个在某种意义上需要将自己产生出来的自己,让那个在某种意义上仍然有待于诞生的自己——发狂并陷入妄想。在这一可被称之为"迫害妄想"的意识之中,"我"——这一受迫害意识的主体——会发现自己被对我怀有深刻恐惧与极度恶意的他人所彻底包围。这些他人在此将被视为——象征意义上的,或,在狂人的受迫害妄想中,真实的——欲吃我者,亦即,我之迫害者。被吃当然意味着我之绝对的不可能"有己",我之甚至不再可能去渴望"有己",或我之为我的彻底结束。然而,吊诡的是,也正是在这样的极度恐惧被他人迫害的意识之中,正是在这样的为自己——为自己之"己"——的存在本身所感到的极度焦虑之中,"我"才似乎开始第一次感到了我与他者的不同,感到了自己——自己之"己"——的存在,并因此而肯定了我之为我,为一可被吃掉之我,亦即,为一**不可代替**之我。而这也就是说,正是那被感受为我之迫害者的他人或他者,才让我开始有了对己——对一个与他人有别而且对立的己——的意识,才让我开始为自己产生出了一个"己",一个我有可能去拥有的"己",一个能够恐惧他者对我之迫害的"己",一个同时亦欲去劝转他人停止其普遍吃人活动或其普遍迫害活动的"己"。己与人——他人或他者——似乎就这样开始同时诞生,同时进入存在。

当然,以上并非是一部哲学著作之论点的抽象,而是一部短篇小说之内容的简括。根据鲁迅,其《狂人日记》只是某一曾患"迫害狂"者的日记之摘录,而此摘录的目的据说只是为医学研究提供材料。③ 我们当然可以将此种"作者宣言"仅仅视为虚构作品的通常艺术手段之一:此非我之虚构,我仅仅在为读者提供我所偶然接触到的某些可能有意思的材料而已,作为读者的你们则可以自行判断其中所说者之可信性与其可能的意义。而这也就是说,作者在此有意与其作品拉开某种距离,以免直接为其中所说者负责。但若根据鲁迅自己后来的公开承认,即《狂人日记》之创作"意在暴露家族制度和礼教的弊害",那么我们就也有一定的根据或理由相信,作者的主观意图——无论这一意图是否作者自己后来的追加,也无论作为读者的我们将如何根据作品本身来看待这一意图——是在通过虚构的形式而陈述其哲学主张。④ 的确,鲁迅在《狂人日记》中的这一"暴露"乃是对整个中国传统文化的自觉的伦理批判,此一批判所依据的则是有关人之何以及如何为人的某些西方哲学观念。⑤ 因此,对于这一"文学"文本的阅读就同时也可以是

---

③ 鲁迅:《狂人日记》:"某君昆仲,今隐其名,皆余昔日在中学校时良友;分隔多年,消息渐阙。日前偶闻其一大病;适归故乡,迂道往访,则仅晤一人,言病者其弟也。劳君远道来视,然已早愈,赴某地候补矣。因大笑,出示日记二册,谓可见当日病状,不妨献诸旧友。持归阅一过,知所患盖'迫害狂'之类。语颇错杂无伦次,又多荒唐之言;亦不著月日,惟墨色字体不一,知非一时所书。间亦有略具联络者,今撮录一篇,以供医家研究。记中语误,一字不易。"(《呐喊》,《鲁迅全集》第 1 卷,第 423 页。)

④ 鲁迅《〈中国新文学大系〉小说二集序》:"但后起的《狂人日记》意在暴露家族制度和礼教的弊害,却比果戈理的忧愤深广,也不如尼采的超人的渺茫。"(《鲁迅全集》第 6 卷,第 243 页。)

⑤ 鲁迅自己曾将此笼统地概括为"人道主义与个人主义"。但在致许广平信中,鲁迅认为此二者有矛盾:"其实,我的意思原也一时不容易了然,因为其中本含有许多矛盾,教我说,或者是人道主义与个人主义这两种思想的消长起伏罢。"(《两地书》,《鲁迅全集》第 11 卷,第 77 页。)被鲁迅认为在自己的思想中造成矛盾的人道主义与个人主义其实同属于西方 humanism(人本主义,人文主义,人道主义),而这一 humanism 正是五四新文学运动的所提倡的"人的文学"的基本哲学根据。鲁迅之弟周作人在其当时所写的《人的文学》中即颇为详细地阐述了这一文学观念,可被视为这一人道主义在中国现代文学中的基本宣言:"用这人道主义为本,对于人生诸问题,加以记录研究的文字,便谓之人的文学。"(周作人:《人的文学》,钟叔河编:《周作人文类编》第 3 卷《本色》,长沙:湖南文艺出版社,1998 年,第 34 页。)但同处于这一本身极为复杂的西方 humanism 的影响之下的鲁迅,当时又深受尼采"超人"之说的影响。在《〈中国新文学大系〉小说二集序》中,鲁迅评论自己的短篇小说时说:"《狂人日记》,《孔乙己》,《药》等,陆续的出现了,算是显示了'文学革命'的实绩,又因那时的认为'表现的深切和格式的特别',颇激动了一部分青年读者的心。然而这激动,却是向来急慢于绍介欧洲大陆文学的缘故。一八三四年顷,俄国的果戈理(转下页)

对于一个"哲学"文本的阅读,如果我们暂时维持文学与哲学之间的传统区别的话。

三、普遍的吃人历史与吃人现实

但既然鲁迅的思想是以"小说"这一传统上被认为属于文学领域的话语形式出现的,我们当然需要首先尊重这一形式。因此,让我们先来初步追随一下狂人在其"语颇错杂无伦次,又多荒唐之言"的日记中所描写的他自己的具体感受。这里,我们首先读到的是狂人对身边之人的极度怀疑与恐惧:他从一开始就觉得所有的人都在串通一气,准备吃他,而他则时时刻刻都在担心着自己被他人所吃。在狂人的过度敏感的内心或病态的想像中,甚至他周围的孩子们也都有着吃人者那既怕他而又想害他的"眼色"。⑥为了理解这一可怕的现实,他去查阅历史,却发现这历史竟然是"没有年代"的,而尽管其中"歪歪斜斜的每叶〔页〕上都写着'仁义道德'几个字",无法安眠的狂人却从字里行间最终只读出了两个字,两个遍布于全部中国历史书写的大字:"吃人"!于是历史也"证实"了他对自己所置身于其中的可怕现实的极度怀疑

(接上页)(N. Gogol)就已经写了《狂人日记》;一八八三年顷,尼采(F. Nietzche)也早借了苏鲁支(Zarathustra)的嘴,说过'你们已经走了从虫豸到人的路,在你们里面还有许多份是虫豸。你们做过猴子,到了现在,人还尤其猴子,无论比那一个猴子'的。"(鲁迅全集》第 6 卷,第 243—244 页。)据此我们知道,在《狂人日记》中,鲁迅隐含地引用了尼采。而尼采关于人的思想既仍然属于这一西方人道主义思想传统,但也是对它的某种批判。因此,在阅读和分析包括鲁迅作品在内的五四新文学所受到的西方人道主义影响之时,我们当然需要注意这一影响——如果我们还能在有限程度上使用这一影响—接受模式的话——在其发出之处的源流、演变与分化,以及接受者本身的思想复杂性。

⑥ 鲁迅:《狂人日记》:"早上小心出门,赵贵翁的眼色便怪:似乎怕我,似乎想害我。……但是小孩子呢?那时候,他们还没有出世,何以今天也睁着怪眼睛,似乎怕我,似乎想害我。"(《鲁迅全集》第 1 卷,第 423—424 页。)

与恐惧。⑦

更有甚者,狂人还发现,第一,组织吃他的人竟然是他的哥哥!而他竟然是吃人的人的兄弟!他自己被人吃了,可"仍然是吃人的人的兄弟"!⑧ 第二,他自己竟然也吃过人!

> 四千年来时时吃人的地方,今天才明白,我也在其中混了多年;大哥正管着家务,妹子恰恰死了,他未必不和在饭菜里,暗暗给我们吃。我未必无意之中,不吃了我妹子的几片肉。⑨

正是这一发现令他——令在开始时还曾满怀希望地想去劝转那些吃人者不再吃人的狂人——羞愧难当:

> 有了四千年吃人履历的我,当初虽然不知道,现在明白,难见真的人!⑩

---

⑦ 鲁迅:《狂人日记》,《鲁迅全集》第 1 卷,第 425 页。

⑧ 同上书,第 427 页。从中国历史上的"仁义道德"读出"吃人"之后,狂人现在又以自己之可能被兄长所吃隐含地对比于《论语·颜渊》中的"四海之内皆兄弟"之说,从而将他所恐惧的兄弟相残的可怕"现实"与相信兄弟友爱乃我关系之典范的传统"观念"对立起来。我曾试图从精神分析学的角度解释为什么在写于五四时代——一个某种意义上可被称之精神上的"弑父时代"的时代——的《狂人日记》中,"我"的主要迫害者却不是父亲而是大哥(伍晓明:《妄想、自恋、忧郁与献身——20 世纪中国个人/自我的诞生与死亡》,《中国文化》1995 年第 1 期,第 118—132 页;《妄想,自恋,忧郁,与献身》,《今天》,1992 年,第 19 卷第 4 期,第 171—190 页)。本文分析角度的改变并非意味着对于旧作的完全否定。但此处存在着一个如何调和精神分析角度与本文所采取的哲学分析角度——或更准确地说,莱维纳斯的哲学所激发的分析角度——的问题。此当另有专论。此处可以顺便一提的是《狂人日记》中的"兄弟关系"与莱维纳斯思想的某种可能的比较研究:莱维纳斯著作中多次提及的《圣经》中的该隐(Cain)故事似可与鲁迅此处所说者形成极有启发性的对比。简单地说,该隐故事与鲁迅《狂人日记》中狂人与大哥的关系皆典型地反映了人我关系之中复杂的"两面性":对于他者来说,任何一"我"都必然既是需要负无限之责者,也是可能的冷血的谋害者。莱维纳斯正是在这一意义上强调,他人的脸孔本身对我说的第一句话是,你不能谋杀!

⑨ 鲁迅:《狂人日记》,《鲁迅全集》第 1 卷,第 432 页。

⑩ 同上书,第 433 页。

在此一难当的羞愧之中,狂人知道自己已经不再能将自己清白地对立于他所恐惧和憎恶的历史了。尽管可能只是"无意"之中吃过人,他却并不感到因此就可以认为自己完全无辜。意识到并承认自己其实有着一个甚至远远长于其自身生命的吃人履历,狂人就不仅承认了自己与这一吃人历史的必然联系,而且同时也承认并承担了他对自己已经置身于其中的、他自己也必然是其一部分的这一吃人历史的全部责任,一个并非首先由于他自己的任何过错或罪恶而却仍然落到他身上的责任。

自己——那自以为可以对立于一切吃人者,并且也在尽力对抗着一切吃人者的狂人——其实亦可能至少曾于"无意"之中吃过人:这一发现不仅让狂人羞愧,也使他绝望。这一绝望尤其明确地表现于狂人在其日记结尾处所发出的那充满疑问的呼声之中:

没有吃过人的孩子,或者还有? 救救孩子……。[11]

如果不欲吃人者或反对吃人者也必然会在某种意义上吃人,也会无可避免地以某种方式吃人,如果所有的人都已经无可避免地以某种方式吃过人,那还能有完全没有吃过人的"孩子",或完全没有吃过人的人吗?[12] 人——人本身,人类——还能有一个完全不吃人的未来吗? 狂人似乎不能确定,而此不能确定其实可能是必然的。他的呼声最多也只是"绝望中的希望",而他自己对于此一绝望中的希望却必然毫无把握。对于一个渴望和追求建立绝对不吃人的社会或人类共同体的意识来说,

---

[11] 鲁迅:《狂人日记》,《鲁迅全集》第1卷,第433页。
[12] 《狂人日记》中似乎没有一个没有吃过人的人。狂人的母亲可能也吃过自己的女儿,而且可能也并非全然无知于此吃:"我捏起筷子,便想起我大哥;晓得妹子死掉的缘故,也全在他。那时我妹子才五岁,可爱可怜的样子,还在眼前。母亲哭个不住,他却劝母亲不要哭;大约因为自己吃了,哭起来不免有点过意不去。如果还能过意不去,……妹子是被大哥吃了,母亲知道没有,我可不得而知。母亲想也知道;不过哭的时候,却并没有说明,大约也以为应当的了。"(同上书,第432页。)

人也许确实没有任何希望,任何未来。于是问题就成为,在某种非常深刻的意义上,鲁迅以一个虚构的狂人的迫害妄想为形式所控诉的"吃人"是否乃无可避免者?我们于此甚至可以问,是否主要就是由于这一原因,鲁迅(才让他笔下)的狂人最终"放弃"了发狂,并回归于"正常"?

如果根据日记的摘录者或小说的作者,其实日记"本身"的作者——狂人——在其日记被其兄长出示之时就已经痊愈并回归于"正常"的生活了("然已早愈,赴某地候补矣")。这似乎意味着,狂人的发狂——对于被吃的极度恐惧,或对于可能会受他者迫害的极度恐惧——在这里其实只是一种暂时的"失常",一种难以为继的"反常"。而此"反常"——反一个社会或传统的公认之常——之难以为继却很可能是因为,狂人似乎很难让自己时刻生活在或将自己时刻保持在一个永远恐惧他人之迫害的意识之中。因此在《狂人日记》中,我们看到,狂人其实最终是以某种方式与他人——他的迫害者们——认同了:既然他发现自己可能也已经参与了周围所有人的吃人活动,那他与他们之间也就没有什么真正的区别了。他也只是他们——迫害者,吃人者——之中的一员而已。他的某种痊愈是否最终即由此一意识或此一"觉悟"而来?而"痊愈"在这里是否即意味着:回归某种继续遗忘他者(之迫害)因而同时也遗忘自我(之恐惧)的生活,一种可能会被绝大多数人都认为是正常的生活,从而他就可以不再感到被吃的威胁,或忘记被吃的危险?

四、妄想中的洞见

然而,情况是否也很有可能是,狂人在其"失常"的或"反常"的受迫害幻觉中所洞见的其实恰恰就正是我之为我的正常状态,或我之作为一个自我或主体的本质?而此一"正常状态"或"本质"就是,我作为我即不可避免地要受他者的某种可以说是根本性的——因而也是无法逃脱的——迫害。但此一迫害的根本意义可能却在于要让我去成为我,成为一必须为他人——为甚至会迫害我的他人,为他人对我的严重迫害,为他人之吃人和吃我——负责者。⑬ 也许,正是由于这一"妄想"之中所蕴涵的某种震创性的力量,狂人才会在其面前退却,并最终回归于其发狂之前的具有某种根本遗忘倾向的"正常生活"? 为了理解狂人的妄想之中的可能洞见,我们需要进一步理解他的迫害妄想。

  根据狂人的日记,这一迫害妄想似乎起于某种突然的清醒:见到了长久未见的"月亮"使狂人"精神分外爽快",他才知道自己"以前的三十多年,全是发昏"。但清醒的结果却是使他开始提醒自己"须十分小心"。⑭ 我们不知道狂人以前一直发昏的具体原因,但从他自己的日记,以及小说作者后来的宣言中,也许可以推测,这一长期的发昏可能是他所生活于其中的"家族制度和礼教"日益僵硬化之后对人——对生活于其中的所有个人——所造成的"忘我"影响。成长在一个充满"仁义道德"以及"四海之内皆兄弟"说教的文化之中,狂人以前所能感受到的——如果他在此种可能已经极其意识形态化的文化之中还能有任何真切感受的话——似乎就只是我与他人的关系之中那种种通常被认为是理所当然的"亲密无间"。⑮ 因此,"亲密无间"——作为伦理要求的亲密无间——可能就是那一直在使人头昏目眩的强光。在此无可躲避的强光之下,在此强光之中,狂人其实根本看不清他人,因而也感受不到自己——自己之存在,或自己之为自己。

  直至狂人突然接触到某种不同的光,"月亮"所发出的夜间的光,

---

 ⑬ 我们知道,狂人正是在开始觉得他身边之人都在吃人之时,才决心去劝转这些吃人者。而这其实正是开始去为他人负责的行为:"我诅咒吃人的人,先从他(按:指大哥)起头;要劝转吃人的人,也先从他下手。……我偏要对这伙人说,'你们可以改了,从真心改起! 要晓得将来容不得吃人的人,活在世上。'……万分沉重,动弹不得;他〔它〕的意思是要我死。我晓得他〔它〕的沉重是假的,便挣扎出来,出了一身汗。可是偏要说,'你们立刻改了,从真心改起! 你们要晓得将来是容不得吃人的人,……。'"(鲁迅《狂人日记》,《鲁迅全集》第 1 卷,第 431—432 页。)
 ⑭ 鲁迅:《狂人日记》,《鲁迅全集》第 1 卷,第 423 页。
 ⑮ 强调君义臣忠,父慈子爱,兄友弟恭,夫妇和顺的文化一方面会是一个强调我——每一个我——对每一他者所负之伦理责任的文化,而这也就是说,是一个强调我与他者必然不同或必然有间的文化,但另一方面这一文化又总有可能去掩盖或遮蔽人我之间的此一必然的不同或间距,而让人去相信和去实现人与人之间的——首先是"亲人"之间的——那据说应该是"亲密无间"的状态。中国传统所重视的"亲"这一观念即复杂地蕴涵"亲近"之意。

或来自非白日世界或非常识世界的光,他才开始真切地感受到自己,或感受到自己的——那属于他自己的——感受性。⑯ 他的不再发昏或突然清醒即意味着:他的感受性正在恢复和加强。⑰ 而正是这一正在恢复和加强的感受性,这一敏感起来或重新敏感起来的感受性,才让他开始痛切地意识到自己之全然有别于他人,并因而敏锐地觉察到他人看他时的"眼色"和"脸色"之奇怪。这也就是说,狂人意识到他人其实正在以他以前不曾感觉到的方式影响着他,尽管他并不欢迎也不喜欢这一影响,甚至憎恶这一影响。而这也就是说,他开始在他一直被教育去相信其应为"亲密无间"的人我关系——首先是家族中的人我关系——中感到了或重新感到了一个根本性的距离,一个必然分开(他)人与我或我与(他)人的"之间"。那必然在我之外的他者——即使是家族中的他者,作为父母兄弟姐妹的他者,似乎本应该是"自然而然"地就非常亲近的他者——其实始终都在看我,而此"看"在狂人——或每一个感受到了此"看"的我——的意识中必然是含义暧昧的。此"看"徘徊于对我的恐惧与加害于我的欲望之间:他人"似乎怕我,〔又〕

---

⑯ 在西方文化传统中,月亮被认为可以扰人心智,使其发狂。英语"lunatic"(精神错乱的,疯狂的,狂人)的本义即为"受月亮影响的"(moonstruck)。鲁迅此处暗用这一西方典故来描写狂人何以开始发狂。

⑰ 让人的精神感受性得到恢复和加强,亦即,让人在精神上敏感或重新敏感起来,从而能感受到自己和他人的痛苦,激发变革的意志和行动,是鲁迅这一时期小说和杂文写作的突出主题之一。尽管由于鲁迅思想深处存在的对于社会变革之可能性的怀疑,这一主题有时是以消极的或反讽的形式表现出来的。鲁迅在《呐喊·自序》中以"铁屋"之喻表达了他的这一怀疑:"假如一间铁屋子,是绝无窗户而万难破毁的,里面有许多熟睡的人们,不久都要闷死了,然而是从昏睡入死灭,并不感到就死的悲哀。现在你大嚷起来,惊起了较为清醒的几个人,使这不幸的少数者来受无可挽救的临终的苦楚,你倒以为对得起他们么?"(《鲁迅全集》第 1 卷,第 419—420 页。)1923 年 12 月 26 日在北京女子高等师范学校文艺会的讲演《娜拉走后怎样》中,鲁迅在引用了他所翻译的俄国小说家阿尔志跋绥夫(M. Artsybashev, 1878—1927)的《工人绥惠略夫》中的话——"你们将黄金世界预约给他们的子孙了,可是有什么给他们自己呢?"——之后说,为了这对于将来的黄金世界的希望,而"要使人练敏了感觉来更深切地感到自己的苦痛,叫起灵魂来目睹他自己的腐烂的尸骸","这'代价也太大了'"。所以,"假使寻不出路,我们所要的倒是梦"(鲁迅:《坟》,《鲁迅全集》第 1 卷,第 164 页)。需要梦是因为鲁迅害怕人在"练敏了感觉"之后只会徒然增加自己的痛苦。但能"更深切地感到自己的痛苦"意味着能更深切地感到自己,而此一自己则必然是与他人全然有别之己。

似乎想害我"。

的确,当我不再能沉浸于我的传统让我去相信的我与他人的"亲密无间"之中时,当我在自己与他人之间看到无法弥合也无法超越的距离时,我必然会在他人的眼色和脸色中看到此种暧昧。我觉得他人怕我,是因为我知道我其实乃是本质上即能加害于他人者(每个"我"都是本质上即能加害于他人者);我觉得他人想害我,是因为其实我知道,他人会妨碍我成为我,成为一个完全不受他人影响的我,成为一个绝对的我。而对于此一自我欲望——拥有自我的欲望,或自我拥有的欲望——来说,或对于此一想要成为"以己为中枢,亦以己为终极"的"主体"的欲望来说,他人就正是那让我不能完全"有己"者,亦即,正是那总会以某种方式来"吃我"者,而此"吃"则并非只可能是恶意迫害的结果。因为,其实他人作为他人即始终在要求着我的一切。在这一意义上,所谓"见危致命"所描述的其实正是人我关系或我他关系中的普遍情况,而不仅只是特殊的例外。[18]

所以,在一个非常根本的意义上,对于每一个我来说,每一他人其实都是"将入于井之孺子",因此每一他人都在要求着我的救援,哪怕此一救援会置我自己于丧失生命的危险之中。而这也就是说,在人我关系之中,能自觉主动地让他人以某种方式吃我,或能心甘情愿地为他人牺牲,乃是内在于我之为我者。[19] 因为,面对他人,我首先即必须做出无条件的回应。而此一无条件的"回—应"已经就是我对他者之无条件的"应—承",亦即,无条件地"承(担)"起我对他人之"应",因为在此一对他人的原初之应——一个甚至可能还没有说出任何东西的回应——中,我其实

---

[18] 《论语·子张》:"子张曰:'士见危致命,见得思义,祭思敬,丧思哀,其可已矣。'"
[19] 鲁迅《狂人日记》中提及的唯一当代现实人物是徐锡麟:"谁晓得从盘古开辟天地以后,一直吃到易牙的儿子;从易牙的儿子,一直吃到徐锡林……。"(鲁迅:《狂人日记》,《鲁迅全集》第1卷,第430页。)作为已经准备牺牲自己的革命者,"徐锡麟"这个名字所代表的其实正是能够为了他人(所有他人,甚至包括革命所最终应该赦免和挽救的革命敌人)而不惜让自己被他人(某些他人,此处是革命的敌人)所吃者。因此,"徐锡麟"之在《狂人日记》中被提及这一细节其实远远超出了简单的举例。革命者之不惜让自己被吃(鲁迅的《药》[《鲁迅全集》第1卷,第441—450页]中的瑜儿——此名影射在徐锡麟之后不久被杀害的烈士秋瑾——也是这样一个为了他人而不惜被吃的革命者)与《狂人日记》的批判"吃人"的主题之间存在着值得深入分析的复杂关系和张力。

已经向他者应许了一切。而这也就是说,我已经在负起我对他者的无限责任,一个并非首先出于我之选择和决定的责任。因此,他人只要作为他人就已经会让我"无端"地负有无法逃避无可推卸之责。在这一意义上,我只要作为我就已经是他者之"人质",我只要作为我就会被他者要求献出一切,乃至于我之己,或我之生命。[20] 因此,如果我以我之己或我之生命为首先与他人无关者,那么他人作为他人即必然是于我之己或我之生命——于我之为我——有根本性的妨碍或威胁者。所以,鲁迅的狂人其实也许并没有看错:对于那自以为既不欲吃人,也不欲被人所吃者来说,或对于那自以为自己**首先**——无论其**后来**将会如何——乃是可以与他人无所关涉者来说,他人作为他人就始终都将会是其无端的迫害者。[21]

于是,狂人其实可能是以他的"迫害妄想"的形式道出了我之为我的必然处境:我作为我即自始已然"被动地"处于他者的某种迫害之下。但是,此一迫害的含义却必然是复杂而暧昧的。一方面,他者作为他者即确实有可能会在通常的意义上迫害我,而此种迫害当然是任何一个追求公正的社会都应该尽力阻止和消除者。然而,另一方面,他者的迫害,他者**作为**他者即已构成着的这一对我的迫害,却是无可避免的,除非我真能与他者彻底无关而绝对独立。如果我并不可能如此的话,如果他者作为他者即总会以这种或那种形式"纠缠"着我,而"纠

---

[20] "回应"(réponse)、"应承"(responsibilité)、"无端地"(an-archiquement)以及"人质"(otage)等等都是莱维纳斯的重要词汇。我们这里已经在不提名地引用莱维纳斯了。详见以下正文中有关莱维纳斯的讨论。

[21] 因为,我作为我就始终不可能保证他人不会吃我。鲁迅《狂人日记》中的狂人写道:"自己想吃人,又怕被别人吃了,都用着疑心极深的眼光,面面相觑。……去了这心思,放心做事走路吃饭睡觉,何等舒服。这只是一条门槛,一个关头。他们可是父子兄弟夫妇朋友师生仇敌和各不相识的人,都结成一伙,互相劝勉,互相牵掣,死也不肯跨过这一步。"(《鲁迅全集》第1卷,第429—430页。)狂人的这段话似乎蕴涵着,只要大家都"回心转意",放弃吃人,天下就万事大吉了。然而,第一,只要我仍然需要与他人共处(孔子早就说过:"鸟兽不可与同群!吾非斯人之徒与而谁与?"[《论语·微子》]),我就不可能保证他人不会想吃我。而这就是说,吃人始终是一必然的可能性,因此我始终都有可能因恐惧被吃而发狂;第二,如果所有的人都"互相劝勉,互相牵掣,死也不肯跨过"又想吃人又怕被吃"这一步",那么这一"死不悔改"是否有并非纯粹由个人主观意愿就能决定的原因呢?

缠"已经就是某种迫害的话,那么,无论他者的迫害对我会有怎样的影响和结果,这一迫害都首先意味着,我必须成为我,亦即,必须去作为我而为一切他者负起无法推卸的责任。㉒ 而这一责任甚至也——或更准确地说,必然也——包括他者对我的任何"实际"迫害,或包括他者之完全为了其一己之私利而欲吃我。如果真可以没有那根本意义上的他者对我的迫害,或我对于他者之此种迫害的痛切感受,狂人可能就不会发狂,但他因而也就不可能意识到自己与他人之间的必然距离,不可能意识到自己在面对他者——面对自己对于他者的无限责任——之时作为一"我"的独一无二与不可取代。就此而言,其实也许不是狂人自己的受迫害妄想导致了他对别人表情("脸色"和"眼色")的过度敏感,而是他人的迫害——在一个深刻的意义上其实的确是非常真实的迫害,那以对于每一个我的必然总是非常过分的伦理要求为形式的迫害——导致了狂人的迫害妄想。㉓ 于是,问题就成为,如何对待他者的

㉒ "被动"(passivité)和"纠缠"(obsession)也是莱维纳斯的重要词汇。
㉓ 《狂人日记》中所描写的"吃人"可被视为此一必然总是非常过分的伦理要求的极端艺术形象之一。虽然"吃人"是狂人所无条件地谴责者,但"吃人"本身其实是非常复杂而暧昧的概念。小说中即这样记录着狂人的感觉:"我晓得他们的方法,直捷杀了,是不肯的,而且也不敢,怕有祸祟。所以他们大家连络,布满了罗网,逼我自戕。试看前几天街上男女的样子,和这几天我大哥的作为,便足可悟出八九分了。最好是解下腰带,挂在梁上,自己紧紧勒死;他们没有杀人的罪名,又偿了心愿,自然都欢天喜地的发出一种呜呜咽咽的笑声。否则惊吓忧愁死了,虽则略瘦,也还可以首肯几下。"(鲁迅:《狂人日记》,《鲁迅全集》第1卷,第428页。)这就是说,"吃人"此处并非被感觉和理解为对于自我的纯粹盲目的暴力性毁灭。他人想吃我,但此吃却仍然希望得到我之"同意",我之"认可"。我被他人要求去"主动"地献出自己,去"主动"地让他人能够无忧无虑地吃。在狂人的心目中,这当然只是他人串通一气的共同阴谋。而这确乎是太"过分"了。但在此"过分"要求——一个让我主动交出自己以为他人所吃的要求——中却也蕴涵着,我的每一可能的"为了他人"的伦理行为,直至那些真正的"舍己为人"和"杀身成仁"的行为,其实也都首先就是从根本上即出于他人的要求的,是出于他人而却为我所认可并承担为我之无可推卸的责任的要求的。此外,从以上引文中还可以看到,我不仅被他人要求——非常"过分"地、"无理"地要求——献出自己,而且其实还被要求去对"过分"和"无理"的要求负责(我之自杀将使"他们没有杀人的罪名,又偿了心愿")。但我作为我其实自始就已经处于这样的过分伦理要求之下了。这并非是说他人"应该"吃我,而是说,应承一切他者,或为一切他者负责,乃是我作为我的题中应有之义:莱维纳斯的思想在某种程度上即可以被如此概括。但必须立即强调的一点是,为他者负责,包括为他者所犯的过错以及他者对我的迫害负责,却并非意味着放弃公平和正义。

这一无可避免的"迫害"?

五、莱维纳斯所讲的关于我与他者的哲学故事

鲁迅笔下之狂人的迫害妄想确实能让我们想到莱维纳斯,想到这位具有深刻犹太背景的法国哲学家关于他人或他者的深刻思考,而我们在以上对狂人的分析中其实已经就在不提名地使用着莱维纳斯著作中反复出现的"persecution"这一重要概念,一个恰好也可以用《狂人日记》中所说的"迫害狂"的"迫害"两字来翻译的词。因此,如果我们此处试让莱维纳斯的分析我之何以只要作为我即必会受他者之迫害的哲学,来为鲁迅的描述我之如何觉得自己正在受他者之迫害的小说作一理论的注脚,或反之,让鲁迅的这篇小说来为莱维纳斯的哲学作一形象的阐释,应该不会是完全的牵强附会之举。

莱维纳斯,这位充满了艺术气质的哲学家,教给我们的重要思想之一就是,我,作为自始即已全然被动地暴露于他人者,必然自始即已以并非我之所愿的方式而受到他者的"纠缠"了。他者已经在我之近处。他者与我极为切近。他者是我之邻人。而必然切近于我的他者总会使我无法清静,无法自得其乐,无法不总是感到我自己在欠着他者什么,或什么都在欠着他者的。我无法不总是感到自己需要为他者做些什么,或什么都需要去为他者做,乃至去为了他者而付出我的一切。这就是莱维纳斯所说的他者对我的"纠缠",而"纠缠即迫害"。但"此迫害这里却并不构成一个已经发狂的意识的内容。此迫害指的是一种我之如何受到〔他者之〕影响的方式",亦即,我之在"能够形成一个有关那来此而影响我自身者的意象之前即已遭受了〔此他者之〕影响"这样一种情况,而"此影响则是不管此一〔受到影响的〕意识之愿意与否(malgré elle)的影响"。[24] 莱维纳斯即在这些特征中看到了"迫害"。当

---

[24] Emmanuel Levinas, *Autrement qu'être ou au-delà de l'essence*, Martinus Nijhoff Publishers, 1978, p. 128, p. 130.

然,这首先并非是通常意义上的迫害,而且,这样的"迫害并非是需要被〔强〕加到主体的主体性及其易受伤害性之上者"。㉕ 这就是说,并非先有一己,一先于并独立于他人之己,此己后来却不幸地受到他者的致命性影响。这也不是说,为了让一个已经形成的、已经存在的己能去为他人负责,就必须对它加以迫害。这一根本性的迫害本身其实就是我作为我或己作为己之发生或形成。在这一意义上,他者对我的迫害不仅只是无可避免者,而且更是那必然成就我之为我者,是将我推到必须要为一切他者负责的伦理主体这一地位之上者。莱维纳斯认为,作为自始即必然会被动地暴露于他者之面前者,作为必须回应他者对我的"指(责)控(告)"(accusation)——那甚至会发展到迫害的指(责)控(告)——者,我只要作为我就必然是一个从根本上就对他者负有无限责任(responsibilité)的——亦即,必然需要对他者做出无限应承的——伦理主体。㉖ 我甚至必须为我的指控者对我的指控本身做出应承或负起责任,必须为我的迫害者对于我的任何迫害本身做出应承或负起责任。这就是为什么莱维纳斯特别喜欢伟大的俄国小说家陀思妥耶夫斯基小说中一句话的一个原因:大家都有责任,但我却总是比大家多出一个责任。于此我们也就可以理解,莱维纳斯的己或主体何以必然是一个遭受他者的震创性伤害(traumatisé)的自我或主体,一个作为他者之

㉕ Emmanuel Levinas, *Autrement qu'être ou au-delà de l'essence*, p. 141.
㉖ "指控"在此兼有"指责"与"控告"之意。光说"指控",在汉语中听起来可能语气过重。莱维纳斯的"指控"(accusation)源于拉丁语动词"accusare",由"ad-"加"causa"构成,本义为"唤……上前来给出原因或做出解释"。他主要就是在这一意义上使用"accusation"这个词的。我们都知道,即使在日常生活中,他人也总是会以指责的形式要我为这件事或那件事负责("你怎么会这样?""你怎么把事情弄成这样?""你怎么对我这样?"等等),尽管他或她并非总是"有理",或其实经常是很"没理"的。正因为只要在他者面前,我就总是首先处于被指责的地位,而指责已经是某种控告,我则必须首先对无论什么指责控告都做出回应,予以解释,或负起责任,所以莱维纳斯才认为,如果用语法学的概念说,那么主体在其占据主格地位之前其实乃是首先处于宾格地位者。在汉语中一般被译为"宾格"的"accusatif"(英语 accusative)与"accusation"乃同源词。

人质的主体,或一个永远的受迫害者。㉗

这样,在我们对鲁迅的狂人的受迫害妄想的解读中,莱维纳斯的这样一个哲学意义上的"迫害"概念确实可以被引为一个注脚。当然,在《狂人日记》中,狂人之恐惧被他人所吃确实首先只是他自己的受迫害妄想的结果。我们可以不无文本根据地说,他身边的人并没有真正地要吃他,也并没有真正地吃了他,不然也不可能有狂人最终的"痊愈"与回归"正常生活"。㉘ 但幻觉性地恐惧被他人所吃其实只是对他人必然会以种种方式时刻切近地、逆我所愿地影响着我这一事实的某种病态反应。而如果被他人所吃只是我所可能受到的任何迫害——来自他人的迫害,无论是真实的还是想象的——的一个极端形式,如

㉗ 莱维纳斯的重要著作 Autrement qu'être ou au-delà de l'essence 可说是对于"我"之如何必为一为他者负责的伦理主体的系统论述。他在"书前总注"中这样描写自己之书的基本内容:"在主体性中看到一个例—外(ex-ception),一个将下述三者——〔是之去〕**是其之所是**(essence)、**去是者**(les étants)、〔二者之间的那一〕"**区别**(différence)"——之结合打乱了的例外;在主体的实体性中,在处于我之内的那"独一无二者"的硬核中,在我的〔与什么都〕配不成对(dépareilée)的同一性之中,瞥见对他人的替代;将这一先于〔自己之〕意志的自我捐出(abnégation)思之为一种无情的暴露,亦即,暴露于超越〔所带给主体的〕震创(le traumatisme de la transcendance),〔而此一暴露则是〕一种由某种比接受性(receptivité)、受难(passion)和有限性都更加被动——一种不同的被动——的容受性(susception)而来的暴露;从这一并不是被〔我〕主动承担起来的易受感染性(susceptibilité)中得出在世界上的实践(praxis)〔原则〕和知识:这些就是为此**外于是其之所是**命名的本书的诸命题。"(Levinas, Autrement qu'être ou au-delà de l'essence, p. x)关于他者对我的指控和迫害,莱维纳斯此书中各处都有讨论。例如,在第 18 页上,他这样写道:"易受伤害性;暴露于愤怒,于伤害;比所有忍耐更加被动的被动性,宾格形式的被动性;人质之为指控——那甚至发展到迫害(persécution)的指控——所震创(traumatisme de l'accusation);以自己代替他者的人质〔所具有〕的同一性之被此迫害纠缠进去:这一切就是那个自己,就是自我的同一性的残损或击败。而这,如果推到极端的话,就是感受性,作为主体之主体性的感受性。以己代(替)(他)人——一人之去为另一人设身处地——赎〔罪〕补〔过〕。"参阅笔者所译此书第一章,《异于去是,或在是其之所是之外》,连载于《世界哲学》2007 年第 3 期第 3—21 页,第 4 期第 66—76 页。

㉘ 《狂人日记》能够很细致微妙地写出狂人如何将身边他人的每一言行都理解为吃他阴谋的一部分,但又让读者知道这些言行其实可能都另有含义。例如,狂人的大哥请何先生给狂人诊病。狂人认定这个老头子是"刽子手扮的!无非借了看脉这名目,揣一揣肥瘠:因这功劳,也分一片肉吃"。老头子出门后对狂人的大哥说:"赶紧吃吧!"这在狂人听来当然是说要大哥赶紧吃他,但此处的语境让读者知道,老头子完全可能是在告诉大哥让狂人赶紧吃药(引文见《鲁迅全集》第 1 卷,第 426 页)。

果他人作为他人即必然会在一个根本意义上构成对我的迫害,那其实可能并非出于他者之主动或因为他者之恶意的迫害,那么我们就可以说,狂人对他者之迫害的恐惧所反映的确实乃是我与他人之关系的基本情况,而不仅仅是小说中的狂人在其妄想中对本质上应该是和谐的真实人我关系的一个歪曲,也不仅仅是小说的作者为了进行社会和文化批判的一个虚构(如果是那样的话,作品就不会有艺术力量)。

从狂人——或从每一我——自身的角度看,狂人之所以会有他人正在迫害他的幻觉或妄想,是因为当他的自我在一个对他者之迫害的过分恐惧中开始形成或开始诞生之时,他就立即会开始感到,他者对于他的自由竟然是一个根本的威胁。如果没有他者,我当然就可以自由自在,昂首阔步。[29] 而我的自由则必然要求我成为至大无外者。因为只有作为至大无外者,我才是真正自由的。那以其根本性的迫害产生了我的他者并非我的自由的一部分。相反,他者之在不仅构成对于我之自由的根本威胁,而且也构成——首先就构成——对于我之自由的根本质问。于是,在他者面前,我总是必须为自己的自由做出辩护:我凭什么就能占据阳光下最好的地方?所以,他者之在——在此,在我面前——就使我之自由成为某种"有限的自由"。而"有限的自由"就意味着,我并不是能将一切他者都吸收于自身之内的、或能将一切他者都置于我的控制之下的至大无外者,亦即,绝对自由者。他者之永远超出我的自由,是因为他者永远在我之外。因此,他者乃是超越我者,而他者即以此超越打破我之自由,我之从未真正拥有的、永远不会真正拥有的、但却可能极其渴望拥有的绝对无限自由。因此,对于一个绝对的自我——对于我之无限的或绝对的自由——的渴望和追求必然是某种"妄想",而他者对我的迫害则在非

---

[29] 汉语成语"旁若无人"说的不正是一个人在可以假装身边没有任何别人存在时所表现出来的那种自以为自己是绝对者或自由者——绝对自由者——的神态吗?

常深刻的意义上是某种"实在"。㉚

六、对弱肉强食意义上的"吃人"的批判

然而,如果鲁迅的狂人的迫害妄想确实深刻地揭示了我——每一个我,任何一我——之何以必为一"我而为他"者,而这一深刻的揭示并非是作者本人所有意为之者,或所曾预料者,那么我们又当如何理解鲁迅自己所说的《狂人日记》那"意在暴露家族制度和礼教的弊害"的主观意图呢?鲁迅在《狂人日记》中对于中国传统文化或文化传统的批判和判决——仁义道德吃人——对于我们还有任何意义吗?鲁迅对一个不可能的"绝对自由的我"("立我性为绝对之自由者")的召唤对于我们还有任何意义吗?

为此,我们首先必须强调"吃人"这一概念的复杂含义。在《狂人日记》中,虽然狂人的恐惧被吃只是他的受迫害妄想中的幻觉,但狂人却也确实知道很多真实的残酷的吃人事例(中国历史上的"食肉寝皮",现代的炒食反清志士徐锡麟的心肝)。如果说《狂人日记》对于中国传统文化的吃人性质的批判仍然绕道于文学性的虚构,那么,在写于1925年的杂文《灯下漫笔》中,鲁迅对于中国文明的某种吃人性质的批判则是彻底地锋芒直指:

> 所谓中国的文明者,其实不过是安排给阔人享用的人肉的筵宴。所谓中国者,其实不过是安排这人肉的筵宴的厨房。……

㉚ 也正因为如此,他者不仅会引发我的受迫害妄想,而且也必然会激起我的杀害冲动。这一点其实也已经以某种方式体现在鲁迅的《狂人日记》之中了。当狂人要劝转吃人者时,他就说了这样的话:"你们要不改,自己也会吃尽。即使生得多,也会给真的人除灭了,同猎人打完狼子一样!——同虫子一样!"(鲁迅:《狂人日记》,《鲁迅全集》第1卷,第431页。)这里,狂人的充满暴力的语言已经是在明确地呼唤杀戮的暴力了。狂人希望消灭那些不听从他的劝告而继续吃人者,而这些所谓吃人者就正是那些不断影响着他而他又无法摆脱的他人。无法摆脱,所以希望他们"改(正)","改(正)"到他们不再影响他的自由。无法改正,于是就希望他们被消灭,像虫子那样被消灭!一个"我"多么容易地就会从受他者的迫害而走向对他者的迫害!

这文明,不但使外国人陶醉,也早使中国一切人们无不陶醉而且至于含笑。因为古代传来而至今还在的许多差别,使人们各各分离,遂不能再感到别人的痛苦;并且因为自己各有奴使别人,吃掉别人的希望,便也就忘却自己同有被奴使被吃掉的将来。于是大小无数的人肉的筵宴,即从有文明以来一直排到现在,人们就在这会场中吃人,被吃,以凶人的愚妄的欢呼,将悲惨的弱者的呼号遮掩,更不消说女人和小儿。㉛

称"中国文明"为"安排给阔人享用的人肉的筵宴",当然会使热爱这一文明者不满。但在任何存在着"许多差别",从而导致"人们各各分离"的阶级社会中,弱肉强食都是无可否认的现象。㉜ 这样的"吃人",作为"吃他者",作为强者对弱者的无情压迫的极端象征,当然是必须被反对和改变者。正是为了反对和改变这样一个"吃人"的文明,鲁迅寄希望并致召唤于中国的青年:

这人肉的筵宴现在还排着,有许多人还想一直排下去。扫荡

㉛ 鲁迅:《灯下漫笔》,《坟》,《鲁迅全集》第1卷,第221—222页。

㉜ 制度化的社会差别和阶级差别会使人成为互相制驭和互相凌虐者:"但我们自己是早已布置妥帖了,有贵贱,有大小,有上下。自己被人凌虐,但也可以凌虐别人;自己被人吃,但也可以吃别人。一级一级的制驭着,不能动弹,也不想动弹了。因为倘一动弹,虽或有利,然而也有弊。我们且看古人的良法美意罢——'天有十日,人有十等。下所以事上,上所以共神也。故王臣公,公臣大夫,大夫臣士,士臣皂,皂臣舆,舆臣隶,隶臣僚,僚臣仆,仆臣台。'(《左传》昭公七年)但是'台'没有臣,不是太苦了么?无须担心的,有比他更卑的妻,更弱的子在。而且其子也很有希望,他日长大,升而为'台',便又有更卑更弱的妻子,供他驱使了。如此连环,各得其所,有敢非议者,其罪名曰不安分!"(鲁迅:《灯下漫笔》,《坟》,《鲁迅全集》第1卷,第220页。)分离或隔绝会使人与人漠不相关,这样人对于他人或他者的痛苦就会无动于衷。《孟子》中讲到的齐宣王之下令以羊来代替他不忍其觳觫,若无罪而就死地之牛,就是因为齐宣王与羊的分离(羊不在齐宣王眼前,即孟子所谓"见牛未见羊也")使他不会直接感到羊的痛苦。我们与他人的分离或隔绝总有可能使我们忘记还有他人,甚至从不知还有他人。这是人间很多不公平不正义的原因。但《狂人日记》中的主要问题则是——在某种意义上——他人"逼得太近",近得使我无时无刻都忘不了他人之在。

> 这些食人者,掀掉这筵席,毁坏这厨房,则是现在的青年的使命!㉝

然而,为了能够真正扫荡这样的冷酷无情的食人者,需要的却是能够真正感到他人的痛苦而且为之所动,并由于这样的"感(而)动(之)"而成为能够真正为他人——为软弱无助的他人所忍受的不幸或痛苦,但也为残酷愚昧的他人所犯下的过错乃至罪恶——负责者。这也就是说,需要的是能够真正自觉地为一切他人献身或牺牲者。而如果我们还能感受和体会汉语中"献身"和"牺牲"这样的词汇的原始力量的话,它们所表达的其实也许就正是:主动地、心甘情愿地让他者以某种方式"吃"我。根据莱维纳斯,我们甚至可以说,能主动地、心甘情愿地让他者"吃"我其实正是每一个作为独一无二的伦理主体的我的本质所在。㉞ 而如果我们需要将以上表述用一个中国传统概念翻译出来的话,那么也许就可以说,"见危致命",或"杀身成仁"——为了仁,为了

㉝ 鲁迅:《坟》,《鲁迅全集》第1卷,第222页。

㉞ 当然,这并不是要求人盲目地为他人献出生命或牺牲自己,更不是要求人主动地让自己在字面意义上被他人吃。所以,此处加在"吃"字上的引号并非偶然随意之举。但即使在日常生活中,我们其实也经常会自觉地、心甘情愿地让他人以某种方式"吃"我。例如,时下流行的"啃老族"之说,其实就以某种方式反映着此种自觉地以某种方式让自己(父母)被他人(子女)吃("啃")的情况。但为了能为他人负责,负责到在必要时能够为他人献身,却首先需要我之作为这样一个能够负责的伦理主体的仍然存在。当这样的伦理主体——我——还存在时,他/她就有可能自己受饥时却省下自己的面包给无食者(这是莱维纳斯著作中经常出现的说法),或在自己受寒时却脱下自己的棉袍给无衣者(这是鲁迅《娜拉走后怎样》中的一个说法。此说的具体语境是,鲁迅欲强调具体的小事比抽象的大事难做:"天下事尽有小作为比大作为更烦难的。譬如现在似的冬天,我们只有这一件棉袄,然而必须救助一个将要冻死的苦人,否则便须坐在菩提树下冥想普度一切人类的方法去。普度一切人类和救活一人,大小实在相去太远了,然而倘叫我挑选,我就立刻到菩提树下去坐着,因为免得脱下唯一的棉袄来冻杀自己。"当然,鲁迅此处之低调地说自己会选择去菩提树下冥想而不是脱下棉袍,似乎是不想摆出他所不喜欢的烈士面孔而已,而并不是说他真会这样选择)。为他人而让自己忍饥受寒当然是困难的,但却不是不可能的。然而,我只能要求自己如此,却不能要求他人如此。这就是说,我们无权要求他人去作牺牲。在《娜拉走后怎样》中,当鲁迅说到假如娜拉的出走是她自己情愿闯出去做牺牲的话,就说到了这一点:"我们无权去劝诱人做牺牲,也无权去阻止人做牺牲。"(此引文及其上之引文均见《鲁迅全集》第1卷,第167页。)之所以如此,是因为伦理决定总必须是我的决定。当然,我的决定又总是因/为他者而做的决定。参阅本书下一章中有关决定问题的讨论。

他人而献出生命或牺牲自己——乃是只有能够真正为他人负责的伦理主体才可以成就的伦理行为。㉟ 因此，为了结束吃人，弱肉强食意义上的吃人，为了一己之私而冷酷无情地去吃他人这一意义上的吃人，却需要人首先能成为人，成为有己之人，成为能够恐惧自己被吃，并且希望劝转吃人者之人。但劝转吃人者，或结束一个弱肉强食意义上的"吃人文明"，却并不意味着，也不可能意味着，每一个人因此就都将成为能够"以己为中枢，亦以己为终极"的绝对自由者，因为如果这一理想或妄想真能实现的话，它最终只能意味着，每一个人都将成为首先并最终皆与他人无关者。相反，结束一个残酷的"吃人文明"意味着，每一个人，每一尚未记起或已经遗忘了自己之己的人，都将找回自己之己，都将成为或重新成为一己。而这也就是说，每一个人都将成为或重新成为真正能够为他人负责——为他人献身和牺牲——的自觉伦理主体。

为了这样的"未来的人"，为了这样的"人的未来"，就需要呼唤己——那尚未记起或已经遗忘自己之己的己，那将能为一切他人负责的己——之到来。因此，鲁迅之呼唤"人各有己"，呼唤"救救孩子"——救救中国的未来的人，救救中国的人的未来，救救人（类）本身的未来——也应该被读为：在人尚未记起或不能记起或已经遗忘自己之己的时代，在人受到压迫性社会的限制而不敢和不能去渴望和追求有己的时代，人——每一个人——必须首先开始记起自己之己，开始成为自己，开始为自己之己的存在而操心劳神，担惊受怕。因此，人的生存、温饱、发展之为鲁迅写作《狂人日记》时期的社会评论的一个基本主题，是毫不奇怪的：

> 我们目下的当务之急，是：一要生存，二要温饱，三要发展。苟有阻碍这前途者，无论是古是今，是人是鬼，是《三坟》《五典》，百

㉟《论语·卫灵公》："子曰：'志士仁人，无求生以害仁，有杀身以成仁。'"

宋千元,天球河图,金人玉佛,祖传丸散,秘制膏丹,全都踏倒他。㊱

所以,在《狂人日记》所描写的狂人对于他者之迫害的幻觉性恐惧中,记起了自己那曾被以某种方式遗忘之己的狂人所表现出来的对于自己之己的强烈担心是必要的,尽管这一担心已经过度到成为病态。狂人之以为整个中国历史和现实都在吃人这一幻觉或妄想,除了是对于那"吃他者"的压迫性社会的某种谴责和反抗以外,也是或更是对一个古老文明或文化传统的思想批判。这一批判的积极意义在于,那已经以某种方式僵化成为一种精神性的压迫制度的传统观念或意识形态——"仁义道德"、"三纲五常"、"忠孝节烈"——不再能让生活于其中者真正感到自己与他者之间的必然距离,或必然区别,以及自己的因此一距离或区别而必然对他者所负有的无可推卸的无条件的责任。"我"现在或者只能昏睡于被鲁迅称之为"铁屋"的传统之中而酣然不觉,或者只能憎恶这一传统所强加于我的种种责任,种种不再被我视为可以和应该接受的,而却被我视为是对于自我的压迫、奴役甚至吞食的责任。㊲

㊱　鲁迅:《忽然想到·五》,《华盖集》,《鲁迅全集》第3卷,第44页。鲁迅在同年所写的《北京通信》中进一步解释了他所谓"生存、温饱、发展"的意义:"我之所谓生存,并不是苟活;所谓温饱,并不是奢侈;所谓发展,也不是放纵。"(见鲁迅:《华盖集》,《鲁迅全集》第3卷,第51页。)

㊲　这是易卜生的剧作《娜拉》(*Ein Puppenheim*,直译《傀儡家庭》)在五四时代何以如此流行的主要原因。被娜拉视为至少是同样"神圣"的"对我自己的责任"(针对丈夫说她最神圣的责任是她"对丈夫和儿女的责任")是当时个性解放运动的一个基本信条,而离家出走则成为追求个人自由的一个基本象征(以上引语见潘家洵译《易卜生文集》第5卷,人民文学出版社,1995年,第202页)。鲁迅在小说《伤逝》中让柔弱而坚强的子君以某种方式重复了娜拉的名言:"我是我自己的",所以我需要为我自己选择,别人无权将任何被社会和传统视为当然的责任强加于我。但拒绝他人以社会和传统为名所强加于我的责任并不意味着拒绝一切责任。相反,真正的责任——对于他人的责任,那无可推卸的责任,那无限的责任——与个人或自我的"解放"和"自由"俱来同在。其实鲁迅在《娜拉走后怎样》的讲演中,当他设想娜拉怎样才可以不离家出走时,已经点到了这一点,尽管这并不是他讲演的主题。他说易卜生对此问题的解答是在他的另一剧作《海的夫人》(*Die Frau vom Meer*)之中。当该剧中女主角——一位已婚女人——从丈夫那里获得同意,可以自由地选择是跟情人走还是留在家中时,她最终决定留下来:"她的丈夫说,'现在放你完全自由。(走与不走)你能够自己选择,并且还要自己负责任。'于是什么事全都改变,她就不走了。这样看来,娜拉倘也得到这样的自由,或者他便可以安住。"(鲁迅:《坟》,《鲁迅全集》第1卷,第162页。)

在这样的历史情况中,唤醒我对他者——每一他者,一切他者——的必然责任的第一步却竟然可能应该是:首先唤醒我对于自己或对于自己之己的责任。但此"自己"却并非是一首先并最终与他人全然无缘者,或一首先并最终彻底独立于一切他人者,因为我之"己"对于我来说其实也已然是一"他"。于是,五四时代的鲁迅之期望人必须"以己为中枢,亦以己为终极",在那样一个特定的历史语境中,应该被理解为,人必须让自己首先成为一个能够完全为自己负责者。但为自己负责只能意味着:**为一个作为他者的自己负责**。于是,在一个似乎绝对强调个人或自我或自己的举动中,我对他者——每一他者,一切他者——的绝对责任其实也已经被肯定了。只不过这一肯定在此暂时体现为:将我对一切他者的责任首先限定于某一特定他者——我自己。所以,在五四对于己或自我的呼唤中所隐含的逻辑是,我必须首先成为或重新成为能为自己负责者。但既然为自己负责已然就是为一个他者——作为自己的他者——负责,于是我对他者——对于一切他者——的责任也已然在这一对于自我的责任中被隐含地肯定了。当然,这一对于自我责任的肯定总是既有可能让我由此而重新发现并且负起我对一切他者的责任,也有可能让我忽视和遗忘我对一切他者的责任,并因此而成为一个完全以自我为中心的自我主义者。㊳

七、在鲁迅的狂人之后找回"仁/人"

在鲁迅的狂人的受迫害妄想之后,在中国的整个历史和文明被这一前所未有的狂人宣判为"吃人"之后,我们今天又当如何对待这一曾经受到如此严厉批判的历史和文明,这一"仁义道德"观念在其中曾经占据着极其重要的地位的历史和文明?

我们知道,历史地说,在五四所召唤出来的个人或自我之中,有很多其实很快就加入到某一集体性的大我——"我们"——之中了。而

㊳ 参考拙作《妄想、自恋、忧郁与献身》中的有关这一可能演变的分析。

在很长一个历史时期之内,此一大我以革命之名"吃掉"或吞没了几乎一切个人,一切自我,而变为——至少是在此一大我的走向彻底胜利的妄想之中——一个至大无外之我。在这一革命性的大我之中,真正的我,每一独特的、不可替代的我,很难还能继续维持自己为一能够真正为他人——为包括自己在内的他人——负责的伦理主体。㊴ 于是,在很长时间中,被迫的服从取代了自觉的负责,献身和牺牲不再是我为每一独特的、互相之间不可比较的他者所做出的负责的决定,而是我为某个虚幻的事业所做的无谓的付出。㊵ 既然一个至大无外之我不会容许任何东西残留在此我之外(不然它就不会是至大无外了),所以这一大我才会要求其中的每一不再真正能以"我"指称自己的人"与传统实行最彻底的决裂",彻底到让此一传统化为虚无。㊶ 直至我们,从这一解散的大我之中重新浮现出来的每一个我,在那以某种方式激进地反传统的五四运动之后,在20世纪中国所经历的种种动荡和革命之后,在中国当今的种种社会变化使对于中国的历史文化传统的开放和回归又一次成为可能之时,也终于又有可能以不同的方式重读鲁迅的《狂人日记》,并有可能"通过"鲁迅的狂人的迫害妄想——通过对此一妄想的复杂含义的具体分析——而在中国传统中重新找回一个对于每一自我都对他者负有的无可逃避、无可推卸的无限伦理责任的肯定。在中国传统中,此一肯定其实始终都存在着,尽管有时是——甚至可能经常是——以非常过分的甚至非常扭曲的形式存在着(例如,臣子对君父的愚忠愚孝)。㊷

㊴ 我们这里想到的主要是自延安"整风运动"直至"文革"结束这一历史时期中政治社会威权对每一负责之我的一次次的严酷打击和摧毁:"批评和自我批评"、"反对个人主义和自由主义"、"三反五反"、"四清(清政治、经济、组织、思想)"、"三忠于四无限"、"斗私批修"、"狠斗私字一闪念",等等。在本文的论述脉络中,这些皆可归结为:让有己之人彻底交出自己之己。

㊵ 参考拙作《妄想、自恋、忧郁与献身》中的有关分析。

㊶ 这是1966—1976年间中国的"文化大革命"中的流行口号。

㊷ 鲁迅自己也经常以某种形式肯定着这一传统。例如,在写于晚年(1934)的《中国人失掉自信力了吗》中,鲁迅说:"我们从古以来,就有埋头苦干的人,有拚命硬干的人,有为民请命的人,有舍身求法的人,……虽是等于为帝王将相作家谱的所谓'正史',也往往掩不住他们的光耀,这就是中国的脊梁。"(鲁迅:《且介亭杂文》,《鲁迅全集》第6卷,第118—119页。)

而可能正是某些极端的扭曲的责任形式，才使狂人在某一时刻产生出中国历史乃一部吃人历史的感觉或幻觉，并使其在以暧昧的方式认同于此一历史的同时又希望与其彻底决裂。

但是，透过这些极端的或扭曲的形式，这些应该继续受到深入分析和批判的形式，我们应该能够继续看到的乃是，这一强调"仁义道德"的传统其实始终都是一个极其强调我对他人所负有的无可逃避、无可推卸的伦理责任的传统。这可能就是"仁义道德"——尤其是"仁"——这些传统观念的题中应有之义。然而，所有传统观念的命运都是一个自其诞生之时起即会被并且必须被一再重新阅读、重新阐释、重新理解的命运。"仁义道德"当然也不例外。所以，没有纯粹的现成的"仁义道德"观念等在那里让我们把它们重新拾起来。而这就是为什么"仁义道德"——尤其是"仁"——会既以"爱人"的形式，也以"吃人"的形式而令人困惑地来到我们面前。但我们的责任却不是在此二者之中择一，而是将二者都交给"仁"这一观念的历史，交给我们对于这一复杂的观念的历史和这一复杂的历史的观念的耐心细致的重读。

也正因为如此，我们才既有必要通过在鲁迅的狂人的妄想中以"吃人"形式显示出来的"仁（义道德）"，也有必要通过孔子的以"爱人"形式陈述出来的"仁"，来重读"仁"，重读"仁义道德"这些传统观念，并进而重读"仁义道德"这些观念在其中曾经占据着支配地位的整个中国文化传统。这样，我们就可以重新理解鲁迅借狂人之口对中国传统文化所做出的判决的复杂含义。一方面，在非常深刻的意义上，狂人的受迫害妄想当然并非纯然幻觉：从根本上说，或从我之何以为我上说，他者确实**是**我的迫害者。但是，他者的根本性迫害乃是让我为我者，亦即，是让我成为一个能为他者负责者。他者即始终都会以此一过分的责任来"迫"使我，从而"害"得我成为一个必须为他者负责的伦理主体。就此而言，即使说中国历史或曰任何人类历史在某种意义上乃是一部我——任何一我，所有的我——之受他者迫害的历史，或我之如何为他者所"吃"的历史，也并不过分。也许，正是由于我对他者的这

文本之"间"

一无限责任的如此沉重,如此严苛,我才有可能——尤其是在受到某种个人主义思想强烈影响的时刻——开始憎恶他者,开始希望摆脱他者,而他者也才因此而开始显现为我的极端迫害者。这样的时刻也就是我在某种意义上开始陷入妄想——陷入某种受迫害妄想——的时刻,或开始发狂的时刻。鲁迅的《狂人日记》即以某种典型的方式表现了此一发狂的迫害妄想。但是,另一方面,在宣布他者吃人之同时,此一迫害妄想其实也宣布了:我实乃必然要为他者之一切——包括他者之无论任何过错,他者对我之无论任何迫害——负责者。

因此,在狂人的迫害妄想中确实蕴涵着深刻的伦理洞见。将鲁迅与莱维纳斯对读不仅能使此洞见更加彰显,而且也能使莱维纳斯的哲学思想与我们更加接近。从某种意义上说,莱维纳斯其实也讲了一个故事,一个"我"如何必然会受他者之纠缠和迫害的哲学故事。就此而言,鲁迅的"文学"与莱维纳斯的"哲学"的距离也许并不如我们所想象的那么远,而我们将二者以某种方式联系起来的解读,可能也并不像表面上看来那么勉强。因此,我们确实可以通过莱维纳斯的哲学来理解或重新理解鲁迅的狂人的迫害妄想,也可以通过鲁迅的狂人的迫害妄想来理解莱维纳斯的关于他者的思想。进而,我们还可以在鲁迅的狂人对他者之迫害的恐惧之后,在莱维纳斯的关于我之何以为我的思想之后,重新接近和理解中国传统中的"仁义道德"——尤其是"仁",被孔子形容为"爱人"的"仁"——的积极意义。

经历此番迂回,我们也许会有希望发现和肯定鲁迅的狂人形象的另一意义,也会有希望找回那从一开始就在中国传统中被肯定的、但又经常被误解或被遗忘的"仁",那由"人"字所定义的"仁",那必然存在于"人(我)(之)间"的仁。㊸ 而找回此"仁"同时也就是找回"人":找回《狂人日记》中那"(尚)未(到)来"而"(即)将(到)来"的"孩子",找

㊸《孟子·尽心下》:"仁也者,人也。"《礼记·中庸》:"仁者,人也。"关于必然存在于"人(我)(之)间"的仁,参考拙著《吾道一以贯之:重读孔子》(北京:北京大学出版社,2003年)第一章,"'人(间)'之仁——从'己欲立而立人'到'仁者,爱人'"中的分析和论述。

328

回那被孔子及其弟子肯定为能够"见危授命"和"杀身成仁"的君子,找回那被莱维纳斯肯定为能够"以己为他"的、能够为一切他者——为他者的一切,甚至为他者对我的迫害——负责的伦理主体。或者:找回"仁／人"!

文本之"间"

我之由生向死与他人之无法感激的好意
——重读鲁迅《过客》

> 人生天地间,
> 忽如远行客。
>
> ——无名诗人

一、那似路非路者

　　《过客》是鲁迅的散文诗集《野草》中唯一的散文诗剧。① 若诚如作者自己所言,《野草》包含了其全部的人生哲学,那么《过客》也许就是这一哲学的最集中的艺术体现,因为这一作品似乎最直接地——尽管其艺术形式是象征而非写实——触及和面对着人之生的根本问题。② 短剧的场景和人物皆极简单。时间是"或一日的黄昏"。地点是"或一处"。人物只有三个:七十岁左右的老翁,十岁左右的女孩,以及三四十岁左右的过客。舞台上东边"是几株杂树和瓦砾";西边"是荒凉破

---

① 鲁迅:《过客》,《野草》,《鲁迅全集》第 2 卷,北京:人民文学出版社,1981 年,第 188—194 页。本文以下所引《过客》段落皆出于此,故将不再一一标明页码。
② 章衣萍:"鲁迅先生自己却明白的告诉过我,他的哲学都包括在他的《野草》里面。"见章衣萍:《古庙杂谈(五)》,1925 年 3 月 31 日《京报副刊》。

败的丛葬";"其间有一条似路非路的痕迹。一间小土屋向这痕迹开着一扇门;门侧有一段枯树根。"

短剧是这样开始的:正要将坐在枯树根上的老翁搀起的女孩看见从东面杂树间走出的、被她起初误以为乞丐的过客。他从东踉跄而来,慢慢走近此一老一少。不久我们将会知道,过客要由此而继续其向西之行。但根据颇具象征性的舞台布景,观众已经看到过客前面并无明确的路,而只有"一条似路非路的痕迹"。为什么剧中过客的前面并没有被安排一条明确的路,一条明确地连接他所从来之东与他所向之西的路?而且首先,何为路?何为人作为人即必行于其上或行于其中之路?③ 对于《过客》之阅读在其开端之处即已面对着问题。在能够随着其剧情展开而深入此一问题之前,出于"日常生活"经验,我们已然可以感到,没有明确的路,当然会使人——一个需要向自己之"前面"走去的人——之行走变得困难,是以或许才有我们看到的剧中过客的步履之"踉跄"。

从东向西,在没有明确的路可供遵循的情况下,过客"状态困顿倔强,眼光阴沉"地出现在生之舞台上。④ 但从东向西,也是太阳在大地上每日所遵循的路线。太阳是生之源。人与万物皆赖之以生。而生,大地上每一赖太阳以生者,大地上每一"自然"之生,就像太阳在大地上遵循的从东向西的路线那样,似乎也皆有一从日出到日落,从清晨到黄昏,从开始到结束,或从生到死的行程。所以,作为生于天地之间者,过客的自"东"向"西"之行,尽管并无明确的路可以遵循,其实不仍然是在遵循着那可以说是最基本的路,那可能始终都会"似路(而)非路"的生之路?而如何让自己在此"似路非路"的生之路上一直走到终点,

---

③ 作为可供读者参考或比较者,此处或可引鲁迅在一不同语境中提到的"路":"我想:希望本是无所谓有,无所谓无的。这正如地上的路;其实地上本没有路,走的人多了,也便成了路。"(鲁迅:《故乡》,《呐喊》,《鲁迅全集》第1卷,第485页。)

④ 这是鲁迅为过客设计的舞台形象:"状态困顿倔强,眼光阴沉,黑须,乱发,黑色短衣裤皆破碎,赤足著破鞋,胁下挂一个口袋,支着等身的竹杖。"

不正就是《过客》中之过客所面对的基本问题?⑤

二、暧昧的黄昏⑥

诗剧开始的时间是某一日的黄昏:太阳正在西方落下,过客也正在向西方走去。而这似乎是有意安排的两种或三种即将到来的终结的重合:自然一日的即将终结,过客一日之行走的即将终结,以及过客的整个从"东"向"西"之行程的即将终结。

终结当然已经与任何可能的重新开始相连。虽然天上的太阳周而复始,永远有规律地重复着其从东向西的运动,而大地上的每一日也随着太阳的重新升起而重新开始,但每一赖太阳以生者,尤其是每一个人,每一会在某种语言中以某种方式指称自己者("我","I","Je","Ich","Asmi",等等),却只能一次性地"自始(而)至终","出(于)生而入(于)死",而不能像太阳那样无限地重复自身。

因此,对人而言,对每一能在某一语言中以某种方式指称自己者而言,或对每一能说"我"者而言,生总是此我之生,而死也总是此我之

---

⑤ 《过客》作于1925年3月2日。一年八个月之后,鲁迅将其早期文言论文及白话杂文结集为《坟》出版。在为其所作之后记中,鲁迅写道:"我只很确切地知道一个终点,就是:坟。然而这是大家都知道的,无须谁指引。问题是在从此到那的道路。那当然不只一条,我可正不知哪一条好,虽然至今有时也还在寻求。"(鲁迅:《写在〈坟〉后面》,《坟》,《鲁迅全集》第1卷,第284页。)

⑥ 黄昏没有自身的清晰色彩(因而可以多种色彩来形容:金色的,灰色的,黑色的,甚至血色的),所以始终是暧昧的。黄昏甚至可能就是暧昧性本身。黄昏可以让人惆怅("夕阳无限好,只是近黄昏"),让人焦虑("已是黄昏独自愁,更著风和雨"),也可以让人浪漫("月上柳梢头,人约黄昏后")。在《过客》中,黄昏则似乎具有某种暧昧的危险意味。此一暧昧的黄昏首先出现在已经处于生命之"黄昏"的老翁对女孩说的下述话中:"唉,你这孩子!天天看见天,看见土,看见风,还不够好看么?什么也不比这些好看。你偏是要看谁。**太阳下去时候出现的东西,不会给你什么好处的。**……还是进去罢。"(引文中黑体为引者所为。)而过客即在这样的黄昏时刻到来。

死,假使我们真能知道"我之死"这一表述意味着什么的话。⑦ 在我之生行至其象征性的"西方"之时,在我之生的"日落"和"黄昏"之后,对于此特定之生来说,就不可能再有一个回到其象征性之"东方"的希望,或再有一个"日出"和"清晨"的可能。在此,终结并不与重新开始相联系。因此,每一个人——每一个我——都将需要面对自己之死。

但人之说"我"的可能性和必要性却已然蕴涵着,在"我"之外还有"人"——"他人"或"他者",因为"我"总是相对于"他—人"之"我"。⑧ 所以,在我那似乎必须独自完成的生和必须独自面对的死"之外",在此一独特的生与死"之前"和"之后",必然始终都还有他人之生与他人之死。

三、遭遇:问题的开始?

但我,我之生与死,与他人——他人之生与死——必然有关吗?还是我从根本上就可以离开他人而独自"前行",一直走到那"叫唤"着我的声音之处,一直走到我"自己"的终点/目的?⑨ 如果这就是《过客》中之过客所面对的基本问题,那么这也可能就是对于《过客》之阅读所应提出的基本问题。因为,在其似乎非常单纯的"独自"向死而去的生之

---

⑦ 德里达:"我之死可能吗?我能理解这一问题吗?我能自己提出这一问题吗?我被允许谈论我之死吗?'我之死'这一词组意味着什么?……从根本上说,人们也许对此词之意义及其所指涉者皆一无所知。"(Jacques Derrida, *Aporias*: *Dying-awaiting* (*one another at*) *the "Limits of Truth"*, trans. Thomas Dutoit, Stanford, Calif., Stanford University Press, 1993, p. 21-22.) 人之所以对"死"之意义一无所知,是因为无人可以真正地"经历"死,无人可以真正有死之"经验"。所以人才从根本上即不知"死"之所指究竟"是"何,尽管人们似乎总可以看到他人之"死"。更简单地说,任何"我"都不可能指着自己的死说:这就是"我之死"。任何"我"都不可能实际地"指出"自己之死。但这却并不意味着我不可能有一关于自己之生必然终结的意识。

⑧ 古汉语中经常"人""我"对举。"人"指与"我"相对之"他人"。例如董仲舒《春秋繁露·仁义法第二十九》:"春秋之所治,人与我也。所以治人与我者,仁与义也。以仁安人,以义正我。"关于"人"与"我"对举之哲学含义,参见拙作《吾道一以贯之:重读孔子》(北京:北京大学出版社,2003年)中的有关讨论,尤见第56页。

⑨ 《过客》:"'翁——那么,你,(摇头,)你只得走了。''客——是的,我只得走了。况且还有声音常在前面催促我,叫唤我,使我息不下。'"

行进中,过客似乎只是很偶然地遭遇了他人,某些似乎本即与其无关、或本可与其无关的他人:老翁和女孩。

如果我们注意《过客》的象征性设计,那么此二人物之年龄与过客之年龄的关系似乎亦颇有深意。过客与此一老一少似乎非常偶然的遭遇,与此一生于他之前的老翁和此一生于他之后的少女的遭遇,与一已在其生之"黄昏"者和一尚在其生之"清晨"者的遭遇,表面上似乎只是因为他需要向他们讨一点水喝。⑩ 在可能并非水贵如油之地,此举似应属于一个人可以向他人提出的最低限度的好客请求。但这却至少已经暗示了,在我之生——我那似乎"独自"向死而去之生——之外、之前和之后,尚有他人或他者,那我可能至少在某些时刻不得不向之求助的他人或他者,而这些他人或他者当然也会以某种方式,例如剧中老翁的终日歇息,或少女的时时企盼,而不是过客的不停行走,在遵循着人之生那在某种意义上可能不止一条、也不止一种走法的路,那也许始终都会将自身保持为"似路非路"者之路。而那走在自己的生之路上的我与其生之途中之他者的这一既似乎极其偶然、但也可能完全必然的遭遇,其实也许就是**全部**——全部剧中事件,以及全部人生问题——的开始。

全部人生问题的开始?这一说法不是有些过分了吗?在过客与老翁和少女的遭遇中究竟发生了什么呢?似乎并没有什么嘛:既没有太多的事情,也没什么很重要的。过客不过是向他们讨一点水喝;老翁不过是询问过客"怎么称呼","从哪里来","到哪里去",但过客却因为竟然并不知道这些而无以告知,而只能说他从"还能记得的时候起","就在这么走",而现在则要继续向"前面"走去⑪;然后过客希望知道自己的"前面"是"怎么一个所在",老翁答之以"坟",少女却说是"野百

---

⑩ "客——老丈,我实在冒昧,我想在你那里讨一杯水喝。我走得渴极了。这地方又没有一个池塘,一个水洼。"

⑪ "从我还能记得的时候起,我就在这么走,要走到一个地方去,这地方就在前面。我单记得走了许多路,现在来到这里了。我接着就要走向那边去,(西指,)前面!"

合、野蔷薇";过客希望知道"走完了那坟地之后"如何,老翁却因为"没有走过"而无以告知,并因见过客"劳顿"而劝他转回去或休息下来;过客表示自己无法休息,因为他听见"那前面的声音叫我走",但却因脚已走破而行走困难;少女好意地给他布片裹伤,过客则因为觉得自己无法感激而不想接受,但却发现其实已经难以退还。最后,老翁和过客互祝"平安",后者重新上路。

四、既已为(过)"客",焉能无"主"(人)

然而,我与他人或他者的这一似乎非常偶然的遭遇其实却很有可能已经改变了我与他者的一切。首先,过客使那恰在其生之途中所遇到的他人成为需要待客的主人。在杨宪益与夫人合作的《野草》英译中,"过客"被统一地译为"passer-by"。这当然是通常的译法,因而无可厚非,但这一翻译决定却使"过客"之"客"的汉语意义在此翻译中隐而不显。[12]"过客"虽仅为一"过"此而行者,但却仍是某种"客",尽管此"过—客"可能乃不请自来者。

对于老翁和女孩来说,《过客》中之"过"此而行之"客"就是这样一个不速之客,以至于他在开始时竟被女孩误以为乞丐。对于过客自己来说,其恰在此时经过老翁和女孩所居之地亦非出于事先计划。在其并不知自己之最终目的为何的"前行"中,他似乎只是恰于此时经过此地,此一为老翁与少女所居之处。是偶然吗?似乎确实只是偶然!但作为过客的我是唯一者吗?既已谓之"过—客"矣,待"客"之"主"以及可为客人提供方便的"居处"还会很远吗?而这也就是问,在作为过客的我之向死而去的生之途中,会完全没有他人——没有可能会在

---

[12] 见 Yang Xianyi, Gladys Yang 译:*Lu Xun—Selected Words*, Vol. 1, Beijing: Foreign Languages Press, 1980, p. 336. 李欧梵在其鲁迅研究专著 *Voices from the Iron House*(《铁屋的呐喊》)中亦采用这一译法,而从未提及在此英语翻译中失去的重要汉语意义是什么。见 Leo Ou-fan Lee, *Voices from the Iron House: A Study of Lu Xun*. Bloomington: Indiana University Press, 1987, pp. 101-105.

不止一种意义上成为我之"主人"的他人——吗?⑬ 似乎不太可能吧!
而如果我的生之途中不可能完全没有他人,那么我之偶然遭遇此二他
人的这一"偶然"本身难道不完全可能是"必然"的吗?我难道不总是
"必然"地要在我之向死而去的生之途中"偶然"地遭遇某些他者吗?

过客在其生之途中恰于此时过此地而行,于是就将其所过之处转
为一需要待客之处,将此处之人转为需要待客之人。正是因为"过"者
在其所过之处为"客",他在其所过之处遭遇到的人才必须成为"主",
成为无论如何皆已因为此过客之到来和经过而需要待客之主人,亦即,
成为需要以某种方式为他者负责者。这就是说,过客的过此而行必然
会打扰他者,影响他者,改变他者,尽管这一对他者的打扰、影响和改变
可能并非出于过客的本意,甚至乃是其本来即欲尽量避免者。

而如果过客必然会以其"(经)过"而有意无意地打扰、影响甚至改
变他者,那么此"(经)过"对于那"过"此而行之"客"本身又将会如何
呢?对于那已经使居住于此的老翁和少女成为需要为之负责——无论
此责看似何其微不足道,或看似何其短暂——的"主人"的"客人"本
身,那已经接受了此"主人"的好客之情的"客人"本身,此"(经)过"又
意味着什么呢?过客在受到老翁和女孩招待之时,无论此招待看似何
其微不足道,难道不是也已经感到了对于他者的某种"欠情"或某种
"责任"吗?他难道不是已经知道自己应该感激而又不知如何感激主
人的好意吗?而且,当他离开他们时,身上难道不是比他来时稍微多了
一点什么——一点似乎极其轻微却又可能极其沉重的什么——吗?所
以,在《过客》中,过客的到来和经过——或我与他者的似乎完全偶然
但也可能非常必然的遭遇——也许确实已经改变了一切。

---

⑬ 我们知道汉语之"主人"至少可有两义:与客相对之主(主—客),或与仆相对之主(主—
仆)。前者以己为人(让自己受客人支配,尽量满足客人的要求),后者以人为己(支配甚至主宰
他人,令其为自己服务)。此二义其实密不可分,而这正是主客关系的全部多义性及复杂性所在。
参见拙著《吾道一以贯之:重读孔子》第六章,"重读'出门如见大宾,使民如承大祭'"中对于宾主
关系的分析,尤见第 254—258 页。

五、偶然的必然

改变了一切？我们真能肯定吗？过客的到来和经过，或我与他者的遭遇，真的就会改变一切吗？为了谨慎，为了避免遽下结论，让我们再问一次。我们知道，《过客》的结尾是，老翁和少女回到了二人的小土屋，过客自己则"奋然向西走去"，跄踉地闯进野地，身后跟着夜色。似乎什么都没改变，或一切都回到了原样：独自而来的过客独自重新上路，继续自己之前行；老翁和女孩则回复到其没有外人打扰的平静生活。然而，我们看到，无论那一老一少今后将如何，过客自己其实已然被决定性地影响了，因为他身上此时多了一点点极其重要的、令他感到不安的什么：一小片满含着他者之好意的裹伤之布，一小片沉重得竟让他觉得无法背负而行的好意，或一个他可能已经无法抛弃而必须在自己的前行中负担起来的他者。而这都是由于他与他者的这似乎极其偶然的遭遇！

在这样的情况下，谁还能再说此遭遇真的只是完全的偶然？的确，在我的生之途中，我与任何特定他者的遭遇都可能是偶然的，但我之会遭遇他者这一可能本身却是必然的，确定的。我不可能完全不遭遇任何他者，不可能完全不与任何他者发生"关系"，而始终都只是独自一人前行，直至那我对其可能还一无所知，但却欲最终知道的终点/目的。在某种意义上，我当然完全可以说，"生命是我自己的东西"[14]，但我却不可能仅仅只与"我自己的生命"——我自己的这一作为"命"而有待

---

[14] 在写完《过客》两个月后，鲁迅在《北京通信》里作过这样的声明："我自己，是什么也不怕的，生命是我自己的东西，所以不妨大步走去，向着我自以为可以走去的路；即使前面是深渊、荆棘、峡谷，大坑，都由我自己负责。"（鲁迅：《北京通信》，《华盖集》，《鲁迅全集》第 3 卷，1981 年，第 51 页。）然而，第一，什么是"由我自己负责"的意义？我需要为之负责的"自己"于此"我"而言不已然也是一"他者"吗？第二，如果我不可能不在我自己选定的路上，在"我自以为可以走去的路"上遭遇任何他者，并且不可能不因此一必然的遭遇而需要"负担"他者，此"我"又将应该如何呢？

于完成之"生"——或仅仅只与"我自己"发生关系。难道汉语的"生—命"这一表述本身不就已经蕴涵着我之"生"即已为我之"命"——我之必须完成的"命令"——这样的意思吗?⑮ 而所谓"由我自己负责"或"为我自己负责",不也已经意味着,"我自己"之于我其实也已然是一"他者"吗?

当然,过客似乎本来并不希望此一遭遇之发生。他并不希望遭遇任何他者。或者更准确地说,他希望自己**不再**遭遇任何他者,包括那可能会为他真心哭泣和悲哀的他者。⑯ 过客相信自己必须独自前行,似乎也希望独自前行,所以他在需要求助于他者之时才会犹豫不决。对于过客此时的情况,剧作者惜墨如金的描述是这样的:

> 过客从东面的杂树间跄踉走出,暂时踌躇之后,慢慢地走近老翁去。

因此,我们对《过客》的阅读在此不能忽视过客此一意味深长的"暂时踌躇",和此一有意的"慢慢"。为什么会有这样的犹豫不决?是不愿打扰他者,怕自己会使他者成为必须招待客人的主人,怕自己会成为他者的某种负担,还是不愿让自己被他者所打扰,怕他者给予自己的任何招待都会成为自己的某种负担,以至于影响自己的毅然决然的独自前行?

六、决定:因/为他者

"暂时踌躇"是因为,过客需要**为自己**做出一个决定,但此决定却

---

⑮ 关于人之"生"为"命",为一必须完成的"命令",参见拙著《"天命:之谓性!"——片读〈中庸〉》(北京:北京大学出版社,2009年),尤见第11—35页。

⑯ 我们知道,过客是在逃离他所遭遇但却憎恶的他者:"回到那里去,就没一处没有名目,没一处没有地主,没一处没有驱逐和牢笼,没一处没有皮面的笑容,没一处没有眶外的眼泪。我憎恶他们,我不回转去。"

是一个**必然涉及他者**的决定:如果我不遭遇此他者,或者,如果从来就没有他者,那我就根本无须去做这样的决定。所以,决定——**需要**去做决定的这一需要——其实首先来自他者。过客在此必须决定,自己是否要(让自己)走向他者以寻求帮助。当然,似乎最好是不与他者发生任何关系,或发生任何纠缠,以免影响自己的决然前行。然而,他此刻却的确需要一点点必不可少的东西:水。水,这维持生之为生的基本之物,有之虽似微不足道,无之却必"生—命"攸关。为了让自己能继续前行,这也就是说,为了让自己能接着走向那催促和叫唤着自己的声音,或为了让自己能完成自己的"生"之"命",过客现在必须喝水(以补充他的血,因为他知道自己的血不够了,他要喝些血,但他又"不愿意喝无论谁的血")。他需要水以让自己能接着完成那个由在前面叫唤他的声音给予他的、他自己仍然不知其究竟为何的"命(令)"。但尽管不知为何,他却必然已经知道这是他自己之"命",是他已经回应了的他自己的"生(之)命(令)"。而回应即已蕴涵了许诺:我将完成此命,完成我之命。过客之走向此一叫唤之声的走本身,其实就已经既是对于其"生(之)命(令)"的回应,也是那完成自己之"生(之)命(令)"的活动。

因此,这一是否要在此刻走向他者——走向他者以寻求帮助——的决定对他来说确实乃是一个有关他自己之"生—命"的决定,一个能否让自己继续前行,或能否让自己继续完成自己之"命"——自己之"生命",自己之"命令"——的决定。一个确实"'生—命'攸关"的决定!然而,这一决定却不得不涉及他者,不得不必然是一有关自己与他者——有关自己与他者之是否要发生任何关系——的决定,而且首先即不得不是一因为已有他者在此——已有那可能招待我者,那可能给予我以我所需要者,或那可能真诚待我为客者——才需要做出的决定。如果没有他者之**已然**在此,或更有甚者,如果**从来**就没有他者,过客就根本不需要去做这样一个是否要走向他者——向他者讨生命攸关之水,或向他者寻求生命攸关之助——的决定,尽管他的血现在确实需要一些水来补充。

所以,所谓我的**决定**其实始终都不可能只是**我的**决定。我的决定始终——从一开始,从根本上,并在其终点处——都是**来自**他者的决定。是他者需要我做决定,即使此一需要我做出决定的他者有时甚至可能只是我自己。而做决定即蕴涵着,要去负责,为那需要我做出决定的他者负责。因此在鲁迅的《过客》中,向他者讨水一事看似虽微不足道,但其所可能导致的一切,却足以令过客发生"暂时"的但却非常重要的、非常关键的"踟蹰"。

七、那感激不了的好意

此后发生的一切皆始于过客在"暂时踟蹰"之后所做出的决定,一个必然事关他人与自己的重要决定。[17] 他决定走向他者,向他们提出请求,请求从他们那里得到一点点水,一点点对于他者来说也许微不足道,但对于他自己却生命攸关的水。他者以非常的关切和在意满足了他的要求。[18] 过客接受了他者所给予的这微薄而丰厚的好意,这令他补充血液、恢复力气而可以继续前行的生命之水,并已然**知道**自己"**真不知道**应该如何感激"这"少有的好意"。[19] 而此一"真不知道应该如何

---

[17] 之所以称其为决定,是因为此确实仍为一"主动"选择,而不是某种不得已的"被动"接受(其实即使所谓"被动接受"也已然要求接受者方面的"主动决定"),因为尽管水在此时此刻对于过客来说生命攸关,但他却仍然可以出于种种考虑而决定不向他者讨水,从而选择不与他者发生任何关系,至少是不发生任何**有意识**的关系。鲁迅在《故事新编》中的短篇小说《采薇》(《鲁迅全集》第 2 卷,第 391—414 页)中写到的伯夷、叔齐就是如此。当然,在这篇多义的、充满反讽意味小说的语境中,伯夷、叔齐之选择不再与他者(周王朝)发生关系("义不食周粟")是因后者之"以臣弑君"的"不义"行为。但他们逃离他者的最终结果却是饿死于首阳山下:此二具有传说色彩的历史人物在避居首阳山之初尚安于采薇草为生,而**没有意识到**,若欲彻底逃离他者,那就不仅是"周粟",而且连周之野草也不能吃,因为"普天之下,莫非王土"。在其最深刻的意义上,这意味着,他者无可逃避——无论正在逃避他者的我是否意识到这一点。彻底逃避他者就等于自我之灭亡。在作于其生命最后一年的《采薇》中,采用带有传说色彩的历史事迹,鲁迅似乎仍在以艺术形式继续着其对人我关系之复杂含义的深刻思考。

[18] 在《过客》中,老翁特意嘱咐女孩:"孩子,你拿水来,杯子要洗干净。"

[19] "(女孩小心地捧出一个木杯来,递去。)客——(接杯,)多谢,姑娘。(将水两口喝尽,还杯,)多谢,姑娘。这真是少有的好意。我真不知道应该怎样感激!"

感激"他者——他者之好意——即已然将我与他者密不可分地连在一起了。为什么？因为，如果我知道应该如何感激，那么对于他者的"恰当的感激"——如果"恰当"在此真是可能的话——就应该能够为我解除这一已经与他者发生的关系，这一由我之接受他者的好意而形成的"暂时"关系，就像通过还债而解除某种债务关系那样，如果我所接受的他者之好意对于我来说确实可以比作某种需要偿还并能够偿还之债务的话。然而，这样的好意却已经超出了任何这样的关系。所以，我之"不知道应该如何感激"他者之好意的这一"不知"乃是必然的：我从根本上就不可能知道应该如何感激他者，而且我也必然知道我的这一"不知"。

即使我所接受的他者之好意在某种意义上确实可以视为我所应该偿还于他者之债务的话，此一"债务"也必然会因为其无法被"具体"衡量而使我永远无法真正偿还。此一"债务"将会随着我之偿还而不断地增加，而不是减少。

于是，过客在生命攸关之时所做出的生命攸关的决定使其与他者——过客在自己的"困顿倔强"的前行之中所遭遇的他者，而遭遇此他者乃是出于他自己的决定，一个涉及他者的、并首先即是因（有）他者之已然在此方才需要做出的决定——无可逆转地、无可逃避地纠缠在一起，甚至危险地纠缠在一起。即使没有小姑娘在为他提供裹伤之布这一举动中体现出来的好意，这来自他者的第二个好意，更多的好意，过客也已然知道自己无法感激了。

八、危险的纠缠，沉重的背负

其实，老翁在过客为接受饮水而表示他**不知道应该如何感激的感激**之时，即已向他警告了这一危险："不要这么感激。这于你是没有好处的。"而当过客不想接受或想退还他者的这第二个好意（小姑娘给他的裹伤之布）之时，老翁不仅重复了对过客的警告（"你不要这么感激，这于你没有好处"），而且还要他不必将此好意当真（"你不要当真就是"),亦即,你可以不必太看重这一好意。而这蕴涵着:你可以不必太看重他者。然而过客却做不到,而这可能并不是因为他的心地太软,而是因为他者——好意的他者,他者的好意——的分量太重,重到他竟希望出现下述情况,但又害怕自己会希望出现这样的情况:

> 我怕我会这样:倘使我得到了谁的布施,我就要象兀鹰看见死尸一样,在四近徘徊,祝愿她的灭亡,给我亲自看见;或者咒诅她以外的一切全都灭亡,连我自己。

为什么过客竟会有这样的希望,但又害怕自己会有这样的希望?为什么他会害怕自己会如此决绝地希望这样一种非此即彼:或者是那给予他以好意者本身的灭亡,或者是那给予他以好意者之外的一切的灭亡,连他自己?他是否欲使自己与他者之间的一切关系或纠缠彻底地解除——假使这是可能的话,从而或者仅让好意的他者连同她的好意存在着,或者让此好意的他者连同她的好意通通消失、而仅仅剩下一个没有或不再有好意之他者和他者之好意的世界,一个"人"与"我"之间漠不相关、"麻木不仁"的世界?然而,既然无论哪种情况都意味着他者作为他者之灭亡[20],而过客于承认自己"还没有这样的力量",或"即使有这力量,我也不愿意她有这样的境遇,因为她们大概总不愿意有这样的境遇"之时,其实即已然承认了他所希望者的不可能,并同时也就承认了我与他者或他者与我之根本上的难解难分:过客已然无法退还小姑娘给他的裹伤之"布",或退还小姑娘给他的(也许是完全无心的)"布—施"(因而也是"非布施"),或退还小姑娘的那

---

[20] "他者",或古汉语的"他"已然预设了或蕴涵着"己"或"我"。无"我"即无所谓"他"。因此,在"人—我"关系或"我—他"关系中,希望一方的彻底灭亡其实也就是同时希望另一方的彻底灭亡。关于"他者"之作为"the other"的略嫌笨重的中文翻译,以及其与古汉语之"他"("王顾左右而言他")在意义上的联系,参见拙著《有(与)存在:通过"存在"而重读中国传统之"形而上"者》(北京:北京大学出版社,2005年)中的分析(第18—19页)。

让他从根本上即无法感激的好意。他不可能不把这些当真,因而也不可能把小姑娘的好意的赠予或赠予的好意随便"抛在坟地里面"。但他也不会把它"挂在野百合野蔷薇上"。他者的好意已经将我难解难分地联系于他者,所以我既不能将它/她随便埋葬("抛在坟地里面"),也不会只用它/她来装点青春的或幼稚的希望("挂在野百合野蔷薇上")。它/她——好意的他者,他者的好意——已经与我难解难分地"纠缠"在一起。我"此后"其实已不可能不背负着它/她而前行。[21]

九、"生"之"命":那无声的催促与叫唤

假使这一切都还没有发生?假使我——过客——不曾因为他者而做了这个走向他者以求助的决定?的确,我**似乎**本可以继续独自前行,继续独自走向那在前面叫唤我的声音,而不向他者求助,即使这意味着我将有可能因失水而死而无法走到我之终点/目的,或无法"完成"我之"生——命"。

然而首先,即使我在此情况下并没有决定向他者求助,或决定了不向他者求助,我之没有决定求助或决定不去求助也**已然**是对于他者——对于我与他者之不可避免的遭遇——之某种承认。既然他者必然始终都已经会以某种方式在此,亦即,在我之向死而去的生之途中,那么即使是我之**有意**避开他者的这一避开本身,其实也已经是与他者的某种形式的遭遇。而此"似乎毫无遭遇之遭遇"亦必会以某种方式影响我。当然,有人会不以此论为然。不过我们也许可以设想一下,假使决定不与他者发生任何关系的过客所有意避开的

---

[21] "客——(向女孩,)姑娘,你这布片太好,可是太小一点了,还了你罢。孩——(惊惧,退后,)我不要了!你带走!客——(似笑,)哦哦,……因为我拿过了?孩——(点头,指口袋,)你装在那里,去玩玩。客——(颓唐地退后,)**但这背在身上,怎么走呢?**……"引文中黑体为引者所为。

是卧病在床的老者,或将入于井之孺子呢?在此种情况下,当他绕开——假使他真能忍心如此的话——这些可能需要他之帮助者时,他真能完全不受影响吗?他真能完全不为所动,心中毫无一丝"怵惕恻隐"吗?

其次,即使假设我真能做到始终不与任何他者发生任何有意识关系,我就必然只是独自一人吗?当然,如果没有任何他者,我之"生—命"也许会极其纯粹而简单:我仍将会听到那"声音",那不断"叫唤"我的声音,那要我不断前行之"命(令)",尽管我也可以假装听不见,或有意不理它,就像剧中老翁所做的那样。但即使我如此,我也不可能真正逃避那叫唤我的声音。而这也就是说,不可能真正逃避我自己之命,因为我之命(令)其实最终就只是我之生(命),是我必然已经回应和接受下来的、需要由我自己去最终完成之"生—命"。但所谓完成自己的"生(之)命(令)"难道不正是要去对"自己"负责?而此一需要我去为之负责的"自己",难道不因而也已然是一他者?这就是说,即使当我决定不与任何他者遭遇,不与任何他者发生任何有意识的关系时,我其实也仍是在与他者遭遇,仍是在与他者发生关系,只是此时这一遭遇与这一关系的范围已经被缩至最小:我自己,那作为我亦必须为之负责的他者的我自己。

于是,我似乎至少首先必须为这一绝对独特的"他者"负责。然而,我如何才能为此"自己/他者"负责?那在前面叫唤我的"声音"能具体告诉我做什么吗?如果那叫唤我的声音就是我之生,是我必须将之作为命(令)来完成的生(命),那么此声音就必然只能是纯粹的声音,是只以无言之语向我说话的声音。这就是说,我之"命"——那作为"命令"而需要我完成之"生命"——必然只能是并不为我规定任何明确任务的"纯粹命令"。因此,尽管我必然始终已经有命(令)在身,也必然始终已经在以某种方式回应此之命,亦即,我知道我是在不可逆转地走向我之生的终点,或走向死,但却可能仍不知道我究竟应该"如何"完成我之"生—命",以及我在"为何"或"为谁"而完成它。[22] 所以,回应那叫唤着自己的声音而执著前行的过客虽然也像老翁一样,知道前面是坟,知道自己是在向着坟走去,但却仍然需要问,亦即,仍然需要知道,"走完了那坟地之后"又将如何?[23]

　　坟,或我之死,在某种意义上当然是确定的,而且无人——没有任何他者——能最终替代我之死。我之死将是我之"生—命"的终结或完成,假如此处可以谈论任何"完成"的话。然而,如果只是这样的话,如果我真能独自前行到叫唤着我的声音之处,从而结束/完成我所受之"命",或结束/完成我之为我,而并不与任何他者遭遇,并不与任何他者发生关系,那么我之"命",那需要由我自己来完成的我之"生—命",那作为我之"命(令)"的我之"生(命)",就将会是既绝对有意义的,而又绝对没有意义的。所以我——每一个我,所有的我——才必然会对那叫唤着自己的声音——对于自己所受之召唤,对于自己所受之命——感到真正的困惑,真正的不确定。让自己有意地忽视自己之命,让自己之命以某种"自然"的或"被动"的方式结束/完成,就像《过客》中的老翁那样,似乎确实是某种出路,某种解决自己之困惑的出路。而此"解决"就是,让这一根本性的不确定得到某种由完全放弃回应自己之命、不再回应自己之命而来的"被动确定"。[24] 这就是通常所谓的"听

---

　　[22] 此处有人也许会说,若问"为谁",过客当然是在为自己完成其"命"。然而,我们知道过客其实并不知道自己是"谁",或"谁"是他的这个"自己":他并不知道自己怎么称呼,也不知道自己从哪里来,到哪里去。"为自己"则首先要求着,我知道自己是谁,或者,我已然与"自己"认同,已然是具有自我同一性者。至于"为何",鲁迅自己也曾在《写在〈坟〉后面》中说:"然而我至今终于不明白我一向是在做什么。比方作土工的罢,做着做着,而不明白是在筑台呢还在掘坑。所知道的即使是筑台,也无非要将自己从那上面跌下来或者显示老死;倘是掘坑,那就当然不过是埋掉自己。"(鲁迅:《坟》,《鲁迅全集》第 1 卷,第 283 页。)鲁迅此话当然不能照单全收,而需要在其语境中具体分析,但其中对于"为何"的某种惶惑是显然的。

　　[23] "翁——前面?前面,是坟。客——(诧异地,)坟?孩——不,不,不的。那里有许多许多野百合,野蔷薇,我常常去玩,去看他们的。客——(西顾,仿佛微笑,)不错。那些地方有许多许多野百合,野蔷薇,我也常常去玩过,去看过的。但是,那是坟。(向老翁,)老丈,走完了那坟地之后呢?"过客此处的话有些暧昧:他似乎既不知道又知道前面是坟,既没有去过又去过那里。此一"暧昧"需要更深入的分析,但超出了本文目前的篇幅。

　　[24] 老翁对过客说:"我想,还不如休息一会的好罢,**像我似的。**"(黑体引者所为)

天由命"。但老翁听天由命的做法其实也已经是一种特定的态度,一种对待自己之"生(之)命"的特定态度,而这样的态度则经常倾向于在很多有关如何对待生命的教导中凝结为意识形态。有了确定的态度,有了确定的教条,或有了确定的意识形态,"生(之)命"——那其实始终都无法被逃避的"生(之)命"——对于那必须承担此"生(之)命"者来说,或对于那本身就是此"生(之)命"者来说,似乎就能变得比较轻松。因为这样一来,那其实必然始终都会"似路(而)非路"的生之路似乎就可以变得简单或明确一些。

十、他者:我之"定命"

然而,其实却没有任何特定的生命教导,任何意识形态,或任何宗教,能真正"事先"(亦即,在我开始在生之途上向死行进"之前",假使这样一个"之前"是可能的话。我们记得过客告诉老翁,"从我还能记得的时候起,我就在这么走")就教我如何完成我的"生(之)命"。必然的其实只是,我在回应我的纯粹之命对我的召唤而前行之时,一定会在我那"似路非路"的生之路中遭遇他者。必然始终都已经有他者,他者必然始终都会在我的独自前行之中出现,我则始终都会以某种"偶然"的方式与他者"必然"地遭遇。因此,我必然会被拽入与他者的(种种)关系之中,必然会与他者发生难解难分的纠缠,或必然会以某种方式为他者所纠缠,因此也必然要以这样或那样的方式背负起他者。不仅要背负起他者给予我的好意,甚至也要背负起他者给予我的可能的伤害。㉕

㉕ 在剧中,过客其实是背负着他者所给予的伤害而一路走来的。让我们此处重引过客对老翁说的话:"回到那里去,就没一处没有名目,没一处没有地主,没一处没有驱逐和牢笼,没一处没有皮面的笑容,没一处没有眶外的眼泪。我憎恶他们,我不回转去。"读者可以将这一形象联系于鲁迅同时期杂文作品中写到的他之因发表《咬文嚼字》与《青年必读书》而备受社会攻击之事。鲁迅为自己的 1925 年杂文集《华盖集》所作之"题记"中说:"我今年开手作杂感时,就碰了两个大钉子:一是为了《咬文嚼字》,一是为了《青年必读书》。署名和匿名的豪杰之士的骂信,收了一大捆,至今还塞在书架下。"(鲁迅:《华盖集》,《鲁迅全集》第 3 卷,第 4 页。)

而正是因为必然已有他者,正是因为他者之已然在此,正是因为我与他者那必然的偶然遭遇,我之"命"——那作为命令而必须由我自己去完成的我之"生",我之纯粹的"生(之)命"——才有了最根本的确定性。**为他**,或**为了**他者,亦即,需要**因为**他者而做决定,需要**为了**他者而做决定,需要**为**他者负责,或需要背负和承担他者,就是我之最确定的、最无法推脱的、最无法逃避的"定命"。如果此处我们还想讨论我——任何一我,任何一说"我"者——之"生—命"的意义的话,那么唯一可说的也许就是,他者才是我的"生(命)"之"命(令)"。这也就是说,我乃是为他者而"生"者,乃是为他者而完"命"者,或者,我乃是一为了他者的"生—命"。他者,那在我的"生—命"之中——在我的向死而行的生之途中——"必然"始终都会出现的、但又几乎总是以某种不期而然的方式"偶然"出现的他者,将使我之"生—命"超出"绝对的意义=绝对的无意义"这一始终令人困惑的等式,并为我之"生—命"赋予某种确定的意义。

当然,这一确定的意义并不会告诉我应该如何为他者具体做些什么。我需要为他者所做的,或更准确地说,他者要求我所做的,始终都是由我在何种特定情况下如何遭遇特定他者所"决定"的,所以我每一次都需要具体地"决定"自己应该如何为了每个独一无二的他者做些什么。因此,只有一点是确定的,我,我之"生"与我之"命",或我之"生—命",已然是"为了他者"的,我必然会在我的向死而行的"生—命"途中遭遇他者,必然会需要他者,也必然会为他者所需要。因此这一"需要"始终是多重意义上的需要:一、从根本上说,我必然需要他者,因为我作为我既已意味着有他/她,无他/她即不可能有我;二、从具体生存上说,我之血需要他者来补充,无论是以水还是以血[26],所以没有他者我其实即不可能真正完成我的"生(之)命";

---

[26] "客——……我的血不够了;我要喝些血。但血在哪里呢?可是我也不愿意喝无论谁的血。我只得喝些水,来补充我的血。"过客此语含义复杂暧昧,值得超出本文篇幅的专题分析。简略地说,可能有这样几个需要考虑的地方:一、血在哪儿?能被我喝的血来自他者。(转下页)

▌文本之"间"

三、然而,当我不可避免地遭遇那在我之外的他者,并因而再也无从逃避他者之时,我知道他者需要我。因为,现在我已经无论如何都必须背负他者而前行了。此亦即,要在我的生之路上为一切他者负责,无论任何特定的他者可能给予我什么,或对我做出什么。现在,即使是他者粗暴地让我走开,我其实也不可能真正地从他者那里走开了。最后,从"终极"处说,如果我必有一死的话,那么也只有他者才是那让我有可能超越我自身之"终点/结束"者,或是那让我可以在死后继续我之生者。

十一、走向/超越我之死

以上所说,在某种程度上或许也可以解释《过客》的作者本人关于他自己所说过的那段话:

> 我只很确切地知道一个终点,就是:坟。然而这是大家都知道的,无须谁指引。问题是在从此到那的道路。那当然不只一条,我

(接上页)因此,需要象征性地喝血的这一"需要"就意味着,我依赖他者而生。任何一我都不可能绝对地不"吃"他者(我们可以想一下"吃他/你"或"喝他/你"等汉语日常说法中经常被忽略的双关含义,如"今天我们大家都去吃你,好不好?")。我们其实始终都在以某种方式——社会和文化所让可的方式,温和的、文雅的方式——"吃/喝"他人。二、不愿喝血的这一"不愿"。这意味着,我希望并以为自己可以完全独立于他者。我既不要以欠情负债的方式或需要表示感激的方式与他者发生关系,也不想以利用或剥削的方式与他者发生关系。然而,我的血需要补充,因此我只得喝水。我可能以为水无须他者即可得到,而水却被表明仍然来自他者。我喝的是他者给予的水。因此,他者其实仍然在以某种形式给予,在以某种形式将其"自身"给予我。而如果我受伤流血、生命垂危,那么他人的字面意义上的血对我就真是绝对必需了。所以,无论如何,我都不可能绝对地不"喝他者"或"吃他者",或绝对地与他者无关。问题因而在于,如何在哲学上理解吃人在什么意义上是不可避免的。参阅本书前一章"他者'的'迫害——鲁迅与莱维纳斯"中的有关论述。

可正不知哪一条好,虽然至今有时也还在寻求。㉗

据此,鲁迅的困惑似乎不在于那个终点本身——坟,因为在他看来那似乎很确定,而只在于如何走到那里。这当然是每一个需要回应和完成自己之命者的最大困惑。然而,在种种不确定和困惑之际,鲁迅其实已然确定了:他知道自己不可能摆脱对他者的关切和牵挂,那强烈到使他甚至会希望他者之死(或自己之死)的关切和牵挂。㉘ 的确,如果只有我自己的话,如果只是我自己的话,我不可能知道我应该如何走到我之坟,尽管我似乎可以随便怎样地走到那里:听其自然,满不在乎,甚至自暴自弃,都是可能的方式。问题只在于,他者其实已然在沉重地"牵挂"着我,我因而也必然会沉重地"牵挂"着他者,而这样的对于他者的"牵挂"首先总是一种"被牵挂",或者,莱维纳斯会说,"被纠缠"。而这其实就已然决定了我将**如何**走到我之坟那里:我必然会"背负"着他者——好意的他者及其好意,甚至恶意的他者及其恶意——而走向我之坟或我之死。而我所"背负"的他者——尤其是好意的他者——则将可能会在我之死后继续"背负"着我,或让我"虽死犹生"。

现在,我们或许也可以开始代剧中的老翁回答过客的那个坚持不懈的问题了:"走完了那坟地之后"将如何?走完坟地——或走完我之生,走到我之死——之后是他者。他者将在那里——在我之坟的另一边——等待我。我对他者的关切会让我以某种方式超出我自己之坟,或超出我自己之死,那作为我之"生—命"的单纯终结/完成的我之死。而他者呢,他者也将会以某种方式让我在我之坟——或

㉗ 鲁迅:《写在〈坟〉后面》,《坟》,《鲁迅全集》第 1 卷,第 284 页。
㉘ 在完成该篇的写作之后不久,鲁迅在写给许广平的信中说:"同我有关的活着,我倒不放心,死了,我就安心,这意思也在《过客》中说过。"(鲁迅与许广平通信集:《两地书·二四》,《鲁迅全集》第 11 卷,第 77 页。)因为关切和牵挂他者,所以希望他/她始终安好。但他者不是我,并不在我的控制之内,因而任何事情都随时有可能发生到他/她身上。所以,为了自己所关切和牵挂的他者的始终安好,我竟至于会有意无意地希望他者之死。

我之由生向死与他人之无法感激的好意

文本之"间"

我之死——之后超出我自己之死。亦即,让我继续生在他者对我的记忆和怀念之中,生在他者对我的牵挂和关切之中。而这也就是说,让我在我之身后仍然继续"有名"。㉙

㉙ 因为,始终都首先是他者让我"有名"。因此,过客之不知自己"本来叫什么"实非偶然:"翁——客官,你请坐。你是怎么称呼的。客——称呼?——我不知道。从我还能记得的时候起,我就只一个人,**我不知道我本来叫什么**。我一路走,有时人们也随便称呼我,各式各样,我也记不清楚了,况且相同的称呼也没有听到过第二回。"(引文中黑体为引者所为。)当然,鲁迅之让过客说他自己不知道自己"本来叫什么",却被人们"随便称呼",似乎也是在影射他自己在1925年间的遭遇。在《华盖集》的《碰壁之余》中,鲁迅说:"我今年已经有两次被封为'学者',而发表之后,也就即刻取消。第一次是我主张中国的青年应当多看外国书,少看,或者竟不看中国书的时候,便有论客以为素称学者的鲁迅不该如此,而现在竟至如此,则不但决非学者,而且还有洋奴的嫌疑。第二次就是这回金事免职之后,我在《莽原》上发表了答KS君信,论及章士钊的脚色和文章的时候,又有论客以为因失了'区区金事'而反对章士钊,确是气量狭小,没有'学者的态度';而且,岂但没有'学者的态度'而已哉,还有'人格卑污'的嫌疑云。其实,没有'学者的态度',那就不是学者喽,而有些人偏要硬派我做学者。至于何时封赠,何时考定,却连我自己也一点不知道。待到他们在报上说出我是学者,我自己也借此知道了原来我是学者的时候,则已经同时发表了我的罪状,接着就将这体面名称革掉了,虽然总该还要恢复,以便第三次的借口。"(《鲁迅全集》第3卷,第121页。)但在《过客》的象征性语境中,"人本无名,而他者名/命我以名"这一问题却远超出于鲁迅所可能影射的具体事实,而具有根本性的哲学含义。讨论此一重要问题会超本章的篇幅,笔者已开始另文处理。

史与事

左史记言,右史记事。
——《汉书·艺文志》

文学"史"可能吗?

> 事为史之事,
> 史为事之史。
>
> ——笔者

让我们从考虑汉语中"史"这一概念的意义开始。

"史"字的字源也许可以为我们提供某些线索。甲骨文"史"字的字形象手执猎叉,叉上端缚有绳索。这个"叉"后来被简写为"中"。文字学家的解释是,古代以捕猎为事,故"史"字象手执猎叉之形,而其所以有此象形是因为其所代表的概念是"事"。甲骨文的"史"字其实就是我们如今的"事"字的最早写法。后来的"事"、"史"、"吏"等字则都是甲骨文"史"字的分化孳乳。

如果我们接受这一字源学的解释,那么"史"这个概念本来是与"事"这个概念联系在一起的,甚至可能是彼此不分的。《说文解字》将"史"解释为"记事者"。这应该是后来的演变。但"史"的意思为什么会从本来的"事"变成了"记事者"?许慎没有解释。其他文字学家似乎也还没有做出过什么解释。一个可能的理论性推测是,只有以某种方式(结绳、刻画、记号、文字等)被记录下来,一件事才可以成为事。为什么?因为事——这里说的是事本身,作为活动和过程的事,而不是事的结果、功——本身乃是时间性的。事在时间中发生(我们甚至可以说,或应该说,事本身就**作为**时间而发生)。但在时间中发生者,作为时间而发生者,乃是转瞬即逝的。如果事不是徒劳而无功之事(但徒劳无功之事还能算是事吗?),那么这些事就会以某种方式留下其可见之"功",亦即,留下某些并非转瞬即逝的痕迹。这些痕迹本身在某种意义上就是对已经逝去的(往)事的一种记录。建造长城之事本身已经永远过去并消失了。但是此事所建立的"功",或此事所留下来的可见痕迹——长城,一种空间性的存在,却依然记录着过去曾经发生过的一件大事。而如果我们此处也能以某种方式来"读"的话,或许就可以在这些痕迹本身中读出过去之事。

然而,并非所有的事作为事本身都会留下难以磨灭的空间性痕迹。有些则本质上就不可能留下这样的痕迹。例如,宣布一个新的国家或新的朝代之建立乃是一件大事,但这却必然只能是发生在语言之中并且就作为语言——作为语言之事——而发生的事。[①] 为了使这样的事,语言之事,或那些其所留下的可见痕迹可能会或已经磨灭湮没之事(痕迹作为痕迹理论上即必然可以磨灭湮没),能够作为事而存在下来,并且被记住,就需要记录。而传统上记事的基本方式就是文字。铭刻下来或书写下来的文字从理论上说乃是可以永久保存的特殊痕迹(此乃广义上的符号的本质——其必然可被重复性)。在某种非常重要的意义上,也许可以说,没有事之被文字所记录,没有文字之记事,就还根本无所谓事。记录方使事**成为**事。于是,记事者,让事可以作为事而存在下来的人,即被赋予了一个与"事"字本为一字的名称,"史"(是以司马迁的《史记》乃是"'(太)史(公)'之所记")。而正因为史——纪事者或记事者——通过记事而让事作为事存在下来(这样才可能有我们所谓的"历史"),史所记录下来的事也可以被称为史。

于是,"历史"这一概念就可以有两个基本的意思:过去所发生之事,以及对于过去之事的记录。历史这一概念的此种多义可能是因为,我们后来的人已经遗忘了"事"与"记事",或"事"与"史"二者之间的

---

① 此即牛津哲学家奥斯丁在其言语—行动理论(或有关作为行动的言语的理论,speech-act theory)所说的"行事之言"(the performative)。见 J. L. Austin, *How to Do Things with Words* (Oxford: Oxford University Press, 1962) 全书各处,尤见第 4—7 页。

内在联系。事必须有史——让事作为事而被记录和存在下来者——才能成为事,亦即,才能作为已经发生过的、已经消失的东西(的痕迹)而存在,或作为历史而存在。我们现在惯用"历史"这个词既指过去发生的事,又指对这些事的记录。② 但是,此种语言用法却隐含着,我们相信有或应该有独立于"史之所记"的真实或客观之事。这是我们心目中的本来的历史,客观的历史,或我们现在赋予"历史"这一概念的基本含义。于是,历史,第二种意义上的历史,或"历史的写作"这一意义上的历史,其基本任务就被确定为是对于这一所谓"真实"或"客观"的历史之尽可能忠实的记录。

  但是,此种对于客观性的追求所忘记的也许是,如果事从根本上就离不开史,这也就是说,离不开对事的某种记录,离不开对时间性之事的空间性铭刻,那么,所谓真实的或客观的事——"本事"(中国书写文化传统中有"本事"这样一种文体)——或所谓真实的或客观的历史这样的概念在理论上就难以成立了。而其之所以难以成立则不仅与"现在"(the present)和"再现"(re-presentation)之间的不可弥合的缝隙(此乃有关一切"再现"的经典问题)有关,而且更与叙事问题有关。亦即,任何"事"都只有在与其他"事"的联系之中才有可理解性。是以史不仅仅只是对于事之单纯的记录,而且也是或更是对于所有事的时间—因果安排。忠实不仅仅只是忠实于任何事本身,而且也是或更是忠实于所有事之间的时间—因果联系。

  于是,我们就应该重新考虑事与史或史与事之间的关系。具体到所谓文学史上,那就是,我们需要重新考虑文学之事——作为全新事件的文学——与文学史——作为对于文学事件的某种形式的记录——之间的关系,需要重新考虑我们在文学史中对所谓客观性或科学性的不可避免的追求所必然蕴涵的问题。文学之事乃是有"功"之"事",亦

---

② 源于古希腊语的英语词"history"亦兼有此二义。但如果为了强调"历史的写作"或"创作历史"这个意思,英语可说"historiorgraphy",此词当然也指"历史学",亦即,对于如何编写历史的理论研究。

即,文学作为一种活动或过程或事件所留下永久性的痕迹——作品本身。就此而言,它可以不依赖于文学史而被阅读和理解,如果我们知道怎样阅读的话。文学史作为对于文学之事的某种记录所欲成就的则是:一、将作品在某种程度上还原为文学之事(是以我们很少见到完全不提作者的文学史);二、将所有文学之事安排在时间—因果联系之中,从而使已经发生的文学之事可以"某种"特定方式,亦即,以某种"文学史"的方式,而被理解。

为此,我们首先可以深入考虑一下历史与叙事之间的关系。如果事(包括上述言中之事,亦即,通过语言而行之事)必须被以某种方式记录下来才能作为事而存在,那么一切事作为事都必然已经是"故一事",亦即,被以某种方式记录下来的已经过去之事。这就是为什么人必然始终都会有"此情可待成追忆,只是当时已惘然"之叹。"事"之"情"——实情之"情"——永远都只能是那"可待追忆"者,因为绝对正在发生之事,或处在绝对进行时状态中之事,其实还无所谓事。纯粹的"当事人"——假使此种"纯粹"是可能的话——其实并不知道自己在"当事",而一旦"当事"的意识在所谓"当事人"的心中出现时,其所"当"之"事"就必然已经是"故一事"了。即使此时此刻那所谓的"当事人"在某种意义上可以说仍然是在此"故一事"之中,即使此"故一事"与此"当事人"之间的时间距离仍然还处在甚至可以近到忽略不计的阶段,情况也必然会是这样。"当事人"心中的"当事意识"的出现就已经在"当事人"与其所"当"之"事"二者之间产生了一个绝对距离,而正是此绝对距离让任何所谓"当前"之事都成为"故"事。

所以,记事性的历史是对过去之事的记录,是记录下来的"故一事"。而"故事",我们所习惯的"故事",作为对过去所发生之事(此事本身又可以包含不同的事)的讲述,必须得有某种"情节"(就是所谓"无情节"或"反情节"的故事也仍然有某种情节,或其本身就是某种情节),就是说,其中所发生的各种各样的事要构成某种序列,这一序列本身又可以包含多种序列,而这些事之间或这些序列之间则必须得有某种因果关系,必须得有头有尾,还得有中间过程。否则,我们就只会有一大堆杂乱无章的零碎的事（这样其实也就还无所谓任何事），而没有一个可理解的"故事"。为了能够让过去之事可以被理解，这也就是说，为了让"故—事"能有（某种）意义，讲"故—事"的人或历史学家就必须将过去的事编排成一个由种种原因与结果形成的序列，无论此序列中的原因与结果是根据何种原则被安排的。所以，历史离不开叙事，历史就是叙事。而叙事处理的不仅是过去之事在时间中的单纯相继（假使此处所谓"单纯相继"是可能的话，因为任何这样的单纯相继其实都已经是某种因果相继了），而且也是或者更是它们之间的因果相继。因此，讲故事的或进行叙事的历史学家的任务不仅是单纯的记事，而且是要讲出一个有关过去的可以（无论以什么方式而被）理解的或有（某种）意义的故事。

于是，这里就有一个"文学的历史"与"历史的文学"之间的关系问题：如果文学的历史试图讲述一个有关过去的文学的故事，试图把过去所发生的作品放在一个可以让人理解其前因后果的序列之中，那么文学史本质上就属于文学——我们通常所理解的文学——的一个主要形式范畴：叙事。于是，文学史本质上其实乃是文学，是历史的文学，是叙（文学之）事的艺术，而不是可以与"文学"对立起来的"科学"。于是，我们就需要有研究这一"历史的文学"的科学，一有关历史叙事的科学（而这就将会无限推迟文学史之写作的开始），而这在某种意义上也许正应该是某种文学理论的任务。

历史，作为叙事，是一种理解方式——理解过去所发生者的意义的方式。其若干基本特征是，一事件的"意义"取决于其在一可以被以某种方式连贯起来的一系列事件中的位置，一"因—果"位置，亦即，一个既作为先前原因的结果，又作为未来结果的原因而存在于事件序列之中的环节。因此，历史，我们所习惯的传统意义上的历史，必然会试图讲述一个首尾相贯的故事。文学史在此似乎也未能例外。然而，在文学史中，此种做法中却有某些似乎尚未被认真探究的特殊问题或特殊的冲突之处。因为，当我们习惯性地试图根据某种历史序列或某种"历史（叙事）模式"来理解某一文学作品的意义时，我们想理解的本应该是此一文学作品本身作为一前所未有者的意义,或这一作品本身作为一个事件的意义。而事件——真正可以当得起"事件"之称者——的题中应有之义就正是前所未有。正因为前所未有,一个新的文学作品的出现和到来才让我们吃惊,让我们震撼,让我们迄此作品出现和到来为止所有的一切关于文学的话语都失去评论效力。然而,通过将一作品置入文学史,或通过让一作品去"通过"一个文学的历史而来到我们面前,我们所得到的却恰恰是其本身作为一全新事件——作为一前所未有者——之在历史之中的消失。我们所得到的是其作为一个永远在"承前启后"的中间环节在一个符号序列中的意义,一个仅仅作为"以前"的结果与"以后"的原因而存在者。

然而,如果一个新的文学作品的出现和到来真是一个前所未有的事件,而作为这样的事件它必然是不可重复者,亦即,所谓"空前绝后"者,那么当此作品被置入文学史的序列之中时,就会有两种结果:一、如果此一事件作为事件的单一性与不可重复性得到充分的尊重,那么它就不能被化简和压缩为这一序列中的一个结果(它是一真正的创造和创新,它无法仅仅以过去所存在的一切来解释)和一个原因(它不可模仿,因而也不可重复)。于是,我们这种试图通过"(将作品)历史(化)"来理解一个全新事件的方式就失去其部分或全部效力。作品作为全新的文学事件挑战了我们的历史解释模式。二、如果我们对于自己的历史模式——亦即,对于我们的历史叙事序列——的信仰足够单纯或足够坚定,那么我们就会仅仅通过这一作品在其所发生的时间序列中与其他作品的外在联系来决定其意义。于是,此一作品作为一个文学事件的全新之处就将会消失不见。我们通过文学史这条缰绳来驯化总是试图跑出我们的疆域边界的文学野马,而到头来我们则始终也不能理解这些野马作品的真正野性。

于是,我们这里就发现自己处在一个困难的境地之中:历史——文学的历史,文学史——总是有意无意地要讲一个有头有尾而且首尾相贯的故事,在此故事中应该没有什么是不可解释,没有什么是事出无因的,而事件——真正的文学事件,每一全新的创作,每一全新的作品——则始终欲打破任何这样一种叙事。因为,从文学本身的"角度"看,任何这样一种叙事的可能性都建立在事件的因果联系之上,而文学的创新欲望则始终是想要打破这样的因果链条(亦即,传统规范的束缚,前辈影响的阴影)。对于文学来说,没有创新,没有创造与新异,就没有真正的文学。

关于这样的创新欲望,或打破因果链条的欲望,也许可偶以杜甫为例。我们知道,杜甫有"为人性僻耽佳句,语不惊人死不休"之句。如果"语"——诗人之诗——真能"惊人",那么这里就必然有某种东西是熟悉迄诗人写出此惊人之语以前为止的文学历史序列的人所没有期待因而也没有精神准备的东西。能真正惊人的诗句是某种全新的东西,某种从因果相连的文学史叙事的角度所无法解释因而也无法理解的东西。于是,对于文学史家来说,为了能够解释和理解这些真正惊人的东西,它们就必须被(重新)放回到一个历史叙事序列之中。如此,惊人之句将不再惊人,它们将被解释——如果这样的解释能够完全成功的话——为一个序列的因果相继的发展结果。于是"惊人"在这样的历史驯化中将归于平淡。而历史序列其实总是某种逆向的建构:当文学史家试图为这样的惊人之作找到"合理"解释时,其"专业"训练必然要求他或她将一个全新的文学事件回溯到一个先前的事件之上。于是,按照历史叙事模式,为了理解后来者或后来之事,我们向前(或后)追溯其原因。但是这一追溯过程原则上是没有止境的。

所以,永远也不可能有作为终极原因而可以解释一切的终极起源。终极起源不仅总是某种始终已然失去者,而且也总是某种只有通过源于此源的后来者——即通常所理解的源与流的二元对立之中的流——才能被理解者。就此而言,流在某种意义上其实先于源。流其实乃是源之源。而此种"不合逻辑"的情况当然会极大地搅扰我们在文学史中进行的"溯源"工作。我们之总是根据"流"来确定"源"的一个例子可以是这样的:既然杜甫有"清新庾开府,俊逸鲍参军"之诗句,我们就据此而回溯性地建立起杜甫的前辈诗人庾信和鲍照与杜甫本人作为诗人之间在诗歌艺术上的某种"源—流"关系,却倾向于忘记或忽视:一、正是后来的杜甫之诗作为"流"才在某种意义上**确立**了庾信和鲍照诗的某种作为"源"的地位;二、杜甫在自己的诗中对庾信和鲍照的赞扬本身其实已经是在叙文学之事,而这也就是说,是在以某种方式叙述某种文学史。③ 所有的"文学家"在某种意义上其实都已经是"文学史家"。

作为一种叙事,文学史还必然会碰到文学叙事理论中所讨论的视点问题:从什么角度看?但这一问题蕴涵着,必然有不止一种角度。而如果必然有不止一种角度,则似乎就必然有不止一种历史。如果可以有关于"同一"过去的"不同"历史,那似乎就太不可能有任何所谓"历史客观性"(或者我们就只能说,"历史客观性"必然只能仅仅存在于不同叙事角度[或"视域"]的永恒融合过程之中,而此则不过是以某种委婉的方式承认历史客观性之不可能而已)。因此,也许需要调和不同角度。但是,如何调和这些角度?解决这一问题的一个办法似乎是,再写一部有关(诸)文学史的历史,一部"文学史史"。此一文学史史应该能够更"客观"地描述一切已经写成的文学史的特定角度的局限性,从而为我们提供一个更为全面的历史,一个消除了一切特定角度的局限性的"普遍"文学史。

然而,如果这样的"普遍"文学史也必然还是只能以某一特定的视点为其可能性的条件,那么这样的"普遍"文学史所希望的"普遍性"其实也是不可能的。因为,调和不同角度意味着,有一个可以统一这些角

---

③ "清新庾开府,俊逸鲍参军"是杜甫《春日忆李白》中的诗句,赞扬李白之诗清新如庾信,俊逸如鲍照。杜甫非常推崇庾信,经常在自己的诗中提及。如《咏怀古迹五首》第一首说"庾信平生最萧瑟,暮年诗赋动江关",《戏为六绝句》第一首说"庾信文章老更成,凌云健笔意纵横。今人嗤点流传赋,不觉前贤畏后生"。从影响关系说,杜甫明确承认——并即以此承认而确认——庾信是自己所效法的诗人前辈之一。《戏为六绝句》最后一首说"未及前贤更勿疑,递相祖述复先谁"。虽然此处"前贤"并非单指庾信而言,但杜甫却确实是在肯定包括庾信在内的诗歌前辈是自己以及同时代人应该"递相祖述"者。正是在后代诗人对前辈诗人的如此肯定性的"追溯"中,前辈诗人被确立为后代诗人之源。此处的问题不在于那些可以"客观"考证出来的前辈诗人对后代诗人的实际影响,或后代诗人对前辈诗人的实际接受。这样的影响无疑总是以各种方式存在着。问题在于,没有后来的流,源其实即无所谓源。这就是说,即无所谓此流之源。夸张一点说,这意味着,如果没有后来的杜甫,那么庾信也就不会是我们现在眼中的庾信。

度的角度。但是,统一了一切角度的角度还是角度吗?消融了一切角度的"普遍角度"还是角度吗?而如果一切角度都可以在一"普遍角度"中消融,亦即,如果没有了任何特定的角度(角度意味着特定,有限,以及必然基于此一有限的统一),看本身还有可能吗?于是,视点或角度——没有这些就没有能够被统一起来的历史——乃是既使看成为可能者,也是使看——普遍的看,让人看到或"统观"一切的看——成为不可能者。于是:任何文学史都必然是基于某一特定角度的有限叙事,而此一特定角度必然已经蕴涵着一切其他的可能角度。从其他角度看,就会有不同的有关文学——有关文学事件或作为事件的文学——的叙事,就会有关于"同一"文学过去的"不同"历史。而如果文学史的雄心或使命,像我们刚才说的,是以为自己应该提供过去所发生者的"唯一"的"客观"真相,那么这样的雄心或使命似乎注定就是不可能被完成的。

然而,我们却可能永远也无法放弃讲故事的欲望,或讲故事的需要。而这在某种意义上也就是说,我们可能永远也无法放弃文学,如果讲故事本质上属于文学,或文学本质上属于讲故事或叙事的话。而我们的讲故事的欲望或需要也必然始终都会包括那"讲一个有关(讲故事者迄今为止如何)讲故事(以及讲了什么故事)的故事"的欲望或需要。换言之,我们可能永远也无法放弃以某种方式来"统一"地理解过去所发生的一切文学事件的欲望或需要,尽管那些在我们自己所讲的种种有关文学的故事中的"当事人们"——那些被讲述者,或那些文学史中的主人公——的唯一追求可能就是要打破我们关于他(她)们所讲的——所已经和将要讲的——任何可能的故事,直到我们能在自己的那个"关于迄今所讲过的一切故事的故事"中讲出让我们的故事中人也目瞪口呆的故事,直到我们能以自己的惊人之语创造出前所未有的有关讲故事以及所讲过的一切故事的故事,或前所未有的"文学史"。

而与此同时,我们则仍会充分地意识到,我们的故事或文学史必然始终都有可能出现在另一有关文学的故事之中,亦即,出现在另一文学史之中,甚至出现在另一虚构故事或叙事或文学作品之中。所以,文学史,或有关过去文学之事的叙述,始终都将会被一再尝试。但是,可以相信,任何这样的尝试都不再会自以为是某种传统意义上的"科学"。正如历史(书写)作为对于过去之事的记录和叙述乃是我们理解自己的基本方式之一,但历史(书写)却是——当然只是在某种意义上——不可能的一样,文学史作为对文学事件本身的叙述也是我们理解文学的基本方式之一,但文学史却是——当然也只是在某种意义上——不可能的。不可能,但却又绝对必要。文学史也许始终就都只能是某种必要的不可能,或某种不可能的必要。而正因为如此,文学史——某种作为文学的文学史,或某种作为文学史的文学——却仍然有待于我们的"发明",或始终都有待于我们来"发明"。

而最可能发明文学史者——发明"未来"的文学史者——则很可能是那些并不以记文学之事,却以做文学之事为己任者,亦即,是那些欲"语不惊人死不休"者。

主要参考文献

汉语文献

[周]左丘明传,[晋]杜预注,[唐]孔颖达正义:《十三经注疏·春秋左传正义(上、中、下)》,《十三经注疏》整理委员会整理,李学勤主编,北京:北京大学出版社,1999年。

[汉]董仲舒:《春秋繁露义证》,苏舆撰,钟哲点校,北京:中华书局,1992年。

[汉]高诱注:《吕氏春秋》,刊于《诸子集成》,第六册,北京:中华书局,1954年。

[汉]河上公注,王卡点校:《老子道德经河上公章句》,北京:中华书局,1993年。

[汉]司马迁:《史记》,北京:中华书局,1982年。

[汉]王充著,黄晖撰:《论衡校释》,北京:中华书局,1990年。

[汉]许慎著,[清]段玉裁注:《说文解字注》(上海书店影印经韵楼刻本),上海:上海书店,1992年。

[汉]许慎著,[清]段玉裁注,徐灏笺:《说文解字注笺》,台北:广文书局,1972年。

[汉]郑玄注:《周礼注疏》,刊于[清]阮元重刻,《十三经注疏》,上海古籍出版社影印世界书局缩印阮刻本,上海:上海古籍出版社,1997年。

[汉]公羊寿传,[汉]何休解诂,[唐]徐彦疏:《十三经注疏·春秋公羊传注疏》,《十三经注疏》整理委员会整理,李学勤主编,北京:北京大学出版社,1999年。

[汉]孔安国撰,[唐]孔颖达疏:《十三经注疏·尚书正义》,《十三经注疏》整理委员会整理,李学勤主编,北京:北京大学出版社,1999年。

[汉]毛亨传,[汉]郑玄笺,[唐]孔颖达疏:《十三经注疏·毛诗正义(上、中、下)》,《十三经注疏》整理委员会整理,李学勤主编,北京:北京大学出版社,1999年。

[汉]郑玄注,[唐]孔颖达疏:《礼记正义》,《十三经注疏》整理委员会整理,李学勤主

编,北京:北京大学出版社,1999年。

[魏]何晏注,[宋]邢昺疏:《论语注疏》,刊于[清]阮元重刻,《十三经注疏》,上海古籍出版社影印世界书局缩印阮刻本,上海:上海古籍出版社,1997年。

[魏]王弼等注:《周易正义》,刊于[清]阮元重刻,《十三经注疏》,上海古籍出版社影印世界书局缩印阮刻本,上海:上海古籍出版社,1997年。

[晋]陈寿撰,[南朝宋]裴松之注:《三国志》,北京:中华书局,2000年。

[晋]杜预注:《春秋左传正义》,刊于[清]阮元重刻,《十三经注疏》,上海古籍出版社影印世界书局缩印阮刻本,上海:上海古籍出版社,1997年。

[晋]范宁注:《春秋谷梁传注疏》,刊于[清]阮元重刻,《十三经注疏》,上海古籍出版社影印世界书局缩印阮刻本,上海:上海古籍出版社,1997年。

[南朝梁]刘勰:《文心雕龙》,北京:人民文学出版社,1958年,2006年。

[南朝宋]范晔:《后汉书》,北京:中华书局,1965年。

[宋]程颐、程颢:《二程集》,王孝鱼点校,北京:中华书局,2004年。

[宋]欧阳修、宋祁:《新唐书》,北京:中华书局,2000年。

[宋]朱熹:《诗集传》,上海:上海古籍出版社,1958年。

[宋]朱熹:《四书章句集注》。北京:中华书局,1983年。

[元]陈澔:《礼记集说》,北京:中国书店,1994年。

[明]王阳明:《王阳明全集》,上海:上海古籍出版社,1992年。

[清]曹雪芹、高鹗:《红楼梦》,俞平伯点校,启功注,北京:人民文学出版社,2001年。

[清]陈立撰,吴则虞点校:《白虎通疏证》,《新编诸子集成(第一辑)》,北京:中华书局,1994年。

[清]程树德:《论语集释》,《诸子集成(第一辑)》,北京:中华书局,1990年,2006年。

[清]仇兆鳌注:《杜诗详注》,北京:中华书局,1979年。

[清]董增龄:《国语正义》(巴蜀书社影印清光绪庚辰章氏式训堂刻本),成都:巴蜀书社,1985年。

[清]焦循撰,沈文倬点校:《孟子正义》,北京:中华书局,1987年。

[清]刘宝楠:《论语正义》,刊于《诸子集成》第一册,北京:中华书局,1954年。

[清]孙怡让撰,孙启治点校:《墨子闲诂》,《新编诸子集成(第一辑)》,北京:中华书局,2001年。

[清]王先谦撰,[清]刘武撰:《庄子集解·庄子集解内篇补正》,北京:中华书局,1987年。

[清]王先谦撰:《荀子集解》,刊于《诸子集成》,第二册,北京:中华书局,1954年。

[清]张廷玉等撰:《明史》,北京:中华书局,2000年。
安乐哲等:《道不远人——比较哲学视野中的〈老子〉》,何金俐译,北京:学苑出版社,2004年。
陈鼓应:《老子今注今译》,北京:商务印书馆,2003年。
陈来:《现代中国哲学的追寻》。北京:人民出版社,2001年。
陈启天:《增订韩非子校释》,台北:商务印书馆,1994年。
陈士珂辑:《孔子家语疏证》,上海:上海书店,1940年。
德里达:《关于死刑》,张宁译,收入《德里达中国讲演录》。
德里达:《他人是一个秘密,因为他是别样的——2000年9月〈世界报〉教育版记者采访德里达记录》,杜小真译,收入《德里达中国讲演录》。
德里达:《致一位日本友人的信》,周荣胜译,收入《德里达中国讲演录》。
杜小真、张宁编:《德里达中国讲演录》,北京:中央编译出版社,2003年。
冯达甫:《老子译注》,上海:上海古籍出版社,1991年。
冯友兰:《中国哲学史》,上海:华东师范大学出版社,2000年。
冯友兰:《中国哲学史新编》,北京:人民文学出版社,1982年。
高流水、林恒森译注:《慎子、尹文子、公孙龙子全译》,贵阳:贵州人民出版社,1996年。
高明:《帛书老子校注》,北京:中华书局,1996年。
贡华南:《"咸":从"味"到"感"——兼论〈咸〉卦之命名》,《复旦学报(社会科学版)》,2007年第4期。
贡华南:《从"感"看中国哲学的特质》,《学术月刊》第38卷11月号,2006年11月,第45—51页。
郭沫若:《甲骨文字研究》,《郭沫若全集·考古编》第一卷,北京:科学出版社,1982年。
郭世铭:《老子究竟说什么》,北京:华文出版社,1999年。
海德格尔:《存在与时间》,陈嘉映、王庆节译,北京:三联书店,1987年。
海德格尔:《康德与形而上学疑难》,王庆节译,上海:上海译文出版社,2011年。
海德格尔:《面向思的事情》(Zur Sache des Denkens),陈小文,孙周兴译,北京:商务印书馆,1999年。
汉语大字典编辑委员会编:《汉语大字典》,武汉:湖北辞书出版社,四川辞书出版社,1989年。
黑格尔:《哲学史讲演录》,贺麟译。北京:商务印书馆,1959年。
黄仁宇:《中国大历史》,北京:三联书店,1997年。

黄宗羲:《明夷待访录》,《黄宗羲全集》第一册,杭州:浙江古籍出版社,1985年。

李民、王健:《尚书译注》,上海:上海古籍出版社,2004年。

李申:《四书集注全译》,巴蜀书社,2002年。

黎翔凤:《管子校注》,北京:中华书局,2004年。

楼宇烈:《王弼集校释》,北京:中华书局,1980年。

卢梭:《社会契约论》,何兆武译,北京:商务印书馆,1980年。

鲁迅:《鲁迅全集》,北京:人民文学出版社,1981年。

牟宗三:《五十自述》,《牟宗三先生全集》第32卷,台北:联经出版社,2003年。

牟宗三:《心体与性体》,上海:上海古籍出版社,1999年。

牟宗三:《智的直觉与中国哲学》,《牟宗三先生全集》,第20卷,台北:联经出版社,2003年。

钱穆:《庄老通辨》,北京:三联书店,2002年。

屈万里:《尚书今注今译》,台湾商务印书馆,1969年。

宋继杰编:《Being与西方哲学传统(上下卷)》,保定:河北大学出版社,2004年。

孙周兴编:《海德格尔选集》,上海:上海三联书店,1996年。

唐君毅:《中国哲学原论》,香港:人生出版社,1966年。

文物出版社编:《郭店楚墓竹简》,北京:文物出版社,1998年。

邬国义等撰:《国语译注》。上海:上海古籍出版社,1994年。

伍晓明:《妄想、自恋、忧郁与献身——20世纪中国个人/自我的诞生与死亡》,《中国文化》1995年第1期,第118—132页。

伍晓明:《天命:之谓性!——片读〈中庸〉》,北京:北京大学出版社,2009年。

伍晓明:《吾道一以贯之:重读孔子》,北京:北京大学出版社,2003年。

伍晓明:《有(与)存在:通过"存在"而重读中国传统之"形而上"者》,北京:北京大学出版社,2005年。

徐震堮:《世说新语校笺》,北京:中华书局,1984年。

许抗生:《帛书老子注译与研究》,杭州:浙江人民出版社,1985年。

亚里士多德:《政治学》,苗力田主编《亚里士多德全集》第九卷,北京:中国人民大学出版社,1994年。

杨伯峻:《春秋左传注》,北京:中华书局,1981年。

杨伯峻:《列子集释》,北京:中华书局,1979年。

杨伯峻:《论语译注》,北京:中华书局,1980年。

杨伯峻:《孟子译注》,北京:中华书局,1960年。

易卜生:《易卜生文集》第 5 卷,潘家洵译,人民文学出版社,1995 年。

余敦康:《魏晋玄学史》,北京:北京大学出版社,2004 年。

张岱年:《中国哲学大纲》,《张岱年全集》第二卷,石家庄:河北人民出版社,1996 年。

章衣萍:《古庙杂谈(五)》,一九二五年三月三十一日《京报副刊》。

周作人:《人的文学》,钟叔河编,《周作人文类编》第 3 卷《本色》,长沙:湖南文艺出版社,1998 年。

朱谦之:《老子校释》。北京:中华书局,1984 年。

宗福邦、陈世铙、萧海波主编:《故训汇纂》,北京:商务印书馆,2003 年。

外语文献

Ames, Roger and David Hall. *Dao de jing*: "*Making This Life Significant*" —*A Philosophical Translation*. New York: Ballantine Books, 2003.

Aristotle. *Politics*. Translated by Ernest Barker. Oxford: Oxford University Press, 1995.

Austin, J. L. *How to Do Things with Words*. Oxford: Oxford University Press, 1962.

Bennington, Geoffrey and Jacques Derrida, *Jacques Derrida*. Translated by Geoffrey Bennington. Chicago: University of Chicago Press, 1993.

Benveniste, Emile. *Problems in General Linguistics*. Translated by Mary Elizabeth Meek. Coral Gables, Fla.: University of Miami Press, 1971.

Caputo, John D. *Deconstruction in a Nutshell*: *A Conversation with Jacques Derrida*. New York: Fordham University Press, 1997.

Chan, Wing-tsit 陈荣捷. *A Source Book in Chinese Philosophy*. Princeton, N. J.: Princeton University Press, 1963.

Chang, Chung-yuan 张钟元. *Tao: A New Way of Thinking*. New York: Harper Colophon Books, 1975.

Derrida, Jacques. "'Eating well', or the Calculation of the Subject." In Jacques Derrida, *Points . . . : Interviews*, 1974-1994. Edited and translated by Elisabeth Weber. Stanford, Calif.: Stanford University Press, 1995, pp. 255-287.

Derrida, Jacques. "Lettre à un ami japonais." *Psyché: inverntions de l'aurtre*. Paris: Galilée, 1987, pp. 387-392. (English translation: "Letter to a Japanese Friend." In Kamuf, Peggy, ed., *A Derrida Reader: Between the Blinds*. New York, Columbia University Press, 1991, pp. 269-276.)

Derrida, Jacques. *Adieu to Emmanuel Levinas*. Translated by Pascale-Anne Brault and Michael Naas. Stanford, California: Stanford University Press, 1999.

Derrida, Jacques. *Aporia: Dying-awaiting (one another at) the "limits of truth"*. Translated by Thomas Dutoit, Stanford. CA: Stanford University Press, 1993.

Derrida, Jacques. *Dissemination*. Translated by Barbara Johnson. Chicago: University Press, 1981.

Derrida, Jacques. *Margins of Philosophy*. Translated by Alan Bass. Chicago: University of Chicago Press, 1982.

Derrida, Jacques. *On the Name*. Edited by Thomas Dutoit. Stanford, CA: Stanford University Press, 1995.

Derrida, Jacques. *Positions*. Paris: Munuit, 1972.

Derrida, Jacques. *Positions*. Translated by Alan Bass. Chicago: University of Chicago Press, 1981.

Derrida, Jacques. *Psyché: Inverntions de L'aurtre*. Paris: Galilée, 1987.

Derrida, Jacques. *Sauf le nom*, Paris: Galilée, 1993.

Derrida, Jacques. *The Animal that Therefore I Am*. Edited by Marie-Luise Mallet, translated by David Wills. New York: Fordham University Press, 2008.

Derrida, Jacques. *The Other Heading: Reflections on Today's Europe*. Translated by Pascale-Anne Brault and Michael Naas. Bloomington: Indiana University Press, 1992.

Derrida, Jacques. *Ulysse gramophone: Deux mots pour Joyce*. Paris: Galilée, 1987. (English translation: "Two Words for Joyce", by Geoffrey Bennington, in Derek Attridge and Daniel Ferrer, eds, *Post-Structuralist Joyce: Essays from the French*. Cambridge: Cambridge University Press, 1984: 145-159. Another English translation: "Ulysses Gramophone: Hear Say Yes in Joyce", by Tina Kendall, in Derek Attridge, ed., *Acts of Literature*, London: Routledge, 1992: 256-309.)

Derrida, Jacques. *Writing and Difference*. Translated by Alan Bass. Chicago: The University of Chicago Press, 1978.

Feng, Gia-Fu and Jane English, trans. *Lao Tsu: Tao Te Ching*. London: Wildwood House, 1972.

Heidegger, Martin. *Basic Writings: from Being and Time (1927) to The Task of Thinking (1964)*. Edited by David Farrell Krell. London: Routledge & Henley, 1978.

Heidegger, Martin. *Identität und Differenz*. Translated by Joan Stambaugh. Harper & Row,

New York, 1969.

Heidegger, Martin. *Kant and the Problem of Metaphysics*. Translated by James S. Churchill. Bloomington, Indiana University Press, 1997.

Henricks, Robert. *Lao Tzu's Tao Te Ching: A Translation of the Startling New Documents Found at Guodian*. New York: Columbia University Press, 2000.

Huang Chun-Chieh 黄俊杰. *Mencian Hermeneutics—A History of Interpretations in China*. New Brunswick and London: Transaction Publishers, 2001.

Hudson, Hoyt H. "The Field of Rhetoric", in Maurice Natanson and Henry W. Johnstone, Jr, ed. *Philosophy, Rhetoric and Argumentation*. Pennsylvania: Pennsylvania State University Press, 1965.

La Fargue, Michael. *The Tao of the Tao Te Ching: A Translation and Commentary*. New York: SUNY, 1992.

Lau, D. C. 刘殿爵. trans. *Confucius: The Analects*. Penguin Books, 1979.

Lau, D. C 刘殿爵. *Lao-tzu Tao Te Ching, Translation of the Ma Wang Tui Manuscripts*. New York and Toronto: Alfred A Knopf, 1994.

Lau, D. C. 刘殿爵. trans. *Tao te ching*. Harmondsworth, Middlesex: Penguin, 1963.

Lee, Leo Ou-fan 李欧梵. *Voices from the Iron House: A Study of Lu Xun*. Bloomington: Indiana University Press, 1987.

Legge, James. *Lao Tze: Tao Te Ching*. Oxford: Oxford University Press, 1891.

Legge, James. *The Chinese Classics*. Vol. I, Oxford: Clarendon Press, 1893.

Levinas, Emmanual. *Autrement qu'être ou au-delà de l'essence*. Martinus Nijhoff Publishers, 1978.

Levinas, Emmanual. *Otherwise than Being or Beyond Essence*. Translated by Alphonso Lingis. The Hague: Martinus Nijhoff Publishers, 1981.

Lin, Yutang 林语堂. *The Wisdom of Laotse*. London: Michael Joseph, 1958.

Richter, Gregory C. trans. *The Gate of All Marvellous Things*. Souty San Francisco, Cal.: Red Mansions Publishing, 1998.

Wagner, Rudolf. *A Chinese Reading of the Daodejing: Wang Bi's Commentary on the Laozi with Critical Text and Translation*. Albany: State University of New York Press, 2003.

Waley, Arthur. *The Way and its Power: A Study of the Tao Te Ching and its Place in Chinese Thought*. London: George Allen & Unwin Ltd., 1934.

Bryce, Derek. *Wisdom of the Daoist Masters*. Translation of Léon Wieger's *Les pères du système taoiste*. Lampeter: Llanerch Enterprises, 1984.

Wu, Xiaoming 伍晓明. "Philosophy, Philosophia, and *zhe-xue*." *Philosophy East & West*, vol. 48, no3, July 1998: 406-452.

Yang, Xianyi 杨宪益 and Gladys Yang, trans. *Lu Xun—Selected Words*. Vol. 1, Beijing: Foreign Languages Press, 1980.

后　记

　　之所以将这些论文结成一集，是因为它们尽管内容各异，题跨古今，却皆指向一个共同的方向：尝试以某些不同的方式重读中国古代与现代传统，从而使其重新开放或更加开放——向着我们自己，向着我们的文化他者。因此，本书面对中国传统的方式与时下所谓"国学"或有所不同。对于希望听到不同声音的读者，书中的论文或有一定的参考价值。论文集的好处之一就是，从某种意义上说，读者可以从任何一点上进入书中，而无须担心错失其总体或系统。但贯穿于诸论文的基本线索还是有的，那就是我对于他者问题的不懈坚持。

　　"开放"也许是20世纪80年代以来中国最常用的社会政治语汇之一，但其对于中国文化自身的复杂意义其实仍然属于尚未被充分思考者之列。当自我——文化的自我，或自我的文化——欲向他者开放之时，其最初的期望可能是，通过与他者的积极接触和交流，自我将得到调整、充实、巩固、发展。但开放其实同时也将此一自我置于危险之前和问题之中：他者会要求自我为自身的存在做出辩护；与此同时，他者又要求你为之负责。因此，自我之向他者开放同时也是自我之认同的陷入危机。是否部分上即因为如此，我们才必然会在日益趋向更大程度和更多方面开放的当代中国——一个经济和政治上的国际影响日益增强的中国——同时也看到种种从上到下的、以不同方式表现出来的回归与弘扬中国传统文化的强烈欲望？

　　尽管文化的自我认同始终不可或缺，但陷入认同危机也未尝全是坏事，因为自我认同是动态过程，而不是获得之后就可以设法保持住的状态。但文化自我的永无止境的认同也许只有通过不断向他者深刻开放，而不是重新严密封闭，才能不至停顿。此种继续不断的开放将会使中国文化更深刻地反观自身，重构传统，而不是让其丧失自我。何以如此？每一文化在其他文化面前都必然感到有做出回应的必要。正是此一必要让每一文化感到，必须负责地说话，负责地向自己的文化他者说话。而正是这一责任，或者用本书中的说法，应承，会让每一文化更深刻地返回自我，一个此前尚未存在或尚未充分存在的自我，一个仍然有待于(重新)形成和涌现的自我。

　　换言之，面对他者，每一文化皆需要进行某种解构和正名的工作，而此一工作必然是无止境的。我理解的解构即是让自我向他者开放的活动。其实，首先即是因为与他者的遭遇，自我才会感到解构的迫切需要。而正名，这一可让我们一路回到孔子的政治思想的重要观念，在某种意义上——在本书对此观念的阅读之中——则其实正是始终不可或缺的自我认同工作。

　　是以《解构正名》，一篇严肃的游戏之作或游戏的严肃之作，竟似乎顺理成章地成为本书的代序，尽管该文在写作之时从未料到自身会有这样的命运，因为那本是只为我自己而写的东西，如果我们真知道所谓"为自己而写"意味着什么的话。书中其他论文，除一篇之外(但此篇的部分内容后来亦曾以学术会议论文的形式出现过)，最初皆为学术会议论文，它们随后又经历了程度不同的、经常是重大的修订。在起意为自己编此论文集之时，我尚未意识到这将基本上是我自2005年以来的一些会议论文的结集。我因而必须首先感谢这些会议的邀请者，是他们为我逼出了这些论文或至少是它们的雏形。我也非常感谢发表了我的这些大多是修改后的论文的诸刊物。

　　在一篇后记中概述书中内容也许是徒劳无功之事，因为概述的成功似乎会让读者满足于概述而不读原文，而概述的不成功又可能会让读者觉得原文不值得去读。因此，我将让自己免于这一无益的麻烦，而仅满足于交代一下书中诸文的来龙去脉，因为这些外在信息其实可能也构成着作品的内容的一部分，如果我们愿意并且也知道如何阅读它们的话。

按照文章在本书中的编排顺序,代序《解构正名》写于2000年至2010年间,而于2011年2月17日最终定稿于新西兰基督城,连载于《基督教文化学刊》2011年春季号与秋季号,即总第25与26期。《"予欲无言":〈论语〉中的论辩与孔子对言的态度》初为2005年7月20—23日在国立台湾大学举行的学术会议"论辩:东方与西方"而作。2005年5至7月间陆续写于新西兰基督城、澳大利亚悉尼和中国台北。由于会议的论题是东西方哲学中的论争或论辩传统,会议邀请者为我派定的题目是《论语》中的论辩,是以方有此文之作。论文系以中文和英文先后写成。英文稿曾于会上宣读,其修订版随后发表于 *Journal of Chinese Philosophy*(vol. 36, no. 4)。中文稿于2006年12月扩展于北京,2007年1月定稿于基督城,2007年4月再改于牛津大学,发表于台湾《汉学研究》第26卷第1期(2008年3月),乐黛云主编《跨文化对话》第22期(2007年9月),以及语言文化大学《中国文化研究》2008年第1期。《"道"何以"法自然"》源于一段读书笔记。从中改写出来的英文稿成为2005年7月13至19日在悉尼新南威尔士大学召开的国际中国哲学会第14次年会上宣读的论文。中文稿写于2005年间,2006年4月15日改于北京,2006年12月20日定稿于北京京师园,2007年5月30日又增订于牛津,2010年3月最后改订于新西兰基督城。文章发表于商务印书馆出版的《中国学术》第27期(2010年5月),及中国人民大学出版的《世界汉学》第6期(2010年5月)。《心性天人:重读孟子》是我到新西兰后写的第一篇汉语文章,也是这本论文集中最早写出的文章,完成于1999年间,发表于陈平原、王守常、汪晖编《学人》第13期(2000年)。基于此文改写的英文稿曾在新西兰亚洲研究学会2003年7月9—11日在坎特伯雷大学召开的双年会及澳新地区亚洲哲学暨比较哲学学会2003年10月1—4日在新加坡国立大学召开的学术研讨会上宣读。《情与人性之善》的下篇原为2004年5月27—28日在意大利威尼斯召开的"东南亚文化中的感觉与感情"学术会议之英语论文的中文稿,后经几度修改与扩充,并与原为此文草稿之一部分的上篇合并。英语论文发表于 Paolo Santangelo 与 Ulrike Middendorf 合编的 *From Skin to Heart: Perceptions of Emotions and Bodily Sensations in Traditional Chinese Culture* (Wiesbaden: Harrassowitz, 2006)。大大扩展了的中文版于 2009 年 12 月 23 日写成,2010 年 3 月 29 日修订,2010 年 7 月 5 日定稿于牛津大学。发表于《跨文化对话》第 27 辑 (2011 年)。短文《莱维纳斯与孟子,或,作为感受性的主体与怵惕恻隐之心》原为在杭州大学召开的"莱维纳斯百年诞辰国际会议"上宣读的英文论文的中文版,2007 年 8 月 27 日写定于新西兰基督城,收入杨大春、Nicholas Bunnin 与 Simon Critchley 合编的《列维纳斯的世纪或他者的命运》(北京:中国人民大学出版社,2008)。《思和》原为 2007 年 3 月 26—28 日在中国人民大学召开的第一届世界汉学大学而作,曾在会上宣读,又曾以"'和而不同'新义:一个传统观念的莱维纳斯式解读"为题在南京大学做过一次演讲。此文于演讲前的 2007 年 12 月 26 日定稿于南京,以同一标题发表于《跨文化对话》第 26 辑 (2010 年)。《"若保赤子"——中国传统文化的理想之政》本为在台湾华梵大学于 2008 年 3 月 28—29 日召开的第十一届儒佛会通暨文化哲学学术研讨会上宣读的论文。那次会议的主题是"东西政治哲学的交谈",故我有此文之作。修改后的版本在国际儒联 2009 年 9 月 22—26 日召开的纪念孔子诞辰 2560 周年的国际学术会议上宣读过。此文末尾原有"2010 年 6 月 20 日修改于新西兰基督城飞赴牛津大学途中,2010 年 7 月 17 日最后定稿于新西兰基督城"字样,定稿发表于《中国文化》第 32 期 (2010 年)。《汉语语境下的西方(哲学概念)"存在"》是应邀参加台湾中央研究院文哲研究所于 2007 年 9 月 14—17 日召开的"跨文化动态:探讨德语哲学与汉语哲学之互动关系"国际研讨会的论文。文章 2007 年 9 月写于新西兰基督城,改定于 2008 年 2 月,收入本书时尚未发表过。《失之交臂?——牟宗三与海德格尔的哲学遭遇》是为参加 2006 年 12 月 1—5 日在中山大学和汕头大学召开的"西方哲学东渐与中国社会现代化"国际学术会议所写的论文,其修改稿又在国际中国哲学会 2007 年 6 月 24—27 日在武汉举行的双年会上宣读过。文章随后发表于武汉大学哲学系主编的《哲学评论》第7期(2009年)。《他者"的"迫害——鲁迅与莱维纳斯》是应邀参加澳门利马窦学社于2007年11月29日至12月1日在澳门举办的"中国现代文学中的个人与社会"研讨会的论文。这一邀请让我有机会回到鲁迅和中国现代文学,那曾是我在复旦大学中文系学习时为毕业论文所选择的研究对象。此文2007年9月30日写于新西兰基督城,2008年2月5日又修改于此。论文节本及其英译同时发表于利马窦学社主编的《神州交流 Chinese Cross Currents》第5卷第4期(2008年)。此次收入论文集时,我据原稿对此文做了很多修改和补充,于2011年12月间定稿于北京—悉尼。《我之由生向死与他人之无法感激的好意——重读鲁迅〈过客〉》是后来再次应邀参加利马窦学社的国际研讨会的产物。此次会议的时间是2010年2月2日,主题是"超越后现代:哲学与文化思想中的怀疑、时间与暴力",工作语言为英语。论文的英文版将由利马窦学社结集出版,中文版2010年8月7日完成于新西兰基督城,发表于《鲁迅研究月刊》2011年第6期,并收入陈跃红、张辉、张沛编《乐在其中——乐黛云教授八十华诞弟子贺寿文集》(北京大学出版社,2011)。论文集中收入的最后一篇文章《文学"史"可能吗》是2004年在国内休学术假时无意中被拉去参加河南大学举办的"科学主义与20世纪中国文学史写作"国际学术研讨会时所写的论文。虽是友情出场的意思,但我还是花时间根据会议主题写了篇论文。我其实很喜欢这篇短文,觉得它能为这本论文集增加一个有意思的角度。此文写于此会之前,2008年1月13日改定于新西兰基督城。2011年12月15日我曾以此文在中国人民大学文学院做过一次演讲。此文发表于《比较文学与世界文学》2012年第一辑。

  收入本书时,我对这些论文又做了程度不同的修改,并统一了体例。但有心的读者也许仍然可以看到一些单篇论文的痕迹。我也没有刻意掩盖或统一不同论文中的可能会有的不谐或冲突之声。

  论文集原拟题为"哲学与文学之间——从孔子到鲁迅",因为这一题目似乎更可以反映我的游移于哲学与文学两间的思想学术兴趣。故特意将此没有实现的书名留一痕迹于此后记之中。

　　一些师友和同道曾以不同方式和不同身份阅读过本集中的不同文章。他们是：乐黛云，刘梦溪，杨慧林，耿幼壮，吴根友，汪晖，陈跃红，张辉，张沛，杨大春，寇志明（Jon Kowallis），孙郁，黄乔生，林甦，温洁。在此特此致谢。也感谢发表过这些论文的刊物。

　　像每次一样，我的第一读者晓援这一次也读过本书中的几乎全部文章。她对我的思想学术工作所怀有的信念，于我始终是极大的心理支持和精神鼓励。

　　我任教多年的新西兰 University of Canterbury 为此书的出版提供了一定资助，特此致谢。

　　最后，感谢北京大学出版社对我一如既往的支持。特别感谢张凤珠女士，以及本书的责任编辑吴敏女士。

　　着手给自己编辑这本论文集时，正值在作家出版社工作的好友杨德华肝癌恶化之时。德华是我在复旦大学中文系七七级读书时的同学。2011年4月27日，去北京师范大学参加"中国文学海外传播"国际学术会议的前夜，我去他北京家里看他，提到会将准备中的此书题献给他。言外之意也是希望他能继续坚持，而这当然也是我那时对他生命力的信念。不料这却是我跟他最后一次见面。2011年7月25日清晨，在新西兰基督城为四十多年未遇的大雪覆盖之时，我在家里接到复旦同学的电子邮件，德华于昨晚去世。从2007年9月以来，德华与肝癌"竞赛"了四年。用他自己的话说，是"与癌症共舞"。想不到这一贪得无厌的"舞伴"最终还是要德华以全部的生命来满足。呜呼！谨以此书献给亡友，以慰其在天之灵。

2012年2月6日
壬辰年正月十五日
Christchurch, New Zealand